D1826761

FONDATION HARDT
POUR L'ÉTUDE DE L'ANTIQUITÉ CLASSIQUE

ENTRETIENS
Tome XXXVI

SÉNÈQUE

ET

LA PROSE LATINE

ENTRETIENS SUR L'ANTIQUITÉ CLASSIQUE

Publiés par Olivier Reverdin et Bernard Grange

TOME XXXVI

SÉNÈQUE

ET

LA PROSE LATINE

NEUF EXPOSÉS SUIVIS DE DISCUSSIONS

PAR

B.L. HIJMANS, KARLHANS ABEL,
MIREILLE ARMISEN-MARCHETTI, ROLAND G. MAYER,
GIANCARLO MAZZOLI, PIERRE GRIMAL,
ITALO LANA, OLOF GIGON, JEAN SOUBIRAN

Entretiens préparés
par Pierre Grimal

VANDŒUVRES - GENÈVE
14-18 AOÛT

TOUS DROITS RÉSERVÉS
© 1991 by Fondation Hardt, Genève

PRÉFACE

Dans une lettre à sa femme, datée de Lucerne le 23 août 1837, le colonel Guillaume-Henri Dufour, qui devait par la suite être promu général, commander l'armée fédérale suisse, avec efficacité et humanité, pendant la guerre civile dite du Sonderbund (1847), puis jouer un rôle décisif dans la création de la Croix-Rouge, écrit ceci:

«... à propos d'actes, j'ai lu dans les lettres de Ninon au Marquis de Sévigné une définition qui doit être juste, car elle était experte en ces matières: 'L'amour est la pièce dont les actes sont les plus courts et les entractes les plus longs'... Tu vois que je fais de bonnes lectures et que j'en profite.

»Je tiens maintenant les lettres de Sénèque; elles font mes délices. Voilà un homme, un sage qui ne se contentait pas de beaux discours; il prêchait d'exemple; il a scellé ses préceptes par une belle mort. Il y a plus à apprendre dans une de ses lettres que dans tous les sermons de Massillon, Bourdaloue, Cellérier et autres...

»Que les anciens sont supérieurs par la pensée et la force de caractère à nous autres modernes...»

Sénèque est sans doute, avec Horace, l'auteur profane latin dont l'œuvre est restée la plus actuelle, la plus vivante, jusqu'à l'époque moderne; l'un et l'autre ont été, au gré des siècles, des maîtres à penser. Ils le doivent aux règles de vie qu'ils préconisent et à leur maîtrise de la langue latine.

Philosophe, épistolier et poète tragique, Sénèque a su, tout en respectant la propriété des termes, s'exprimer dans une prose nombreuse et rythmée, qui a souvent servi de modèle à ceux qui, depuis la Renaissance, se sont exprimés en latin.

Sur la proposition de M. Pierre Grimal, membre de l'Institut, le Comité de la Fondation Hardt a choisi de consacrer ses XXXVIᵉ Entretiens à cet auteur, et de mettre en évidence la place éminente qui est la sienne dans le développement de la prose latine, tant en ce qui concerne la langue elle-même que ses liens avec la rhétorique.

Chargé d'organiser ces Entretiens, M. Grimal a fait appel à huit savants qui avaient eu, au cours de leur carrière, commerce avec Sénèque; et il s'est efforcé de faire en sorte que le groupe fût aussi international que possible. Il comprenait en effet trois Français, deux Italiens, un Allemand, un Anglais, un Hollandais et un Suisse!

Le professeur B.L. Hijmans (Groningue) a mis en évidence la «splendeur stylistique» de la prose de Sénèque et sa médiocre efficacité apodictique. Le professeur Karlhans Abel (Marburg), un des meilleurs connaisseurs, de nos jours, du stoïcisme antique, s'est attaché à relever, dans les Dialogues, *la force de l'argumentation, qui en est le ressort et en détermine la structure.*

Trois thèmes relevant plus expressément de la rhétorique avaient été retenus. Mme Mireille Armisen-Marchetti, professeur à l'Université de Montpellier, a traité de la métaphore et de l'abstraction; le professeur R.G. Mayer (Londres), du rôle des exempla *tirés de l'histoire romaine; et M. Pierre Grimal, de la nature et de la fonction propre de la digression dans les écrits philosophiques de Sénèque.*

M. Italo Lana, professeur à l'Université de Turin, a situé les Lettres à Lucilius *dans la tradition épistolaire romaine et a chargé son fils Maurizio d'en analyser le style par ordinateur (on trouvera en appendice les tableaux résultant de cette analyse).*

M. Giancarlo Mazzoli, professeur à l'Université de Pavie, a traité de Sénèque poète, et M. Jean Soubiran (Toulouse), des conver-

gences de sa poésie et de sa prose, notamment en ce qui concerne les clausules métriques.

On ne pouvait, dans cette revue d'ensemble, négliger les Naturales Quaestiones. Le professeur Olof Gigon (Berne) s'est chargé d'en analyser les structures, les sources et les intentions.

Selon la coutume de la Fondation Hardt, ces neuf exposés ont été suivis de discussions; le tout forme la matière du présent volume, dont M. Bernard Grange a surveillé l'impression et établi avec rigueur les index.

La Fondation Hardt dispose de fort peu de moyens pour réaliser ses ambitions, qui sont de soutenir de son mieux, sur une base internationale, l'étude de l'Antiquité classique. Si elle a été en mesure de publier ce gros volume sur «Sénèque et la prose latine», c'est qu'elle a bénéficié, pour cela, d'un subside de 15.000 DM de la Karl und Gertrud Abel-Stiftung (administrée par le Stifterverband der deutschen Wirtschaft), subside qui a couvert une partie des frais engagés pour l'organisations de ces Entretiens, la mise au point du manuscrit et son impression. Que le professeur Abel et la Fondation qu'il a créée veuillent bien trouver ici l'expression de la gratitude de la Fondation Hardt; gratitude qui va aussi aux Montres Rolex S.A. (Genève) et au directeur de cette entreprise, M. André Heiniger, pour l'appui qu'ils n'ont cessé, depuis de longues années, d'accorder à la Fondation Hardt.

Un mot encore: le professeur Grimal a participé quatre fois, depuis 1960, aux Entretiens de la Fondation Hardt; il a fait partie, pendant de longues années, de son Comité scientifique. Désireux de laisser la place à plus jeune que lui, il aura quitté ledit Comité au moment où paraîtra ce volume, qui lui doit son thème et son agencement. Qu'il veuille bien trouver ici l'expression de notre reconnaissance.

Olivier Reverdin

TABLE DES MATIÈRES

I

B.L. HIJMANS

STYLISTIC SPLENDOR,
FAILURE TO PERSUADE*

1. Introduction

Intermissa, Venus, diu rursus bella moues?
Parce precor, precor.

It is hard to return to an author after having neglected him
for fifteen years, partly through a sense of frustration, partly
through an irrational but growing dislike — in fact just such a
confused emotion as Seneca himself tells me to suppress and, if
possible, eradicate. I shall not dwell on the frustration, but the
fact that the dislike is shared by many makes it a little more interesting. The dislike, I think, is in part due to the fact that today
Seneca *philosophus* fails to persuade. Towards the end of this
contribution I hope I shall have identified — for myself at least
— some of the reasons for this failure.

---

* I wish to thank Dr. R.G. Mayer for correcting the English of this contribution during the week of the Entretiens.

2. An instance of *sermocinatio*

I should like to start with an old controversy: does Seneca imitate the emperor Claudius' style in *Polyb.* 14-16? Dahlmann 1936, 374 f. thought he did and Kennedy 1972, 469 still agrees, Abel's objections (1967, 89 n. 50) notwithstanding. Rather than addressing the question in terms of personal style I should like to determine whether and in what ways Claudius' speech differs stylistically from the preceding praise of Claudius. To begin with the rhythms of the respective sections, it appears that there is a difference in the length of the cola:

	1-4	5-8	9-12	13-16	17-20	21 and more syll.
Polyb.						
12-13	13.1	23.7	33.6	11.5	12.7	6.6%
14-16	3.5	18.2	27.8	27.8	9.6	12%[1]

The most obvious difference is that Seneca makes Claudius use far more cola of some considerable length than he allows himself in his praise of Claudius. I do not wish to jump to a simple and impressionistic answer to the question as to why he does so: a simple observation raises a preliminary question.

---

[1] Though the sample is very small I use percentages in order to be in a position to compare the numbers here to samples of different lengths. Presently I shall argue that not only Seneca but other authors, too, use colon length as a means of expression, a fact that usually remains hidden in the overall statistics used to determine an author's «personal style and its development».

3. A mesorhythmic technique

a.   Very long cola occur in both sections. In Seneca's praise of Claudius I note:

12,3   *quanto melius beneficiis imperium custodiatur quam armis* (26 syllables)

12,4   *nonne protinus ipse conspectus per se tantummodo cogitatus-que Caesar maximo solacio tibi est* (32 syllables)

12,5   *Sera et nepotibus demum nostris dies nota sit qua illum gens sua caelo adserat* (25 syllables)

13,1   *patere quidquid prioris principis furor concussit in suum locum restituere ac reponere* (30 syllables)

13,2   *et in praeceps euntem leniter diuinae manus usus moderatione deposuit* (27 syllables)

and, finally, towards the end of the section (14,1):

(Iam te omni confirmauit modo (9 syll.),)

iam omnia exempla quibus ad animi aequitatem compellereris tenacissima memoria rettulit (31 syll.),

iam omnium praecepta sapientium adsueta sibi facundia explicuit (23/4 syll.).

In the whole section these are the only cola showing more than 21 syllables[2] and I note that all of them deal directly with the emperor, in itself perhaps not all that surprising in a passage that sings his praise and in which quite a few of the shorter cola

---

[2]   I do not list 12,4 *cum tanta illi aduersus omnes suos sit mansuetudo tanta-que indulgentia*, since the cretic + trochee of *mansuetudo* constitutes one of Seneca's most common clausulae and hence presumably the end of a colon.

do the same. Nevertheless it is interesting that something very similar appears to be the case in the very long cola in Claudius' consolatory speech:

14,3   *Nemo non ex istis in ornamentum saeculorum refulgentibus uiris* (22 syllables)

14,5   *illam familiae suae super ipsum Pauli triumphum concidentis subitam uastitatem* (27 syllables)[3]

15,1   *cuius morte optime cohaerentis Romanae pacis uincula resoluta sunt* (22 syllables)

15,2   *Innumerabilia undique exempla separatorum morte fratrum succurrunt* (23 syllables)

ibid.   *immo contra uix ulla umquam horum paria conspecta sunt una senescentia* (23 syllables)

15,3   *et ne ei quidem rerum natura lugendi necessitatem abstulit cui caelum destinauerat* (28 syllables)[4]

ibid.   *Tamen tot tantosque luctus cepit rerum omnium capacissimum eius pectus* (22 syllables)

ibid.   *uictorque diuus Augustus non gentium tantummodo externarum sed etiam dolorum fuit* (28 syllables)

15,4   *princeps iuuentutis principem eiusdem iuuentutis amisit in apparatu Parthici belli* (28 syllables)

ibid.   *et grauiore multo animi uulnere quam postea corporis ictus est* (22 syllables)

16,2   *Eo ipso tempore quo Marcus Antonius ciuium suorum uitae sedebat mortisque arbiter* (28 syllables)

---

[3]   The hyperbaton *illam... uastitatem* secures the colon.

[4]   In this case an ancient reader (see below pp. 16 ff.) may well have spoken the sentence with a pause after *abstulit*, though usually brief relative clauses do not form separate cola, cf. FRAENKEL 1968, 127; HIJMANS 1976, 84 n. 6.

ibid. Tulit hoc tamen tam triste uulnus eadem magnitudine animi Marcus Antonius (26 syllables).

All of these deal with an elevated person either dying or mourning the death of a brother or sister, or a very closely related thought. Again, this is not surprising in view of the main subject of the passage, and again there are shorter cola that deal with the same subject. In one case we may have a counter instance: at first sight I had listed 15,5 *intima Germaniae recludentem et gentes ferocissimas Romano subicientem imperio* (29 syllables) as a single colon, but the two participial constructions, of which the first shows an excellent clausula (cretic + trochee), require a pause after *recludentem.*

b.   Having thus tentatively isolated a technique employed in both passages[5] I must return to the equally observable differences: Claudius' speech not only presents more very long cola, but if we look at the cola of more moderate lengths we observe that the longer ones occur with considerably more frequency than they do in Seneca's praise of Claudius; the conclusion is obvious: mesorhythmically considered Claudius' speech makes an entirely different impression[6] and as a result the fewer very

---

[5]   I had not found this technique in my analysis of seven letters of Seneca, though I did suggest that on several occasions very long cola may be illustrative of their own content (HIJMANS 1976, 89 f.).

[6]   I employ the terms microrhythm, mesorhythm, and macrorhythm on the respective level of syllabic lengths, colometric lengths, and the lengths and arrangement of major sections of a text: in the first two cases the employment of the word rhythm is self-evident, in the third (I have described some interesting instances in the final section of my *Inlaboratus et facilis*) it may be useful to note its most common definition: the arrangement of sound and/or movement in time.

long cola of Seneca's praise of Claudius are at the same time
more conspicuous. Let us look at the sentence that — more than
80 years ago — aroused the ire of Mr. Steyns (1907, 125 f.):
«Sénèque ne craint pas d'appeler l'empereur Claude: 'Cet astre
brillant qui...' etc., égalant ainsi en basse adulation les courtisans
les plus plats du 'Roi Soleil'.» Seneca writes (13,1)

> *sidus hoc*
> *quod praecipitato in profundum et demerso in tenebras orbi refulsit*
> *semper luceat*

3+20+5 syllables. The image[7] is linked with the emperor's divinity, cf. 12,3 *numinis; fulgor eius*. That divinity, we understand,
is a shining light, a sun, which draws the eye and dries the eyes
of Polybius. In that connection I draw attention to the anaphoric *illo... illo* (referring to the emperor) and the anaphoric *illos...
illos* (referring to Polybius' eyes) in the same paragraph. That
paragraph also has the asyndeton *praesidii, solacii*. The emperor,
rebus humanis praesidente, is to be regarded by Polybius as his
praesidium, a rich notion that involves both protection and aid,
defence and remedy; *praesidere* of course means «watch over»
and is regularly applied to tutelary gods (*OLD*). It would seem
to me that the two asyndetically linked notions apply both to
Polybius and to Seneca: *solacium* as a quality of the emperor
occurs twice in § 4 with reference to Polybius, once in 13,3 with
reference to Seneca and finally in 14,1 where the emperor is called the *publicum omnium hominum solacium*. *Praesidium* is not

---

[7] Seneca uses the same image, though in a rather more restrained manner,
at *Clem*. I 3, 3 *tamquam ad clarum ac beneficum sidus certatim aduolant*.
In this context, especially since presently Claudius' representation as
Jupiter will be alluded to, the words *maximus* and *optimus* at *Clem*. I 19,
8-9 are suggestive as Gordon WILLIAMS, *Change and Decline. Roman
Literature in the Early Empire*, Sather Classical Lectures, 45 (Berkeley
1978), 158 f. rightly points out.

developed on the surface, but stealthily returns in the phrase (13,2) *et in praeceps euntem leniter diuinae manus usus moderatione deposuit.* *Moderatio, iustitia* and *clementia* (13,3) are the main characteristics of this divinity as far as Seneca is concerned (or at least as far as he wants to emphasise here) and in the end the totality of the notions used culminates in the image of the authority of a divine oracle. The divinity may even be identified: 13,4 *scias licet ea demum fulmina esse iustissima quae etiam percussi colunt.* In the Vatican there is a statue of Claudius represented as Jupiter.[8]

It should be noted, too, that the long descriptive adjectival clause is flanked by two extremely brief commatia. There are sixteen of these in Seneca's introduction, a mere four in the speech he puts in Claudius' mouth. Seeing that we are dealing with two fairly brief passages, that fact accounts for much of the mesorhythmic difference one feels between the two sections — indeed far more so than the numerical variation in the clausulae employed at the colon-ends. If we except the small commatia the introduction has 24 instances of clausulae of type 1 (cretic + trochee, including its several variations) as against Claudius' speech 29, type 2 (dicretic + variations) occurs respectively 21 and 17 times, type 3 (ditrochee + variations) 30 and 33 times , hypodochmic type 4 (+ variations) 37 and 31 times respectively. The variation in these numbers is entirely consistent with the small size of both passages. But the two aspects of meso- and

---

[8] Described in G. LIPPOLD, *Die Skulpturen des Vaticanischen Museums* III (Berlin 1936), 137 f. The statue is more than life size, the Jupiter aspect unmistakable because of the eagle at the emperor's right foot. According to Lippold the *patera* in the emperor's right hand is a mistaken restoration: it should have been a lightning bolt. For Claudius as Jupiter on cameos see A. FURTWÄNGLER, *Antike Gemmen* III 320 f. Cf. *ILS*[2] 219, inscr. on a porticus consecrated jointly to Iuppiter Optimus Maximus and Claudius (*divus* before his death?) at Salonae near Split.

microrhythm are of course not to be seen entirely separately.
The total impression on the audience includes the impact of the
small commatia (rhythmic units themselves) of which there are
a considerable number in Seneca's introduction and very few in
Claudius' speech. The first few chapters of De beneficiis and of
De clementia show much the same difference with 34 and 7 such
items in 200 respectively. Now these include only those small
commatia that cannot, or had better not be listed under the symbol of a known clausula. If we add the instances that coincide
with a clausula rhythm the numbers are as follows:

Polyb. (S)	Polyb. (C)	Ben.	Clem.
23	9	52	18

These absolute numbers are not comparable since the samples
from Polyb. are shorter than those from Ben. and Clem., hence
percentages:

Polyb. (S)	Polyb. (C)	Ben.	Clem.
18.8	7.8	25	8.7

It is obvious that the differences are considerable. For the evaluation of the phenomenon, however, we first need some further
materials for comparison and secondly some discussion of the
questions that may be asked of the observations.

4. Semiotic function of rhythms

The following tables show the data observed in several
samples of Senecan prose as well as some from Cicero and
Apuleius. The Seneca samples do not include all dialogues,
the sample of the letters combines data from the seven letters

I studied earlier? In the present context it might have been better to choose new letters, preferably selected by subject. I shall
return to that point later. The data include both colon-lengths
and clausula-rhythms, but those could not, of course, be combined in a table designed for comparison.

TABLE I

colon lengths in percentages

syllables	1-4	5-8	9-12	13-16	17-20	21 and over
Cic. *Dom.*	6.5	30	33	20.5	6	5
Sen. *Marc.*	10	27.5	30	19.5	10	5.5
Polyb. (S)	13	23.7	33.6	11.4	12.7	6.5
Polyb. (C)	3.5	18.2	27.8	27.8	9.5	12
Apoc.	10	29	40	17	3	1.5
Clem.	3	26.5	31.5	27.5	10	5
Ben.	14.5	34.5	32.5	13	7	1.5
Ep.	8.2	35.1	32.6	15.9	5.6	2.4
Nat. I praef.	5.5	22.5	32.5	21.5	8.5	4
Nat. I 1 f.	7	25	29	23.5	10	5
Apul. *Met.*	7.7	22.1	29.7	24.1	10.6	5.6
Apul. *Socr.*	3	33	26	20.5	11	5.5

TABLE II

«clausulae» in percentages

claus.[10]	1	1*	2	2*	3	3*	4	4*	«x»
Marc.	12.5	16.5	8	8	11.5	15	6	9.5	18.5
Polyb. (S)	8.2	10.6	12.3	4.9	15.5	10.6	9	21.3	13.1
Polyb. (C)	12.2	14.8	8.7	6.1	17.4	9.5	7.8	20.8	0.8
Apoc.	9.5	14	8	4.5	15.5	22	4	11.5	10.5
Clem.	14.4	16.5	6	8	11.5	19	10	14	3.5

---

[9]   *Inlaboratus et facilis.*

[10]   For the notation used in this contribution see *Inlaboratus et facilis*, 10 and
107. For the purposes of this table all derivatives of type 1 have been
lumped together as 1*, and the same has been done for the derivatives
of the other main types.

claus.	1	1*	2	2*	3	3*	4	4*	«x»
Ben.	9.5	17.5	7.5	7	12	18	3	11.5	17
Ep.	23	20.5	11.8	6.2	13.1	10.7	5.9	8.4	10.3
Nat. I praef.	18.5	17	14	5.5	7.5	10	7.5	4	4.5
Nat. I 1 f.	21.5	15	14	9.5	13	9	6	4	7
Apul. *Met.*	9.8	9.4	4.7	5.8	23.7	19.9	6.2	9.16[11]	
Apul. *Socr.*	13.5	16	13	4	19.5	20	4	9	3.5

In *De deo Socratis* Apuleius is standing in front of a large audience; in fact its character of «formal address» is obvious throughout the work. The meso-rhythmic fact of a dearth of small commatia is all the more striking in comparison with the same author's *Metamorphoses*.[12]

But one of the most striking facts in the table of colon lengths is that the differences observed between Seneca's introduction and Claudius' speech in *Ad Polybium* are similar to the differences between the beginnings of *De beneficiis* and *De clementia*.[13]

If we then look at the handling of the *clausulae*, which within the very small samples from *Ad Polybium* showed inconclusive variation, we see that now rather more striking differences may

---

[11]   For the values of Apuleius' *Met.* I have made use of the statistics I presented in my «*Asinus numerosus*». No value for «x» was presented there.

[12]   A sample from the *Apology* would be helpful here, but had to be left out *propter breuitatem uitae*. The scarcity of short commatia becomes even clearer if we look at the clausulae percentages, where «x» combines various returning rhythms of up to six syllables (cf. HIJMANS 1976, 113) exclusive of those very short ones that coincide with a recognised clausula rhythm. If we add the latter to «x» we get for

Marc. Polyb. (S)	*Polyb.* (C)	*Apoc.*	*Clem.*	*Ben.*	*Nat.* I praef.	*Nat.* I 1 f.	Apul. *Socr.*
25	18	7.5	19	9	26	9.5	8.5	7%

Though here the percentages show smaller differences, still the speeches of «Claudius» and Apuleius yield the lowest percentage.

[13]   On the speech character of the first book of *Clem.*, see GRIMAL 1978, 83.

be observed. The most striking among them concerns the percentages shown with the sample of *Epistulae* as against the other samples. To check the dependability of the figures for «Ep.» I listed the percentages for the *clausulae* of *Letter* 29, where I found:

1	1*	2	2*	3	3*	4	4*	«x»
14.5	17.5	16	3.7	13.8	14.5	3.6	5.8	11

The difference with the values for the larger sample of letters is obvious and needs to be accounted for. I start with the figures for the individual *epistulae* that made up the larger sample:

	1	1*	2	2*	3	3*	4	4*	«x»
1	23	21.5	12.3	12.3	4.6	7.7	4.6	6.1	6.1
26	14.8	18.7	10.9	7	7.8	5.5	4.7	8.6	22.6
41	19.4	19.4	11.9	4.2	8.4	9.3	3.3	9.3	13.5
75	16.4	14.2	11.6	3.1	15.8	13.2	9	5.3	11.6
80	25.8	15.5	12	3.4	12	7.7	2.5	5.2	15.5
100	26.3	11	9.8	6.1	13.4	5.5	4.9	8	13.4
122	17.7	22.4	6.7	5.5	11	11.3	4.6	8	13.5

The impression is strong that, viewed microrhythmically, the various letters differ considerably among each other. It is true of course that the samples are very small and therefore not a very good base for statistical generalizations. But the differences may well have been audible. On the other hand the distribution of colonlengths shows rather less variation, but the group as a whole differs considerably from several of the other works in this respect:

	1-4	5-8	9-12	13-16	17-20	21 and over
1	6.1	46.1	38.4	4.6	1.5	3
26	14.8	39	28.9	12.5	3.1	1.5
41	9.3	34.7	33	11.8	6.7	4.2
75	6.9	35.9	33.3	15.8	6.3	2.5
80	5.1	32.7	34.5	17.2	6.9	4.2
100	8.6	33.1	33.7	15.9	5.5	2.4
122	7.1	32	30.8	22.3	6.3	1.3
29	9.5	28.6	37.5	17.6	5.1	3.6

One result that seems clear enough from this exercise is that *Letter* 1 stands out both micro- and mesorhythmically from the rest. It has the largest percentage of clausulae of type 1 and its derivatives, as well as by far the largest percentage of cola in the 5-12 syllable range. If we regard the figures statistically it must be admitted that this may be due to the fact that it is the shortest letter in the group. But since we are speaking of audible phenomena, an ancient reader may have linked the fact with its position as the introductory letter of the collection as a whole![14] *Letter* 26 with its relatively many very short cola and fewer clausulae of type 1 with derivatives must have had an entirely different auditive effect. The difference signalled here is parallelled by some differences of movement: in *Letter* 1 very serious advice for Lucilius is turned around towards the end to become a somewhat ironic[15] statement about Seneca's own

---

[14]   I see no argument here in the debate whether the correspondence is «real».

[15]   MAURACH 1969, 169 notes that Seneca very rarely becomes ironic. In my opinion it is his one saving grace that at least he can sometimes treat himself and his own reactions ironically. RUSSELL 1974, 79 ff., quotes some fine instances, especially *Ep.* 83,4 *Hic* [sc. *Pharius*] *quidem ait nos eandem crisin habere, quia utrique dentes cadunt.* But he can also treat

situation. *Letter* 26 starts with Seneca's half-ironic treatment of his own old age which further on turns into a very serious *meditatio mortis*. However, not by any stretch of the imagination can this difference of rhythm and movement of mood be ascribed to a difference of genre. On the other hand we must recognise that *Letter* 26 starts as if it were the continuation of a conversation and runs into an *adlocutio sui*, whereas *Letter* 1 is formally the answer to a letter from Lucilius (1,1 *scribo*; 1,2 *scribis*).[16] *Letters* 41 and 80 like *Ep.* 1 have fairly high percentages of clausula 1 and derivatives, make a somewhat sparing use of very short commata and have the highest count of very long cola. The two letters share an element of *contemplatio* — the famous *Letter* 41 of signs of *religio*, *Letter* 80 of the vain and the valuable. *Letters* 75 and 100 share to a large extent subject and colometry, but not so much their microrhythm. But, whatever the varia-

---

both persons and subjects with a measure of humorous irony: cf. e.g. *Ep.* 58 in which he asks Lucilius quite humbly to allow him — «please» — to use the word *essentia* and assures him that the licence will probably be enough.

[16]   For *dicere* and *scribere* as indicators of genre one may compare e.g. *Ep.* 89, 23, of letters close to conversation *Ep.* 10 is a good example, of letters more formally conceived as written *Ep.* 23. In *Ep.* 24 I get the impression that the «sollicitum te esse *scribis*» at the beginning soon after recedes for the fiction of the spoken word, but the formal written letter returns in § 21 in the context of paraenetic writing. I cannot develop the distinction here, but it may well be worth further investigation. Cf. Apuleius, who plays interesting intertextual games throughout the *Met.* and who uses such phrases as (IX 14, p. 213, 6 ff. Helm) *fabulam... bonam... ad auris uestras adferre decreui* and (X 2, p.237, 2 f. Helm) *ut uos etiam legatis, ad librum profero* as signals to the reader to expect different types of intertextual situations, as was shown recently by Maaike ZIMMERMAN in a paper read at the *Second International Conference on the Ancient Novel* (Dartmouth, July 23-29, 1989). See J. TATUM and G.M. VERNAZZA (edd.), *The Ancient Novel: Classical Paradigms and Modern Perspectives* (Hanover, N.H., 1990), 129 f.

tions shown by the individual letters, the group of letters as a whole shows a markedly different distribution of colon-lengths and of clausula-rhythms when compared to the samples of other prose.

I must emphasise again that my samples were very small[17] and I am fully aware that this means that they are unsuitable for *statistic* comparison. On the other hand their very brevity ensures a reasonable degree of generic homogeneity. To the notion of genre I shall return later. Here I suggest that the differences observed appear to indicate that micro- and meso-rhythms in their audible effect help the ancient reader to recognise the multiple levels of genre and subgenre he was faced with in contemporary prose[18] If we note a similarity in the rhythms of Claudius' speech in *Polyb.* and of the first few pages of *De clementia*, an ancient reader may well have known these rhythms to be appropriate for speeches and acted accordingly — in other words, if my hypothesis is right and there truly is a demonstrable link between micro- and meso-rhythmic features of a text and its genre(s), we may well have to treat these features as signs to the reader how he is to perform.

---

[17]   Cic. *Dom.* (taken from FRAENKEL 1968, to which I added a small section to reach 200 cola); Sen. *Marc.* 1, 1-3, 1; *Polyb.* (S) 12, 1-14, 2; *Polyb.* (C) 14, 2-16, 1; *Apoc.* 1-7 (verse excluded); *Clem.* I 1, 1-I 3, 5; *Ben.* I 1, 1-I 2, 5; *Ep.* 1, 26, 41, 75, 80, 100, 122 (*Inlaboratus et facilis*) and 29; *Nat.* I praef.; *Nat.* I 1, 1-I 2, 4; Apul. *Met.* VII («*Asinus numerosus*»); Apul. *Socr.* 115-129. Had time permitted I would have added a sample from Cicero's *philosophica* and from Apuleius' *Apology*.

[18]   This is not the place to discuss other functions of rhythm, such as the mnemotechnic assistance it gives, not only in verse, but also in such very prosaic situations as the need to remember a long telephone or bank account number: many people will arrange a series of numbers in groups of three or two and then repeat it, often aloud and with marked pitch differences at the points of accent.

But of course the characterisation «speech» is not sufficient, for Claudius is made to give a consolatory speech as different from a consolatory letter[19] or a consolatory treatise. The latter, I believe, must be seen as the framing genre which may encompass such subgenres as consolatory speech and e.g. consolatory discussion between (implied) author and (implied) audience. Another such consolatory speech is referred to in the *Cons. ad Marciam* where Seneca «quotes» (4, 3-5, 6) a speech such as Areus might have held (4,3 *Hic, ut opinor, aditus illi fuit*) to Julia Augusta and in applying the example to Marcia uses the words: *tibi Areus adsedit* thus giving us a hint as to what circumstances we are to imagine on such occasions. If that speech of consolation is an instance of a practised genre in domestic rhetoric, how are we to classify Seneca's introductory *laudatio Claudii*? It certainly looks like a sort of panegyric. But a panegyric properly speaking was a formal *oratio* pronounced in public. Here we have a passage within a treatise, a treatise purporting to have an audience of one at that, and though its vocabulary and imagery lack all informality, its colometry marks it as much closer to the openings chapters of *Marc.* or of *Ben.* — let us say, for the time being: dialogue.

---

19 Such as e.g. the well-known letter in which Servius Sulpicius consoles Cicero (*Ad fam.* IV 5). In that letter the writer clearly refers to a formal speech of consolation: *qui si istic adfuissem neque tibi defuissem coramque meum dolorem tibi declarassem.* He subsequently refers to *genus hoc consolationis* which R.Y. TYRRELL and L.C. PURSER, *The Correspondence of M. Tullius Cicero*, V (²1915), 19, gloss with «consolation generally». W.W. HOW and A.C. CLARK (edd.), *Select Letters*, II (Oxford 1926), 428 and D.R. SHACKLETON BAILEY (ed.), *Epistulae ad familiares*, II (Cambridge 1977), 415 undervalue the generic reference in speaking of mere «condolences».

5. Reading and performing

What I have so far been engaged in was a rather primitive rendering in numerical and visual form of something which for both author and audience was an auditive situation. At this point it may be useful to note a few facts and surmises about the reading practices of roughly contemporary Romans. I should like to start with a glaring, but too often forgotten fact, viz. that a very large number of Romans could not read at all, not because they had not learnt to do so, but because their eyesight would no longer allow them to read.[20] The *lector*, then, played an important practical role as an indispensable intermediary between a text and its recipient. The younger Pliny (*Epist.* III 5, 5) has the following anecdote about a reading-scene at his uncle's: *Memini quendam ex amicis, cum lector quaedam perperam pronuntiasset, reuocasse et repeti coegisse; huic auunculum meum dixisse: «Intellexeras nempe?» cum ille annuisset: «Cur ergo reuocabas? Decem amplius uersus hac tua interpella-*

---

[20]   *The Encyclopedia Brittannica, Macropedia*, Vol. 27 (15th ed. 1985), 180, notes that the near point of accommodation for normal eyes (*sic*) at 40 years of age is about 16 centimeters, at 60 ca. 100 centimeters. *Chamber's Encyclopedia*, Vol. 5 (1973), 524, says that between 45 and 50 normal eyes can no longer read fine print, even if very clearly defined. For us it is important to realize that the papyri, even in pristine state, would not count as clearly defined. One should add, of course, the apparently high incidence of eye infections — *lippitudo* is mentioned regularly from Plautus (*Rud.* 632), through Horace (*Sat.* I 5, 30) and Celsus (I 5, 1) to Arnobius, *Nat.* VII 34 (*lippulus*). *CIL* XIII 10021 has a fascinating collection of *signacula oculariorum* several of which mention *lippitudo* (e.g. nrs. 50, 55, 78), among several other eye complaints. It is interesting, then, that in all likelihood Seneca during the time most of his extant works were written could himself — if he had normal eyes — barely read and progressively less well during the time he was associated with the Imperial court.

tione perdidimus.» Obviously *pronuntiare* here refers to an appropriate performance and the anecdote, while characterising the elder Pliny's voracious appetite for knowledge, tells us that the audience could be critical precisely on the point of performance. Even a large audience could be very appreciative: when Cicero discusses (*Orat.* 214) the nature of commata, cola and periods, he records the loud applause of a *contio* when a particularly impressive period ended in a well turned ditrochee.[21] Clearly even an audience of one, as in the case of private letters, or letters to be published at a later time, would very often be reached through a *lector*, and, what is more, speeches, treatises, presumably indeed all Seneca's extant works were composed orally, aloud, and dictated to a scribe. They were in fact heard, however piecemeal, before they were written.[22]

For a trained reader, then, serving an appreciative but critical audience, a text would contain (and would need to contain) sufficient signs to enable him to produce a creditable performance. Unfortunately we are not very well informed about the training of professional *lectores*. It must have been a careful training and presumably its aims and methods did not differ all that much from those at play in the training of a young orator. If so, Quintilian's rather extensive remarks on the training of the young orator in appropriate performance may be used here to form a

---

[21]   In 1939 H.M. HUBBELL said in a foot note to his translation in the Loeb edition that the applause must have been at least partly due to the political circumstances in which the words were uttered: an interesting instance of refusing to believe what one does not experience oneself.

[22]   So Pliny the Younger's practice: *Epist.* IX 36, 2 where A.N. SHERWIN-WHITE nastily notes (*The Letters of Pliny. A Historical and Social Commentary* [Oxford 1966], 517) that Pliny's *Panegyric* is a good instance of such piecemeal oral composition with insufficient attention paid to the «architectonics».

mental picture, especially the passage in which he discusses the combination of rhythm and gesture (XI 3, 108 f.):

> *Sunt quaedam latentes sermonis percussiones et quasi aliqui pedes ad quos plurimorum gestus cadit, ut sit unus motus: «nouum crimen», alter «Gai Caesar», tertius «et ante hanc diem», quartus «non auditum», deinde «propinquus meus» et «ad te» et «Quintus Tubero» et «detulit».[23] Unde id quoque defluit uitium, ut iuuenes cum scribunt gestu praemodulati cogitationem, sic componant quo modo casura manus est.*

Obviously Quintilian in characterising this *uitium* is not saying that everyone in his time goes to such extremes, but at the same time the passage shows unmistakably that the rhythms of a prose passage would be accompanied by marked gesticulation. One would dearly love to know whether professional *lectores*[24] (for the most part presumably trained slaves) were taught to use such methods in Seneca's time, or whether they, like readers of books for the blind in the present-day Netherlands, on the contrary were told to keep voice-inflection, phrase-music and the

---

[23] This abomination of a performance concerns the opening sentence of Cicero's *Pro Q. Ligario* (Cicero editions print *hunc*). In accordance with the criteria developed by E. Fraenkel in his several colometric studies the sentence, in print, would look as follows:

> *Nouum crimen Gai Caesar*
> *et ante hunc diem non auditum*
> *propinquus meus ad te Quintus Tubero detulit.*

Note that the two short cola together are almost equalled in length by the longer one.

[24] Cic. *De orat.* I 136 refers to Crassus' *scriptor et lector Diphilus*; cf. *ibid.* II 223; Suet. *Aug.* 78, 2. Cf. also e.g. the professional pride in the grave inscription *Carmina Latina epigraphica* 1012: *Grammaticus léctorque fui set lector eorum / móre, incorruptó qui placuere sonó.* Fr. Buecheler notes *ad loc.*: «*incorruptae pronuntiationis studium etiam elogii huius apices plurimi ostendunt rectissime impositi.*»

like to a minimum, because these might interfere with the listener's freedom of interpretation. The passage from Pliny quoted above argues the opposite.

But earlier in the same chapter (XI 3, 4) Quintilian makes a sharp distinction between acting and reading:

> *Documento sunt uel scenici actores, qui et optimis poeta-rum tantum adiciunt gratiae, ut nos infinito magis eadem illa audita quam lecta delectent; et uilissimis etiam quibus-dam impetrant aures, ut, quibus nullus est in bibliothecis locus, sit etiam frequens in theatris.*

Against this passage one might quote the younger Pliny's reference to his own practice (VII 17, 7 f.) of first reading to himself, then to a few friends, and later to a large audience: proper reading is to be practised. Of course there must have been many levels of formality between the simple reading of a note from a friend or colleague and the reading of newly written literary work to an invited audience. However, it seems undeniable that even the most informal reading of a simple letter was done viva voce either by the receiver or his *lector*. But it is interesting to note that Pliny in the passage just referred to remarks that he does not do so to gain praise when reciting, but when being read by others[25], and his routine described above in fact serves to produce as good a published text as possible, that is to say a text that contains everything needed for a successful performance.

The difference between performing and reading, even good reading, is referred to again by Quintilian in the same chapter when he cites the instance of Hortensius, in whose extant writings he cannot find sufficient reason for his great fame.[26]

---

[25] *Nec uero ego, dum recito, laudari, sed dum legor, cupio. Itaque nullum emendandi genus omitto.*

[26] XI 3, 8 *Cuius rei fides est, quod eius scripta tantum intra famam sunt, ... ut appareat placuisse aliquid eo dicente, quod legentes non inuenimus.*

6. A technique of persuasion

Seneca's *Letter* 100 deals with a very similar difficulty. Lucilius has professed himself disappointed by the written work of Fabianus and one of the main points Seneca makes in reply is «If you had heard Fabianus himself you would have been much more impressed than you are now by reading the text». I believe, however, that in this case there are some undercurrents that go well beyond Quintilian's disappointment with Hortensius. The letter contains a few specific expressions that I should like to look at more closely. Seneca starts by summarising and initially criticising Lucilius' disappointment with Fabianus' work.[27] He then says (1)

> *Puta esse quod dicis*
> *et effundi uerba, non figi.*

The phrasing implies that Lucilius had expected the text to have a structure that leaves an immediate impression on him. Let us assume that he hoped for a text full of quotable quotes, full of phrasings that stick in one's memory. Seneca then rejects Lucilius' literary criticism expressed in the word *effundere*[28], replaces it by the word *fundere*, but for the sake of the argument sub-

---

[27] Fabianus' style of public discourse is mentioned also *Ep.* 40,12: *disputabat expedite magis quam concitate, ut posses dicere facilitatem esse illam, non celeritatem* — unlike the Serapio heard by Lucilius (see the next footnote). Furthermore *Ep.* 52,11 and 58,6 (*orationis etiam ad nostrum fastidium nitidae*).

[28] Cf. *Ep.* 40,2 where Lucilius is quoted as saying about the philosopher Serapio: *solet magno cursu uerba conuellere, quae non effundit [ima] sed premit et urguet.* The image is taken from a mountain torrent (cf. W.C. SUMMERS and F. PRÉCHAC-H. NOBLOT, *ad. loc.*). In this case we have no criticism but description. Nevertheless it is to be noted that *effundere* is used here without the implied criticism of *Ep.* 100,1.

sequently withdraws his rejection in order to come with his next objection to Lucilius' attitude: literary criticism is not relevant:

> *mores ille, non uerba composuit*
> *et animis scripsit ista, non auribus.* (2)

In the word *auribus* we have admittedly the pregnant meaning of «ears finely tuned to the beauties of literary form», but of course we must not forget that any impact of content would reach its target auditively, as I have discussed above. To that discussion I should like to add here the passage in which Quintilian implies that, apart from proper enunciation, there is a proper use of gesture: *abesse enim plurimum a saltatore debet orator, ut sit gestus ad sensus magis quam ad uerba accommodatus quod etiam histrionibus paulo grauioribus facere moris fuit* (XI 3, 89). The appropriate gesture, marked by appropriate rhythms, may well have been one element that Lucilius (or the Lucilius implied by Seneca) was unable to find in Fabianus' text. Fortunately Seneca not only phrases Lucilius' complaint — *effundi uerba, non figi* — but he also expresses what (the implied) Lucilius himself wants (10)

> *contra uitia aliquid aspere dici,*
> *contra pericula animose,*
> *contra fortunam superbe,*
> *contra ambitionem contumeliose.*

And Seneca has Lucilius continue:

> *uolo*
> *luxuriam obiurgari,*
> *libidinem traduci,*
> *impotentiam frangi.*
> *Sit aliquid*
> *oratorie acre,*
> *tragice grande,*
> *comice exile.*

Apart from the very interesting reference to literary genres (to which I shall return presently) the very phrasing here comes as close to a demonstration of *«figi»* as one can imagine. Very close, also, to one of the major characteristics of Seneca's own paraenetic style. In fact *figi* in Lucilius' mouth may well be regarded as a veiled reference to Seneca's manner of writing. Thus we have the interesting situation in which Seneca in his defence of Fabianus causes his implied correpondent to say, or at least hint, that Seneca's style is preferable to Fabianus'.

Seneca counters by saying *uis illum adsidere pusillae rei, uerbis*, thereby picking up the theme of *compositio* from the beginning of the letter and at the same time a theme that runs like Ariadne's string through the labyrinth of the *epistulae*, but occurs in the other works, too. The contrast is very clearly expressed in e.g. *Ep.* 20,2 *facere docet philosophia, non dicere* and is immediately linked there with the demand *ne orationi uita dissentiat*. Much the same contrast turns up in the context of philosophers misspending their time on words and games of logic instead of the serious business of living and dying (e.g. *Ep.* 45,5; I shall return to this point) and of course in *Ep.* 75,3, where in a discussion of appropriate style (to which I shall also return below) Seneca says *multum tamen operae impendi uerbis non oportet*.[29] In a rather more veiled manner the question of words and action is referred to in the rather despondent passage of *Ep.* 68 in which Seneca describes himself as a sick man whose only activity is to try to do something about his moral ulcer and advises Lucilius to depart with the words (9) *ego istum beatum hominem putabam et eruditum, erexeram aures: destitutus sum, nihil uidi, nihil audiui quod concupiscerem, ad quod reuerterer.*

---

[29]   Cf. *Ep.* 115,1 *Nimis anxium esse te circa uerba et compositionem, mi Lucili, nolo: habeo maiora quae cures. Quaere quid scribas, non quemadmodum e.q.s.*

The close connection of the contrast with Cato's famous rhetorical precept is quite apparent in *De tranquillitate animi* 1,13.[30] The theme, I think, is directly connected with the great moral dilemma as expressed e.g. in *Ep.* 26,5 *Non timide itaque componor ad illum diem quo remotis strophis ac fucis de me iudicaturus sum, utrum loquar fortia an sentiam*.[31] That sentence is significantly placed in a self-address, and is in fact a good instance of a common technique in moral (self-)training[32]: here Seneca is busy with himself (but like many a teacher at the same time with his student: *Ep.* 26,7). Conversely we find the common question asked of philosophers (and church ministers and, interestingly enough, quite often now of American politicians): *quare ergo tu fortius loqueris quam uiuis* (*Vit.* 17,7). The notion that *res* (c.q. action)[33] in principle are to be valued above words also occurs in quite practical situations, e.g. *Ben.* II 11,6, where the advice is given not to use much verbiage if one wants gratitude: actions speak more loudly.[34] The accusation directed at philosophers of dealing in words, not action is mentioned

---

[30]   Serenus, writing to his spiritual counselor (cf. HADOT 1969, 66), notes that he is trying to convince himself that a very simple style (*inelaborata... oratio... simplici stilo*) is to be preferred to works *duratura saeculis*.

[31]   For this major theme, closely connected as it is with the *res-uerba* dichotomy see e.g. GRIMAL 1978, 301.

[32]   See e.g. my diss. *Askesis. Notes on Epictetus' educational system* (Assen 1959). I. HADOT (1969) does not go deeply into the educational tradition of *haec mecum loquor* (*Ep.* 26,7).

[33]   Of course there are many passages (such as e.g. *Ep.* 122,3) in which *agere* is valued highly without being especially contrasted with *uerba, loqui* and the like.

[34]   *Praecipue, ut dixi, parcamus auribus; admonitio taedium facit, exprobratio odium. Nihil aeque in beneficio dando uitandum est quam superbia. Quid opus arrogantia uultus, quid tumore uerborum? Ipsa res te extollit.*

Ep. 24,15 and in the same letter Seneca had emphasized earlier
(9) *non in hoc exempla nunc congero ut ingenium exerceam, sed
ut te... exhorter*, an exhortation which consists in showing that
courage in the face of death restricted to a small group of *uiri
fortes.*

It must not be forgotten, however, that we also find words
and action in harmonious coexistence such as at *Tranq.* 4,5 in
the climactic phrase *uoce adhortatione exemplo animo milita*
(the interlacing of the four elements seems to be heavily under-
lined by striking synaloephe. Noteworthy is also the string of
cretics).

But as I noted many years ago[35] it seems possible to interpret
the «quotation» of the implied Lucilius in another way, viz. as
a stylistic caricature, that is to say as a caricature of the contemporary tendency towards pointed *schemata* — a tendency which
Seneca himself does not entirely disapprove of, but which must
not be overdone, and which certainly should not become more
important than the sense conveyed. By and large, however, I
still find it hard to believe that this latter interpretation is correct: schemata of this nature occur too often in a perfectly
serious context, conveying perfectly serious sentiments. One of
those, made famous by Norden's sarcasm[36], suggested the title
of my little book?[37]

What Seneca omits to do in *Letter* 100 is take into account
the possibility — something which, in case we are dealing with

---

[35]   *Inlaboratus et facilis*, 158 n. 49.

[36]   *Quod sentimus loquamur, quod loquimur sentiamus: concordet sermo cum
      uita* (*Ep.* 75,4). Ed. NORDEN's comment: «aber wird es uns nicht
      schwer, einem zu glauben, der eben diese *propositi summa* in ein poin-
      tiertes σχῆμα kleidet?» (*Die Antike Kunstprosa* I [Leipzig 1898], 307).

[37]   Apparently it is necessary to note that that title was mildly jocular (cf.
      M. LAUSBERG's review, in *Gnomon* 54 [1982], 199) and that jokes should
      not be explained.

a real letter of Lucilius which he is replying to, would immediately have been noticed by his correspondent — that in *effundi uerba, non figi* Lucilius' complaint is not so much stylistic criticism, but based on the observation that Fabianus' work is paraenetically not effective, not *adhortatio efficax*. Such an observation would imply that insistence on *uerba* and *compositio* is a quite proper attitude in one engaged in moral persuasion — a point well taken if indeed meso- and micro-rhythmic qualities have a mnemotechnical usefulness. If we subsequently compare *Ep.* 114,11 on the narrow relationship between style and *mores* (*itaque ubicumque uideris orationem corruptam placere, ibi mores quoque a recto desciuisse non erit dubium*) — a familiar subject which in one sense (that of purity of genre) goes right back to Plato[38] — we must conclude that Seneca at once praises the style of Papirius Fabianus because the man validates the style, vituperates Lucilius for preferring another style, indeed insinuates that Lucilius listens to words, not meanings — but himself practices the very style that Lucilius prefers. And when Seneca towards the end of his letter beats a retreat by saying that he has not recently read Fabianus, but that he remembers the effect he had when performing in person, the possibility that a real Lucilius may have meant such efficacy gets some further confirmation.

But the situation of *Ep.* 100 gives occasion for a further remark. *Effundi uerba, non figi* is interpreted by Seneca as referring to *compositio*. But when he has initially defended Fabianus'

---

[38]   See now e.g. an excellent study by Daniel L. SELDEN, «Genre of Genre: Theorizing Ancient Fiction» [The paper was recently read at the *Second International Conference on the Ancient Novel*, Dartmouth, July 23-29, 1989; see J. TATUM and G.M. VERNAZZA (above n. 16 p. 000), 69 f.], who notes that «a formal theory of literary genres first emerges as part of political philosophy» and refers i.a. to Plato, *Rep.* III 397d.

compositio, he continues (3) *Praeterea ipso dicente non uacasset tibi partes intueri, adeo te summa rapuisset.* On the surface this refers to the manner of performance. But *partes* is a general word which may refer to all major phases of rhetorical creativity — *inuentio, dispositio, elocutio* (including what Seneca calls *compositio*), *memoria* and *pronuntiatio.* Therefore, while ostensibly speaking about the immense impact of Fabianus' *pronuntiatio* (*adeo te summa rapuisset*) he hints at the same time that he cannot remember having had a chance to form a proper judgment on — for instance — the *dispositio* of the material. Yet that is an aspect of great importance for him, cf. *Ep.* 64,7 f. *hoc semper nouum erit, usus et inuentorum ab aliis scientia ac dispositio.* Is it unthinkable that Lucilius' criticism *effundi uerba, non figi* was in part directed at the *dispositio* in Fabianus' *ciuilium libri, dispositio* in the sense of proper application of the precepts of philosophy to people and circumstances? Indeed, if Lucilius wrote a real letter to Seneca (and the possibility still cannot be excluded) we have to reckon with a good chance that Seneca's handling of Lucilius' complaint first twists it in such a way that his correspondent would have reason first to turn to *De ira* in order to suppress his anger and then composedly write back again in the words of *De vita beata* (10,1): *dissimulas... quid a me dicatur.* If on the other hand the correspondence is «fictitious» I hope I have shown that it is possible to find within *Letter* 100 some evidence for that common pattern of having an interlocutor stating an objection and then twisting it in such a way that it becomes untenable or at least more easily rejected.

7. Generic mixture and rhythm

As said above, the «quotation» from Lucilius contains references to genre, quite obviously in the words *oratorie, tragice* and *comice*, recognisably so in *obiurgari, traduci* and *frangi*, but also in *aspere, animose* and *superbe*. The first three-some refers to a generic distinction of the highest level, though the terms are here transferred to stylistic characterisation of parts of a paraenetic speech; in the second set *obiurgari* is often used in Seneca's own work as a technical term for specialised speech acts[39]; *traducere* is employed in similar ways[40]; *frangi*, a far more general term, gets its special colour as a reference to paraenetic speech from the other two. Of the third group *aspere* often refers to style (in our letter e.g. § 6), often to tone of voice (e.g. *Ben.* I 9,2); for *animose* cf. e.g. *Vit.* 24,4 *non est ergo quod perperam exaudiatis quae honeste, fortiter, animose a studiosis sapientiae dicuntur*; and *superbe*, finally, like *frangi* above, appears to take its reference to appropriate philosophical speech from the other two as well as, of course, from its application to the great enemy *fortuna* (the latter word should probably be capitalised as in ch. 3 of *De prouidentia*).

It seems, then, that the movement of the «quotation» is from rather general characteristics of speech acts through references to sub-genre to the grand genres of ancient literature as employed in paraenesis. It should not be difficult to find instances of each of these in Seneca's own works. Doubtless Socrates' truncated speech that for us constitutes the end of *De uita beata* may count as *oratorie acre*. For *tragice grande* of course the spectacle provided by Cato in *De providentia* springs to mind[41] and *comice exile* seems an appropriate description

---

[39] E.g. *Vit.* 17,3 *cotidie aliquid ex uitiis meis demere et errores meos obiurgare* with the edition of P. GRIMAL, Coll. «Erasme» (Paris 1969), 84.

[40] E.g. *Ep.* 108,14 *uoluptates nostras traducere*, in the description of Attalus' performance (*perorantem*).

[41] See e.g. my «Drama in Seneca's Stoicism», in *TAPA* 97 (1966), 237-251 for a large number of dramatic passages (which I there called «playlets») of both tragic and comic character. ABEL 1967, 137 says with respect to

of the presentation of the worthies turning night into day in *Ep.* 122,9-16.

At this point I may be permitted to add a few remarks about what exactly I am referring to when I employ the word «genre». It is well known[42] that by Hellenistic times the classification of *eide* had become a very complex system full of overlaps and that both in prose and in poetry works were produced which combined *topoi* from varying generic origin. The process had started early, much to Plato's disgust.[43] At the same time these varying generic features retained sufficient signs of their identity to be recognised. What I have so far been trying to do in this contribution is show that Seneca was not only aware of the generic composites he was producing (the «quotation» from Lucilius, whether «real»[44] or not, as just discussed, constitutes sufficient proof for that assertion) but that their constituent parts, apart from the verbal elements of topoi and signal-words, also had a concomitant system of micro- and meso-rhythmic signs. I am

---

Cato in *De const. sap.* that «die Gestalt des helden-mütigen Streiters in tragische Beleuchtung gerückt wird».

[42] See W. KROLL, *Studien zum Verständnis der römischen Literatur* (Stuttgart 1924; repr. 1964), 202-246 («Die Kreuzung der Gattungen»). He notes p. 216 Seneca's letters as a particularly good instance. For the rest he chiefly deals with poetry, as does Francis CAIRNS, *Generic Composition in Greek and Roman Poetry* (Edinburgh 1972), who is mainly concerned with what I would prefer to call sub-genres. The phenomenon properly understood is of major importance in the interpretation of Apuleius' *Metamorphoses.*

[43] Cf. Plato, *Lg.* 700a-701c. See also D.L. SELDEN as quoted above in note 38.

[44] For the debate on that question (after ALBERTINI 1923, 44 ff.) see MAURACH 1970, 21 n. 37; RUSSELL 1974, 72 f.; GRIMAL 1978, 315 ff. They plead respectively for fictitious correpondence, a middle position, and real correspondence. In this contribution I avoid taking sides, since the question does not materially affect my subject.

using the term «concomitant» because in the sign systems sign will specify sign. Thus it is quite obvious that when at *Polyb.* 14,2 the ancient reader comes across the words *Hunc itaque tibi puta dicere* he is alerted to further signs that will enable him to perform the subsequent passage as a (consolatory) speech.[45] Cicero, though he states that the use of rhythm in prose is aimed *ad delectationem*, is well aware of its varied application to different parts of a speech: *Ita, si numerus orationis quaeritur qui sit, omnis est, sed alius alio melior atque aptior* (*Orat.* 203).[46]

To me, then, it would seem by no means impossible that an ancient reader — if properly trained — would be able to pick up the micro- and meso-rhythmic elements accompanying certain generic elements in composite texts and fashionable in a certain period. In fact Seneca sketches a Lucilius who is such a well trained reader. The accusation of bad, or at least wrongly directed, reading in *Letter* 100 had been preceded by a discussion

---

[45] The fact that prose rhythm can perform such a function is implicitly recognised also in modern semiological studies, see e.g. C. MORRIS, *Writings on the general theory of signs*, Approaches to Semiotics, ed. by Th.A. SEBEOK, 16 (The Hague 1971), 33: «Pauses, speech melodies, and emphasis help to perform such functions in spoken language; punctuation marks, accents, parentheses, italics, size of letter, etc., are similar aids in written and printed languages. Such signs within the language perform primarily a pragmatical function.»

[46] A. PRIMMER, *Cicero Numerosus. Studien zum antiken Prosarhythmus*, SAWW Bd. 257 (Wien 1968), comes very close to a similar hypothesis when he speaks (p. 261) of «Allegrostellen» and says (p. 265) «Eine Frage für sich wäre, ob die Frequenz der Dikretiker in der Marcelliana mit dem genus laudativum zusammenhängt oder nur die allgemeine Entwicklung von Ciceros später Klauselpraxis dokumentiert. Gewiss ist, dass man die preisende Kretiker auch in den Reden (wie in anderen Schriften) der Vierzigerjahre diagnostizieren kann.» He speaks *ibidem* of the «Rhythmus der Rührung und der Trauer». Unfortunately he does not present much material from Cicero's philosophical writings.

of another complaint on the part of Lucilius. *Letter* 75 starts with the sentence: *Minus tibi accuratas a me epistulas mitti quereris*. Again we must take the two possibilities into account: either Seneca is replying to a real letter, now lost, or he sets up the fiction of having received a letter with that complaint. In the first case it may well be that this man of letters, Lucilius[47] (not only an eager reader cf. e.g. *Ep*. 2,2, but an accomplished author as well, cf. e.g. *Ep*. 19,3), picked up some transgressions against the literary code Seneca otherwise adhered to and that these transgressions — to him at least — were a hindrance in picking up the moral message conveyed. Even in the present day world one can easily imagine a church minister or priest using an inappropriate register in his sermon — perhaps to shock his flock into listening, but inadvertently shocking them so much that henceforth his sheep hear the impropriety only. In the literate Roman society of the early Empire, finely attuned as it was to the «laws» governing generic composition and to the linguistic *decorum*, something of that nature may easily have happened, i.e. Lucilius may have picked up a set of wrong signs. In the second case Seneca has consciously created an implied reader and endowed him with the characteristic of reacting to what he subsequently says was the wrong set of signs, that is to say the literary code, rather than the moral message. Now the next paragraph starts with an odd sentence: *Si fieri posset quid sentiam ostendere quam loqui mallem*. The logical phrase *loqui quam scribere* has in fact been made impossible by the development of § 1 in which Seneca says he wants the language of his letters to sound as much like that of regular conversation as possible. The sentence as it stands actually questions the very possibility of conveying the true sentiments of the speaker in

---

[47] For Lucilius as a person see e.g. RUSSELL 1974, 75; GRIMAL 1978, *passim*. Russell sees him very much as a kind of *alter ego* of Seneca.

language. The basic content of the complaint has been neatly replaced by the Senecan topos of *res* (c.q. action) versus *uerba*. Subsequently he indeed does go into the question of *uerba*, by saying that even *disputare* should be without the rhetorical adornment of (inordinate) gesticulation[48], but he has to admit that certain signs of sincerity are required and he does that by means of the very illustrative comparison with the different ways in which people kiss their sexual partners and their children, whereupon he retreats altogether: *non mehercules ieiuna esse et arida uolo quae de rebus tam magnis dicentur — neque enim philosophia ingenio renuntiat —, multum tamen operae impendi uerbis non oportet.* But for all we know (in case Lucilius had written a real letter, he would have known), the original complaint had asked the question whether true philosophy renounces literary talent for the very reason that Seneca had stepped over the boundaries of contemporary good taste and had thus obfuscated his own philosophical message.

8. Dialectic interlude

With the permission of the present scholarly company I should like to indulge at this point in a very brief bit of imaginary dialogue (scholarly *decorum* will be preserved by the insertion of footnotes):

Ghost of Seneca	*Dissimulas quid a me dicatur.*
Scholar (c.q. Scholasticus)	I don't think so, but let me give another example. Just take your treatment of Epicurus when you call him *mollitiam professus.*[49]

---

[48] *Etiam si disputarem, nec supploderem pedem nec manum iactarem nec attollerem uocem, sed ista oratoribus reliquissem e.q.s.* Incidentally a welcome addition to what Quintilian has to say about gestures.

[49] *Ep. 33,2 mirum est fortiter aliquid dici ab homine mollitiam professo.*

Ghost of Seneca	I also mentioned his days of abstinence.
Scholar	I know the passage — as well as the phrase in which you cast doubt on his veracity.[50] And immediately afterwards you write that the highest pleasure is to be able to find pleasure even in a small bit of the plainest fare.
Ghost of Seneca	That is good Stoic doctrine.
Scholar	Yet you doubt that Epicurus could enjoy that pure pleasure.
Ghost of Seneca	All Stoics deny that he could.
Scholasticus	*Fuge multitudinem.*[51]

The rhetorical pattern of first shifting the position of the adversary in the desired direction and then opposing it with arguments suitable to one's own is common in Seneca's prose. But Seneca's prose, unlike much of Cicero's, does not form part of an institutionalised adversary system in which the method has its justification because it is used by both sides.[52] On the contrary, most of it is serious philosophical persuasion in which the method should have been avoided for the sake of mere honesty. In fact Seneca himself makes a point of extolling the *uirtus, quae mendacia et contra uerum placentia extirpet, quae nos a populo cui nimis credimus separet ac sinceris opinionibus reddat (Ep. 94,68).*[53]

---

[50] *Ep.* 18,9 *hoc certe in iis epistulis ait quas scripsit... ad Polyaenum.* But compare *Ep.* 21,10.

[51] *Ep.* 10,1.

[52] I prefer Apuleius in this respect, because on the one hand one gets the impression that he is a formidable twister of oppositional argumentation in the *Apology*, but he is also able to poke fun at the method by giving an outrageous example in presenting both the speech for the prosecution and Lucius' defence at Hypata's Risus festival (*Met.* III 3-6, pp. 54, 3-57, 2 Helm).

[53] Cf. *Ep.* 79,18 *tenue est mendacium: perlucet si diligenter inspexeris.* («Lie», «mendacity» are among the many lacunas in A.L. MOTTO's *Guide to the*

«But» (someone will say) «such rhetorical colouring of the adversary's position is something he has in common with his contemporaries. That is how they learnt to argue at school.» True enough, but during the last few decades we have learnt to question the supremacy of the purely historical judgment. In interpreting (ancient) literature the reader has become very important, and we are no longer dealing merely with the contemporary reader (or the image we have of that contemporary reader, or even the reader an author appears to be directly addressing or could have come accross amongst his acquaintance), but we may and must take ourselves equally seriously as readers.

9. Cauillatio

This whole question of the use of rhetoric has its counterpart in Seneca's well-known dislike of the *cauillationes* of those philosophers who spend much of their lives in the study and teaching of language and logic. Seneca shares this dislike, or distrust with e.g. Epictetus. But it is equally well-known that as a School the Stoa had made major contributions in those fields. In reading Seneca we not only do not sense that he had any appreciation of the importance of those contributions — his references to the major tripartition of philosophy notwithstanding[54] — but we even get the impression that he did not really understand how organically they were linked with the posi-

---

thought of Lucius Annaeus Seneca [Amsterdam 1970].) For the Stoic definition of acceptable rhetoric cf. e.g. M. POHLENZ, *Die Stoa* (Göttingen 1948/1949), I 52 and II 31, with the interesting phrase τὸ δὲ εὖ λέγειν ἕλεγον τὸ ἀληθῆ λέγειν. See also HADOT 1969, 109.

[54] *Ep.* 88,24 and 89,9 with an intriguing difference in sequential order.

tions he himself cherished in both ethics and physics. Fragment
17 (cf. M. Lausberg, *Untersuchungen zu Senecas Fragmenten*
[Berlin 1970], 102 ff.) actually gives five definitions of
philosophy, all of them limiting the love of wisdom to the conduct of life. Grammar contributes nothing to virtue and reason
in its aspect of the proper conduct of continuing argumentation
or clean performance of dialectic debate, or, for that matter, the
drawing of proper conclusions from correctly established
premisses is not studied but actually scorned. Rist quite
justifiably ends his book on *Stoic Philosophy*[55] with the
sentence: «The most interesting positions of Zeno and
Chrysippus, particularly in logic and psychology, were forgotten, ignored, or misunderstood in the school itself.» He of
course refers to the Stoics of the Empire. To give but one example, Zeno, who in other contexts is held up as one of Seneca's
heroes of moral life, is referred to in *Letter* 83,9 as the producer
of a syllogism that makes no sense at all. Seneca subsequently
produces Posidonius' defence of Zeno's position, one based on
the double meaning of a word, but he rejects that defence and
adds (11): *Adice nunc quod, si hoc intellexit Zenon et nos
intellegere noluit, ambiguitate uerbi quaesiit locum fraudi, quod
faciendum non est ubi ueritas quaeritur.* The textual uncer-
tainty here (only one important manuscript has *uoluit* according
to Reynolds) is most interesting. If *uoluit* is to be read Seneca
merely says that Zeno was guilty of a fallacy, if *noluit* — as the
bulk of the tradition has it — he accuses Zeno of consciously
deceiving his readers. Kidd notes in his recent commentary on
the fragments of Posidonius[56] quite correctly that *ambiguitate*

---

[55]   J.M. RIST, *Stoic Philosophy* (Cambridge, 1969), 289.
[56]   Fr. 175, see I.G. KIDD (ed.), *Posidonius.* II, *The Commentary* (Cambridge
1988), 645. The text of this sentence is not included in the fragment as
presented in volume I and Kidd does not discuss the question.

uerbi quaesiit locum fraudi is unfair: lack of clarity is not *fraus*.

M. Grimal (1978, 256 f.) has very clearly and succinctly set out why Seneca so reduced the importance of dialectic as he did, but when he adds that Seneca nevertheless did not betray the School's tradition, I believe he goes too far in defending the Corduban — if only because the rhetorical impact of the scorn heaped on dialectic cuts it away from the system altogether — and has done so historically. And I may add that in his own practice of moral persuasion Seneca would have greatly benefited by a greater awareness of both the importance and the effectiveness of clean reasoning. Another case in point may be culled from the difficulty one frequently experiences in determining Seneca's precise position on important questions of philosophical doctrine.

10. Finally

In 1973 I had the opportunity of addressing the question whether philosophically speaking Seneca could be called a dualist[57], and I came to the conclusion that, though in the strict sense the term is not applicable to Seneca's stoicism, the rhetoric of moralist persuasion often led him to use terminology and imagery that seemed to imply a dualist position, in particular as regards the opposition soul-body.

In the present contribution I have tried to identify some compositional techniques that may be observed in Seneca's prose. They were limited to meso- and micro-rhythmic elements. Investigation of Seneca's use of period, complex sentence

---

[57]   «Two such opposed Kings», in *Theta Pi. A Journal for Greek and Early Christian Philosophy* (Leiden), 2 (1973), 40-59.

and group[58] — closely related as they are to meso-rhythmic qualities — might well support and enrich the hypothesis.

I have further attempted to isolate some techniques of persuasion and I have been guilty of selecting those that at least in part explain my own increasingly unfavourable reaction to the prose work of this author as it lies before us. It will have been noticed that neither reasons based on Quintilian's dilemma, nor reasons deriving from the Tacitean *non liquet* figure among them. The first would mean participating in a historical debate, which is not my business on this occasion, the second passing a moral judgment on the historical person rather than on the prose texts we, their readers, are faced with.

BIBLIOGRAPHY

ABEL, K., *Bauformen in Senecas Dialogen* (Heidelberg 1967).

ALBERTINI, E., *La composition dans les ouvrages philosophiques de Sénèque* (Paris 1923).

DAHLMANN, H., «Zu Senecas Trostschrift an Polybius», in *Hermes* 71 (1936), 374-375.

FRAENKEL, Ed., *Leseproben aus Reden Ciceros and Catos* (Roma 1968).

GRIMAL, P., *Seneca. Macht und Ohnmacht des Geistes* (Darmstadt 1978).

HADOT, I., *Seneca und die griechisch-römische Tradition der Seelenleitung* (Berlin 1969).

HIJMANS, B.L. Jr., *Inlaboratus et facilis. Aspects of Structure in Some Letters of Seneca*, Mnemosyne, Suppl. 38 (Leiden 1976).

— «*Asinus numerosus*», in *Aspects of Apuleius' Golden Ass. A collection of original papers*, ed. by B.L. HIJMANS Jr. and R. Th. VAN DER PAARDT (Groningen 1978), 189-209.

KENNEDY, G., *The Art of Rhetoric in the Roman World*, A History of Rhetoric, 2 (Princeton 1972).

---

[58]   For the distinction see *Inlaboratus er facilis*, 100 ff.

MAURACH, G., *Der Bau von Senecas Epistulae morales* (Heidelberg 1970).

RUSSELL, D.A., «Seneca's Prose», in *Seneca*, ed. by C.D.N. COSTA (London 1974).

STEYNS, D., *Etude sur les métaphores et les comparaisons dans les œuvres en prose de Sénèque le philosophe* (Gent 1907).

DISCUSSION

M. Grimal: Nous possédons un exemple du style oratoire de Claude, la *Table de Lyon*. Ne peut-on y trouver la confirmation de ce que vous dites des différences entre le discours de Claude dans la *Consolation à Polybe* et les paroles de Sénèque? La longueur et la complication des phrases, sur la «table claudienne», semblent bien vous donner raison. Qu'en pensez-vous?

M. Hijmans: I have not had the time to do a rhythmical analysis of Claudius' extant speech and for that reason I am not in a position to judge whether the consolatory speech Seneca puts in Claudius' mouth shows any rhythmical similarities.

M. Grimal: Analysé selon la méthode que vous proposez, le début du *De clementia* semble très oratoire. Cela peut-il nous confirmer dans l'idée qu'il s'agit du texte d'un discours effectivement prononcé par Sénèque — peut-être en janvier 55?

M. Hijmans: Certainly the figures in the tables I have presented show a marked mesorhythmic similarity between the various speeches, including e.g. Apuleius' *De deo Socratis*. To speak of confirmation of your theory concerning *De clementia* seems a bit strong, but the rhythmic element could well be used in support. It seems possible however that the author just wrote the work *like* a speech. I do not believe that any arguments concerning chronology can be advanced on the basis of the rhythmic differences between the various works.

M. Lana: Mi chiedo se alla relazione, che il prof. Hijmans ha rigorosamente sviluppata procedendo internamente agli scritti di Seneca, possa giovare — come verifica dei risultati raggiunti — l'analisi sia del discorso di Claudio nella *Tabula Lugdunensis* (come già ha proposto il prof. Grimal), sia del rifacimento tacitiano del discordo claudiano (*Ann.* X 1, 24), sia del breve editto di Claudio *De civitate Anaunorum* (*CIL* V 5050). Tale verifica servirebbe, io penso, a mettere in chiaro che Seneca, oratore efficace, che audiva a fare spiccare la sua oratoria su quella degli altri oratori romani (v. Suet. *Nero* 52) — nel *Polyb.* 14-16 ha applicato uno schema suo senza tenere presenti le preferenze stilistiche dell'imperatore e, anzi, contrapponendosi ad esse.

M. Hijmans: A close comparison between the text of the *Tabula Lugdunensis*, Tacitus' rendering of that speech in the *Annals* and Claudius' speech in Seneca's *Polyb.* also with respect to their rhythms would be useful. In evaluating the results of such a comparison one would have to take some facts into account. Tacitus puts a rather strong imprint of his own historical style on the speeches he renders (one thinks e.g. of Suillius' denouncement of Seneca, *Ann.* XIII 42 f., of Seneca's final address to Nero and Nero's answer, *Ann.* XIV 53-56). That imprint is very clear in his rendering (*Ann.* XI 24) of Claudius' largely extant speech. Secondly one has to remember that there is also a generic difference between the speech on citizenship Claudius gave in the Senate and the consolatory speech Seneca puts in Claudius' mouth: the first a public one of the *genus deliberativum*, the second a paraenetic one in domestic setting. I do not actually believe that Seneca here attempts to render Claudius' stylistic preferences and I would try to explain any rhythmic similarities and differences between the *Tabula Lugdunensis* and *Polyb.* 14-16 in terms of genre and subgenre.

M. Mazzoli: Anche se mi rendo conto che la questione non tocca direttamente il problema da Lei studiato, desidererei conoscere il Suo punto di vista circa l'incidenza avuta sulla prassi stilistica di Seneca dalle teorie scolastiche, e in particolare dalla dottrina paneziana del πρέπον, che sembra rispecchiarsi nello sforzo di adeguamento, da Lei così puntualmente documentato, che il filosofo compie tra gli elementi ritmici e le specifiche istanze dei «generi» in cui la parenesi si esprime.

M. Hijmans: Thank you for your suggestive question. It is not an easy
one. In 1976 I stated (p. 151) concerning *Letter* 75 that Seneca indicates «that
he follows the demands of his school» and that «Seneca's rhetorical practice
is... linked to his philosophical activity». The link, I then said, could be
demonstrated in that very letter. I see no reason now to depart from that statement and I am grateful to you for pointing out that it is in need of further
development. As to the question concerning the link I have tried to demonstrate between rhythmic elements and various (sub)genres I am somewhat
hesitant: I think we are dealing here with a more general rhetorical practice
rather than one to be specifically connected with Stoic/Panaetian doctrine.
To me it seems significant that my two samples of Apuleius tend to show
a very similar trend. I only regret that I had insufficient time to subject a
number of samples from Cicero to the same scrutiny.

M. Grimal: M. Mazzoli vient de soulever un point très important. L'esthétique du «convenable» diffère totalement de ce que Sénèque attend du discours d'un philosophe, qui ne doit pas avoir pour but la beauté mais l'efficacité. Il s'agit de «faire violence» à l'âme, non de la charmer. Il y a là deux formes différentes de persuasion, que Lucilius tend à confondre. D'où son jugement critique concernant Fabianus.

M. Hijmans: In my contribution I have perhaps overoptimistically assu-
med a Lucilius (whether «real» or «implied») who is Seneca's intellectual
equal and who demands *exhortatio efficax* rather than the pleasures of a char-
ming style. I based that assumption in part on my interpretation of *figi*. It
is of course only if the assumption is tenable that one may say that Seneca
twists Lucilius' criticism of Fabianus in a convenient way.

M. Grimal: Comment interprétez-vous *figi* dans ce passage de la *Lettre*
100?

M. Hijmans: I take *figi* to mean here «be fixed (in the mind)» (cf. *ThLL*
s.v. *figo* 719, 12 where it is defined as *figendo firmare, stabilire*). There are in
fact few parallels for the verb in contexts similar to ours (however, cf. e.g.

Stat. *Ach.* I 380 *arcanaque murmura figit | auribus*). It seems possible that the image of decrees, regulations affixed to public buildings is present here. Existent translations, I think, gloss over the word a little: e.g. Préchac-Noblot: «placarde»; Gummere: «places»; Aiber: «fije»; Verhoeven: «op hun plaats gezet worden»; Schweighäuser's comment (1809) is still interesting: «refertur ad *stimulos*, quos desideraverat» (quoted from N. Bouillet, *L. Annaei Senecae opera philosophica* [Parisiis 1829], IV 162).

M. Grimal: Le problème de l'éloquence, pour le stoïcien, paraît avoir admis des solutions différentes. Le cas de Rutilius Rufus était resté célèbre. Accusé injustement par un jury de chevaliers qui lui était hostile, Rufus se défendit en s'interdisant de recourir aux procédés habituels de l'éloquence. Il parla brièvement, se fiant à la vérité de sa cause. Il fut condamné. Sénèque a évidemment renoncé à cette «rhétorique» austère. Il n'hésite pas à préconiser une emprise émotionnelle du «maître» sur l'élève. La pure dialectique lui semble insuffisante.

M. Gigon: La tension entre les deux perspectives: «Il suffit de dire la vérité qui, elle, saura vaincre toute seule» et «Il faut trouver les moyens appropriés pour atteindre le lecteur, pour le toucher et le convaincre», cette tension est visible dès le début de l'*Apologie de Socrate* de Platon. Socrate ne veut dire que la vérité, et pourtant tout son exposé est d'un style hautement élaboré; la structure de l'ensemble est parfaitement calculée!

M. Grimal: Ce rôle est indéniable. Mentionnons seulement le fait que Lucrèce a recours à la poésie pour persuader. Sénèque lui-même, dans les *Lettres*, utilise l'épicurisme comme propédeutique à la vie intérieure. C'est peut-être là l'apport essentiel des cercles épicuriens à la philosophie romaine.

M. Hijmans: The discussion appears to indicate that I have not made my basic objections sufficiently clear. When Seneca twists an opponent's position in order to combat it, I think he is in fact misusing his rhetorical abilities in a particular area that, in my opinion, touches on a precise point of ethics: honesty. The case of Rutilius Rufus in this respect is very welcome because

it represents an extreme. I have not been asking for that extreme: it should
have been possible for a man of Seneca's great verbal and imaginative powers
to avoid this particular dishonesty. In this respect M. Gigon's reference to
Plato's *Apology of Socrates'* is most welcome. Surely, there is a difference
between saying of Epicurus *mollitiam professus* and e.g. «even Epicurus,
whose basic position I reject, knew and practised the simple life». On other
occasions Seneca himself uses or implies just such a formula, e.g. *Ep.*
2, 5.

Mme Armisen-Marchetti: L'exposé de M. Hijmans, par lequel s'ouvrent ces
Entretiens, introduit d'emblée le problème fondamental qui se pose lorsque
l'on étudie la prose de Sénèque. Que Sénèque soit un grand prosateur, cela
n'a jamais été contesté. Mais précisément, parce qu'il écrit bien, on l'a accusé
de faire passer ses préoccupations littéraires avant ses préoccupations philosophiques. Sénèque lui-même est partiellement responsable de ce mauvais procès, lorsqu'il oppose *res* et *verba* et proclame la préséance des premières sur
les secondes. Il est alors facile de prétendre qu'il n'obéit pas à ses propres principes. En réalité un style transparent, qui ne serait que l'énonciation brute des
res, cela n'existe pas. L'énonciation des *res* passe par le travail sur les *verba*,
la fonction de l'*ars* étant de rendre ceux-ci fidèles à la dignité de celles-là.

M. Hijmans: Mme Armisen's welcome remark gives me the opportunity
to clarify my position a little further. In *Ep.* 64, 7-8 Seneca is writing to Lucilius about the way in which one should deal with the heritage left by the
ancient philosophers. The metaphor of *hereditas* is beautifully expanded in
the sentence *sed agamus bonum patrem familiae, faciamus ampliora quae acce-
pimus; maior ista hereditas a me ad posteros transeat.* The word *ampliora* in
this sentence is double-faced for us who make a sharp distinction between
rhetoric and philosophy. The same is true for the terminology in the next
sentence *hoc semper novum erit, usus et inventorum ab aliis scientia ac dispositio.* In my contribution I have not objected to this at once philosophical and
rhetorical aim. It is a perfectly honourable one but, as I have said in my answer to the previous question, it should have been possible to work toward

that aim while avoiding blatant instances of dishonesty: in those particular cases Seneca does not obey his own principles.

M. Soubiran: Je n'interviendrai que sur un problème technique, qui est un peu de ma compétence: celui des cola et des clausules.

Première remarque: quels critères avez-vous adoptés pour le découpage des cola? Il me semble que ces critères doivent être syntaxiques et/ou rhétoriques. Mais une marge d'incertitude (vous le notez vous-même dans votre *Inlaboratus et facilis*) est inévitable. Ainsi dans votre exposé, en *Polyb.* 12, 5, je serais tenté de couper après *nepotibus demum nostris dies nota sit*, coupure que soulignerait de surcroît la belle clausule dicrétique. De même, en *Polyb.* 13, 1, malgré une clausule moins brillante, j'inclinerais à couper après *furor concussit*. Sur le plan des principes, faut-il admettre qu'une clausule nettement perceptible (ainsi dichorée, crétique-trochée ou dicrétique) marque nécessairement une fin de colon?

Deuxième remarque: comment convient-il de mesurer la longueur des cola? Comme dans votre livre, vous comptez les syllabes (en généralisant la synalèphe à l'intérieur des cola — mais non pas, évidemment, aux limites des cola: c'est la solution la plus raisonnable). C'est une méthode simple, mais ce n'est pas la seule possible. On pourrait aussi:
— soit compter le nombres de mores;
— soit compter le nombre d'*elementa* métriques (demi-pieds).

Pour prendre un exemple tiré de votre livre (analyse métrique de *Ep.* 1, 4): des deux cola (46) *quid ego faciam* et (55) *omnes ignoscunt*, le premier est plus long en syllabes (6 contre 5), mais plus bref en mores (7 contre 10) et en *elementa* (4 contre 5). Quel décompte convient-il d'adopter? C'est un problème de méthode que les chercheurs devront débattre.

M. Hijmans: As to the first point of your very welcome and partly exciting remarks I fully agree with you (and did so 1976, 84) that in colometry points of hesitation remain. Very practically I understand your hesitation at 12, 5, where you would like to pause after *nota sit*. I have used Fraenkel's criteria and I must say that it is precisely in the case of adjectival clauses that his criteria have often given me cause to hesitate. In this case I share your hesitation and would like to note that pauses are of a varying order of strength. On this particular point it seems to me that the sentence could be performed either without any pause or with a very slight one. In the case of 13, 1 a possible pause after *concussit* would probably entail an earlier one after *patere*. To me it seems quite possible to perform the phrase without pauses at these syntactical points. On the question of principle: for this contribution I have marked the cola on the basis of the three criteria I set out in 1976 *ibid.*, that is to say a) meaning, b) stylistic markers and c) common clausulae. In almost all cases all three, sometimes two of the criteria forced my decision. In fact I see the clausula as an indication not that a pause exists, but that an existing pause is reinforced.

The second point of your remarks is the exciting one, for in fact you open an entirely new way of measuring the length of a colon, one which I have not encountered in the relevant literature. Of the two possibilities you propose I prefer counting the *morae* at first sight because it seems to me that it would come closest to the aim of the whole exercise, i.e. to approach the audible mesorhythmic effect of a series of cola of different lengths. I am very hesitant about counting the *elementa*, because I am by no means sure that the metric feet (or half-feet) mentioned in ancient theory concerning prose rhythm are more than a description of sequences of longs and shorts employed for want of symbolic marks. I argued my position in this respect in *Mnemosyne* S. IV 30 (1977), 428-431.

M. Mayer: The central issue, as you define it towards the end of your essay, is a fundamental mistrust of language as a reliable indicator of one's moral position (perhaps that is less surprising in one who found himself obliged to defend a matricide; cf. Tac. *Ann.* XIV 11). Yet the moralist, if he is to be of any use to his fellow men generally, ought to publish his reflections, especially if they seem to find favour (and the numerous books of *Epistulae* suggest some demand from readers). Do you then believe that Seneca's position after his retirement was determined by an irreconcilable tension: on the one hand, a loss of faith in the tradition of formal prose, yet on the other a genuine urge to contribute something to man's moral well-being?

M. Hijmans: Thank you very much indeed for putting the central issue of the second half of my contribution so very clearly. For Seneca language as such has the final limitation that even the bravest words do not show one has the courage to live up to them, hence *ostendere quam loqui mallem*, and it seems to me he is increasingly aware of that fact. He is obviously also aware of the need for *exhortatio efficax* and the usefulness of his talents in this respect. I have tried to show that the contrast *res vs. verba* is in fact operative on several different levels. All this does not alter my impression that Seneca uses one particular rhetorical technique in an area for which it is not just unsuitable, but in view of the absence of a real opponent, morally indefensible. You refer to the many readers the *Epistulae* may or must have had: those readers are unable to reply effectively. I doubt however that Seneca towards the end of his life questioned the possibility of *exhortatio efficax* as such, but I do think that he was on a personal level dubious of his own moral strength vis-à-vis *ostendere*, on the level of moral persuasion at the same time aware however that *ostendere* was needed in order to validate the *verba*.

M. Lana: Chiedo inoltre al prof. Hijmans — a proposito del giudizio di Lucilio sullo stile dei *libri civilium* (*Ep.* 100) che lo riteneva, a differenza di Seneca, stramento poco efficace par la *adhortatio* — se l'analisi dei frammenti di Fabiano conservati di Seneca Padre nelle *Contr.* e *Suas.* (*Contr.* II 1, 10-13; 2, 4; 3, 5 e 9; 4, 3, 7 e 10; 5, 6 e 7; 6, 2 e 4; *Suas.* 1, 4) possa essere utile sia a confortare il giudizio di Seneca sia a fornire elementi di prova (anche se le citazioni di Seneca Padre riguardano l'attività di Fabiano precedente la sua «conversione» filosofica alla scuola dei Sestii).

M. Hijmans: The style, or rather styles, of Fabianus are discussed by Seneca Pater (cf. *Contr.* II *Praef.* § 1-4). As to his style in *Suasoriae* the impression of Seneca Pater is expressed by means of the same metaphor of flowing water: *numquam inopia verbi substitit, sed velocissimo ac facillimo cursu omnes res beata circumfluebat oratio*. If only for that reason I should indeed have analysed all fragments of Fabianus as preserved in Seneca Pater. But I have two reservations:

a)   The Fabianus fragments are in part summaries, and therefore useless for rhythmical analysis, in part indeed quotations, but quotations that have come to us through the (admittedly remarkable) memory of Seneca Pater. If I see how often even verse quotations in ancient authors differ from the texts we have, I must be hesitant about the usefulness of these quotations for rhythmical analysis: even the best of memories play tricks concerning word order, synonyms and the like.

   b) The exercise involved in analysing the *Fragmenta Fabiana* would be very interesting, but should be undertaken to define the subject matter of the debate and to decide whose appreciation (Seneca Pater's, Seneca Filius' or Lucilius') is most likely correct on a level of style. I raised another point, viz. whether Lucilius may have meant that Fabianus' paraenetic in his *civilium libri* is not *exhortatio efficax*, whether indeed in Lucilius' terms the question is not so much one of *effundere* vs. *fundere* but very much one of *figi* in my interpretation of that word (see p. 20 ff.; 40 f.).

M. Mazzoli: Nella prima parte della Sua esposizione Lei ha riccamente illustrato la spiccata funzione semiotica che ha nella prosa di Seneca il fattore ritmico, atto a fornire al lettore coltivato le indicazioni idonee per la sua *performance* orale. Esprime anche l'ipotesi che le opere rimastei di Seneca siano state composte oralmente, ad alta voce e dettate a uno scriba. Tutto ciò La porta a marcare la decisiva importanza dell'elemento orale e acustico nell' elaborazione dell'opera senecana. Ci sono peraltro testi che o svalutano, come *Ep.* 75, 1, la mediazione verbale della comunicazione (*ostendere quam loqui mallem*), o insistono, come la 84, 1 ss., sul momento sostanziale della scrittura presa in se stessa (*stilus redigat in corpus*). Mi domando e Le domando se non sia il caso, per una più piena valutazione della stilistica senecana, di considerare anche il problema globale del «pubblico», ipotizzando un primo livello, ristretto, di lettori esperti, attrezzati per percepire la semiotica «acustica» della scrittura e un più vasto livello secondario, quello dei lettori comuni, cui il filosofo dirige, in funzione del progresso morale, la sua scrittura «reale».

M. Hijmans: I have perhaps spent an inordinate part of my paper on the auditive aspect of ancient prose. The reason was that I fail to see a function for rhythm unless it is experienced, and the only effective experience, I believe, is an auditive one. Your question, then, is very welcome for it gives me the opportunity to underline the auditive aspect once more and increases my urge to return to it on another occasion. As to *ostendere quam loqui mallem* (*Ep.* 75, 1) the question of effective communication seems to be raised to another level (that of the personal example, ultimately resulting in the *imago vitae*). As to *Ep.* 84, I do not believe that the process described there invalidates what I have said about audible absorption of another's writings and audible composition of one's own, and if Seneca picks up the moment of recording by means of the *stilus*, that fact says nothing about the question whether it is a *scriba* who wields the *stilus* or Seneca himself. As to your demand for a fuller evaluation of the whole process of publication: I fully agree, *sed suo ista tempori reserventur.*

II

KARLHANS ABEL

DIE «BEWEISENDE» STRUKTUR
DES SENECANISCHEN DIALOGS

Das Problem, das uns in dieser Stunde beschäftigen soll, die Komposition des Senecanischen Dialogs, reicht in eine ferne Vergangenheit zurück, bis in das Zeitalter der Reformation. Wichtige Wegmarken der Beschäftigung bezeichnen die Namen Erasmus von Rotterdam[1], Iustus Lipsius[2] und im 20. Jahrhundert Eugène Albertini[3] In unserer Epoche, nach dem 2. Weltkrieg, wurde von Pierre Grimal[4] die Frage auf eine neue Ebene gehoben. Kühn wagte er es, mit dem eingewurzelten Dogma zu brechen: «Sénèque compose mal» und durch ein vertieftes Verständnis der Rhetorik im 1. Jahrhundert n. Chr. die Bauge-

---

[1] Bei W. TRILLITZSCH, *Seneca im literarischen Urteil der Antike*, 2 Bde. (Amsterdam 1971), II 434 f.

[2] I. LIPSIUS, *Sen.-Komm.* (aus dem Nachlass) (Antwerpen ⁴1652), p. xi; 1; 40 u. ö.

[3] E. ALBERTINI, *La composition dans les ouvrages philosophiques de Sénèque* (Paris 1923).

[4] P. GRIMAL, *Rome. La littérature et l'histoire*, 2 Bde. (Rome 1986), I 491-728; *Sénèque ou la conscience de l'Empire* (Paris 1978), 410-424.

danken Senecas aufzudecken. Die Forschung ist in vollem
Fluss[5]; Abschliessendes darzubieten kann nicht die Aufgabe dieses tastenden, bescheidenen Versuchs sein.

Die historische Einordnung des Senecanischen Dialogs mag
auf sich beruhen. Eine jüngst erschienene theologische Arbeit[6]
macht es fraglich, ob man von der durch Hermann Usener inau-
gurierten Diatribenforschung einschneidenden Beistand erhof-
fen darf. Die geschichtliche Entwicklung, die die Abweichung
des Senecanischen Dialogs vom Platonischen und seinen Deriva-
ten bedingt hat, ist für unser Unternehmen peripher, da es seinen Schwerpunkt in werkimmanenter Interpretation hat und
dem Aufeinander-Bezogensein der Teile zum Ganzen und
zueinander nachspürt.[7] Daher gilt es zunächst das Skopos-
Problem der Senecanischen *altercatio*[8] aufzuhellen. Auf den
ersten Blick bieten die *Unterredungen*[9], denen sämtliche philosophischen Schriften mit Ausnahme der *Briefe* zuzurechnen
sind[10], das Bild einer verwirrenden Vielfalt. Bei näherem Zusehen

---

[5]   Vgl. Verf., in *ANRW* II 32, 2 (1985), 654-775; vgl. *ANRW* II 36, 3 (1989),
      mit Arbeiten von B. MORTUREUX (1639-1685), F.-R. CHAUMARTIN
      (1686-1723), u.a.

[6]   Th. SCHMELLER, *Paulus und die «Diatribe»* (Münster 1987), 1-53.

[7]   Zur werkimmanenten Interpretation: W. SCHADEWALDT, *Hellas und
      Hesperien*, 2 Bde. (Zürich/Stuttgart ²1970), II 786 f.; vgl. V. PÖSCHL,
      Kunst und Wirklichkeitserfahrung in der Dichtung, 2 Bde. (Heidelberg
      1979-1983), I 11-20.

[8]   Vgl. Sen. *Ben.* V 19, 8.

[9]   Vgl. Anm. 8.

[10] *De beneficiis* scheint als *dialogus* gemeint zu sein: vgl. Anm. 8; ebenso das
      fragmentarisch erhaltene *De superstitione*, fr. 44 Haase, *ap.* Diom.
      Gramm. I p. 379 Keil und die zehn *dialogi* des Ambrosianus C 90 inf.
      (saec. XI): vgl. die Ausgabe von L.D. REYNOLDS (Oxford 1972), S. ix.
      Clem. und *Nat.* müssen als *dialogi* erschlossen werden auf Grund ihrer
      Formensprache; diese ist der der bezeugten *dialogi* gleichartig.

jedoch gewahrt man die vorherrschende Ausrichtung auf eine
ethisch-pädagogische Zielsetzung. Mit Recht hat Eduard Norden[11] das Gros der Senecanischen Schöpfungen als Sittenpredigten charakterisiert. Nur drei *dialogi* weichen unverkennbar von
dieser Aufgabenstellung ab: die *Consolatio ad Polybium*, die
unter der Maske einer *consolatio* einen *libellus* verbirgt[12], *De
vita beata*, wo sich der Schriftsteller in eigener Sache vernehmen
lässt, und schliesslich die *Naturales quaestiones*, die den panthei-
stischen stoischen Gottesbegriff entfalten in dem Glauben, dass
in der Suche und Erkenntnis des göttlichen Urseins das menschliche Leben aufsteigt zu dem Gipfel seiner Vollendung; wurde
der Mensch doch, wie Pythagoras und Anaxagoras wollten —
und Seneca war darin mit ihnen völlig eines Sinnes[13] —, als *spec-
tator mundi* ins Dasein gerufen. Wir klammern die Naturphilosophie aus unseren Überlegungen aus; die Kompliziertheit der
anstehenden Fragen verlangt eine gesonderte Behandlung des
Senecanischen Weltbildes. Als Erzieher kehrt Seneca seine stoische Grundhaltung betont hervor. Klar steht ihm vor Augen,
dass der Stoizismus während seiner dreihundertjährigen
Geschichte mancherlei Stufen durchlaufen hat.[14] Er sucht vor
allem Anlehnung bei den Archegeten der Frühzeit, Zenon und
Kleanthes. Deren Telosformel besitzt auch für ihn bindende
Kraft: ὁμολογουμένως τῇ φύσει ζῆν[15], und er bekennt sich zu

---

[11] Ed. NORDEN, *Die antike Kunstprosa*, 2 Bde. (Darmstadt [5]1958; =[2]1909
[Text], [3]1915 [Nachträge]), I 306.

[12] 1967 von uns verkannt (*Bauformen in Senecas Dialogen* [Heidelberg
1967], 93 f.); stillschweigend berichtigt 1985 (ursprünglich: Herbst
1978): *ANRW* II 32, 2 (s. Anm. 5), 718 und 654.

[13] Vgl. namentlich *Nat.* I praef. 1 ff.; VII 30, 1 ff.

[14] Vg. *Ep.* 33, 4; zu vergleichen wohl auch *Ep.* 92, 5 = *SVF* III p. 252, 53
(Antipater Tarsensis).

[15] *Vit.* 3, 1; *Ot.* 5, 1; *Ben.* IV 25, 1; *Ep.* 5, 4; 41, 8 u.ö.; vgl. *SVF* I 179 =
Diog. Laert. VII 87. Kaum richtig schränkt M. POHLENZ diese Formel

dem Schibboleth stoischer Wertethik ὅτι μόνον τὸ καλὸν
ἀγαθόν[16] und seinem Äquivalent αὐτάρκη τε εἶναι τὴν ἀρετὴν πρὸς
εὐδαιμονίαν[17], denn im philosophischen Denken der Griechen
fällt das ἀγαθόν mit der Bedingung der Glückseligkeit in eins
zusammen. Gleichwohl beobachtet man, dass gelegentlich die
strenge Linie altstoischer Orthodoxie verlassen wird. Das *Trost-
schreiben an den Freigelassenen Polybius* ersetzt die stoische
Apathieforderung durch die Metriopathie der Alten Akademie
und des Peripatos, teils mit Rücksicht auf den Adressaten, teils
mit Blick auf die eigene Person, denn Seneca empfindet sehr
deutlich, dass es mit stoischer Schicksalsverachtung schlechterdings unvereinbar ist, wenn er um Straferlass nachsucht. Überdies hat M. Pohlenz mit Recht angemerkt, dass er in dem apolo-
getischen *De vita beata* das Adiaphoriedogma aufweicht[18], demzufolge K. Reinhardts Behauptung, Seneca kehre in dem Werk
seine Altgläubigkeit hervor[19], *cum grano salis* zu verstehen ist.
Reichtum, so meint der Cordubenser im Widerspruch zu den
Gründervätern, gebe bessere Möglichkeiten an die Hand zur
Entfaltung von ἀρετή als Armut. Er rechtfertigt die heterodoxe
Denkhaltung mit dem Hinweis darauf, dass man von ihm,
einem *proficiens* niedrigsten Grades, nicht die sittliche Kraft
eines *sapiens* verlangen dürfe. Wenn er gleich eingangs auf seine
Eigenständigkeit gegenüber den Altmeistern pocht, dürfte er
ebendiesen Punkt, die Aufwertung des προηγμένον «Vermögen», im Sinne haben. Es kommt auch vor, dass mit Rücksicht
auf die Lesergemeinde die strenge stoische Forderung gemildert

---

auf Kleanthes ein: (*op. cit.* Anm. 18) I 27 ff.; vgl. G. MAZZOLI, *Seneca e
la poesia* (Milano 1970), 23.

[16]   *Vit.* 4, 3 u. ö.; vgl. *SVF* I 188.

[17]   Vgl. *Vit.* 16; vgl. *SVF* I 187.

[18]   Vgl. M. POHLENZ, *Kleine Schriften*, 2 Bde. (Hildesheim 1965), I 409.

[19]   K. REINHARDT, *Poseidonios* (München 1921), 266 Anm. 1.

wird. Einen einschlägigen Fall bildet *De brevitate vitae*. Die
Schrift wirbt nicht für die Weltweisheit Zenons, sondern weckt
den Sinn für die Vernunftwissenschaft schlechthin. Doch im
grossen und ganzen herrscht der Stoizismus der ersten Stunde.
Das erzieherische Ziel, zu dem Senecas philosophische Lehrer
ihren Jünger anleiteten, die Durchbrechung des *regnum
fortunae*[20], versucht er seinen Lesern zu vermitteln. Die entscheidende Hilfe für die Eroberung der Freiheit des Ich und die
Zertrümmerung der Tyrannei der *fortuna* ist die Bezwingung
der Affekte nicht mit der Radikalität des Kynismus[21], sondern
unter Beibehaltung der προπάθειαι, von denen keine Gefahren
für den vernünftigen Willen drohen?[22] Vor diesem Hintergrund
zerfallen die Senecanischen *dialogi* — scheidet man die *Naturales
quaestiones* aus — in drei Gruppen. Die erste wird durch ein einziges Werk repräsentiert: *De brevitate vitae*. Es bildet gleichsam
eine Vorhalle und öffnet, wie bemerkt, das Tor zur Philosophie
schlechthin, nicht zu Zenons Lebensdeutung, mag auch der
Schreibende seinen philosophischen Standort durchaus nicht
verleugnen. Seit langem hat man erkannt, dass die Schrift als
Protreptikos aufzufassen ist[23], dessen ältesterhaltener der Platonische *Gorgias* aus den 80-Jahren des 4. Jahrhunderts v. Chr.
ist?[24] Die zweite Gruppe, die sechs Werke in sich vereinigt,

---

[20] Vgl. G. BUSCH, «'Fortunae resistere' in der Moral des Philosophen
      Seneca», in *A & A* 10 (1961), 131-154.

[21] *Ep.* 9,3; *Brev.* 14,2.

[22] Vgl. Verf., «Das Propatheia-Theorem», in *Hermes* 111 (1983), 78-97.

[23] A. GERCKE, *Seneca-Studien*, Jbb. f. class. Philol., Suppl. 22 (Leipzig 1896;
      Nachdr. 1971), 290.

[24] Verf., «Die dritte Satire des Persius als dichterisches Kunstwerk», in *Kon-
      tinuität und Wandel* [...] *Franco Munari zum 65. Geburtstag* (Hildesheim
      1986), 146, in Anlehnung an U. v. WILAMOWITZ-MOELLENDORFF (*Pla-
      ton* I [Berlin ⁵1959], 179; 177).

macht den Weg frei, das Ich der Despotie des Schicksals zu ent-
reissen. *De providentia* ruft zur Todesbereitschaft auf und löst
nach des Äusserung des *26. Briefs* von der einzigen Fessel, die
den Menschen bindet, mit Platon zu reden: von dem γλίχεσθαι
τοῦ ζῆν.[25] *De constantia sapientis* und *De ira* in seinen drei
Büchern ebnen die Bahn zum friedlichen Zusammenleben mit
den Mitmenschen durch die Niederringung von Feindgefühlen,
die aus *iniuria* emporkeimen, aus der Verletzung des Selbstwertgefühls und des eng damit verflochtenen Machtdrangs. Drei
Dialoge schliesslich heilen die Selbstverzweiflung und den
Selbstzusammenbruch als Folge eines schmerzenden Verlusts
durch Tod bzw. Verbannung. Dabei ist, wie berührt, im Auge
zu behalten, dass die Tröstung des kaiserlichen Hofbeamten das
wahre Anliegen, Aufhebung der Exilstrafe, nur verhüllt. Die
sechs Sittenpredigten der zweiten Gruppe erziehen zur *ratio*
durch Zurückdrängung der *passio* im wesentlichen in den Spiel-
arten des sogenannten Aristonischen Tetrachords, dem man
bereits in Platonischen Texten begegnet. Die dritte Gruppe
trachtet das sittliche Ziel «Vernünftigkeit» — entsprechend der
Vernunftethik seiner Schule mahnt Seneca gebieterisch: *Ama
rationem!* — mit positivem Inhalt zu füllen. Fünf Werke sind
dieser Aufgabe gewidmet. Umfassend sucht sie Senecas *lex vitae*,
bekannt unter dem Titel *De beneficiis*, zu lösen.[26] In der ὁμόνοια
des Menschengeschlechts findet das sittliche Streben des Einzelich, soviel auf es selbst ankommt, seine krönende Erfüllung.
Vorstufe zu diesem Endziel ist die Knüpfung von Freundschafts-
banden von Mensch zu Mensch durch Akte liebend gewährter
und liebend empfangender χάρις, wo immer die Gelegenheit
sich bietet. In «Das Göttliche»: «Edel sei der Mensch, hilfreich

---

[25]   Vgl. Plat. *Phd.* 117a.

[26]   Vgl. Verf., *Senecas «lex vitae»*, Pöner Stoische Studien (=Marburger
        Gelehrte Gesellschaft) (Marburg 1987).

und gut usw.» hat Goethe dem Senecanischen Humanitätsideal seine gewaltige dichterische Stimme verliehen, ob aus Geistesverwandtschaft, ob aus einem Abhängigkeitsverhältnis, sei nicht näher untersucht. *De clementia* weist dem siebzehnjährigen Nero seinen herrscherlichen Pflichtenkreis, die väterliche Fürsorge für die Untertanen, die den Irrenden mit möglichst sanften Strafmitteln zum Gesetzesgehorsam zurückzuleiten bestrebt ist. *De tranquillitate animi* enthüllt den Dienst am Gemeinwesen als Wesensgehalt des erfüllten Lebens; die Aufopferung für das Staatsganze allein gewährleistet die Überwindung der *displicentia sui* und verheisst die selig in sich selbst schwingende εὐδαιμονία, das *sibi placere*, die χαρά des guten Gewissens. *De otio*, grösstenteils zerstört, scheint seine Sinnmitte darin gehabt zu haben, dass auch das erzieherische Wort, seine menschenbildnerische Kraft dem obersten Lebensgebot *hominibus prodesse* durchaus genügt. Dazu fügt sich passend Senecas *apologia pro vita sua* (Cardinal Newman) *De vita beata*, in dem der Cordubenser seine Lebensmaxime offenbart und damit auch seine ethisch-pädagogische Schriftstellerei — die nicht zuletzt sittliche Selbstkritik ist[27] — ins rechte Licht rückt. Soviel zum σκοπός von Senecas *dialogi*, die trotz ihrer Aufspaltung in vielfältige Einzelbestrebungen zur Hauptsache die Einheit ihres Grundwollens unübersehbar hervortreten lassen: auf Vernünftigkeit ist das Absehen gerichtet, in der die Menschlichkeit zur Reinheit ihres Wesens erblüht.

Damit ist ein tragfähiges Fundament für das Taxis-Problem gelegt. Eine Untersuchung der kompositorischen Mittel, deren sich Seneca bedient, um als *generis humani paedagogus* zu wirken, braucht nicht zu fürchten, am Zustand der Texterhaltung zu scheitern, da die Zerstörungen des Wortlauts sich in ver-

---

[27] Vgl. *Vit.* 17, 3 ff.

gleichsweise engen Grenzen halten. Erasmus' Ansatz[28] leistet
für einen Einstieg in die Analyse des Gefüges unschätzbare
Hilfe. Eine sonderbare Paradoxie hat es gefügt, dass das
Erkenntnisinstrument, das dem grossen Gelehrten dazu diente,
über Senecas Fügekunst den Stab zu brechen, in der Hand des
Interpreten des 20. Jahrhunderts zum Werkzeug wird, der inneren Einheit der geistigen Gebilde sich zu bemächtigen?[29] Die
zwölf *dialogi*, einerlei ob echte oder vorgetäuschte Sittenpredigten, spiegeln offensichtlich das Modell des λόγος, wie es die Ari-
stotelische *Rhetorik* in Buch III entwirft — jene Rhetorik, die,
wie D. Ross[30] dankenswerterweise in Erinnerung ruft, mancherlei Gedankengut aus dem Platonischen *Phaidros* aufgenommen
hat. Man nimmt deutlich einen dreistufigen Bau wahr. Das
Beweisthema, die πρόθεσις, ist eingebettet in einen einleitenden
Abschnitt, das Proöm. Daran fügt sich der beweisende Teil, die
πίστις, der in den meisten Fällen durch eine *partitio* aufgespalten
wird, sei sie fünf-, drei- oder zweigliedrig. Ausgenommen vom
Dispositionsschema sind: *De brevitate vitae*, *De tranquillitate
animi* und *De vita beata*. Hingegen in *De ira* und den beiden
Trostschriften an Marcia und *Polybius* sowie in *De beneficiis* lie-
fern Ersatzformen die gewünschten Aufschlüsse über den Bau-
plan der *argumentatio*. Die weitflächige, raumgreifende *transitio*
in *De ira* beispielshalber lässt einen Rückschluss auf die *partitio*
zu, mag deren Fehlen primär oder sekundär bedingt sein, d.h.
mag die Ursache der Lücke im Willen des Autors oder in den
Zufälligkeiten der Überlieferungsgeschichte zu suchen sein.

---

[28] Vgl. Anm. 1.

[29] E. ALBERTINI (*op. cit.* Anm. 3), 314 f., angeregt durch H. Diels und Ed.
Norden, ist geneigt, das Streben Senecas nach dem *ponere totum* Hora-
zens zu leugnen.

[30] D. ROSS, *Aristotle* (London 1964 = ⁵1949), 271 Anm. 1; I. DÜRING, *Aristoteles* (Heidelberg 1966), 135.

Über die *partitio* lässt sich Aristoteles in der *Rhetorik* nicht aus.
Ihr Vorhandensein als Gliederungsmittel in der zeitgenössischen rhetorischen Praxis jedoch unterliegt keinem Zweifel;
geht sie doch schon auf die *Apologie des Palamedes* aus der Hand
des Gorgias zurück[31], denn die Bestreitung der Echtheit gilt
heute als Ausfluss der Hyperkritik des 19. Jahrhunderts.[32] Der
Platonische *Gorgias* und die Eros-Rede des Agathon im *Sympo-
sion* bezeugen die Verbreitung im frühen 4. Jahrhundert v. Chr.
Ciceros *Brutus* unterrichtet uns, dass Hortensius diesem kompositionellen τέχνασμα in die lateinische Beredsamkeit Eingang
verschafft hat. Nach Art eines gewissenhaften Chronisten versäumt Albertini nicht, dieses historische Faktum getreulich zu
verbuchen.[33] Den Beweisgang krönt der Epilog mit seinen beiden üblichen Funktionen: der kraftvollen Herausarbeitung der
dominierenden Argumente und der Willenssteuerung durch
Affektentfaltung.[34] Gorgias' *Palamedes* freilich verzichtet auf die
Zusammenfassung[35], ein geistreicher Schachzug des Redners,
der nach Gorgias' Fiktion vor Gericht um sein Leben kämpft:
seine Richter haben es nicht nötig, dass man ihr Gedächtnis auf-
frischt, und sie besitzen ein sichereres Urteil, als dass der
Redende es wagen dürfte, ihr Denken in dieser oder jener Richtung zu beeinflussen.

Die πρόθεσις gestaltet Seneca mit souveräner Freiheit. Von
ihrer Stellung im Proöm liest man es mit besonderer Deutlich-

---

[31] *Vorsokr.* 82 B 11a § 5.
[32] Vgl. W.K.C. GUTHRIE, *A History of Greek Philosophy* III (Cambridge
      1969), 192 Anm. 2; M. UNTERSTEINER, *The Sophists* (engl. Ausg. Oxford
      1954), 95.
[33] E. ALBERTINI (*op. cit.* Anm. 3), 245.
[34] E.R. CURTIUS, *Europäische Literatur und Lateinisches Mittelalter*
      (Bern/München ³1961), 99.
[35] *Vorsokr.* 82 B 11 a § 37.

keit ab.[36] In *De ira* eröffnet sie das *exordium*. Novatus, Senecas
älterer Bruder, hat ihn — vorgeblich oder tatsächlich; eine
literarische Fiktion lässt sich nicht mit Sicherheit ausschliessen[37]
— gebeten, über den Zorn zu schreiben, seit frühhellenistischer
Zeit ein häufig behandeltes Thema der Affektpsychologie[38],
die nach Poseidonios ihren Urheber in Pythagoras, ihren Aus-
gestalter und Vollender in Platon hat.[39] Seneca kommt diesem
Ersuchen nach. Die Gefährlichkeit des Affekts mit seinem Hang
zur Selbstvernichtung und zu epidemischem Um-sich-Greifen
dient als zugkräftiger Anreiz für das Leseinteresse. Zugleich
benutzt der Schriftsteller die Einleitungspartie zur wirkungsvollen Bekämpfung dieser seelischen Krankheit, indem er auf
ein Heilmittel zurückgreift, das der Begründer der Sextierschule
empfahl: die Selbstbetrachtung des Zornigen im Spiegel.
Durch das σχῆμα διανοίας der ἐνάργεια transponiert der Autor
sie ins Literarische. Er malt in grellen Farben die Vertierung des
Menschen — den die Gott-Natur als ζῷον ἥμερον = *animal mite*
geschaffen hat — im Erregungszustand. Das Gewicht dieses
therapeutischen Kunstgriffs mag man daran ermessen, dass der
Seelenarzt ihn zweimal an herausragenden Stellen der *tractatio*
wiederholt: zu Ende des prophylaktischen Abschnitts und
vor Beginn der eigentlichen Zorntherapie. In *Dial*. I, *Über
die Vorsehung*, wird die πρόθεσις in zwei Teile gespalten, Frage

---

[36] Ganz oder teilweise verloren sind die Proöme in Dial. III-V (*Ir*.), VIII
      (*Ot*.) und XI (*Polyb*.); vgl. E. ALBERTINI (*op. cit.* Anm. 3), 147, 148, 149.

[37] Das Problem des Adressaten lässt sich mit unseren Erkenntnismitteln
      nur teilweise klären; die Bedeutung für den Einzeldialog wird von H.
      DAHLMANN, *Kleine Schriften* (Hildesheim/New York 1970), 236-252,
      bes. 243 ff., überschätzt.

[38] Vgl. Bion von Borysthenes, T 10 Kindstrand mit Kommentar.

[39] F 165, 164 ff. E.-K. mit Kommentar (S. 606) = 410 Th. — Vgl. im allg.
      O. GIGON, *Grundprobleme der antiken Philosophie*, Sammlung Dalp 66
      (Bern/München 1959), 290-302.

und Antwort. Die Frage, das Problem der Theodizee, das nach
gewissen Vorstufen Chrysipp zum Rang eines vollgewichtigen
Themas erhob, leitet das Proöm ein; die Antwort, die Versittli-
chung und damit die Vergöttlichung des Menschen durch läu-
terndes Leid, behauptet die Mitte der Eröffnungspartie. Einge-
rahmt wird dieser πρόθεσις-Kern, wie man ihn sachgerecht
nennen darf, durch ein glänzendes antithetisches Tafelbild
von Makrokosmos und Mikrokosmos, das in zwei gegen-
läufigen Sinnbewegungen Form und Farbe, Relief und Kontur
gewinnt. Das Bild des Kosmos, der für stoisches Verständnis
mit der Gottheit wesenseins ist, entrollt sich vor der Phantasie
des Lesers in zwei Stufen in ihrer strahlenden Pracht, der
supralunaren und der sublunaren Welt, wie sie erstmals pytha-
goreisches Denken konzipierte.[40] Dem Alleinen tritt als
Kontrastbild gegenüber die sittlich gereinigte menschliche Seele,
konkretisiert in der geschichtlichen Gestalt des Cato Uticensis
in dem Augenblick seines Freitodes. Seneca malt die Gräss-
lichkeit seiner Selbstvernichtung detailliert aus, damit der
Triumph des sittlichen Willens, Selbst-Herrlichkeit (im etymo-
logischen Sinne des Wortes)[41], in um so gleissenderen Lichte
erstrahle. Hier wie anderswo liebt er es, das Schöne vor dem
Hintergrund des Hässlichen, Grässlichen, Widerwärtig-Abscheu-
lichen zu zeigen, damit der Strahlenglanz seiner Seinsbe-
schaffenheit im Kontrast an intensiver Leuchtkraft gewinne.
Eine enge Verwandtschaft zu dem Prinzip der *narratio probabi-*

---

[40] W. WINDELBAND-H. HEIMSOETH, *Lehrbuch der Geschichte der Philoso-*
phie (Tübingen [14]1948), 47 f.; vgl. W.K.C. GUTHRIE, *A History of Greek*
Philosophy I (Cambridge [3]1971), 209.

[41] Sie entspricht dem *animus potens sui* der Maecenas-Ode (Hor. *Carm.* III
29, 41); vgl. im allg. V. PÖSCHL, *Die grosse Maecenasode des Horaz* (*c. 3,*
29), SHAW Jhrg. 1961, 1 (Heidelberg 1961), und *Horazische Lyrik* (Heidelberg 1970), 198-245 (bes. 224-230; vgl. 225).

lis ist nicht von der Hand zu weisen.[42] Der Schriftsteller hat das
Proöm so ausgeformt, dass er, ehe er noch in den eigentlichen
Beweis eintritt, für das Beweisziel einen denkbar günstigen
Boden bereitet. Ein Beispiel für die πρόθεσις am Ende des Pro-
öms gewährt der zehnte Dialog *De brevitate vitae*. Die allerseits
beklagte Kürze des menschlichen Lebens ist keineswegs ein
Naturgesetz. So zu denken wäre Blasphemie; denn Natur ist
Gott, Gott Natur nach stoischem Verständnis. Sie ist vielmehr
selbstverschuldet und unterliegt der Verfügungsgewalt des Willens eines jeden Einzelich. Bei sinnvoller, vernunftbestimmter
Einteilung — und damit ist das Beweisthema aufgerichtet —
reicht die Lebensspanne für den Auftrag des menschlichen
Daseins in der Welt. Zwei Antithesen, die von wahr und falsch
und die von Natur und Geist, webt Seneca kunstvoll ineinander,
damit die πρόθεσις als Epiphonem klangvoll hallend schliesse. *De
constantia sapientis* stimmt mit *De brevitate vitae* insofern über-
ein, als es die πρόθεσις an das Ende rückt, doch begnügt es sich
nicht mit einer einmaligen Darlegung, sondern führt das Beweisziel, das stoische Paradoxon, der Weise sei immun gegen
Unrecht und Beleidigung, mehrmals vor im Gegensatz zur
Schulregel, nach der das Beweisthema nur ein einziges Mal, und
zwar in knapper, prägnanter Form erscheinen sollte.[43] So drängt
sich die Frage nach der atypischen Gestaltung auf. Man geht
wohl nicht fehl, wenn man annimmt, dass die formale Abweichung ihre Ursache in der Ausgefallenheit der These hat, in der
sich das innerste Wesen stoischen Denkens enthüllt: der onti-
sche Selbstand der sittlichen Persönlichkeit, den sich Zenon als
kostbarstes Erbe Sokratischer Sinnesweise zu eigen machte.[44]

---

[42]   Vgl. Quint. *Inst.* IV 2, 31; 52 ff.

[43]   Vgl. Quint. *Inst.* IV 5, 26 ff.

[44]   *SVF* I 216 (S. 53,2); Sokrates bei Plat. *Apol.* 30 c (ein geflügeltes Wort);
       vgl. H. MAIER, *Sokrates* (Tübingen 1913; Neudr. Aalen 1964), 382-427;
       382 (Autonomie und Autarkie des Einzelich im Sinne H. Maiers).

Danach ist das moralische Ich wie die Gottheit *necessitas sua* und kann in seiner Gutheit — und, soweit es sterbliches Vernunftwesen ist, Verworfenheit — nur durch sich selbst bedingt werden. Diesen eigentümlichen Gedanken will Seneca im Vorfeld bis zu einem gewissen Grade begreiflich machen und gegen die abstumpfende Wirkung der Gewöhnung scharf abgrenzen. Gleichzeitig glorifiziert er ihn und hebt ihn empor zur Gottebenbürtigkeit. Diese beiden Tendenzen werden ihm zum Anlass der *expolitio* der πρόθεσις, zum ausgiebigen Verweilen bei der Themenankündigung. Eindringlich veranschaulicht wird die πρόθεσις durch das historische Beispiel des Cato Uticensis, der die wüsten Schmähungen des Janhagels ungerührt über sich ergehen lässt. So stellt er in der Form der Realchrie grandios stoische Schicksalsüberlegenheit zur Schau, jene Härteprobe des in sich gefestigten Ich, die Zenons *regula vitae* unter allen Philosophenschulen eine einzigartige Spitzenstellung verlieh. In der *Trostschrift an Marcia*, die die λύπη (in der Form des πένθος), zu bezwingen bestrebt ist, weist er der πρόθεσις im Proöm zugleich die Anfangs- und Endstellung zu. Die Eingangsworte entrollen überdies die metaphysische Tragweite des Schmerzes um den Verlust eines geliebten Angehörigen: ihrem tiefsten Sinne nach ist das Leid um den geliebten Toten Anklage der *fortuna*, d.h. nach stoischen Begriffen der Gottheit. Die πρόθεσις des Ausklangs bereitet auf eine harte «Kur» vor, um den Willen zu äusserster Standhaftigkeit zu stählen. Der Seelenarzt beabsichtigt nämlich, alte Wunden aufzureissen und Marcia an die Selbsttötung ihres Vaters zu erinnern und damit die widersprechenden Gefühle, die sie damals zerrissen, das Nein zu dem bitteren Verlust und das Ja zu dem Triumph über die grausamen Absichten seiner Feinde, für die Heilung fruchtbar zu machen. Diese ringförmig gestaltete πρόθεσις rahmt — als Bildinhalt — nicht nur das Motiv von der resistenten chronischen Natur der seelischen Krankheit ein, sondern vor allem das von Marcias Seelenstärke beim Tode ihres Vaters: sein wahres, sein geistiges Ich suchte

sie zu retten, indem sie seine literarische Hinterlassenschaft dem
Flammentod des Autodafés entriss, ein vernehmlicher Appell
an ihre Selbstachtung zu gleicher Seelenstärke in gleicher
Schicksalslage. Grosse Ähnlichkeit mit der *Trostschrift an Marcia* in formaler Hinsicht weist die *an die Mutter Helvia* auf.
Auch sie zeigt die πρόθεσις in kyklischer Komposition am
Anfang und am Ende. Stärker als bei Marcia betont Seneca der
Mutter gegenüber, dass das Ziel seiner paramythetischen Heilung stoische Apatheia, nicht peripatetische Metriopathie ist;
hat Helvia doch während ihres leidübersäten Lebens ein aussergewöhnlich hohes Mass an Widerstandskraft an den Tag gelegt.
Die breite Ausmalung dieses leiderprobten Daseins füllt einen
guten Teil des Bildinhalts, den die προθέσεις rahmend umschliessen. Mit den beiden Trostschriften hat *De beneficiis* die ringförmige Komposition gemein. Der Austausch freundschaftlicher
Liebe erscheint als ein Hochziel menschlicher Existenz. Doch
während der Eingang der Eröffnungspartie die falsche Behandlung der χάρις durch die Menschen im allgemeinen anprangert,
schliesst Seneca das Proöm mit einem scharfen Angriff auf
Chrysipp, der zwar die Fehlerhaftigkeit des allgemeinen Verhaltens erkannt hat, sie jedoch mit ungeeigneten erzieherischen
Mitteln zu beheben versucht, was um so bedaulicher ist, als
das Fundament der Sittlichkeit auf dem Spiele steht: das einträchtige Zusammenleben der menschlichen Gesellschaft. Der
Fürstenspiegel *De clementia* steht formaliter dem Protreptikos
nahe. Die πρόθεσις nimmt Endstellung ein, ist freilich als *commoratio* gestaltet. Seneca begnügt sich nicht damit, den hohen
Rang der Milde als herrscherlicher Tugend zu rühmen, zugleich
lässt er scharfe Hiebe auf diejenigen fallen, die diese ἀρετή meinen verächtlich machen zu können. Ganz eigenwillig ist die
πρόθεσις in *De tranquillitate animi* geformt. Sie ist — so paradox
das klingen mag — deckungsgleich mit dem Proöm. Bei oberflächlicher Betrachtung erscheint die Einleitung als seelenärztlicher Rat Senecas auf die Konsultation seines Patienten Serenus.

Unter rhetorischem Blickwinkel liegt eine doppelte *commoratio* über die *displicentia sui* vor: die erste wird von Serenus detailliert geschildert und von Seneca als Misstrauen des Rekonvaleszenten in seine eigene Genesung diagnostiziert. In ihr erkennt der Seelenarzt den günstigsten Fall eines vielfältigen allgemeinen Leidens, des Leidens an sich selbst. Dieses Siechtum an sich selbst analysiert er in der zweiten *commoratio* und macht es zum Gegenstand seines therapeutischen Versuchs; es kann in seiner schlimmsten Form sich zum *taedium vitae* steigern, den Geschmack am Leben vergällen und zum Selbstmord aus blasierter Langeweile führen (*quo usque eadem?*). Man könnte von einem rhetorischen Geniestreich sprechen, der die Fesselung der Aufmerksamkeit für die *res* einzig durch die *res* und ihr existentielles Flechtwerk erreicht. Nicht weniger eigenwillig ist die Einbettung der πρόθεσις im siebenten Dialog, *De vita beata*. Oberflächlich betrachtet, liegt Identität mit *De ira* vor: die Themenankündigung eröffnet — dieser Eindruck drängt sich auf — das Proöm: es geht um das Ziel der Ziele nach stoisch-Sokratischem Verständnis, die εὐδαιμονία und ihre Eroberung.[45] Bei tieferem Eindringen gewahrt man, dass die Art der Erreichung des *summum bonum*, will sagen: des Geistes durch den Geist, integrierender Bestandteil der πρόθεσις ist; die Themenbestimmung ist also über das Proöm verteilt. Macht man sich klar, dass die Innenschau — wie jeder Denkakt — das denkende Ich zur notwendigen Voraussetzung hat und das Ich nicht allgemein und unbestimmt, sondern persönlich zu nehmen ist, so geht einem auf, dass wesentliche Teile der πρόθεσις ihre Selbstbezogenheit, im Dunkel — oder richtiger vielleicht: im Halbdunkel — bleiben mit der Folge des scheinbaren Auseinanderbrechens der verbor-

---

[45] Vgl. Plat. *Euthd.* 278 e = Sen. *Vit.* 1, 1. Der Satz begegnet in Ciceros *Hortensius* (fr. 58 f. Grilli) und wahrscheinlich dessen griechischem Vorbild: Aristoteles' *Protreptikos*.

genen Einheit der Werkganzheit in ein Diptychon. Diese For-
menvielfalt bei der Zusammenschweissung von πρόθεσις, und
Proöm ist mehr als ein müssiges artistisches Spiel, das mit seiner
schier unerschöpflichen formalen Gewandtheit prunkt. Begnü-
gen wir uns — angesichts des eng gezogenen zeitlichen Rahmens
— festzustellen, dass Seneca in der Eröffnungspartie bestrebt ist,
den Leser im innersten Kern seines Wesens zu treffen, ihm das
Gefühl zu vermitteln: *Tua res agitur* und den Fehler von Chrysipps frostigen und wenig gehaltvollen Unterweisungsversuchen
zu vermeiden[46]!

Der eigentliche Kernteil, in Aristotelischer Terminologie die
πίστις, wird für gewöhnlich durch die *partitio* von dem eröffnen-
den Abschnitt getrennt. Ganz auf das Dispositionsschema verzichten einzig drei Dialoge, wie bemerkt, *De tranquillitate
animi*, *De brevitate vitae* und *De vita beata*. In *De tranquillitate
animi* kann trotz fehlender *partitio* der Beginn des Mittelstücks
kaum zweifelhaft sein. Die Frage, die der Patient Serenus dem
directeur de conscience Seneca vorgelegt hatte, findet ihre erste
und zugleich durchschlagende Antwort mit dem Beginn des
Kernteils: Dienst am Gemeinwesen hilft aus dem Ungenügen
am eigenen Ich, und zwar mit grösserer Radikalität, als Atheno-
doros sie forderte. Erhebliche Schwierigkeiten bereitet die
Erkenntnis der Gliederung der *curatio*, als die Seneca den Dialog
verstanden wissen will. Auf den ersten Blick scheint eine lockere
Aneinanderreihung von *remedia* vorzuliegen. Bei tieferem Eindringen gewahrt man die Zusammenfügung der Einzel-
abschnitte zu drei unebenmässigen Bautrakten. Der erste rückt
die positive und negative Ichgestaltung in die Mitte. Der βίος
πρακτικός ist zur Entfaltung seiner vollen Wirkkraft zu flankie-
ren mit körperlicher und geistiger *frugalitas*, d.h. Einschrän-
kung von Geld und Gut und Konzentration des Wissenserwerbs

---

[46]   Vgl. *Ben.* I 4, 4 ff.

auf das Essentielle. Der zweite Bautrakt hat seinen Angelpunkt
in dem Ich-Weltverhältnis und gibt Ratschläge, wie sich das Ich
aufführen sollte, solange es der despotischen Macht des *regnum
fortunae* noch nicht entronnen ist. Zwei Aspekte treten nachein-
ander ins Gesichtsfeld: der Blick richtet sich zunächst auf das Ich
als Bezwinger des eigenen Schicksals, alsdann auf das Ich als teil-
nahmsvollen Zuschauer fremden Lebensringens. Durch äusserste Kürze ist das dritte Bauglied des Mittelstücks ausgezeichnet.
Unter der Rubrik «Verschiedenes» bündelt es drei *remedia*, die
sich den beiden vorangegangenen Bewegungen schlecht einord-
nen: a) die Mahnung zu ungekünstelter Natürlichkeit; b) zum
Wechsel zwischen Einsamkeit und Geselligkeit und c) zur ablö-
sung von Anspannung und Entspannung bzw. von Arbeit und
Spiel. Drei leuchtende Beispiele, Sokrates unter der Herrschaft
der Dreissig, Diogenes' des Kynikers Anspruchslosigkeit und
Iulius Kanus' Todesbereitschaft, lassen am Horizont das Fernziel des *emendatio sui* aufleuchten und beflügeln den Willen zur
aemulatio sapientis, die wesensgleich der *aemulatio dei* ist, wie
das Werk zu verstehen gibt. Die glanzüberstrahlten *laudes
sapientis* zu Beginn des zweiten Bautrakts — ihre intensive Glut
hebt P. Grimal mit dem ihm auszeichnenden Feingefühl für literarische Werte hervor[47] — stehen im Dienst derselben Aufgabe:
für das καλόν der ἀρετή den inneren Sinn aufzuschliessen. In dem
Begriff der *fiducia sui* verdichtet der Schriftsteller raffend das seiner Selbst gewisse, fest in seinem Sein ruhende Ich.[48] Trichoto-
misch gegliedert ist auch die Architektonik des argumentativen
Teils in *De brevitate vitae*. Die dreiphasige Rhythmik der
Gedankenabfolge wird mit weitausschwingender Antithetik

---

[47] P. GRIMAL, *Sénèque ou la conscience de l'Empire*, 413-416.

[48] *Tranq.* 11, 1. - Im Weisen sind Sein und Sollen, Ideal und Wirklichkeit
zur Einheit verschmolzen entsprechend dem ethischen Intellektualismus
des Sokrates.

erreicht. Das Widerspiel «Tor-Weiser», das mit Blick auf das Thema «Zeit» immer wieder in den Gegensatz *occupatus-otiosus* hinübergleitet, markiert die Fermaten der Sinnbewegung. Der Auftakt der *argumentatio* ist eine Wiederholung der πρόθεσις in sprachlich variierter Form: vernünftiger Zeitgebrauch macht die Endlichkeit des Lebens unerheblich; danach ein Lasterkatalog, der den Zeitverlust durch das Sinnlose *ad oculos* demonstriert. Das Weisenbild wird als Kompositionsmittel eingesetzt und hebt die drei Bautrakte gegeneinander ab. Das erste verherrlicht den Weisen im Sinne epikureischer Lehrtradition, wie sie aus Lukrez und Horaz bekannt ist, als *satur conviva* an der reichgedeckten Lebenstafel. Die epikureische Farbgebung verbirgt stoischen Ideengehalt: Lebenssattheit wird demjenigen geschenkt, der sein Leben für sich, d.h. für die Vollendung seines moralischen Selbst verwendet. Während das erste Tafelbild den Weisen und sein Leben vorführt, zeigt das zweite *sapiens*-Bild den Weisen angesichts des Todes. Indes der Tor, uneingedenk der der epikureischen Warnung[49], im μελλησμός sein Leben vergeudet und daher angesichts der letzten Stunde um Aufschub fleht, von dem Bewusstsein gequält, an seinem Leben vorbeigelebt zu haben, überschreitet der Weise mit ruhiger Gelassenheit die *ultima linea rerum*. Der dritte und letzte Abschnitt bietet das Bild des *sapiens* nicht in End-, sondern in Mittelstellung. Raum soll gewonnen werden für die *traductio*, die Brandmarkung des kürzesten Lebens, das Sorge zernagt, zerkrümelt. Es ist ganz der Zukunft verfallen, über die das Ich, wenn es *ex crastino pendet*[50], nichts vermag. Zugleich eröffnet die Platzvertauschung die Möglichkeit, dem dritten Weisenporträt den Rang eines Höhepunkts der inneren Bewegung zu geben. Kluge Lebensdisposi-

---

[49] Vgl. *Gnomologium Vaticanum* 14 Arrighetti².

[50] Vgl. R. BUSA-A. ZAMPOLLI, *Concordantiae Senecanae* (Hildesheim/New York 1975), I p. 220 a (zwei Beispiele).

tion verleiht nicht nur ausreichende Lebensdauer, sie bewirkt Sprengung des Lebensrahmens und Erhebung des endlichen Wesens «Mensch» zu göttergleicher Ewigkeit. Unser Aufriss lässt in seiner Kargheit erkennen, dass im Gegensatz zu verbreiteten Vorstellungen die Komposition des Zehnten Dialogs ein beachtliches Mass an Kunstsinn und Kunstgeschick verrät.

Schliessen wir den Gedankenzug mit einem Blick auf die πίστις von *De vita beata*! Seit langem weiss man, dass für den Grundriss die Diptychonform, wie gestreift, massgebend ist. So Lipsius, so P. Grimal[51]! Unbeachtet blieb, dass eine jede der beiden Tafeln das Dreistufenmodell des Aristoteles spiegelt, das Werk also zwei Proöme, zwei *argumentationes* und zwei Epiloge enthält. Grund für diese Besonderheit ist das Anliegen der Schrift. Der Autor versucht sich zunächst Klarheit über die Unausweichlichkeit seiner — stoischen — Lebensmaxime zu verschaffen; alsdann bekennt er — sich selbst und der Öffentlichkeit —, dass er hinter der hohen Norm, die die epikureische Verquickung von ἡδονή und ἀρετή schroff ablehnt, weit zurückbleibt. Die Selbstprüfung durch das Gewissen lehrt ihn, dass er ein προκόπτων der untersten Stufe. Kritik von aussen freilich kann ihm nicht helfen bei seiner Suche nach der εὐδαιμονία, da der Denkakt notwendigerweise subjektverhaftet. Wie die erste Tafel nach entsprechendem Proöm in *confirmatio* und *refutatio* die Wahrheit des stoischen Grunddogmas erhärtet, dass ἀρετή allein als Grundlage für die εὐδαιμονία hinreicht, so macht die zweite deutlich, dass über Erfolg oder Misserfolg des auf die Wahrheit ausgerichteten Lebens einzig das eigene Gewissen entscheidet. Angesichts der Allgewalt der Mein Beziehung im denkenden und wollenden Ich ist die Fremdeinwirkung auf die Selbstgestaltung zur Ohnmacht verurteilt.

---

[51] I. LIPSIUS (*op. cit.* Anm. 2), 232; P. GRIMAL (éd.), L. Annaei Senecae *De vita beata* (Paris 1969), 7 f.

Neben diesen πίστεις, die auf eine *partitio* verzichten, stehen solche, die sie durch verschiedene Techniken halb verstecken. Es sind, wie erinnerlich, *De ira*, die *Consolatio ad Marciam*, die *Ad Polybium* und *De beneficiis*. Vermeiden wir uns zu sehr in Einzelheiten zu verlieren! In *De ira* scheint die grossräumige Gliederung der *argumentatio* auf die *transitio* in der Mitte des zweiten Buches begrenzt zu sein. Der Textverlust in der Eingangspartie schafft unstreitig eine gewisse Unsicherheit. Doch hat es den Anschein, als ob *De ira* dasselbe Baumodell benutze wie Tacitus im J. 98 in seiner völkerkundlichen Studie, der *Germania*. Während Tacitus mit dem Widerspiel ὅλον-μέρος arbeitet, zieht Seneca das altüberkommene Schema «Wissen-Wagen» heran. Im theoretischen Teil wird in kritischer Auseinandersetzung mit der peripatetischen Affektpsychologie die stoische Sicht klargelegt: Affekt ist nichts weiter als Vernunftverbiegung; er lässt sich vermeiden, wenn Vernunft sich der Wahrheit unterwirft durch den Akt der συγκατάθεσις. Der heilende Abschnitt gliedert sich in einen prophylaktischen und in einen therapeutischen Teil. In früher Kindheit sollten geeignete Vorkehrungen getroffen werden, dass eine Disposition zum Zorn tunlichst unterbunden wird. Der gereifte Mensch aber sollte namentlich durch *recognitio sui*, die Selbstkontrolle regelmässig geübter Introspektion, die Neigung zum Zorn eindämmen. Während *De ira* wahrscheinlich auf eine *partitio* verzichtet, hat *De beneficiis*[52] sie von der gewohnten Stelle verrückt und in das Prööm hineinverlegt. Zugleich ist die usuelle Funktion verdunkelt und in eine Kritik an Chrysipps Darstellungsweise verwandelt. Der «Papst der Stoa» wird hart getadelt, weil er, uneinge-

---

[52]   F.-R. CHAUMARTIN, Le «De beneficiis» de Sénèque, sa signification philosophique, politique et sociale (Lille/Paris 1985); ders., in *ANRW* II 36, 3 (1989), 1686-1723 (werktranszendent); Verf., *Senecas «lex vitae»* (s. Anm. 26) (werkimmanent).

denk der erzieherischen Notwendigkeiten seines Themas, sich in geistreichelnden Allegoresen des Graziensymbols verliert. Das Thema ist von grösster Bedeutung. Fernziel ist die *concordia generis humani*. Den Weg dorthin bahnt die aktive und passive χάρις, die das Reziprozitätsprinzip χεὶρ χεῖρα νίζει = *manus manum lavat* auf eine sittliche Ebene hebt, indem sie die Autotelie der χάρις in ihrer doppelten Gestalt ins Bewusstsein hebt und zur *beneficii inter duos lex* erklärt. In die Mitte des Werks — Buch IV — rückt der Schriftsteller die χάρις als Ideal und als Wirklichkeit, als Ideal steigt sie auf zu göttergleicher Ebene und nimmt die Gestalt der sich selbst genügenden Güte an, als Wirklichkeit wandelt sich die makellose Vollendung zum strebenden Sich-Bemühen, das strauchelnd sich des rechten Wegs bewusst bleibt. Vorangestellt sind dem Kulminationspunkt der inneren Bewegung die praktischen Regeln für das *beneficium dare, beneficium accipere* und *beneficium reddere*. Das Gegenstück ist theoretischer Natur und verbreitet sich über die Verpflichtungsproblematik, das *beneficium debere*; das Bindeglied zwischen *b. accipere* und *b. reddere* wird in sechs Abschnitten durchmessen: Nachdem zunächst das Ich-Du-Verhältnis einer jeglichen χάρις ins Licht gehoben worden ist (a), wird die Verpflichtung aus der Sicht des gebenden (b), dann des nehmenden Teils (c) beleuchtet. Die uneingeschränkte Allgemeinheit (d) und der Geltungsbereich der *beneficii inter duos lex* (e) füllen neben den *laudes sapientis* (f), denen Spitzenstellung eingeräumt wird, das letzte, das siebente Buch, soweit es die *tractatio* rundet.

Die beiden *Trostschriften an Marcia* und *an Polybius* — die eine echt, die andere eine verkappte Petition — erklären sich aus den Kompositionsbemerkungen, die Seneca der *tractatio* des sechsten Dialogs voranschickt. Man erfährt u.a., dass es in der Mahnrede üblich ist, einen *praecepta*-Teil dem *exempla*-Teil voranzustellen. Das ist offensichtlich das Baumodell für die *Trostschrift an Polybius* in ihrem Kernteil. Da sie in Wahrheit darauf aus ist, Polybius für die Begnadigung zum Fürsprecher zu

gewinnen, wird zwischen *praecepta-* und *exempla-*Teil ein Zwischenstück eingelegt, eine Verherrlichung des Kaisers im Vergleich zu seinem Vorgänger Caius. Claudius erscheint als Retter
des Imperiums, das Caius dicht an den Rand des Abgrunds
brachte. Seine herrscherliche Milde erstrahlt in leuchtendem
Glanz und lässt, durch Kriegsruhm erhöht, auch den Geächte-
ten hoffen. Wie in dem Zwischenstück die Ringkomposition
herrscht, so auch in dem *praecepta-*Teil. Anfang und Ende
behauptet das *maximum solacium*, das Vergänglichkeitsmotiv.
Eingangs erscheint es als Weltgesetz, das alles, was ins Sein trat,
ins Nichts zurücksinken lässt, am Ende vermählt es sich sinnig
mit dem Mut zu standhaftem Ertragen sowie vor allem mit der
Selbstachtung, deren stolz es verbietet, hinter dem selbstgesetz-
ten Mass zurückzubleiben. Die Mitte dieses Bewegungsverlaufs
wird eingenommen von der Niederzwingung der Schmerzursa-
che, die Chrysipp als Hauptgrund der Trauer erschien: der per-
versen Vorstellung, Pflicht gebiete die Beklagung des Toten[53],
und die Weckung des Willens zur Metriopathie. Ingeniös ist die
*exempla-*Partie durchkomponiert, eine antithetisch-asymmetri-
sche Reihe. Den vorbildlichen Gestalten des tapfer ertragenen
Leides, darunter fünf Angehörigen der *domus divina*, wird eine
verabscheuungswerte entgegengestellt: Caius und seine haltlose
Trauer beim Ableben seiner Schwester Iulia Drusilla; von der
Vernichtung von Menschenleben erhofft er sich — Gipfel der
Perversion! — Milderung seines wilden Schmerzes.

   Die knappe Bemerkung über die *monitio*, die den Schlüssel
des Baugedankens für den elften Dialog enthält, soll in erster
Linie Licht über die Bauform der *Consolatio ad Marciam* in
ihrem Mitteltrakt verbreiten. Offensichtlich ist die Tradition
von Platons *Phaidros*, der der Rhetorik, wenn sie sich in den

---

[53]   R. KASSEL, *Untersuchungen zur griechischen und römischen Konsolationsliteratur*, Zetemata 18 (München 1958), 22; 19.

Dienst der Wahrheit stellt, als angewandter Psychologie
Daseinsberechtigung zuzuerkennen bereit ist, für Seneca mass-
geblich. Nach dem einen wie dem anderen Denker variiert der
Zugang zur Wahrheit nach Seelentypen. *Ratio* vermag wenig
bei der Tochter von A. Cremutius Cordus. Die *auctoritas* des
glänzenden Beispiels steuert ihre Emotionalität. Darum eröffnet
Seneca seine *argumentatio* mit einem negativen und positiven
Paradeigma: Octavia, die Schwester des Augustus, fungiert als
Inbild der Schmerzzerrissenheit, Livia hingegen, Augustus'
Gemahlin, veranschaulicht eine geradezu stoische Seelenstärke
beim Verlust des Drusus. In der Vorbemerkung enthüllt Seneca
sein Vorgehen bei der Beweisführung nur zum Teil. Er ver-
schweigt, dass er eine zweite Beispielfolge einlegen wird, die
nach dem Unterschied des Geschlechts antithetisch-
asymmetrisch gegliedert ist und den historischen Nachweis
erbringt, dass nach der Tradition, in deren Nachfolge Zenon
steht, Sittlichkeit der Vernünftigkeit des Menschen entspringt
unabhängig von der Sonderung von Mann und Weib.[54] Diese
Akkumulation von *exempla* ist zur Mitte hin verlagert und
scheidet im *praecepta*-Teil die ich-bezogenen von den du-
bezogenen Schmerzgründen. Offenbar soll Raum gewonnen
werden für das rauschende Finale, die Jenseitsseligkeit des
Dahingegangenen. Der Tote ist bei Gott und geniesst die Won-
nen der *fruitio dei*, in kleanthisch-poseidonischer Sicht. In der
ἐκπύρωσις wird die geläuterte Einzelseele zurücksinken in das
göttliche Urfeuer, aus dem sie hervorging.

Die übrigen *dialogi* zeigen die *partitio* am Anfang der *argumentatio*. *De providentia*, das zum Schicksalsheroismus aufruft,
gliedert die argumentative Bewegung in fünf ungleichmässige
Phasen. Der ersten, breit ausladenden folgen vier weitere, die in

---

[54] Vgl. Diog. Laert. VI 12 (Antisthenes); Plat. *Men.* 72 d (Sokrates); zur
Sophistik: W. WINDELBAND-H. HEIMSOETH (*op. cit.* Anm. 40), 62.

ihrer Gesamtheit der ersten die Waage halten. Den Grund für die Unebenmässigkeit spricht Seneca selbst aus. Die erste Beweisstufe hat die Umwertung der physischen Selbstliebe zum Ziel und ihre Läuterung zur φιλαυτία, der stoischen οἰκείωσις, insofern sie ihren Wurzelgrund im λόγος hat. Dass der Mensch gegen dieses Ja zum physischen Tod sich aufbäumt mit aller Macht, begreift sich von selbst, da der Tod ohne Vernunftgrund bei der Allgemeinheit als μέγιστον κακόν gilt. Die übrigen vier Phasen sind so miteinander verschlungen, dass sie unmerklich ineinander übergehen. An den Schluss rückt, vom Weltgott als Geheimnis der Geheimnisse verkündet, die Innerlichkeit des *summum bonum*, die einzig echte εὐδαιμονία gewährt: die ὁμολογία der ἀρετή, die Gottesliebe im doppelten Sinne des Wortes ist.

De constantia sapientis begnügt sich mit einer zweigliedrigen *partitio*. Seneca scheidet zwischen *iniuria*, die das Gesetz unter Sanktion stellt, und *contumelia*, die der Gesetzgeber wegen ihrer Belanglosigkeit ungeahndet lässt (obwohl sie ungeachtet ihrer Bagatellcharakters von dem Gekränkten besonders bitter emp-funden zu werden pflegt). Die Grenzen zwischen den beiden Arten sind fliessend. Daher betont Seneca in der *transitio*, — die sich, wie beiläufig erwähnt sei, bis in die Anfänge der Rhetorik zurückverfolgen lässt: Gorgias' *Palamedes*[55] — die teilweise Übertragbarkeit der Heilmittel gegen die Kränkung. Unter sitt-lichem Aspekt ist für das Unrecht letztlich entscheidend die Bewusstseinsstellung, das vernünftige Urteil. Wirkungsvoll schliesst er die *argumentatio*, indem er die Stoa-Nähe Epikurs in diesem Betracht unterstreicht: βραχέα σοφῷ τύχη παρεμπίπτει. Ein Bild aus der römischen Lebensordnung (Gladiatorenkampf) sucht sinnliche Dichte zur Fühlweise der Lesenden.

---

[55] *Vorsokr.* 82 B 11a §§ 12 f.

De otio ist zu sehr zerstört, als dass die Durchführung der zweigliedrigen Ankündigung in der Beweisführung kontrolliert werden könnte. Jedenfalls sollte der Nachweis erbracht werden, dass dem βίος πρακτικός, dem die Stoa, hierin Erbe des Antisthenes und wohl auch des Sokrates, nach dem ethischen Geschichtsabriss des Antiochos von Askalon[56] wie Dikaiarch von Messene[57] das Wort redet, der βίος θεωρητικός keineswegs widerstreitet, wenn er in lehrender Tätigkeit der Allgemeinheit an den Früchten der Erkenntnis Anteil gewährt.

Wie *Const.* so stützt auch die *Trostschrift an die Mutter* eine dichotomische *partitio* durch die *transitio* ab. Altruistische Gründe des Schmerzes über die Verbannung des Sohns auf das unwirtliche Felseneiland Korsika beherrschen den ersten Abschnitt. Seneca hat den Schicksalsschlag der Exilierung überwunden. Sein Einklang mit dem göttlichen Urgrund des Seins namentlich und die Reinheit seines Gewissens füllen ihn mit Kraft und Stärke. Die ich-bezogenen Komponenten sind Angelpunkt des zweiten Teils. Helvias mütterliche Liebe, die ihr Glück im Glück der Söhne findet, lässt krasse Ichsucht nicht aufkommen. Trennungsschmerz beugt ihren Lebenswillen. Philosophische Studien, die der Gemahl zu seinen Lebzeiten aus falsch verstandenem Konservativismus ihr verwehrte, und die *solacia*, mit denen sie in Zuneigung sich verbunden fühlt, ihre Söhne, ihre Enkel und vor allem ihre Base (?), helfen ihr, ihre Niedergeschlagenheit zu vertreiben und sie aufzurichten. Die ausserordentliche Geschlossenheit des Werks, die bereits Lip-

---

[56] Bei Cic. *Ac.* I 35 ff., bes. 38 (= *SVF* I 199); vgl. Antisthenes, *ap.* Diog. Laert. VI 11.

[57] Vgl. U. v. WILAMOWITZ-MOELLENDORFF, *Reden und Vorträge* (Dublin/Zürich ⁵1967), II 1/8; 208 Anm. 1 (wohl zu modifizieren; vgl. Diog. Laert. VI 11); fr. 25 Wehrli.

sius[58] mit Anerkennung vermerkte — sie ist das Ergebnis klug gesetzter «Regiebemerkungen» (Fr. Klingner) — entspricht den Forderungen Platonischer Literaturkritik, wie sie sich im *Phaidros* niederschlug. In augusteischer Zeit hat Horaz in der *Ars poetica* diesem Kunstideal unter dem Einfluss des Neoptolemos von Parion gehuldigt: *ponere totum.*[59] Die doppelte Zielsetzung der Schöpfung trägt das Ihre dazu bei, den Einheitsgedanken zu verwirklichen. Seneca will sich vor der Öffentlichkeit rehabilitieren, und indem er die unerlaubten Beziehungen mit Livilla als haltlose Bezichtigungen von sich weist, beruhigt er in einem Atem die Mutter, für die entsprechend ihrer gediegenen Erziehung in einem altrömischen Elternhaus in der Skala der Werte *pudicitia* den höchsten Rang einnimmt.

Wie *De beneficiis* zeigt auch *De clementia* eine dreifächrige *partitio*. Wegen weitgehender Zerstörung des Werks — anderthalb Bücher, so hat es den Anschein, haben die Ungunst der Zeiten nicht überdauert — ist die Überprüfung des Ausgestaltung des Gliederungsschemas zur Hauptsache bloss für Buch I möglich, einen Panegyricus auf die *clementia* als die herausragende unter den Herrschertugenden. Der argumentative Teil bietet sich der Beobachtung dar als Doppelpaar. Im Gesichtskreis ruht zunächst der Herrscher als Gesamterscheinung; dann engt sich das Blickfeld ein und der Fürst als Wahrer der Gerechtigkeit, als Richter sammelt die Aufmerksamkeit auf sich. Am Kaiser als Gesamterscheinung interessieren namentlich zwei Aspekte: die Wesensnotwendigkeit und die Nützlichkeit der herrscherlichen Milde. Souverän und Untertan gehören zusammen wie Haupt und Glieder des Staatsorganismus; das macht einträchtiges Zusammenwirken zur zwingenden Notwendigkeit; überdies ist

---

[58] I. LIPSIUS (*op. cit.* Anm. 2), 67.

[59] Von Nietzsche aufgegriffene Formel: I 180 (*Unzeitgemässe Betrachtungen*), Ausg. Schlechta.

die Liebe der Untertanen zu ihrem Oberhaupt dessen sicherster
Schutz. Was den Monarchen in seiner richterlichen Funktion
angeht, so erreicht er das Strafziel «Gesetzesgehorsam» mit ver-
stehender Güte leichter als mit unnachgiebiger Strenge, wie es
denn angezeigt erscheint, von der Bestrafung, zumal der härte-
sten, einzig in eng umgrenzten Sonderfällen Gebrauch zu
machen. Ein Gipfel erreicht die Darstellung im Augustus-
exemplum, dem Montaigne in seinen *Essais* einen Platz ein-
räumte und das Corneille zu seinem *Cinna* inspirierte. Nero, so
macht Seneca dem kaiserlichen Jüngling an dem vergöttlichten
Ahnherrn seines Hauses klar, hat die Möglichkeit, Augustus,
das Urbild aller Principes, an herrscherlicher Grösse in den
Schatten zu stellen, wenn er von Anfang ist, was jener erst nach
längerem Irren wurde: gütig, verständnisvoll, weise. «Soyons
amis, Cinna!» Wieder und wieder sieht man, wie Seneca bemüht
ist, seinen Beweisgängen zwingende Gewalt zu verleihen durch
die Heranführung des Betrachters an die sinnfällig erlebte Wirklichkeit oder, mit seinen eigenen Worten, durch das *in rem praesentem adducere*. So gewinnt das erzieherische Beispiel in der
bunten Fülle seiner Varietäten eine hervorstechende Dominanz.
Seine erzieherische Maxime aus dem 6. Brief (§5) *Longum iter
est per praecepta breve et efficax per exempla* wurde zum geflügel-
ten Wort.

Nach der begrifflichen Zerlegung von Beweisthema (nebst
Vorbereitung) und Beweisdurchführung erübrigt ein Blick auf
den Beweisschluss, den Epilog. Den Beweisertrag intellektuell
und moralisch auszuwerten, darin besteht seine spezifische Leistung. Das kühne Beispiel von Gorgias' *Palamedes*[60], der als
Geste der Huldigung für seine Richter, die unfehlbare Sicherheit
ihres Gedächtnisses und mehr noch: die Unbestechlichkeit

---

[60] *Vorsokr.* 82 B 11a § 37. Zur Schlusstopik: E.R. CURTIUS (*op. cit.* Anm.
    34), 99.

ihres richterlichen, allein der Wahrheit verpflichteten Urteils,
den Epilog kurzerhand über Bord warf, hat Seneca, soweit unser
Blick reicht, nicht nachgeahmt. Einmal jedoch begnügt er sich
mit einer blossen Rekapitulation. In *De tranquillitate animi* gibt
er am Ende einen knappen Überblick über die Zielsetzung seiner *curatio*, mit der er sich an die verschiedenen Stufen der *proficientes* wandte. Seine Ausführungen, so bedeutet er seinen
Lesern, hatten den Sinn, seelische Gesundung herzustellen, zu
erhalten und im Falle eines Rezidivs zurückzugewinnen (in
Abweichung, nebenbei, vom streng altstoischen Dogma, dass
der Status des *sapiens* unverlierbar ist).[61] Unverzichtbar — mit
diesen Worten entlässt er den Leser — für alle *emendatio sui* ist
die ständige *recognitio sui*, wie er sie unter dem erzieherischen
Einfluss seiner Lehrer aus der Sextierschule sich aneignete. Die
«Zusammenfassung» trägt also, streng genommen, ihren
Namen zu Unrecht, weil sie nicht Explizites, sondern Implizites
ins Wort hebt und ausspricht: die fundamentalen Leitgedanken,
die das geheime Triebwerk seiner *curatio*. Damit fällt auch
erhellendes Licht auf den letzten Satz: das *remedium* über allen
remedia, die kritische Innenschau, ohne die der Sokrates der Platonischen *Apologie* das menschliche Leben eines jeden einzelnen
als nicht lebenswert anzusehen geneigt war: ὁ ἀνεξέταστος βίος οὐ
βιωτὸς ἀνθρώπῳ.[62]
    Doch, von *De tranquillitate animi* abgesehen, wird die ἀνα-
κεφαλαίωσις mit der Einwirkung auf die Affektivität kombi-
niert. Die *Trostschrift an Polybius* flicht die epikureische *avocatio*
und *revocatio* mit der peripatetischen Metriopathie zu einem
einheitlichen Gebilde zusammen, einer Tripharmakos des

---

[61]   Vgl. *SVF* I 568; 569; III 237 (= Diog. Laert. VII 127-128).
[62]   Nach W. JAEGER (*Paideia* II [Berlin 1944], 59) Sokrates' Lebens- und
       Wirkungsmaxime. Ohne dass es ausgesprochen wäre, ist die Selbstbezo-
       genheit des kritischen Denkens intendiert.

Schmerzes, wenn der Ausdruck gestattet ist, und mildert zugleich die bittere Anklage gegen die Schicksalsmächte zur stillen Wehmut mit Hilfe der *laudes mortui*, die das Bild des vielversprechenden Jünglings in der Erinnerung auftauchen lassen. Die brauchgemäss knapp gehaltene *conquestio* erhellt die doppelte Zielsetzung des Werks, das sich teils an den Literaturkenner, teils an den Gramgebeugten wendet und demgemäss sowohl ästhetischen Ansprüchen genügen als auch Bedürfnisse des wunden Herzens stillen will. Der Epilogtopos der Bescheidenheit[63] wird dem Schreibenden zum Anlass, auf seine klägliche Lage hinzudeuten und an sein wahres Anliegen diskret zu erinnern. Das tralatizische Schema «Erkenntnis und Nutzanwendung» dient Seneca mehr als einmal dazu, den Epilog an die *argumentatio* anzuketten und den Willen seiner Leser anzuspornen, den Wissenserwerb zu werten zu verdienstvoller Tat. In *De providentia* ist es der Weltgott selbst, der zum Schicksalsheroismus aufruft und die Bereitschaft zur Selbstauslöschung zum obersten Gebot erklärt für den Aufstieg zur Gottebenbürtigkeit. Jäh bricht der Dialog ab mit einer sengenden kynischen Schmähung gegen die Feigheit des Lesers, der zurückbebt vor dem Schritt in das Nichts, das ewige Freiheit verheisst. Der Senecanische Protreptikos *De brevitate vitae* ist nach demselben Muster gebaut. Nachdem Licht darüber verbreitet ist, dass philosophische Studien den Weg dazu öffnen, die Endlichkeit des Lebens zu sprengen und das geistige Sein zum Herrscher über Vergangenheit und Zukunft zu machen, ergeht an die Lesergemeinde die dringende Mahnung, sittliche Selbstformung durch die *ars vitae* in die Mitte ihrer Existenz zu rücken; zugleich wird gewarnt vor der Jagd nach den römischen *honores*, die echte geistige Reife nicht aufkommen lassen und zu dem sterilen, seines Wertes beraubten Dasein verurteilen, vor dem Epikur seine beschwö-

---

[63] Vgl. E.R. CURTIUS (*op. cit.* Anm. 4), 89; 93-95 (im allgemeinen).

rende Stimme erhebt: *Nemo non ita exit e vita tamquam modo intraverit*. Hier reiht sich auch *De constantia sapientis* ein. Der Beweisgang hat dargetan, dass geistige Überwindung der äusseren Verletzung des Selbstwertgefühls keine blosse Chimäre ist, sondern lebendige Wirklichkeit, sobald sich das Ich zu Sokratischer Denkweise entschliesst und seinen wahren Wert im eigenen, von ihm selbst kontrollierbaren Inneren sucht. Demgemäss geht an die *proficientes* der Ruf, die nötigen Schritte zu tun, um dem Weisenideal näher zu kommen und den Sinn in steigendem Masse zu schärfen für das Wesentlich-Wichtige, dem gegenüber alles andere zur Bedeutungslosigkeit herabsinkt. Ein starkes Indiz für die innere Einheit des Senecanischen Dialogs ist die Anwendung der Ringform[64] auf das Werkganze, die tragende Motive des Eingangs im Ausgang, d.h. im Epilog wiederaufnimmt. Dreimal hat Seneca sich in den erhaltenden Sittenpredigten, soweit Proöm und Epilog vergleichend einander gegenübergestellt werden können, dieses kompositionellen Kunstgriffs bedient: in *De brevitate vitae*, *De beneficiis* und in der *Consolatio ad Helviam*. In Anlehnung an den Sallustischen *Jugurtha* entfaltet das Proöm des Protreptikos das bereits im Z der *Ilias* begegnende Motiv von der Kürze des Lebens, um diesen Glauben — wohl ein Menschheitsgedanke: *Psalm* 90 — als einen verbreiteten Irrtum zu entlarven, von dem sich selbst weit über dem Durchschnitt stehende Geistesgrössen, wie Hippokrates und Aristoteles, nicht freizuhalten vermochten. Antithetisch wie das Proöm ist auch der Epilog von *De brevitate vitae* gestaltet. Der theoretische Gegensatz «Wahrheit-Irrtum» wird in den praktischen «Gebot-Verbot» transponiert. Das Motiv von der Flüch-

---

[64] Zur Ringkomposition im allgemeinen: Ed. FRAENKEL, *Agamemnon*, 3 Bde. (Oxford 1950), II 119 mit Anm.; vgl. auch V. PÖSCHL, *Die Dichtkunst Virgils* (Innsbruck/Wien 1950 = Wien ²1964), 165 Anm. 2 = 180 Anm. 1.

tigkeit des Menschenlebens als Warntafel, zugespitzt auf das
Ideal römischer *virtus*, die im *cursus honorum* und im Dienst für
die *res publica* ihre tiefste Befriedigung und Erfüllung findet,
erscheint als Inbegriff völliger Lebensvergeudung[65], weil sie das
Ich sich selbst entfremdet und den Sokratischen Appell ὁ
ἀνεξέταστος βίος οὐ βιωτὸς ἀνθρώπῳ leichtfertig in den Wind
schlägt. Wirksamer kann das römische *virtus*-Richtbild kaum
von seinem Piedestal herabgerissen werden, als es hier mit der
Rückkehr zur Eingangsvorstellung und ihrer Steigerung zum
grellen Paradox geschieht. *De beneficiis*, die machtvolle Verkün-
digung des Humanitätsideals «Seid einig, einig, einig!», nutzt das
Motiv der *imitatio dei*, Eingang und Ausgang zum Kreise zu
schliessen. Im Proöm erscheint die pythagoreische Mahnung
ἕπου θεῷ als Mittel, den Undank in der Welt, soviel auf das Ver-
antwortungsgefühl des Einzelich ankommt, nach Kräften —
über deren Begrenztheit man sich keinen trügerischen Illusio-
nen hingeben darf — zurückzudrängen und einzudämmen; im
Epilog hingegen tut das nämliche Motiv, in Vergils Sprache *et
te quoque dignum finge deo*, deren sich Seneca gelegentlich
bedient, Dienst als Werkzeug, das Ich in seiner Ichheit zu verwirklichen, was der strengen Ausrichtung des Willens auf das τὰ
ἐφ’ ἡμῖν[66] — oder, schlicht, der Ausrichtung auf den guten Willen, d.h. den Willen zum Guten — gleichkommt. In der *Trostschrift an die Mutter* nimmt man eine ingeniöse Abwandlung der
kyklischen Kompositionsweise wahr. Einleitend hebt Seneca
mit knappen Worten hervor seinen Triumph über das Schick-
sal, das ihn zu zermalmen drohte. Der Epilog ersetzt die

---

[65]   Epikurs Warnung Fr. 495 Usener = 241 Arrighetti² = Sen. *Ep.* 22, 14
       kleidet sich in das Bild des römischen *funus acerbum*.

[66]   Zum Rang eines philosophischen Terminus erhoben seit Aristoteles: H.
       BONITZ (ed.), Aristotelis *opera*, V: *Index Aristotelicus*, p. 268 b, vgl. mit
       L. BRANDWOOD, *A Word Index to Plato* (Leeds 1976), p. 372 a, u. U.

blasse, unsinnliche und dingferne Aussage durch das lebenser-
füllte Bild des Schicksalssiegers. Seine ungetrübte Heiterkeit, die
ihn hoch über alle Erdenlast und Erdenschwere hinausträgt,
offenbart sich in der innigen Hingabe an die beiden höchsten
Aufgaben des Menschengeists: die Gottes- und die Selbster-
kenntnis. Demgemäss verschmelzen im letzten Satz zu einem
starken, harmonischen Dreiklang Geist, Gott und Ewigkeit. Es
lässt sich nicht sicher entscheiden, ob die Rhythmik von diesem
unvergleichlichen Magier des Worts bewusst eingesetzt wird,
die in sich versunkene Seele in ätherische Gefilde entschweben
zu lassen (letztes Wort: *omnibus saeculis*; Doppelkretikus in
kühnem, ja verwegenen Hyperbaton).

   Stoiker, der er war, setzt Seneca seine Sprach- und Komposi-
tionskunst in den *dialogi*, wie wir uns zu zeigen bemühten, ein
für die Verbreitung der stoischen Wahrheit. Er stützte sich dabei
auf eine Rhetorik, die den Prinzipien des Platonischen *Phaidros*
— sei es mittel-, sei es unmittelbar — verpflichtet war und nach
Einheit sowohl und Geschlossenheit des literarischen Kunstwerks strebte als auch den psychologischen Eigenarten der Leser
sich anbequemte, um sie für die Heilsbotschaft der inneren Freiheit[67] zu gewinnen. Quintilian wie Tacitus sind unsere Zeugen,
dass er bei seinem zeitgenössischen Lesepublikum beispiellose
Erfolge errang. Das hat jedoch nicht zu verhindern vermocht,
dass die geistige Welt, für die er mit dem Gewicht seiner Person
— und seines Lebens — einstand, zum Untergang verurteilt war.
Sein grosser Gegenspieler Paulus, der den göttlichen Frieden ver-
kündete, der höher ist als alle Vernunft und der in die Herzen als
Geschenk der göttlichen Gnade einströmt, behauptet schon vier
Generationen später siegreich das geistige Kampffeld; um eben-
diese Zeit bricht die lebendige Lehrtradition des Stoizismus

---

[67]   Nach K. von FRITZ, in *RE* X A (1972), 112-114, ist Zenons Lehre dog-
        matisierte und radikalisierte Sokratik; vgl. H. MAIER (*op. cit.* Anm. 44),
        612.

ab.[68] Schwer fällt es, an Zufall zu glauben. Augustinus, der —
unhistorisch, wie der Historiker festzustellen nicht umhin-
kommt — mit dem Gedanken spielte, Seneca habe der neu-
heraufkommenden Sekte, dem Christentume, geheime Sympa-
thien entgegengebracht, entscheidet sich, als er seine Lebens-
wahl zu treffen hat, für Paulus und gegen Seneca. Μὴ κώμοις καὶ
μέθαις, μὴ κοίταις καὶ ἀσελγείαις, μὴ ἔριδι καὶ ζήλῳ, ἀλλὰ
ἐνδύσασθε τὸν κύριον Ἰησοῦν Χριστόν. Auf diese Worte des
Römerbriefs (13, 13-14) wies ihn das Stechorakel.

---

[68] Clemens von Alexandria ist noch in Berührung mit Angehörigen der
stoischen Schule; Origenes kennt den Stoizismus ausschliesslich aus
Lehrbüchern. Neuerdings verweist man auf Porph. *VP* 20. Vgl. M. POH
LENZ, *Die Stoa*, 2 Bde. (Göttingen ⁴1970-1972), I 428.

DISCUSSION

M. Hijmans: I have much enjoyed your impressive survey of the «proving structure» as you have discovered it within Seneca's dialogues. My question is a rather simple one and refers to a point of detail. Why does Seneca, if he returns to the basic doctrine of Zeno and Cleanthes, return to the *pars moralis philosophiae*, as well as to a certain extent to their physical and theological positions, but show such a strong disinclination to value their logic?

M. Abel: Sie stellen die Frage nach der Besonderheit des Senecanischen Stoizismus. Die Überlieferungslage lässt, wie sich für den Einsichtigen von selbst versteht, nur eine ungefähre Antwort zu, die möglicherweise, wäre uns die stoische Lehrtradition besser bekannt, erhebliche Korrekturen erfahren müsste. Prinzipiell übernimmt Seneca das möglicherweise vom späten Platon aufgebrachte, erstmals bei Xenokrates nachweisbare Muster der dreifächrigen philosophischen Disziplinen: Logik (im antiken Sinn), Ethik und Physik (im antiken Verstand) (*Ep.* 89, 9; vgl. Xenocr. fr. 1 Heinze = Sext. Emp. *Adv. math.* VII 16). Da er jedoch in Nachfolge des Sokrates (vgl. Plat. *Grg.* 492 c-d) die Philosophie vorzugsweise als «ars vitae» begreift und als ihre zentrale Frage die Frage nach dem «πῶς βιωτέον;» versteht, tritt die Logik als Erkenntnislehre und Lehre von der Gedankenbildung ganz in den Hintergrund; vgl. seine Ausführungen zu ihr in den Dialektikbriefen (*Ep.* 45, 48, 49, usw.). So ist es nicht verwunderlich, dass er, als er in seinem Protreptikos *De brevitate vitae* für die Philosophie wirbt und in diesem Zusammenhang durch die Gedankenfigur der *expolitio* ihren Reichtum und ihre Kostbarkeit herausarbeitet, die Logik ganz beiseite lässt und sich auf die beiden Teilgebiete der Physik und Ethik beschränkt (*Brev.* 19, 1 f.). Man geht kaum fehl, wenn man annimmt, dass diese starke Abneigung gegen die Logik die unmittelbare

Folge seiner Forderung ist, die Philosophie dem Leben, dem eigenen wie dem der Mitmenschen, denen er sich in Freundschaft verbunden fühlt, fruchtbar zu machen. Ob man diesen erzieherischen Impuls auf Panaitios zurückführen soll, ist einigermassen unsicher. Zwar hielt auch Panaitios sehr wenig von den dialektischen Silbenstechereien seiner Schule (fr. 55 v. Str.) und war wie Seneca mehr an der sittlichen Bildung seiner Hörer als an der Lösung abstrakter Fragen mit keinem oder geringem sittlichen Gehalt interessiert (fr. 114 v. Str., *ap*. Sen. *Ep*. 116, 5). Doch gibt es zwischen ihm und Seneca Gegensätze, die die Annahme einer tiefgreifenden Beeinflussung des Cordubensers durch den rhodischen Philosophen schwierig machen, mochte Seneca ihn auch als eines der grossen *lumina* des Stoizismus ansehen (fr. 53 v. Str., *ap*. *Ep*. 33, 4). Z.B. ist die glühende Bewunderung Platons seitens des Panaitios (fr. 83 v. Str.) Seneca ganz fremd, der offensichtlich Platon denselben geistigen Rang wie Xenophon, dem Major im Ruhestand (Wilamowitz), einräumt (*Tranq*. 7, 5; *Ben*. III 32, 3). Eine enge geistige Verwandtschaft besteht zu dem stoisierenden Kyniker Demetrius. Dessen bedingungslose Unterwerfung unter den Willen des Schicksals (vgl. *Prov*. 5, 5), d.h. der Gottheit deckte sich engstens mit der philosophischen Unterweisung, die Seneca in seiner frühen Jugend erfahren hatte, wie er uns mitteilt (*Helv*. 5, 2 sq.). Ob für ihn wie für die Lehrer Senecas die *praemeditatio futurorum malorum*, die wir innerhalb der Stoa für Chrysipp (*SVF* III 417), Panaitios und Poseidonios (F 165, 28 E.-K. = 410 Th.) nachweisen können (nach Cicero geht sie auf die Kyrenaiker zurück; Wilamowitz vermutet ihren Ursprung bei Pythagoras), lässt sich mit unseren kargen Mitteln nicht ausfindig machen. Doch darin besteht zwischen den beiden Zeitgenossen, dem stoisierenden Kyniker und Seneca, volle Übereinstimmung, dass es zur Niederringung der grossen Gegnerin, des Schicksals, im Grunde nur weniger Kunstgriffe bedarf, dass es vor allem des wirkungsvollen und geschickten Einsatzes dieser wenigen Kampfmittel bedarf, weit mehr als der des Besitzes eines umfangreichen Instrumentariums, das man in den entscheidenden Lebenssituationen nur schwerfällig zu handhaben weiss (vgl. *Ben*. VII 1, 3).

M. Mazzoli: La domanda che Le pongo tocca più che altro l'aspetto metodologico. Lei ha tracciato, per larga parte della produzione filosofica di

Seneca, «dialoghi» *lato sensu*, un quadro strutturale di grande coerenza, che comporta un disegno sostanzialmente unitario e perseguito sistematicamente nel tempo. Si pone dunque anche il problema della cronologia che, come è noto (basti rinviare ai prudentissimi *non liquet* di F. Giancotti, *Cronologia dei Dialoghi di Seneca* [Torino 1957]), è molto controverso. Nella composizione del Suo quadro ha valorizzato preventivamente gli indizi cronologici disponibili o viceversa ritiene che sia il problema cronologico a trarre vantaggio da un' analisi condotta astrattamente sulle strutture?

M. Abel: Sie werfen die Frage nach der Bedeutsamkeit der Chronologie für eine Klassische Philologie auf, insofern sie die Sinnfrage des Werks als eines Ganzen in den Mittelpunkt ihrer Forschungsbemühungen rückt. Wie für alle historischen Wissenschaften so ist auch für eine Klassische Philologie, die sich in besonderer Weise als Teil der «Literaturwissenschaft» versteht, das chronologische Moment — grundsätzlich — von erheblichem Gewicht. Vor langen Jahren hat Theodor Mommsen die Mitforschenden eindringlich an diesen Tatbestand erinnert; Spätere, wie Hermann Bengtson in seiner *Einführung in die alte Geschichte* (München [3]1959), haben die Mommsensche Mahnung erneut ins Bewusstsein gehoben, wenn sie Gefahr lief, verdunkelt zu werden oder gänzlich in Vergessenheit zu geraten. Was Seneca angeht, so sind wir hinsichtlich der zeitlichen Aufeinanderfolge seiner Werke in keiner besonders glücklichen Lage. Madvig hat es in seinen *Adversaria critica*, auf die Marc Rozelaar (*Seneca. Eine Gesamtdarstellung* [Amsterdam 1976], 213) mit bestem Recht hinwies, zu Bewusstsein gebracht. Sie selbst erinnern an die Untersuchung F. Giancottis von 1957, der uns insbesondere für die Dialoge *sensu stricto* unser beschränktes Wissen hinsichtlich der exakten Entstehungszeit drastisch vor Augen führte, in dieser und jener Hinsicht vielleicht den Bogen ein wenig überspannte. Bei dem klassisch-philologischen Zweig der Literaturwissenschaft liegen die Dinge ein wenig anders. Die Grundfrage eines jeden literarischen Werks von Rang ist nämlich die, ob seitens des Autors Einheit gewollt ist, ja oder nein, und wenn ja, wie und mit welchem Erfolg sie durchgeführt und verwirklicht wurde. Diese allesbeherrschende Frage wurde in der antiken Literaturkritik unseres Wissens erstmals in Platons *Phaidros* mit aller Klarheit herausgearbeitet. Der Platonische Vorstellungskreis wurde dann von Aristoteles in seiner *Rhetorik* und *Poetik* aufgegriffen und weitergeführt. In augusteischer Zeit hat sich Horaz in seiner *Ars poetica*, die nach der bekannten Angabe des Porphyrio in ihren dichtungstheoretischen Grundlagen dem Peripatetiker Neoptolemos von Parion in der Mitte des 3. Jahrhunderts v. Chr. verpflichtet ist, zu ihrem engagierten Verteidiger gemacht. Eugène Albertini, angeregt durch gewisse Bemerkungen von Hermann Diels und Eduard Norden (vgl. exposé Anm. 29), glaubte, mit Blick auf äussere Gegebenheiten, diese theoretische Forderung nach der Einheit des literarischen Kunstwerks für die literarische Praxis der Antike im allgemeinen und Seneca im besonderen leugnen zu dürfen. Demgegenüber bemühe ich mich, zu zeigen, dass sowohl der «junge» Seneca unter Caius und Claudius als auch der «alte» unter Nero der Platonisches Norm der geschlossenen Ganzheit seines Dialogs zu genügen bestrebt war. Er beginnt jeweils mit einem Beweisthema, einer πρόθεσις, das er so gestaltet, dass der Zuhörer oder Leser im Innersten gepackt wird, und entfaltet darauf in der Durchführung, πίστις und Epilog, das Beweisziel in solcher Weise, dass der Mensch als Ganzes, im Denken, Fühlen und Wollen, eine Umkehr, eine μετάνοια erfährt (vgl. seine Kritik an Papirius Fabianus), in dem er einen der vier grossen Repräsentanten lateinischer philosophischer Schriftstellerei (*Ep.* 100) erblickt: *Brev.* 10, 1. Mit dem ihm gewohnten Freimut macht er ihm, der sein Lehrer war, den Vorwurf, sich allzu einseitig auf die Bekämpfung der Affekte zu beschränken, ohne dem Bedürfnis des Verstandes nach begrifflicher Aufklärung Rechnung zu tragen; vgl. im Gegensatz seine Kritik an Chrysipp: *Ben.* I 3, 8. Bei einer solchen Aufgabenstellung ist die chronologische Frage zwar nicht gleichgültig, tritt aber in ihrem Gewicht stark hinter anderen Fragestellungen zurück. Ob Seneca eine *partitio* anwendet oder ohne sie auszukommen versucht, das bemisst sich nicht nach dem zeitlichen Verhältnis, wie der Vergleich von *Helv.* (J. 42 n. Chr.; mit *partitio*), *Brev.* (ohne *partitio*; J. 49), *Clem.* (J. 55; mit *partitio*), *Prov.* (wahrscheinlich Spätwerk; mit 5-facher *partitio*), *Marc.* (wahrscheinlich frühestes erhaltenes Werk; mit verstümmelter Ersatz-*partitio*) zeigt. Unsere Untersuchungen bewegten sich vor allem im, wie man sagen könnte, «makroskopischen» Bereich; hätten wir, wie es die Vollständigkeit verlangt, die «makroskopische» durch die «mikroskopische» Analyse ergänzt, wäre es möglicherweise

notwendig geworden, dem chronologischen Gesichtspunkt eine erhörtere
Aufmerksamkeit zuzuwenden.

M. Mayer: The work of recent scholars — two, indeed, are present — has
contributed to a more favourable view of Seneca's interest in the scrupulous
organisation of his subject matter in all his prose works. And yet a doubt
assails me, at any rate. Four hundred years ago Justus Lipsius, whose admiration of our author was expressed not only in editions but in the frank imitation of the *De constantia*, nevertheless found fault with the lax and repetitive
structure of the works (his structures appear both in his notes and in the brief
introductions, for example, that to the third book of *De ira*). Now, if we may
grant that Lipsius was alive to what ancient rhetoric demanded in the way
of *compositio*, could you explain how he formed a critical judgement that is
nowadays reckoned defective?

M. Abel: Mit Recht erregt der gewaltige Abstand der Wertung der Senecanischen Komposition bei einem Erasmus, bei einem Lipsius und Albertini
einesteils und einer gewissen modernen Forschungsrichtung andernteils —
die sich namentlich seit dem 2. Weltkrieg zu Wort gemeldet hat — Ihre Ver-
wunderung. Herr Grimal hat für seinen Teil, d.h. im Umkreis der
französisch-sprachigen Forschung diese Frage beantwortet. Zur Ergänzung
darf ich vielleicht aus meiner Sicht, die im wesentlichen an der Forschung-
stradition des deutschprachigen Raums orientiert ist, folgendes hinzufügen:
Seit den zwanziger Jahren unseres Jahrhunderts war die Klassische Philologie, soweit sie durch deutsche Forscher repräsentiert und getragen wurde, in
einem Umbruch begriffen. Ausgelöst wurde diese Neuorientierung zu einem
erheblichen Teil durch das Buch von G. Misch, *Geschichte der Autobiogra-
phie*, eine von W. Dilthey angeregte Preisschrift der Preussischen Akademie
der Wissenschaften. Von diesem Werk wurden namhafte Forscher der Klassischen Philologie, die kurz vor dem ersten Weltkrieg ihre wissenschaftliche
Laufbahn begannen und in den zwanziger und dreissiger Jahren in den Zenit
ihres wissenschaftlichen Ruhms eintraten, nach eigenem Eingeständnis sehr
stark beeindruckt: W. Jaeger, K. Reinhardt, um nur diese zu nennen.
Dementsprechend setzte ein Forschungswandel ein, den der in sein achtes

Lebensjahrzehnt eintretende Wilamowitz sehr tief empfunden und in seiner *Hellenistischen Dichtung* zum Ausdruck gebracht hat (Nachdr. 1962; ursprünglich: 1924). Dort heisst es im Vorwort, dass er mit seinem damals über 70-Jahren sich zu alt fühle, um sich den neuen Strömungen anzubequemen. Demgemäss ruht bei ihm, der über lange Jahre seiner Wissenschaft entscheidende Impulse gegeben hatte, der betrachtende Blick vor allem auf dem historischen Zusammenhang (vgl. W. Jaeger im Nekrolog: *Humanistische Reden und Vorträge* [Berlin ²1960], 215 ff.); das Werk wird studiert in seiner Einbettung in den Strom des geschichtlichen Werdens. Ganz anders die Auffassung eines K. Reinhardt, dem es weniger um die historische Bedingtheit geht, sondern der in einem künstlerischen Gebilde in erster Linie die Verwirklichung eines Wollens sieht, das in einem halb bewussten, halb unbewussten geistigen Schöpfungsakt Gestalt anzunehmen sich gedrungen fühlt. In weit höherem Masse als bei Wilamowitz fällt der Akzent auf die Interpretation, die in dem Augenblick ihren Höhepunkt des «Erkennens des Erkannten» (A. Boeckh) erreicht, wenn es ihr gelingt, des Plotinischen ἔνδον εἶδος — das in der Gedankenwelt der Shaftesbury und der Herder zu neuem, fruchtbarem Leben erwachte — sich zu bemächtigen, in dem sich die quellende Fülle formaler Bezüge zu sinnvoller Einheit zusammenordnet. Die ältere Forschung wird abgelehnt, weil sie dem inneren Leben des Kunstwerks keine Gerechtigkeit widerfahren lässt, sondern sein geheimes Leben eher zudeckt als erschliesst und dem behutsam nachzeichnenden Verständnis begreifbar macht. Bei Seneca liefert die Wiederholung einen instruktiven Beispielfall. Platon hatte ihr gegenüber eine zwiespältige Haltung eingenommen. Teils hatte er sie gutgeheissen und seine Zustimmung durch die hergebrachte volkstümliche Rede δὶς καὶ τρὶς τὰ καλά signalisiert; teils hatte er sie gebrandmarkt und als Ausdruck der Gedankenarmut stigmatisiert. Seneca kommt auf das Problem im Zusammenhang mit den häufigen Selbstwiederholungen bei Epikur zu sprechen (*Ep.* 27, 9). Er rechtfertigt sie unter pädagogischem Gesichtswinkel. Die Eingängigkeit des Lern- und Lehrstoffs ist sehr unterschiedlich (die Lernfähigkeit des Educandus einmal beiseite gesetzt). Manches wird nach einmaliger Darbietung dem Gedächtnis zu dauerndem Besitz einverleibt; anderes muss mit unendlicher Sorgfalt vorgetragen werden, damit es in der Erinnerung haftenbleibe. Besondere Aufmerksamkeit erheischen diejenigen Fälle, deren intellektuelles Begreifen keinerlei Schwierigkeit verursacht, deren innere Aneignung jedoch auf einen erheblichen, wenn nicht gar unüberwindlichen Widerstand stösst, wie die stoische Grundwahrheit ὅτι μόνον τὸ καλὸν ἀγαθόν, die, wenn die Umstände es fügen, die physische Selbstvernichtung erheischt, damit der vernünftige Wille seine uneingeschränkte Freiheit behaupten kann (vgl. *Ep.* 71, 30 ff.). Einen charakteristischen Fall einer derartigen Selbstwiederholung bietet Seneca im Dialog *De ira* (aus dem Jahr 41, wenn man der Chronologie Herrn Grimals folgt). Ähnlich wie Platon im *Sophistes* (222 c) so lehrt auch Seneca, dass von Natur aus der Mensch ein *animal mitissimum* sei (vgl. *De ira* I 5, 2). Im Zorn hingegen sinkt er auf die Stufe eines reissenden Tieres herab, das wenig oder nichts von seiner natürlichen Sanftheit und Milde bewahrt. Daher empfahl der Gründer der Sextierschule, Sextius Pater, der Zornige möge sich im Spiegel betrachten, um der Hässlichkeit und Abscheulichkeit dieses Affektes sich vor Augen zu führen (*De ira* II 36, 1). Wie der Gründer der Sextierschule ist Seneca von der Effizienz dieser psychagogischen Vorkehrung überzeugt. So erklärt sich die dreimalige Wiederholung des abscheulichen Bildes des Zornigen an hervorgehobenen Stellen des Werkes: Proöm (*De ira* I 1, 3 sq.); gegen Ende des prophylaktischen Teils (*De ira* II 35, 3 sqq.); vor dem therapeutischen Teil, am Ende des Vorspruchs (*De ira* III 4, 1 sqq.). Nichts wäre verfehlter, als wollte man diese Wiederholung einer streng logizistischen Betrachtungsweise unterwerfen und als einen Regelverstoss werten. Ähnliches gilt bei Widersprüchen, auf die im allgemeinen der Philologe allergisch reagiert. Bei Seneca kann man beobachten, dass er sie als sinnvolle pädagogische Massregel zulässt. *De beneficiis* V (2, 1 ff.) insistiert er eindringlich auf dem stoischen Philosophem von der Einheit der Tugend, die jegliche Verschiedenheit, welcher Art sie auch sei, schlechterdings ausschliesst, so dass folgt, dass Tugend von Mensch = Tugend von Gott, Tugend von Mann = Tugend von Frau, allgemein: Tugend von A = Tugend von B. Pädagogisches Ziel ist es, die Scheu vor der Annahme eines Geschenks als sinnlos zu entlarven, das man glaubt durch ein gleichwertiges Gegengeschenk nicht angemessen vergelten zu können; das Bewusstsein soll geweckt und gekräftigt werden, dass dankbare Gesinnung bei der Entgegennahme als «Lohn», als «Entgelt» in jeder Hinsicht genügt. In demselben Werk lehrt er in Buch III (29, 1 ff.), Kinder könnten ihre

Eltern an Wohltaten übertreffen, was nach stoischer Doktrin, wie soeben gezeigt, schlechterdings unmöglich ist. Die theoretische Unmöglichkeit dient dazu, den Willen zur idealen Norm aufs äusserste anzuspannen und eine möglichst weitgehende Annäherung an die sittliche Forderung zu erreichen. Er bedient sich des Prinzips der pädagogischen Hyperbel (vgl. *Ben.* VII 23, 1 f.), um den sittlichen Leistungswillen aufs äusserste zu steigern. Kurzum, man sieht, wie durch grössere Geschmeidigkeit der Betrachtungsweise es gelingt, über die allzu rigiden Wertungen hinauszugelangen.

M. Gigon: Es scheint mir etwas problematisch, von Seneca direkt auf Platons *Phaidros* und die *Rhetorik* des Aristoteles zurückzugreifen. Es gibt immerhin die ganze hellenistische Zubereitung und Systematisierung des Materials, mit der wir rechnen müssen, auch wenn wir sie nur Teilweise sehen können. Dementsprechend darf man bezweifeln, ob Seneca noch irgendeine Schrift Zenons und des Kleanthes selbst in der Hand gehabt hat. Da wird man immer mit Vermittlern wie Panaitios, Hekaton und besonders Poseidonios zu rechnen haben — die selber in der Tat über Chrysippos hinweg zu den Archegeten der Schule zurückzukehren suchen.

M. Abel: Sie spielen auf die «Quellenforschung» an, wie sie in der sogenannten Bonner Schule inauguriert wurde und in Hermann Diels, *Doxographi Graeci* einen glanzvollen Höhepunkt erfuhr (vgl. W. Jaeger, «50-jähriges Doktorjubiläum von H. Diels», in *Humanistische Reden und Vorträge*, usw. 31-40). Spätere vermochten sich nicht auf gleichem Niveau zu halten, was Mommsen zu seiner bekannter Äusserung veranlasste (*Gesammelte Schriften* VII [Berlin/Zürich ²1965], 246, an die R. Kassel in seinen *Untersuchungen zur griechischen und römischen Konsolationsliteratur* ([München 1958], 67 Anm. 3) erinnert. Ausserhalb des deutschen Sprach- und Kulturraums — vielleicht von Italien abgesehen — wird diese ὁδὸς διζήσεως mit sehr kritischem Blick betrachtet, gleichsam als eine deutsche Marotte, und die nicht ohne Grund. Man denke an die beiden Fragmentsammlungen zu Poseidonios, über die wir seit 1972 bzw. 1982 verfügen, die von Edelstein-Kidd und die von Theiler, von denen die Theilersche sich zur Aufgabe gestellt hat, den

Ertrag der deutschen Poseidoniosforschung verstärkt zur Geltung zu bringen mit dem Erfolg, dass manches von dem für Poseidonios reklamierten Material zu streichen ist. Was Seneca angeht, so hat in den neunziger Jahren der vergangenen Jahrhunderts Ed. Norden (1893) dargelegt, dass angesichts der besonderen Arbeitsweise der Cordubensers, der es liebt, die verschiedenen Traditionselemente miteinander zu verschmelzen, keine günstigen Voraussetzungen für die Technik der «Quellenforschung» vorhanden sind. Als ein gesichertes Ergebnis der Quellenkritik darf man vielleicht betrachten die Entdeckung der Pohlenzschen Doktordissertation, dass *De ira* II 19-21 in Poseidonios ihren Urheber haben; jedenfalls hat Pohlenz Reinhardt (in *RE* XXII 1 [1953], 597 f.) und Theiler (1982) von der Richtigkeit seiner These zu überzeugen vermocht (während Edelstein-Kidd eine reservierte Haltung einnehmen). Anderes muss als problematisch angesehen werden. So fällt es schwer, mit Theiler an der Poseidonischen Ursprung von *De ira* II 1-4 zu glauben, denn dort vertritt Seneca eine Affektgenese, die mit Poseidonischen Auffassungen schlechterdings unvereinbar ist. Der Cordubenser ist der festen Überzeugung, dass, sieht man einmal von dem Extremfall der Affektverhärtung — *feritas* — ab, Affekte durch das falsche Urteil der Vernunft ausgelöst werden, durch Irreleitung der συγκατάθεσις. Hingegen steht für Poseidonios nichts fester als die Erkenntnis, dass die Affekte ihr Eigenleben führen, auf das die Einwirkung des vernünftigen Willens so gut wie nichts vermag. *Pace Theilerii* ist Sen. *De ira* II 1-4, bzw. 5 zusammenzusehen mit Gell. XIX 1, 14 sqq. und erweist die Alte Stoa als Quellbereich (vgl. Verf., in *Hermes* 111 [1983], 78-97). Ebenso zweifelhaft ist, ob man, wie weithin angenommen wird, in Hekaton von Rhodos die Hauptquelle von *De beneficiis* zu erblicken hat, wie es z.B. A. Dihle (in der *Goldenen Regel* [Göttingen 1962], 70) als sicheren Forschungsertrag ansieht. Es trifft zu, dass Seneca Hekaton mit Chrysipp verglichen hat mit dem Ergebnis, dass Hekatons Darstellungsweise bis zu einem gewissen Grade die Unarten der Chrysippeischen vermied; jedenfalls nicht durchgreifend genug, als dass er dem überragenden Gewicht des Themas gerecht geworden wäre (*Ben.* I 3, 8 sq.). Die übrigen vier namentlichen Zitate berechtigen schwerlich zu der verlässlichen Annahme, dass Seneca sich an den Rhodier auf weite Strecken hin anschloss (vgl. Verf., «Senecas 'lex vitae'», *Pöner Stoische Studien* [Marburg

1987], 17). So scheint es am ratsamsten, den Gesichtspunkt der «Quellenfor-schung» beiseite zu lassen und auf eine Methode zurückzugreifen, die weni-ger anfechtbar ist. Eine solche ergibt sich, wenn man Senecas philosophisches Gedankengut, soweit er seine eigene Meinung vorträgt, mit der Gesamttradi-tion des Stoizismus vergleicht unter besonderer Rücksicht der Ursprung-sphase. Dann lässt sich zwar nicht sagen, er habe *secundum rerum naturam vivere* (*Ben.* IV 25, 1 u.ö.) oder *in virtute posita vera felicitas est* (*Vit.* 16, 1) oder *unum est apud nos bonum, honestum* (*Ben.* V 12, 5) usw. irgendeinem Werk Zenons entnommen, wohl aber steht mit zweifelsfreier Gewissheit fest, dass er durch eine nicht näher zu bestimmende Traditionskette mit dem Zenonischen Vorstellungskreis verknüpft ist. Übrigens sollte der Gedanke der unmittelbaren Verknüpfung nicht leichter Hand beiseite geschoben wer-den. Herr Grimal macht in seinem *Seneca* mit Recht auf *Ep.* 33, 4 aufmerksam (*Sénèque* [Paris 1978], 22). Dort wird den Lesern vor Augen geführt, dass man die grossen Lehrmeister des Stoizismus nicht in derselben Weise studieren könne wie Epikur und seine Anhänger. Mit Rücksicht auf ihre Eigenständig-keit innerhalb des stoischen Lehrgebäudes wollen sie als Ganzes durchgear-beitet und angeeignet sein, um in ihrer Besonderheit begriffen zu werden. Dieser Rat setzt aller Wahrscheinlichkeit nach die eigene Lernerfahrung des Ratenden, d.h. Senecas voraus. Wir haben also von der Voraussetzung aus-zugehen, dass Seneca auf eigenen Kenntnissen fusst, wenn er sich über die führenden Vertreter seiner Schule verbreitet. Die allgemeine Einsicht, rich-tig, wie sie sein mag, nützt uns, versteht sich, wenig im Einzelfall. Beispiels-halber ist uns bei einem der ersten Zenon-Zitate (*De ira* I 16, 7, vermutlich 41 n. Chr.), das in der Erörterung über die Herkunft des προπάθεια-Theorems von grosser Bedeutung ist, mit unserem allgemeinen Wissen wenig gedient, und es bedarf zusätzlicher Kriterien, wenn man die Frage entscheiden will, ob Seneca im vorliegenden Fall auf den Zenonischen Text rekurriert. A. Setaioli in *Seneca e i Greci* (Bologna 1988), 259 ff., bietet eine nicht recht befriedigende Behandlung. Analoges wie für die Philosophie gilt für die Rhetorik. Wenn die Namen Aristoteles (*Rhetorik*) und Platon (*Phai-dros*) angeführt werden, so sind sie nicht als Quellenautoren zu verstehen, sondern als die massgebenden Träger einer Tradition, der sich Seneca als Glied an irgendeiner Stelle einordnet. Es wäre beispielshalber denkbar, dass ihm die Notwendigkeit von der geschlossenen Einheit des literarischen Kunstwerks an der *Ars Poetica* des Horaz aufgegangen wäre. In *Seneca e la poesia* (Milano 1970), 233, macht Herr Mazzoli sehr zu Recht darauf aufmerksam, dass es verfehlt wäre, wollte man Senecas Horaz-Kenntnisse einzig auf die verschwindend geringere Anzahl namentlicher Zitate beschränken (vgl. ed. Haase 3, 527 a; vgl. weiter G. Mazzoli, *op. cit.*, 126 ff.; 286 b; 68). Angesichts des kürzlich aufgedeckten versteckten Zitats von Platons *Gorgias* (Verf., in *Hermes* 108 [1980], 499 f.) kann übrigens Vertrautheit mit dem Platonischen *Phaidros* nicht schlechterdings ausgeschlossen werden. Vgl. *Tranq.* 17, 10 f.; A. Setaioli, *op. cit.*, 120 f.

Mme Armisen-Marchetti: Est-il possible d'appliquer les structures que vous décelez dans les *Dialogues* à d'autres œuvres de Sénèque? Je pense en particulier aux *Lettres* les plus longues, qui sont par leurs dimensions l'équivalent d'un dialogue.

M. Abel: In seinem schriftstellerischen Werk als Philosoph tritt Seneca uns zur Hauptsache in der Gestalt des Erziehers gegenüber. Im 6. Brief äussert er sich über die Idealform der Erziehung: es ist die des *contubernium*, die des engen Zusammenlebens von Meister und Jünger, die dem Adepten gestattet, die Wahrheit der Unterweisung des Lehrers an dessen Lebensführung zu überprüfen (*Ep.* 6, 5 sq.). Desgleichen ist die menschenformende Wirkung des Briefs sehr hoch zu veranschlagen (*Ep.* 38, 1) wegen der Intimität, der unmittelbaren Einwirkung des seelischen Ich auf das seelische Du, die trennende Schranken weitgehend abbaut und eine Atmosphäre vertrauensvoller Zuneigung, inniger Berührung schafft (denn nach Artemon bei Demetrios, *Eloc.* 223 ist der Brief die Hälfte des Zwiegesprächs). Pädagogisch am wenigsten ergiebig ist die *disputatio* (= *dialogus*), die es an *familiaritas* fehlen lässt, dem eigentlichen Nährboden für die erzieherische Einflussnahme (*Ep.* 38, 1). Die Sittenpredigt ist in höherem Masse von der Gefahr bedroht, mehr von den Ohren als dem inneren Sinn aufgefasst zu werden, d.h. mehr als rednerisches Kunstwerk gewertet zu werden denn als Erzeugnis, das der sittlichen Erbauung, der Gesinnungsformung dienen soll. Die Senecanischen philosophischen Werke entsprechen diesen drei Formentypen nur unvollkommen.

Die *Briefe an Lucilius* täuschen nur vor, echte Briefe zu sein, ohne dass sie es wirklich wären (vgl. Verf., in *Hermes* 109 [1981], 472-499; die dort gennanten Beweismittel wären durch die weiteren Indizien der Verweise, der Rück- und namentlich der Vorverweise, zu ergänzen, die sich zum Teil über weite Intervalle hinweg aufeinander beziehen: vgl. den eindrucksvollen Fall *Ep.* 36, 11 = 71, 12 sqq. [Beobachtung G. Maurachs]). Indem Seneca von vornherein eine breite Leserschaft anvisiert, verzichtet er naturgemäss auf die Intimität der Beeinflussung, die in die geheimsten Herzenswinkel dringt. (Mit Rücksicht auf den Adressaten und seinen gewaltigen räumlichen Abstand unterstreicht er selbst gelegentlich, seiner seelenärztlichen Funktion, die unverzügliches Eingreifen erfordert, nur ungenügend nachkommen zu können: er muss den spezifischen, auf die Erfordernisse der jeweiligen inneren Lage ausgerichteten Ratschlag durch allgemeine Hinweise ersetzen: *Ep.* 22, 1; 71, 1). Anderseits sind seine *disputationes* (= *dialogi*) keine wirklichen Reden, sondern von vornherein als Buchpublikationen konzipiert, wie sich entsprechenden Anspielungen entnehmen lässt (*Clem.*: I 1, 1; II 1, 1; I 9, 11 [*scribere, volumen*]; *Ir.*: I 1, 1; II 1, 1; III 4, 1 [*scribere; liber*]; *Ben.* V 1, 1: *priores libri*; der Beweis ist nicht in allen Fällen mit solcher Stringenz zu führen: z.B. *Consolatio ad Polybium*, wo klar ist, dass ein Brief vorliegt, jedoch Unsicherheit besteht, ob ein privater oder offener; jedenfalls wird die Frage von Lipsius und Herrn Grimal verschieden beantwortet, während ich selbst im Werk als solchem keinen verlässlichen Hinweis für die eine oder andere These zu entdecken vermag.) Ich habe 1967, *Bauformen in Senecas Dialogen* (Heidelberg 1967), 92 Anm. 60, Lipsius zu stützen versucht, doch fürchte ich, mit spekulativen, d.h. wenig überzeugenden Gründen. Kurz, *dialogi* und *epistulae* stehen auf Grund ihrer Verbreitungsform enger beieinander, als es auf den ersten Blick scheinen mag, nebenbei: eine alte Erkenntnis. Darum ist die Frage, ob in den Briefen die Dialogform, die wir beobachteten, wiederkehre, durchaus berechtigt. Sie kann bejaht werden. Ein eindrucksvolles Beispiel liefert die *Epistula De artibus liberalibus* (*Ep.* 88), die im Mittelalter als selbständiges Werk überliefert wurde (K.A. Blüher, *Seneca in Spanien* [München 1969], 104). Im Gegensatz zu Ed. Norden wird man annehmen, dass ein einheitlicher Grundgedanke das gesamte, vergleichsweise umfangreiche Werk (46 §§) durchwaltet. Die *artes liberales* — so die πρόθεσις (= *propositio*) —

haben der Philosophie gegenüber nur vorbereitenden Wert. Scharfe Pointierung gibt dieser Beweisthese die geschliffene Form einer syntaktischen Antithese (*non discere, sed didicisse*: § 2 a). Im übrigen erschöpft sich die Einleitung in einer Verächtlichmachung der Freien Künste im Vergleich zur Philosophie, die als alleiniges Studium gefeiert wird, das wahre Freiheit — Sokrates' ἄρχειν ἑαυτοῦ (Plat. *Grg.* 491 d; *Rep.* IV 431 a) — gewährt. Es folgt der eigentliche Beweis. Auf der ersten Stufe tut er dar, dass die einzelnen Freien Künste keinen Beitrag zur sittlichen Bildung leisten, weder die Grammatik noch die Geometrie noch sonst eine (§§ 2 b-20 a). Die zweite Stufe wendet sich polemisch gegen Poseidonios und seine Auffassung, man müsse die *artes liberales* als Teile der Philosophie integrieren. Dieser Überbewertung gegenüber wird die Meinung verfochten, dass sie nur ancillarische Dienste zu verrichten haben, den Verstand für seine wichtigeren Aufgaben schmeidigen wollen (§§ 20 b-37). Philosophie ist eine gebieterische Herrin, die die uneingeschränkte Hingabe ihrer Jünger erheischt. Seneca schliesst mit einer dringenden Warnung vor der *nimia subtilitas* (§§ 38-46), der eigentlichen Wurzel der Neigung zu den *artes liberales*. Sie kann selbst der Philosophie zum Verderben werden, indem sie — als Skepsis — den Glauben an die Wahrheit vernichtet. Damit hat die Gedankenbewegung in wirkungsvoller Steigerung ihren Höhepunkt und ihr Ende erreicht. Besonders reizvoll wäre es die beiden längsten Briefe, *Ep.* 94 und 95 (über den Zusammenhang zwischen *praecepta* und *decreta* in der Ethik in kritischer Auseinandersetzung mit dem Zenon-Schüler Ariston von Chios [*SVF* I 333 ff.]) auf Ihre Frage zu prüfen. In ihrem Kommentar hat M. Bellincioni (1979) eine wertvolle Vorstudie vorgelegt, die die Vermutung nicht abwegig erscheinen lässt, dass Seneca den Baugedanken der *dialogi* auf diese Briefe überträgt. Ein endgültiges Urteil bleibe einer sorgfältigen Überprüfung vorbehalten!

M. Hijmans: You have referred to Seneca's *Ad Polybium* as having a hidden programme, quite apart from *Consolation on the death of Polybius' brother*. I fully agree that the work also has that aim. However, I should like to ask whether you intended your remark as moral criticism of Seneca's person or rather as a more objective statement concerning the generic shape of this *consolatio*. Connected with this question is of course the further one whether

e.g. the *Consolatio ad Marciam* may also have had some hidden extra purpose
— one might think for instance of one of a social nature that now escapes us.

M. Abel: Mit Ihrer Frage berühren Sie einen höchst bedeutsamen Punkt.
Seit dem Ende des 19. Jahrhunderts ist der Klassischen Philologie in steigendem Masse bewusst geworden, welch entscheidendes Gewicht das Genre für
die Interpretation des antiken Kunstwerks inne hat (wie mit Rücksicht auf
die Kontroverse Wilamowitz - Knoche (vgl. U. Knoche, *Die römische Satire*
[Göttingen ²1957], 8) zu betonen ist). Seneca selbst hat dieser Tatsache in seinem Aetna-Briefe, *Ep.* 79, 5 f., Rechnung getragen. Durch eine stattliche
Anzahl vorhergehender Behandlungen eines und desselben Gegenstands werden die Möglichkeiten gedanklicher und sprachlicher Erschliessung nicht
eingeengt, sondern erweitert. Bei der Ausarbeitung der *Consolatio ad Helviam matrem* (wahrscheinlich aus dem Jahre 42 n. Chr.) gestattet Seneca uns
einen knappen Einblick in seine Arbeitsweise: *Helv.* 1, 2: um sich anzuregen,
hat er die themengleichen Literaturdenkmäler der *clarissima ingenia* herange-
zogen, darunter vermutlich den Archetypus, Krantors Περὶ πένθους, und
seine lateinische Nachbildung, Ciceros *Consolatio* (wie es vor ihm Cicero,
nach ihm Hieronymus tat). Wir haben also, was Seneca anlangt, ein gewisses
Recht zu der Annahme, dass die beiden anderen *Consolationes* nach einem
sehr ähnlichen Verfahren gearbeitet worden sind. So ist es keine Über-
raschung, festzustellen, dass das Gliederungsschema der *monitio* in der *Consolatio ad Polybium* im wesentlichen in reiner Form, in der *ad Marciam* in abge-
wandelter, an die Adressatin angepasster Gestalt wiederkehrt. Bringt Seneca
doch in den abschliessenden Worten von *Polyb.* (18, 9) unmissverständlich
zum Ausdruck, dass der Adressat, der kaiserliche Hofbeamte, als Literat die
literarischen Qualitäten der ihm gewidmeten Schöpfung gehörig zu würdi-
gen weiss. Die ausgezeichnete Studie von Rudolf Kassel (1958) über die griechische und römische Konsolationsliteratur schenkt diesem Punkt der
Umgestaltung des λόγος παραμυθητικός in eine ἔγγραφος ἀξίωσις keine Beach-
tung. Desgleichen übergeht E. Doblhofer (*Exil und Emigration* [Darmstadt
1987]) dieses Problem, obwohl erhebliche Teile seiner Schrift mit der Exil-
dichtung Ovids (und damit der Bitte un Exilmilderung bzw. -aufhebung)
gewidmet sind. Bis zum Beweise des Gegenteils wird man demzufolge

annehmen müssen, dass es Senecas eigener Einfall war, seine Bittschrift in das Gewand einer *consolatio* zu hüllen, um auf diese Weise eine Kassierung des aller Wahrscheinlichkeit nach zu Unrecht über ihn verhängten Urteilsspruchs zu erreichen. Nach dem Urteil der meisten Modernen war der Einfall, den λόγος παραμυθητικός mit der ἔγγραφος ἀξίωσις zu kombinieren, ein arger Missgriff. H. Dessau ist einer der wenigen, die dieser Hervorbringung der herrschenden Meinung zum Trotz Geschmack abzugewinnen vermögen. Der Historiker ist primär an dem Urteil der Zeitgenossen interessiert. So ist es zu begrüssen, dass Herr Grimal nachdrücklich auf Tac. *Ann.* XII 8, 2 hinweist (*Sénèque ou la conscience de l'Empire* [Paris 1978], 103). Danach ist das öffentliche Ansehen Senecas während seiner Verbannungszeit in nichts beeinträchtigt worden. Denkt man sich die *Trotschrift an Polybius* als ein öffentliches Sendschreiben, so besagt die Taciteische Aussage, dass Senecas Versuch, Straferlass zu erreichen, zumindest keine nachhaltigen ungünstigen Auswirkungen auf die öffentliche Meinung hatte. Freilich ist der Beweis dafür, dass das Werk von vornherein für das breite Lesepublikum bestimmt war, nicht mit Sicherheit zu führen. Lipsius nahm bekanntlich ein Privatschreiben an (Komm. 91).

Ihre zweite Frage, die *Trostschrift an Marcia* betreffend, berührt einen sehr heiklen Punkt. Im Abstand von nahezu 2000 Jahren sind die Interpretationsvoraussetzungen naturgemäss zu einem erheblichen Teil verschüttet, wie jedermann weiss. Sie wiederzugewinnen kostet mitunter erhebliche Mühe, wenn sich nicht gar der Interpret damit abfinden muss, vor verschlossenen Türen zu stossen. So gibt uns auch die *Consolatio ad Marciam* manches Rätsel auf. Der Beziehungsrahmen lässt sich nur teilweise entschlüsseln. Massgebende Seneca-Forscher, z.B. Herr Grimal, sind der Ansicht, dass die Schrift die ältesterhaltene unter Senecas Hervorbringungen darstellt und unter dem Prinzipat des Caius entstand. Unglücklicherweise ist uns, nicht zuletzt wegen der grossen Lücke in den *Annalen* (Bücher VII-X), die Regierungszeit dieses unter Megalomanie leidenden Herrschers nur recht ungenau bekannt, ein ernstes Hemmnis für die Sinnerschliessung. Der Gesamtsinn, Aufrichtung der schmerzgebeugten Mutter, gibt sich mit hinreichender Sicherheit zu erkennen. Schon der Epilog mit dem leuchtenden Bild der Jenseitsseligkeit der Verstorbenen deutet in diese Richtung, zumal wenn man ihn

mit der πρόθεσις und deren besonderer Ausgestaltung (Brechung des mütter-
lichen *luctus* und der darin involvierten Anklage an die Schicksalsmächte)
zusammensieht. Für die Senecanischen *dialogi* ist charakteristisch, dass sie —
ausgenommen von der *Consolatio ad Polybium* und *De clementia*, das sich an
Kaiser Nero wendet — über den Adressaten hinaus an eine grössere Hörer-
(oder Leser-) Gemeinde wenden. So auch in der *Consolatio ad Marciam*! Marcia wird so häufig angeredet wie kein anderer der Adressaten (vgl. ed. Haase
3, 539 b = ed. Reynolds 323 b). Gleichwohl trifft man auch in diesem Dialog
auf die Ihr-Form, einmal in der Form des Femininums (11, 1). Offensichtlich
wendet sich Seneca an Marcia vor einer breiten Öffentlichkeit — in Buch-
form? Warum das? Man kann mehr oder minder geistreiche Vermutungen
anstellen. Doch nichts führt letzlich an dem Eingeständnis vorbei, dass uns
der klare Einblick in den Sachverhalt verwehrt ist.

III

MIREILLE ARMISEN-MARCHETTI

LA MÉTAPHORE ET L'ABSTRACTION DANS LA PROSE DE SÉNÈQUE

La métaphore et l'abstraction: n'y a-t-il point un paradoxe à mettre en rapport ces deux notions? Car l'abstraction est couramment opposée à la réalité concrète: penser par abstraction, manier des abstractions, cela n'implique-t-il pas de s'arracher aux données immédiates de la perception, d'occulter la continuité de la réalité extérieure, bref de s'essayer à une pensée désincarnée? L'abstraction cherche par nature à s'affranchir du spectacle des objets de tous les jours. Quant à la métaphore, n'est-elle pas au contraire l'irruption par excellence du concret dans le discours? La métaphore suppose une intrusion du réel qui semble aux antipodes de la démarche abstractive. Car il n'existe pas d'images abstraites; tout au plus peut-on parler d'images appauvries en éléments sensoriels, lorsque leur qualité affective l'emporte sur leur puissance figurative. La métaphore est toujours concrète par quelque côté.

Abstraction et métaphore seraient donc des notions antithétiques? Et pourtant: les Anciens tout d'abord considèrent que l'on ne saurait penser sans image. L'idée remonte à Aristote, qui l'énonce à plusieurs reprises et avec force: l'intellect ne peut s'exercer sans prendre appui sur des images[1]. Certes, par là,

---

[1] Arist. *De an.* I 1, 403 a; III 7, 431 a; III 8, 432 a.

Aristote pense à l'image comme réalité psychologique et représentation mentale, non à l'image littéraire. Reste cependant l'affirmation d'un lien entre l'imagination d'une part et, de l'autre, l'abstraction à laquelle s'essaie la méditation philosophique. En second lieu, Aristote encore introduit dans la pensée antique l'idée si pénétrante qu'il existe une parenté profonde entre le poète et le philosophe, parenté qui réside dans leur aptitude commune à «apercevoir le semblable», τὸ ὅμοιον θεωρεῖν[2]. Les ressemblances discernées de la sorte, chez le poète s'épanouissent en métaphores, et chez le philosophe nourrissent l'invention philosophique productrice des concepts.

Mais en fait, s'est-on demandé par la suite, la faculté d'apercevoir le semblable ne donne-t-elle pas, chez le philosophe aussi, des métaphores aussi bien que des concepts, et peut-être même, des métaphores avant que de donner des concepts? La thèse a été diversement exprimée depuis le dix-neuvième siècle: la trame du discours métaphysique serait faite à l'origine de métaphores qui se sont usées à force d'être utilisées et dont on a fini par perdre de vue le sens primitif qui, lui, était sensible et matériel. La métaphore usée s'intègre alors au lexique philosophique et passe désormais pour l'expression propre de l'idée. Ainsi le réseau conceptuel organisé par le philosophe créateur d'un système reposerait sur un entrelacs de métaphores primitives dont il serait vain de chercher à se défaire, car elles constituent l'être même du concept. A la racine du concept métaphysique se trouve la métaphore[3].

---

[2]   Arist. *Rh.* III 11, 1412 a 12-13; *Po.* 22, 1459 a 7-8.

[3]   Cf. J. DERRIDA, «La mythologie blanche (la métaphore dans le texte philosophique)», in *Poétique* 5 (1971), 1-52; J. GREITSCH, «Les mots et les roses. La métaphore chez M. Heidegger», in *Revue des sciences philosophiques et théologiques* 57 (1973), 433-455.

Ainsi notre sujet est-il moins paradoxal qu'il pouvait le sembler de prime abord; même, il n'est point paradoxal du tout. Métaphore et abstraction entretiennent en philosophie d'étroites relations, et l'on peut même dire que l'abstraction métaphysique n'existe point sans la métaphore. Nous allons tenter de le vérifier dans le cas de Sénèque. Mais pour éviter méprises et plus encore anachronismes, il sera bon de s'appuyer sur ce que Sénèque lui-même nous dit de la nature et des fonctions de la métaphore. Car bien qu'il n'ait pas écrit de traité de rhétorique, Sénèque s'est donné une théorie implicite de la *translatio*. Cette théorie, nous allons tenter de la reconstituer à partir des remarques ponctuelles disséminées dans le texte, et c'est elle qui guidera et organisera notre réflexion.

*

Si la métaphore a fait l'objet d'une réflexion de la part de Sénèque, c'est d'abord parce que la culture de l'écrivain l'impliquait, cette culture que l'on acquérait à l'école du grammairien puis du rhéteur: depuis Aristote, il existe une ou plutôt des théories rhétoriques de la *translatio*. A Rome, pour ne parler que des textes qui nous ont été conservés, on dispose au premier siècle de la *Rhétorique à Hérennius* ainsi que des traités de Cicéron et de Quintilien[4]. Par ailleurs Sénèque lui-même, en praticien de l'écriture confronté avec les problèmes que pose l'expression philosophique, a exploré pour son propre compte les ressources que pouvait lui offrir la métaphore. Car une première difficulté se présente d'emblée au philosophe latin: la transcription dans sa langue de la terminologie technique stoïcienne.

---

[4] *Rhet. Her.* IV 34, 45; Cic. *De orat.* III 155-169; Quint. *Inst.* VIII 6, 4-18. Certes Sénèque ne peut avoir lu l'œuvre de Quintilien, postérieure d'une trentaine d'années à sa mort, mais cette continuité même montre que la réflexion sur la métaphore était des plus vivaces à son époque.

1. La métaphore-catachrèse: *quotiens opus est, mutuamur*

La première fonction de la métaphore d'après Sénèque est de faire office de catachrèse. Quand nous disons de cette fonction qu'elle est la «première», cette priorité n'est pas à imputer à Sénèque. C'est nous qui, pour la commodité de l'exposé, regroupons et classons les remarques éparses que Sénèque consacre à la *translatio*: le numéro d'ordre ne relève que de notre présentation et ne saurait correspondre à une quelconque hiérarchie dans la pensée de Sénèque. La catachrèse, rappelons-le, est un trope (métaphore, mais tout aussi bien synecdoque ou métonymie) qui supplée à une insuffisance du lexique: l'image permet d'exprimer une idée pour laquelle il n'existe pas dans la langue de terme propre. C'est ainsi que l'on parlera en français du «cœur» d'un arbre ou de l'«âme» d'un violon. Les manuels latins de rhétorique nomment cette figure l'*abusio*[5].

Dans le *De beneficiis*, Sénèque définit à deux reprises l'image catachrastique: «Il y a une infinité de choses qui n'ont pas de nom: les appellations par lesquelles nous les désignons, au lieu de leur être propres, sont prises à d'autres et empruntées. Nous donnons même nom à notre pied et à celui du lit et à celui de la voile et à celui du vers; même nom au chien de chasse et au chien de mer et à la constellation du chien; comme nous n'avons pas de quoi en donner un à chaque objet, toutes les fois que c'est nécessaire, nous employons des mots d'emprunt.»[6] Pour nombre de ces exemples, il s'agit bien de métaphores, c'est-à-dire de

---

[5]   Quint. *Inst.* VIII 6, 34; cf. aussi Cic. *De orat.* III 155.

[6]   Sen. *Ben.* II 34, 2: *Ingens copia est rerum sine nomine, quas non propriis appellationibus notamus, sed alienis commodatisque: pedem et nostrum dicimus et lecti et ueli et carminis, canem et uenaticum et marinum et sidus; quia non sufficimus, ut singulis singula adsignemus, quotiens opus est, mutuamur* (éd. et trad. F. Préchac).

tropes fondés sur une ressemblance. On voit quelle analogie il peut y avoir entre le pied humain, celui du lit et celui de la voile: le pied du lit est la partie par laquelle l'objet repose sur le sol; le *pes* de la voile, de la même façon, se situe à la partie inférieure: c'est l'écoute, c'est-à-dire le cordage qui prolonge le coin de la voile et permet de l'orienter et de la tendre[7]. Le «pied» métrique, lui, ferait-il «avancer» le poème, à la façon des évolutions d'un danseur[8]? Quant au «chien de mer», il s'agit d'un squale dont le museau allongé évoque celui de l'animal familier[9]. La constellation du Chien enfin présente, du moins pour l'imagination des astronomes, une configuration d'étoiles qui évoque la forme du corps de l'animal[10]. Un second texte du *De beneficiis* revient sur la même idée: «Certains objets, sans être la chose authentique, en raison de la ressemblance sont compris sous le même nom: ainsi nous appelons *pyxis* et la boîte en argent et la boîte en or; nous appelons *inlitteratum* non pas l'homme absolument ignorant, mais celui qui n'a pas atteint un certain degré de culture;

---

[7]   Cf. E. de SAINT-DENIS, *Le vocabulaire des manœuvres nautiques en latin* (Mâcon 1935), 87 et 141-143.

[8]   Cf. Arist. *Probl.* V 41, 885 b. Mais les modernes ont fait d'autres hypothèses: battement du pied marquant la mesure lors de la récitation ou du chant statiques, ou encore métaphore du pied comme plus petite unité de mesure de longueur? (Nous regrettons de ne pouvoir insérer ici la riche bibliographie que nous a fournie M. J. Soubiran, à qui nous devons toutes ces indications.)

[9]   Cf. E. de SAINT-DENIS, *Le vocabulaire des animaux marins en latin classique* (Paris 1947), 17-18; le chien de mer est décrit par Arist. *HA* VI 11, 566 a 31 sqq.; Plin. *Nat.* IX 110; Opp. *Hal.* I 373 sqq.

[10] Cf. A. LE BOEUFFLE, *Les noms latins d'astres et de constellations* (Paris 1977), 133 et n. 6: en fait, le nom s'explique en premier par la proximité de la constellation d'Orion, le chasseur, auquel les astronomes ont voulu adjoindre un «chien», qui a d'abord été la seule étoile Sirius, puis la constellation entière, dans laquelle ils ont réussi à voir un chien dressé sur ses pattes de derrière.

ainsi, qui a vu un homme mal vêtu, en guenilles, dit qu'il l'a vu aller tout nu (*nudum*).»[11] Dans le premier exemple, celui de la *pyxis*, le mécanisme de changement de sens est complexe. Il y a d'abord eu une métonymie: on a désigné l'objet du nom de la matière qui le compose, la *pyxis*, c'est-à-dire le buis; puis, par une extension de sens fondée sur la ressemblance, *per similitudinem*, dit Sénèque, on en est venu à appeler *pyxis*, buis, aussi bien une boîte d'argent ou une boîte d'or, tout comme nous persévérons en français à nommer «verre» un gobelet de plastique ou de carton. On pourrait discuter de la présence ici d'une véritable métaphore. Peu importe, notre préoccupation n'est pas linguistique. Ce qui compte, c'est que Sénèque, lui, considère qu'il y a là un trope *per similitudinem*, ce qui pour lui définit la métaphore (les autres exemples, les adjectifs *inlitteratus* et *nudus*, sont, eux, des hyperboles).

Le *per similitudinem* de Sénèque nous paraît d'ailleurs relever autant ou plus de la philosophie stoïcienne du langage que des manuels de rhétorique. Nous savons en effet que les stoïciens dès le début ont accordé une attention extrême aux problèmes du langage et de son origine. Selon leur théorie (que l'on peut lire chez Augustin, au chapitre 6 du *De dialectica*, et qui pourrait remonter à Chrysippe ou du moins à son disciple Diogène de Babylone), les inventeurs du langage ont d'abord créé les mots primitifs, les πρῶται φωναί, par imitation directe des objets de la réalité, selon le processus surtout de l'onomatopée. Les πρῶται φωναί sont une sorte d'image phonétique des choses; mais leur nombre est très insuffisant face à l'infinie diversité du réel. Aussi, à mesure que se fait sentir la nécessité de désigner d'autres objets,

---

[11] *Ben.* V 13, 3: *Quaedam, etiam si uera non sunt, propter similitudinem eodem uocabulo comprehensa sunt: sic pyxidem et argenteam et auream dicimus; sic inlitteratum non ex toto rudem, sed ad litteras altiores non perductum; sic, qui male uestitum et pannosum uidit, nudum uidisse se dicit.*

va-t-on dériver à partir de ces vocables primitifs des mots nouveaux, *per similitudinem, per uicinitatem* ou *per contrarium*. Le procédé *per similitudinem*, qui consiste à désigner une chose du nom d'une autre en fonction de la ressemblance qu'elles présentent (les jambes sont appelées *crura* à cause de leur ressemblance avec une croix, *crux*), définit pour nous le principe de la catachrèse métaphorique, tandis que la dérivation *per uicinitatem* (une chose désignée du nom d'une autre dont elle est la voisine, telle la *piscina* à partir de l'eau où vivent les poissons) décrit la catachrèse par métonymie[12].

Et Sénèque va avoir bien des occasions de recourir à la catachrèse métaphorique. Car l'insuffisance du lexique latin est une gêne dont il se plaint régulièrement dans son exposé des concepts stoïciens. Certes le thème de la richesse lexicale du grec et, en face, de la *patrii sermonis egestas* est à Rome un lieu commun[13]. Pour Sénèque, ce n'est pas une idée reçue, c'est une expérience de tous les jours, et nous trouvons à diverses reprises notre philosophe arrêté par des difficultés de traduction. La *Lettre* 58, 1 et 7 le montre dans une véritable perplexité : comment rendre la richesse de la terminologie platonicienne des genres d'être, et en particulier, comment traduire τὸ ὄν? Pis, dans le *De ira*, Sénèque renonce à rapporter les distinctions établies par les Grecs dans la description de la colère parce qu'elles n'ont pas de nom latin, *quia... uocabula sua non habent*[14].

---

[12] Aug. *Dialect.* 6, in *PL* XXXII 1411-1413: cf. le commentaire qu'en donnent K. BARWICK, *Probleme der stoischen Sprachlehre und Rhetorik* (Berlin 1957), 89 sqq., et surtout J. PÉPIN, *Saint Augustin et la dialectique* (Villanova University Press 1976), 11 sqq.

[13] Lucr. I 139; I 832; III 260; Cic. *Caecin.* 51; *Tusc.* II 35; Gell. II 26, 5; X 22, 3: cf. M. DUBUISSON, «Problèmes du bilinguisme romain», in *LEC* 49 (1981), 27-45.

[14] *Ir.* I 4, 2; cf. aussi *Ep.* 87, 40.

Pour se dégager de tels embarras, Sénèque dispose de plusieurs solutions. Quand il ne renonce pas purement et simplement à son exposé, comme dans le *De ira*, il a la possibilité de
pratiquer la transcription directe du grec, par simple translittération (*philosophia*, *Ep.* 89, 7; *aetiologia, ethologia, characterismos,*
Ep. 96, 65; *analogia*, *Ep.* 120, 4; etc.)[15]; d'inventer un néolo-
gisme, et c'est un droit qu'il revendique et utilise (*essentia*, *Ep.*
58, 6; *praeceptio*, *Ep.* 96, 65); de traduire approximativement: le
τὸ ὄν platonicien se voit confié, dans la *Lettre* 58, 7, à un *quod
est* dont Sénèque déplore l'inadéquation grammaticale (*cogor
uerbum pro uocabulo ponere*). Reste enfin la méthode qui nous
intéresse ici, le recours à la métaphore.

L'un des procédés de transposition les plus satisfaisants sera
en effet de ressusciter la métaphore originelle sur laquelle repose
le terme grec et d'en donner un équivalent latin, c'est-à-dire une
métaphore du même ordre, voire de proposer une métaphore là
où le grec n'en a pas, ou n'a pas la même. La métaphore de surcroît aide à surmonter la difficulté spécifique que présente la
transposition dans une autre langue d'un terme philosophique.
Ici en effet, à la différence de ce qui se passe quand on traduit
un concept ordinaire, l'inconnue affecte non seulement le signe
qu'est le mot, mais tout autant l'idée elle-même. Traduire le mot
«ciel» du grec en latin consiste à substituer un mot à un autre,
sans que le contenu de conscience, du locuteur grec au locuteur
latin, varie sensiblement. En revanche, quand Sénèque traduit le
terme ἡγεμονικόν à l'usage d'un lecteur romain qui n'est pas

---

[15]   Encore qu'il soit souvent bien difficile de savoir si la translittération (ou
au contraire le maintien des caractères grecs) est le fait de Sénèque ou
celui des copistes: cf. deux travaux anciens mais toujours utiles, l'article
de E. BICKEL, «Die Fremdwörter bei dem Philosophen Seneca», in
Archiv für lateinische Lexicographie und Grammatik 14 (1906), 189-209 et
la thèse de R. FISCHER, *De usu uocabulorum apud Ciceronem et Senecam
graecae philosophiae interpretes* (Diss. Freiburg/Br. 1914).

d'avance un stoïcien averti, il introduit simultanément une double nouveauté, celle du mot et celle du concept. D'où l'intérêt de traduire par une image qui non seulement signifiera le concept, mais en même temps le décrira. La métaphore-catachrèse offre une première compréhension, fût-ce une compréhension approchée, de l'idée abstraite.

Poursuivons l'examen de cet exemple. Qu'est-ce que l'ἡγεμονικόν? Dans la philosophie du Portique, c'est la partie directrice de l'âme. Selon les stoïciens, l'âme se compose de huit parties: de l'ἡγεμονικόν, la partie raisonnable, partent à la façon des tentacules d'un poulpe les sept parties irrationnelles qui sont les cinq sens, la partie reproductrice et la voix (*SVF* II 836). Ἡγεμονικόν, dérivé de ἡγεμών, est parfois glosé par l'adjectif κύριος[16]; or κύριος comme ἡγεμών peuvent s'appliquer sous l'Empire au *princeps* romain[17]. Pour traduire ἡγεμονικόν, Sénèque choisit *principale*: *regium... illud et principale*[18]. L'association de *regium* à *principale* montre qu'il garde présente à l'esprit l'origine imagée du terme grec. Que signifie d'autre part *principale*? L'adjectif figurait déjà dans un exposé de logique cicéronien, où *causae principales* («causes premières») traduisait le αἰτίαι προηγούμεναι de Chrysippe (*Fat.* 9). Il appartient aussi à la terminologie rhétorique[19]. Mais surtout, dans le vocabulaire de la politique, *principalis* désigne ce qui relève de l'empereur ou s'applique à lui[20]: pour un écrivain de l'Empire, *principalis* offre donc l'image du pouvoir du souverain.

---

[16] *SVF* II 837: ἡγεμονικὸν δὲ εἶναι τὸ κυριώτατον τῆς ψυχῆς.

[17] Κύριος: *POxy.* 37 I 6; ἡγεμών: Plut. *Cic.* 2.

[18] *Ir.* I 3, 7. Autres exemples: *Ep.* 92, 1; 113, 23; 121, 10; 121, 13.

[19] *Quaestiones principales*: Quint. *Inst.* IV 4, 1; *genera principalia orationis*: Fortun. *Rhet.* III 9, p. 125 sq. Halm; *principalis significatio*: Quint. *Inst.* IX 1, 4.

[20] Cf. Plin. *Paneg.* 79, 5; Tac. *Hist.* II 81, 3; IV 40, 4; etc.

Notons que Cicéron avait déjà proposé, pour traduire ἡγεμο-νικόν, le mot *principatus*[21], qui désigne de façon générale le «premier rang» avec une éventuelle connotation sociale et politique, et sous l'Empire signifiera «fonction de *princeps*», «principat». Il devrait donc contenir aux yeux de Sénèque la même image que le terme apparenté *principale*. Sénèque lui préfère cependant ce dernier, sans doute parce que *principale* présente avec ἡγεμονικόν une symétrie grammaticale: comme ἡγεμονικόν, *principale* est un adjectif substantivé, et Sénèque montre ailleurs, par ses scrupules à traduire le τὸ ὄν platonicien par *quod est*, qu'il est sensible à ce genre de considérations (*Ep.* 58, 7). La création imaginative ne s'autorise aucune désinvolture à l'égard du concept abstrait; refusant la licence et la fantaisie, elle sert le souci d'exactitude et de précision du philosophe, et s'efforce de faire revivre les intuitions fondamentales du système.

Ἡγεμονικόν/*principale* nous a donné l'exemple d'une métaphore latine reproduisant une métaphore grecque de sens comparable. Il arrive aussi que Sénèque recoure à une métaphore pour rendre un concept abstrait qui en grec n'utilisait pas la même image ou n'en utilisait pas du tout. Ἀξία désigne ainsi à la fois les valeurs morales et l'appréciation éthique des choses (*SVF* III 124; 125; 126). Le terme repose sur une métaphore d'origine commerciale: l'ἀξία est au sens propre la valeur d'échange d'une marchandise (de céréales par exemple) sur le marché[22], et Cicéron, puis Sénèque après lui, se montrent sensibles à l'image lorsqu'ils recourent à *aestimatio/aestimare* et *pretium*[23]. Mais *aestimatio* et *pretium* sont par ailleurs devenus

---

[21] Cic. *Nat. deor.* II 29; *Tusc.* I 20.

[22] Diog. Laert. VII 105 = *SVF* III 126.

[23] *Aestimatio*: Cic. *Fin.* III 20; III 34; IV 58; etc.; Sen. *Ir.* II 21, 5; II 24, 2; III 12, 3; *Vit.* 10, 2; *Ben.* I 2, 5; *Ep.* 76, 32; etc. *Aestimare*: Cic. *Fin.* IV 58; IV 62; etc.; Sen. *Marc.* 24, 1; *Ir.* III 12, 2; *Clem.* I 9, 1; *Vit.* 10, 3; *Ep.* 20, 11; 76, 32; etc.

dans la langue non philosophique des images d'une extrême banalité, au point que l'on peut se demander si elles sont encore vivaces. Aussi Sénèque innove-t-il avec des métaphores originales et plus concrètes : *taxare*, qui est à peu près le synonyme, mais plus concret, de *aestimare*, et surtout *censere/census*, qui introduit l'image spécifiquement romaine du cens[24]. Comme ἀξία, *census* désigne à la fois la chose évaluée et l'action par laquelle on évalue. C'est donc pour ἀξία un équivalent de bonne qualité. C'est aussi, pour le lecteur romain, une image vigoureuse, qui lui offre une première représentation de la notion éthique de valeur, en attendant qu'une fréquentation plus longue de la doctrine stoïcienne lui permette de construire les rapports logiques par lesquels se définit l'idée abstraite à l'intérieur du système. La métaphore, outre sa fonction de catachrèse, permet à l'intelligence de se représenter l'abstraction, de s'en «faire une idée». Mais nous anticipons ici sur ce qui est la seconde fonction de la métaphore d'après Sénèque.

2. La métaphore *demonstrandae rei causa*

C'est à nouveau le *De beneficiis* qu'il faut interroger : ce traité, pourtant peu «littéraire», contient un bon nombre des textes relatifs à la métaphore. Au livre IV, Sénèque veut se justifier d'avoir utilisé le mot *creditum*, «prêt», pour désigner le bienfait : «Lorsque nous disons *creditum*, nous nous servons d'une *imago* et d'une *translatio* ; c'est ainsi en effet que nous disons que la loi est la 'règle' (*regula*) du juste et de l'injuste... Nous recourons à

---

[24] *Taxare:* *Marc.* 19, 1; *Ep.* 24, 2; 81, 8. *Censere: Ep.* 87, 17; *census: Const.* 6, 5; *Ben.* VII 8, 1; *Ep.* 95, 58.

ces termes *demonstrandae rei causa*; lorsque je dis 'prêt', il faut comprendre 'comme si c'était un prêt'.»[25]

Tout le problème est de savoir ce que veut dire *demonstrare*. Le verbe signifie couramment «faire voir», «montrer», et aussi «décrire», «faire connaître». Ici, nous proposons de comprendre «mettre sous les yeux», «permettre de se figurer»: les images du *creditum*, de la *regula*, permettraient de «mettre sous les yeux» du lecteur le concept de bienfait ou de loi, lui en donneraient un équivalent concret ou mieux connu. A l'appui de notre interprétation en effet, la présence de *imago*: «Lorsque nous disons *creditum*, nous nous servons d'une *imago* et d'une *translatio*». *Translatio*, dans la terminologie rhétorique, désigne la métaphore. *Imago* est plus ambigu. Dans d'autres textes, Sénèque l'applique indubitablement à des comparaisons, prolongées ou non par des métaphores[26]. Mais si *imago* avait ici le sens de «comparaison», il contredirait le terme coordonné *translatio*, «métaphore». D'autre part, dans deux autres textes, *imago* s'applique sans équivoque possible à des métaphores[27]. Nous proposons donc de donner à *imago* un sens proche de «image» en français, et d'y voir un terme générique applicable aussi bien à une métaphore qu'à une comparaison, terme par lequel Sénèque insisterait sur la capacité de ces deux figures apparentées à susciter une représentation mentale, à «mettre sous les yeux», *demonstrare*. Quelle est en effet la fonction des *imagines*? Dans un autre texte, la *Lettre* 59, 6, c'est précisément, *demonstrandae rei causa* (même formule que dans le *De beneficiis* cité ci-dessus), de «mettre l'audi-

---

[25] *Ben.* IV 12, 1: *Cum creditum dicimus, imagine et translatione utimur; sic enim et legem dicimus iusti iniustique regulam esse... Ad haec uerba demonstrandae rei causa descendimus; cum dico creditum, intelligitur tamquam creditum.*

[26] *Marc.* 18, 1; *Ep.* 59, 6-7; 72, 8; 74, 7; 92, 21.

[27] *Ep.* 59, 9; 95, 69.

teur en présence de l'objet», *audientem in rem praesentem addu-cere*. Sénèque s'inscrit ainsi dans toute une tradition d'analyse rhétorique de la métaphore, dont l'origine est à chercher chez Aristote: la métaphore fait image, car le mot possède l'aptitude de «mettre sous les yeux» la chose qu'il désigne, πρὸ ὀμμάτων ποιεῖν[28].

Essayons de cerner de plus près cette faculté que posséderait la métaphore de «faire voir» la chose dont on traite, *rem demon-strare*. De quelle façon la métaphore aide-t-elle à concevoir une notion abstraite? L'exemple utilisé par Sénèque (la métaphore *creditum* pour désigner le bienfait) est riche d'enseignements. Il faut d'abord prendre conscience de la difficulté qui se présente ici à Sénèque. Les principes éthiques qui régissent la morale du bienfait sont d'origine grecque: ont été identifiés, comme sour-ces de Sénèque, au premier plan Hécaton, et aussi, dans une moindre mesure, Cléanthe, Chrysippe, Panétius et Démétrius[29]. Mais les situations particulières dans lesquelles s'insère la prati-que du bienfait sont désormais celles de Rome. La tâche de Séné-que est donc d'adapter à des structures sociales nouvelles des schémas de pensée et d'analyse issus de la Grèce hellénistique. Ce n'est point tant cette fois la terminologie qui l'arrête: donner, recevoir, manifester de la reconnaissance sont des notions banales et qui s'énoncent aisément en latin. La difficulté, c'est précisément d'arracher ces termes et ces notions à leur banalité trompeuse, et de «faire voir» (*demonstrare*) sans équivoque les

---

[28]   Arist. *Rh*. III 11, 1411 b 22 et 25 (cf. III 2, 1405 b 12). On peut aussi penser au *Traité du Sublime* qui, à la même époque que Sénèque (si du moins l'on accepte cette datation, la plus couramment reçue), considère que la qua-lité propre des φαντασίαι de la prose est l'ἐνάργεια (*De subl.* 15, 2): cf. notre article «La notion d'imagination chez les Anciens. II: La rhétorique», in *Pallas* 27 (1980), 3-37.

[29]   Cf. F.-R. CHAUMARTIN, *Le* De beneficiis *de Sénèque, sa signification phi-losophique, politique et sociale* (Paris 1985), 31 sqq.

subtilités d'une casuistique complexe. Et c'est ainsi que Sénèque est amené à recourir de nouveau aux ressources de la métaphore.

Il est en effet un domaine qui s'est spécialisé dans l'application de dispositions générales à des cas concrets et ambigus: c'est le domaine du droit, spécialité romaine s'il en est. Or le lecteur de Sénèque est nécessairement frotté de droit. Il l'est pour peu qu'il ait tenté une carrière publique d'avocat, de magistrat ou de fonctionnaire. Et même sans cela: tout *pater familias* nanti d'un patrimoine à administrer connaît par la force des choses les dispositions principales du droit privé; et le savoir qui lui est le plus nécessaire est celui du droit des biens, et en particulier du droit des obligations: prêt gratuit ou à intérêt, dépôt, gage, hypothèque. Car le prêt relève beaucoup moins que de nos jours d'un système bancaire spécialisé: le *pater familias* peut emprunter et prêter sans intermédiaire, par simple inscription sur son *codex accepti et expensi*. C'est à cette pratique du *creditum* que Sénèque va emprunter le réseau métaphorique qu'il applique au *beneficium*. Un système de notions familier au lecteur — le système juridique du *creditum* — est ainsi utilisé, par le biais de la métaphore, pour formaliser le problème, nouveau quant à lui, du *beneficium*.

Le bienfait est une «créance», un *creditum* (*Ben.* II 34, 1; IV 12, 1)[30]. Voilà qui nous introduit dans le droit des obligations: l'obligation est l'accord passé entre le *creditor* (celui qui prête) et le *debitor* (celui qui emprunte), au sujet d'un objet, *debitum, id quod debetur*[31]. C'est ainsi que l'on va «prêter» (*credere*) le

---

[30]   Ces références sont données à titre d'exemples. Si l'on veut avoir une liste exhaustive des occurrences de chacune des métaphores citées ici, il convient de se référer au catalogue des images qui forme le chapitre II de notre livre *Sapientiae facies. Etude sur les images de Sénèque* (Paris 1989), 119-120.

[31]   R. VILLERS, *Rome et le droit privé* (Paris 1977), 313.

bienfait (*Ben*. IV 26, 3; V 19, 3); le bienfaiteur devient dès lors un *creditor* (*Ben*. II 18, 5; V 8, 1; VII 14, 2). Au contraire, du point de vue du bénéficiaire, le bienfait est une «dette», *debitum* (*Ben*. IV 32, 3; VI 4, 1), et le bénéficiaire lui-même un *debitor* (*Ben*. II 10, 2; IV 11, 3; V 8, 1). D'autre part *creditum* n'est qu'un terme générique recouvrant plusieurs réalités. Il existe en effet diverses catégories de prêts qui vont permettre à Sénèque de décrire de façon nuancée la nature du *beneficium*. Ainsi le bienfait peut-il être comparé à un *mutuum*, «prêt gratuit» (*Ben*. V 19, 5 et *Ep*. 81, 17), ou encore à un *depositum*, «dépôt» (*Ben*. III 7, 2; VI 42, 2), mais non à un «prêt à intérêt», *fenus* (*Ben*. I 1, 9; II 10, 2; IV 3, 3), quoique le bénéficiaire, s'il est conscient de ses devoirs, doive s'imposer de rendre le bienfait avec «intérêt», *usura* (*Ep*. 81, 18). Sénèque connaît fort bien la procédure de passation d'un contrat de prêt, qu'il décrit au livre III 15 du traité et à laquelle il emprunte sans cesse des métaphores d'une grande précision technique: *inscribere* (*Ben*. I 15, 3), *imputare* (*Ben*. I 4, 3; II 15, 2...), *imputator* (*Ben*. II 17, 6), *deductio* (*Ben*. II 4, 3), *calendarius* (*Ben*. I 2, 3), *obaeratus* (*Ben*. VI 41, 2). Le devoir de reconnaissance qui incombe au bénéficiaire et qui pose des problèmes éthiques très nuancés ainsi que la restitution du bienfait s'expriment constamment en termes de remboursement: *soluere* (*Ben*. II 35, 5; V 11, 1; VI 4, 1), *absoluere* (*Ben*. VI 5, 1), *solutio* (*Ben*. II 34, 1), *in solutum accipere* (*Ben*. II 26, 2; VII 16, 4), *depositum reddere* (*Ben*. III 7, 2), *debitores delegare* (*Ben*. IV 11, 3), *recipere* (*Ben*. VI 42, 1), *expungere* (*Ben*. IV 40, 4), *rationem dispungere* (*Ben*. IV 32, 4), *rationem parem signare* (*Ben*. VI 40, 2), *exonerare* (*Ben*. V 1,4), *dimittere* (*Ben*. VI 30, 1; VII 16, 4), *decoquere* (*Ben*. I 1, 3), *exactor* (*Ben*. I 2, 3; VII 23, 3)... Et encore ne rentrons-nous pas dans tous les détails de cette terminologie des obligations appliquée au *beneficium*[32]! Mais les occurrences fournies ici suffisent pour en mesurer l'abondance et la grande technicité.

---

[32]   Cf. note 29.

Nous donnerons un second exemple de séries de métaphores empruntées à la terminologie juridique, et plus encore, on commence à le soupçonner, à la logique du droit. Ici, c'est le concept de propriété qui permet d'éclairer un dogme à la fois primordial et subtil du stoïcisme, celui des catégories de biens et de leur nature. On sait que les stoïciens distinguent deux sortes de biens: les biens qui dépendent de nous (τὰ ἐφ' ἡμῖν) et ceux qui n'en dépendent pas (τὰ οὐκ ἐφ' ἡμῖν); ces derniers, le stoïcisme les considère comme «indifférents». Seuls à ne dépendre que de nous, les biens véritables ou biens de l'âme, que Sénèque décrit à l'aide de la métaphore juridique de la *possessio*[33]. Le sage a la *possessio* de la *uirtus* (*Const.* 5, 5), du bien (*Ep.* 50, 8), de la *beata uita* (*Ep.* 32, 3). Il possède les *uera... bona in quae non est manus iniectio* (*Const.* 5, 7). A l'inverse, les τὰ οὐκ ἐφ' ἡμῖν, les biens qui ne dépendent pas de nous, sont *in aliena potestate* (*Ep.* 23, 2). Si nous en jouissons, ce n'est qu'à titre de «prêts» consentis par la Fortune. Certes, la métaphore des prêts de la Fortune n'est pas une innovation de Sénèque: elle est diatribique et populaire[34]. Mais il est à noter que Sénèque l'inscrit dans les dispositions du droit romain: il parle tantôt de *mutuum* («prêt gratuit»: *Marc.* 10, 2; *Ep.* 87, 7), tantôt de *commodatum* («prêt à usage»: *Marc.* 10, 1; *Ep.* 120, 18), et parfois de *depositum* («dépôt»: *Ben.* VI 3, 2; *Vit.* 21, 2; *Ep.* 74, 18), tous concepts soigneusement définis par les juristes et qu'on a vu Sénèque utiliser aussi à propos de l'échange des bienfaits.

---

[33]   «Pouvoir de fait exercé par une personne sur une chose corporelle, indépendamment des droits que peut avoir cette personne sur la chose» (R. VILLERS, *op. cit.*, 265).

[34]   Elle appartenait déjà à Antisthène, *ap.* Epict. III 24, 68, et à Bion, *ap.* Stob. IV 41, t. V, p. 943, 20 Hense (cf. A. OLTRAMARE, *Les origines de la diatribe romaine* [Genève 1926], thèmes 12a et 20a, pp. 46 et 47).

Nous pourrions donner quantité d'autres exemples de métaphores ou de systèmes métaphoriques de cet ordre. Le principe est toujours le même: il consiste à emprunter une terminologie et plus encore des catégories d'analyse à un domaine bien quadrillé — celui du droit, comme ici, ou tout autre encore — pour les transposer à un domaine *a priori* moins connu — la morale du *beneficium* ou la hiérarchie des valeurs éthiques. La démarche est familière aux savants antiques, lorsqu'il s'agit d'étudier des phénomènes naturels difficiles ou impossibles à observer directement, faute de moyens d'accès ou de mesure. On rapproche alors le phénomène à étudier d'un autre, plus familier et mieux connu, avec lequel il semble présenter une analogie, et l'on transpose ce que l'on sait du phénomène familier et connu au phénomène lointain et inobservable que l'on étudie. C'est sur ce procédé logique que reposent la plupart des hypothèses scientifiques présentées par Sénèque dans les *Questions naturelles*: nous avons eu ailleurs l'occasion de les étudier en détail, et nous avons relevé près d'une centaine de comparaisons, correspondant chacune à une analogie scientifique[35]. Ainsi, lorsqu'au livre V Sénèque traite du système des vents qu'il n'a pas les moyens d'observer directement, il va, pour l'expliquer et le décrire, s'inspirer des mouvements de cet autre fluide plus familier qu'est l'eau. La cause des cyclones sera établie par analogie avec ce qui se passe dans le courant d'une rivière, où la présence d'un obstacle entraîne la formation d'un tourbillon: on pensera donc que c'est de façon analogue la présence d'un éperon de montagne qui en canalisant le cours du vent provoque la naissance des cyclones (*Nat.* V 13, 1-2). Le vent lui-même est de l'air qui coule, car l'air n'est jamais immobile, pas plus que ne l'est l'eau de la mer même par temps calme (*Nat.* V 1, 1-2)[36]. Certes Sénèque n'est nulle-

---

[35]   Cf. M. ARMISEN-MARCHETTI, *Sapientiae facies...*, 283 sqq.

[36]   Autres analogies du même ordre en V 6, 1; V 12, 3-4; V 13, 4; VI 17, 1-2.

ment l'initiateur de cette méthode analogique, qui remonte aux premiers âges de la science grecque et qui, pour les savants anciens, est souvent le seul moyen dont ils disposent pour établir leurs hypothèses; et de nos jours encore, l'analogie reste l'une des sources de l'imagination scientifique. Mais même s'il ne fait la plupart du temps que reprendre les analogies léguées par la science hellénistique, Sénèque a tout à fait conscience de la nature et des limites logiques de cette démarche[37]. Et nous avons des raisons de penser que lorsqu'il use de l'analogie non plus dans le domaine des sciences de la nature, mais dans celui de la morale, il le fait avec la même lucidité. Relisons les quelques lignes du *De beneficiis* où il se justifie d'appliquer au *beneficium* la métaphore *creditum*, «créance»: «Quand nous parlons de 'créance', nous employons une *imago* et une *translatio*... Quand je dis 'créance', l'on entend 'une sorte de créance'», *cum creditum dicimus, imagine et translatione utimur... Cum dico creditum, intelligitur tamquam creditum* (*Ben.* IV 12, 1). Sénèque d'une part invite ainsi son lecteur à prendre garde à l'écart métaphorique (le *beneficium* n'est pas à proprement parler un *creditum*: il y a là tout l'intervalle de l'image), et de l'autre, il lui signale que l'usage du concept de droit, *creditum*, pour décrire le concept éthique, *beneficium*, s'ancre dans une analogie (*tamquam*).

Les métaphores cognitives, telles, dans nos exemples, les images de la créance ou de la propriété appliquées à des abstractions éthiques, obéissent donc à des principes semblables à ceux qui régissent les analogies scientifiques, mais de façon moins formali-

---

[37]   Cf. M. ARMISEN-MARCHETTI, *op. cit.*, 300 sqq. Pour Lucrèce, cf. P.H. SCHRIJVERS, «Le regard sur l'invisible. Etude sur l'emploi de l'analogie dans l'œuvre de Lucrèce», in *Entretiens Hardt* 24 (1978), 77-121; pour l'usage de l'analogie par la science contemporaine, cf. M. BLACK, *Models and Metaphors* (Ithaca, New York, 1962).

sée. Car ce sont des métaphores, alors que dans les développements scientifiques des *Questions naturelles* les analogies adoptent presque exclusivement la forme de comparaisons: les concepts qui font l'objet de la recherche — le concept de bienfait ou celui de bien — ne sont pas simplement comparés à des concepts plus familiers comme ceux de créance ou de propriété, ils sont réellement énoncés et décrits en termes de créance ou de propriété, dans le langage et au moyen des systèmes de pensée du droit. Il est certain que la sécurité logique peut y perdre: l'analogie entre le domaine éthique et le domaine juridique n'est pas explicitée, les notions sont purement et simplement superposées.

L'intelligence ne court-elle point dès lors le risque de se trouver enfermée, voire emprisonnée dans ses métaphores? On songe à la mise en garde de Bachelard dans *La formation de l'esprit scientifique*: «Le danger des métaphores immédiates pour la formation de l'esprit scientifique, c'est qu'elles ne sont pas toujours des images qui passent; elles poussent à une pensée autonome; elles tendent à se compléter, à s'achever dans le règne de l'image.»[38] Aussi prescrit-il de limiter le rôle de l'image à l'expression de l'hypothèse scientifique: la métaphore n'est autorisée qu'une fois l'hypothèse établie et démontrée, dans la phase de formulation, mais non au moment de l'invention. Mais la mise en garde de Bachelard, pour justifiée qu'elle soit, convient mieux au savant, nanti des moyens de vérifier ses hypothèses par l'expérimentation, qu'au philosophe privé des commodités de la méthode expérimentale. Le philosophe se nourrit de métaphores, parmi lesquelles il y aura donc des images que nous dirons «contraignantes»: images dont l'esprit oublie qu'elles ne sont que des images et qui se surprennent à penser par elles-mêmes. C'est elles que nous allons examiner maintenant. Bien entendu, il ne

---

[38] G. BACHELARD, *La formation de l'esprit scientifique* (Paris ²1975), 81.

faut pas s'attendre à ce qu'elles fassent l'objet d'une réflexion théorique de la part de Sénèque: outre le fait que la rhétorique antique n'est pas habituée à s'interroger sur le pouvoir heuristique de la métaphore, le propre des images contraignantes est d'imposer leur pouvoir de façon souterraine, et l'intelligence qui les manipule ne prend que difficilement conscience qu'elle est aussi manipulée par elles.

3. Les métaphores «contraignantes»

A quoi reconnaît-on les images contraignantes? Leur force vient précisément de ce qu'on les reconnaît mal, pour peu qu'on ne leur prête pas l'attention de principe qui est la nôtre. Car leur première caractéristique est la discrétion. Tout d'abord, ce sont des métaphores, non des comparaisons, c'est-à-dire qu'aucun signal syntaxique ne prévient de l'intrusion de l'image dans le discours; souvent d'ailleurs ces métaphores sont si ténues — beaucoup sont des métaphores verbales — qu'elles ne deviennent sensibles que par accumulation: c'est la succession de plusieurs termes métaphoriques, dont chacun isolé passerait inaperçu, qui assure la capacité figurative du discours. Par ailleurs on s'aperçoit que ces images relèvent la plupart du temps des expériences les plus primitives de la conscience, et en particulier de l'expérience de l'espace et du temps. Tel est bien le cas du thème métaphorique que nous allons nous donner comme exemple, celui de l'âme imaginée comme un espace limité et clos: cela nous permettra d'observer comment la métaphore, non point succède au concept pour l'illustrer, mais guide et informe la pensée abstraite, voire s'y substitue.

L'âme est donc un espace limité, qui possède ses *fines* (*Ir.* I 8, 2). Les mouvements psychiques (passions, sentiments, perceptions) sont conçus comme des êtres — plutôt que comme des objets — qui y entrent et qui en sortent: *irrumpit animum...*

admiratio (*Ben.* III 3, 2); *desinet... malus esse, si ad illum uirtus intrauerit* (*Ben.* V 12, 5); *cum interposito tempore in locum irae subisset uerecundia* (*Ben.* VI 32, 2); *exibit gaudium quod intrauit* (*Ep.* 98, 1); *intrantibus (uitiis) resistamus, quia facilius... non recipiuntur quam exeunt* (*Ep.* 116, 3); etc. Dès lors l'espace psychique obéit — et ne pas s'en étonner est déjà se rendre captif de la métaphore — aux mêmes lois physiques et aux mêmes contraintes que l'espace matériel: il n'est pas extensible, et par conséquent il peut être encombré. Telle est l'explication du malaise de Sérénus, au début du *De tranquillitate*: *in angusto inclusae cupiditates sine exitu se ipsae strangulant*[39]. C'est aussi le

---

[39] *Tranq.* 2, 10; cf. aussi 10, 5 (*cupiditates... includi ex toto non patiuntur*); *Ep.* 56, 5 (*omnia licet foris resonent, dum intus nihil tumultus sit, dum inter se non rixentur cupiditas et timor...*). Cette conception spatiale du psychisme n'est certainement pas propre à Sénèque: se représenter des concepts abstraits en les projetant dans un espace imaginaire est sans doute un mouvement naturel de l'esprit humain. Nous en donnerons deux exemples, empruntés l'un à la famille spirituelle de Sénèque, le stoïcisme, l'autre à sa culture romaine. Dans la théorie stoïcienne de la connaissance tout d'abord, la représentation, la φαντασία, est décrite par Zénon et Cléanthe comme une τύπωσις, une «empreinte» (ce qui permet d'expliquer du même coup la persistance des souvenirs): Cléanthe précise qu'il s'agit d'une empreinte semblable à celle du cachet d'une bague sur la cire (*SVF* I 484). Mais Chrysippe rejette cette idée: «Chrysippe pensait qu'il était impossible qu'il en fût ainsi; en effet, disait-il [...] beaucoup de représentations se trouvant en même temps en nous, l'âme aurait simultanément beaucoup de figures» (*SVF* I 484; II 55; II 56). Cette espèce de «surface» psychique recouverte de représentations qui se superposent et risquent de s'effacer réciproquement est-elle sans parenté avec l'«espace» de l'âme représenté par Sénèque? Plus proche encore de l'imaginaire de Sénèque, la description de la mémoire que nous livre la *Rhétorique à Hérennius*. Il s'agit d'apprendre à l'orateur à fixer ses souvenirs. Le principe de cette mnémotechnie est de se donner des «lieux» imaginaires, des *loci*, que l'on associera aux souvenirs que l'on veut garder en mémoire. La *Rhétorique* conseille d'imaginer un espace divisé: une maison, une colonnade, un angle, une arche, à l'intérieur duquel on disposera ses

moyen de concevoir l'incompatibilité des *uitia* et des *uirtutes*. L'un des dogmes les plus significatifs de la morale du Portique affirme en effet que vices et vertus ne peuvent coexister chez le même individu: l'homme sage l'est entièrement, et s'il reste chez quelqu'un ne serait-ce qu'une trace de vice, on ne peut le dire sage. L'ancien stoïcisme usait de la comparaison du bâton: «(Les stoïciens) croient qu'il n'y a pas d'intermédiaire entre la vertu et le vice... De même, disent-ils, qu'un bâton doit être droit ou courbe, l'homme doit être juste ou injuste, et il ne peut être plus juste que le juste ou plus injuste que l'injuste, et ainsi des autres vertus.»[40] Logique binaire de l'exclusion, que Sénèque, lui, pense en termes d'espace; si les vertus ne peuvent appartenir à l'homme passionné, c'est parce que les vices occupent déjà son âme et ne leur laissent plus de place. L'image est ici confiée au verbe *occupare*[41]. A l'inverse, on parlera d'hommes «vides» (*uacui*) de passions (*Tranq.* 7, 3).

Aussi, pour que la sagesse puisse pénétrer dans l'âme, convient-il de faire au préalable place nette et d'expulser les vices, car la *sapientia* est chose vaste, qui a besoin d'espace: *magna et spatiosa res est sapientia: uacuo illi loco opus est... Laxum spatium res magna desiderat* (*Ep.* 88, 33-35). L'étymologie concrète du terme *occupationes* s'en trouve ravivée. Qu'il

---

souvenirs sous forme d'images mentales. Or cet espace imaginaire obéit aux mêmes lois physiques que l'espace réel: les *loci* doivent être de bonne dimension, ni trop grands ni trop petits, afin que les souvenirs y rentrent sans s'y perdre; correctement éclairés, pour que l'on puisse bien distinguer les images; etc. (*Rhet. Her.* III 17,30 à 19, 32). Conception bien naïve assurément du fonctionnement du psychisme! Mais ce rigide espace imaginaire est-il si loin de celui que nous propose Sénèque sur le mode métaphorique?

[40]   Diog. Laert. VII 127 (traduction J. BRÉHIER, *Les Stoïciens*, Bibliothèque de la Pléiade [Paris 1962], 56).

[41]   *Ben.* III 3, 1; *Ep.* 50, 7; 75, 16; etc.

s'agisse des occupations sociales ou des préoccupations intellectuelles, toutes doivent laisser le champ libre à la sagesse: (*occupationes*) *excludendae sunt: si semel intrauerint, in locum suum alias substituent* (*Ep.* 72, 11); dans la *Lettre* 88, 33, la même recommandation s'applique aux *studia*.

C'est encore cette conception de l'espace occupé qui explique à l'inverse que l'âme vertueuse ne puisse sombrer à nouveau dans le vice, et que la sagesse une fois acquise le soit définitivement; car un psychisme occupé par la *uirtus* est un psychisme plein, où plus rien d'autre ne peut entrer: *malo autem sapientia non relinquit locum; unum enim illi malum est, turpitudo, quae intrare ubi iam uirtus honestumque est non potest* (*Const.* 5, 3). Le cas particulier du deuil vérifie cette règle physique. La vertu, parce qu'elle occupe l'âme, empêche de ressentir le sentiment de vide qu'entraîne le deuil: (*uirtus*) *nihil uacare patitur loci, totum animum tenet, desiderium omnium tollit, sola satis est* (*Ep.* 74, 25). La formule montre bien comment la pensée glisse de la métaphore (*nihil uacare loci*) à l'abstraction (*sola satis est*), et non le contraire.

Une autre conséquence, et des plus importantes, de cette conception spatiale du psychisme, est l'opposition entre l'extérieur et l'intérieur de l'âme, laquelle se double spontanément d'une connotation positif/négatif. Certes, s'agissant de l'«espace» psychique, cette bipolarité se justifie sur le plan purement conceptuel: l'«intérieur» de l'âme est le seul lieu où puisse se réaliser le bien suprême, la vertu, tandis que tout ce qui est à l'«extérieur» d'elle tombe au pouvoir de la Fortune. Mais la valorisation de l'«intérieur» et, à l'inverse, l'infériorité ontologique de l'«extérieur» sont aussi une tendance spontanée et universelle de l'esprit humain. La psychologie moderne considère que la conscience du moi n'est pas innée, et que le nouveau-né ne ressent pas d'emblée les limites ni l'autonomie de son corps; cette connaissance ne lui viendra que petit à petit, par les heurts successifs contre le réel. L'expérience de l'opposition entre l'inté-

rieur et l'extérieur du moi est donc l'une des plus primitives et
des plus puissamment constitutives de la personnalité. Chez
Sénèque, cette même opposition marque de façon très vive la
représentation de l'espace psychique. Prenons garde toutefois à
la ligne de démarcation: pour le philosophe stoïcien, l'«extérieur» inclut le corps, qui du point de vue de l'éthique fait partie
des indifférents. L'«intérieur», c'est l'espace de l'âme, et lui seul.
La survalorisation de l'«intérieur» s'accompagne donc d'un sentiment de danger. L'«intérieur» se sent menacé par l'«extérieur»,
comme dans l'expérience primitive l'individu prend conscience
qu'il doit se protéger du monde; l'on obtient dès lors chez Séné-
que l'image de l'âme assaillie tant par l'hostilité des hommes et
de la Fortune que par les vices, et qui, grâce à la sagesse,
s'enferme en elle-même et se transforme en forteresse. L'image
devient alors très forte et s'épanouit en descriptions puissantes,
voire en allégories: «Ses biens (*scil.* du sage) sont préservés par
une ceinture de remparts robustes et insurmontables. N'y compare pas les murs de Babylone, qu'Alexandre força; ni les remparts de Carthage ou de Numance, qu'un même bras a conquis;
ni le Capitole ou sa citadelle, ils portent les traces de l'ennemi.
Les murailles qui protègent le sage sont à l'épreuve du feu et des
assauts, elles n'ont point de brèche, elles sont immenses, inexpu-
gnables, aussi hautes que les dieux.»[42]
Si différente qu'elle soit des métaphores ténues citées plus
haut, cette comparaison éclatante appartient au même complexe
imaginaire, dont elle est en quelque sorte l'aboutissement philo-

---

[42]   *Const.* 6, 8: *Bona eius solidis et inexsuperabilibus munimentis praecincta
sunt. Non Babylonios illis muros contuleris, quos Alexander intrauit; non
Carthaginis aut Numantiae moenia,una manu capta; non Capitolium
arcemue, habent ista hostile uestigium. Illa, quae sapientem tuentur, et a
flamma et ab incursu tuta sunt, nullum introitum praebent, excelsa, inexpu-
gnabilia, diis aequa.* Même image, mais moins vigoureusement développée: *Ep.* 74, 19; 82, 5; 113, 27.

sophique et rhétorique[43]. Toutes ces images reposent sur la même représentation de l'âme comme lieu limité et clos, retranchement intime à l'épreuve des agressions extérieures: représentation spontanée, qui s'impose sans recherche à la conscience de l'écrivain. Nous avons pris cet exemple, mais nous aurions pu de la même façon citer les images de l'ascèse philosophique conçue comme progression sur un chemin ou comme ascension vers les sommets de la sagesse: quand l'esprit, pour s'aider dans son effort d'invention, cherche à asseoir ses concepts abstraits sur quelque représentation figurée, il tend spontanément à les inscrire dans l'espace à la façon d'objets concrets. Cela se fait par un mouvement qui est celui de la métaphore, mais d'une métaphore à fleur de conscience, à laquelle l'esprit prend à peine garde, et qui n'en est que plus autoritaire. Relevant de l'évidence immédiate qui caractérise les expériences premières de l'être humain, l'image transfère cette même évidence au concept qu'elle illustre, voire suscite et nourrit. S'agissant de Sénèque, qui n'est pas l'inventeur du système philosophique qu'il expose, on ne peut pas dire que l'image crée véritablement le concept, mais elle le vivifie, l'anime, permet au philosophe de le repenser selon ses propres catégories mentales et de le faire sien.

Il arrive même, cas extrême, que la métaphore n'en soit plus une et se confonde avec le concept, sans que l'on sache plus où finit l'une et où commence l'autre. C'est ce qui se passe avec l'un des thèmes les plus fréquents de l'œuvre philosophique de Sénèque, celui de la santé et de la maladie de l'âme. Le matérialisme stoïcien fait de l'âme, à la ressemblance du corps, un composé de nature biologique. On pourrait dire qu'elle est un organe

---

[43]   Nous parlons ici d'aboutissement philosophique et esthétique, et non de chronologie. En effet, nous n'avons pas décelé d'évolution significative dans le maniement des images: tout se passe comme si l'imaginaire de Sénèque était constitué dès les premières œuvres.

parmi les autres, sinon comme les autres; et à ce titre elle est susceptible, comme le corps, d'être en bonne santé — ce qui définit
la sagesse —, ou, si les passions s'emparent d'elle, d'être malade:
expressions qu'il faut prendre au sens propre et non métaphorique, car si la santé de l'âme est décrite par analogie avec la santé
du corps, elle n'en a pas moins sa réalité propre[44]. Mais par ailleurs le thème de la santé de l'âme déborde largement le stoïcisme. Il appartient au fonds commun de la pensée et de la littérature antiques, et il est abondamment représenté chez les poètes
érotiques, sous la forme de l'image de l'amour-maladie, sans qu'il
y soit pour autant soutenu par une psychologie explicite[45]. Sénèque lui-même cultive le thème de la maladie de l'âme, et son
corollaire, celui de la médecine, avec une complaisance littéraire
qui montre que bien qu'en strict stoïcisme ce ne soit pas une
image, il lui conserve au moins partiellement son caractère
figuratif[46]: les limites entre la métaphore et le concept se brouil-
lent, au point qu'il devient impossible de déterminer si l'on a
affaire à une description directe des faits psychologiques ou à une
image. C'est là le point extrême de convergence entre l'image et
l'abstraction.

---

[44] *SVF* III 421-430; 471-473.

[45] L'amour-maladie: cf. (ce ne sont que quelques exemples), en Grèce,
Soph. *Tr.* 445; Eur. *Hippol.* 765-766; Theoc. 30, 1; Call. *Epigr.* 46, 6
Cahen; et, à Rome, Ter. *Eun.* 225-226; Lucr. IV 1063-1072; 1113-1120;
Catull. 76, 25; Tib. II 5, 110; Ovide présente ses *Remedia amoris* comme
un traité de «médecine» (*Rem.* 41 sqq.); et n'oublions pas, chez Sénèque
lui-même, la description de la maladie d'amour dont souffre Phèdre
(*Phaedr.* 374-378).

[46] Cf. M. ARMISEN-MARCHETTI, *Sapientiae facies*, 133 sqq. et 136 sqq.

4. Les restrictions à l'usage de la métaphore

Mais si importante que soit la contribution de l'image à
l'invention et à l'expression de l'abstraction, son usage n'en
comporte pas moins des restrictions. Sénèque lui-même le
signale, d'une façon rapide et quasi allusive, mais qui s'éclaire à
la lumière de la tradition rhétorique. Aussi est-il utile de remonter à la source de cette tradition, c'est-à-dire, encore une fois, à
Aristote et au livre III de la *Rhétorique*, où l'on rencontre pour
la première fois l'avertissement selon lequel la métaphore doit
être prise à des «objets apparentés» ἐκ τῶν συγγενῶν, et à des
«énigmes bien faites», ἐκ τῶν εὖ ἠνιγμένων; à l'inverse, les mau-
vaises métaphores manquent de clarté et sont tirées de trop
loin[47]. Dès lors l'idée que la métaphore doit reposer sur une analogie claire et non déconcertante est reprise régulièrement par la
rhétorique postérieure, et tout d'abord naturellement par la rhétorique de tradition aristotélicienne, avec Démétrius: il faut être
prudent dans le maniement des métaphores, du moins en prose,
et éviter la métaphore «périlleuse», κινδυνώδης (Περὶ ἑρμηνείας
80). Il ne faut pas que les métaphores soient amenées de loin,
mais elles doivent se présenter spontanément et émaner d'une
analogie (αὐτόθεν καὶ ἐκ τοῦ ὁμοίου: 78). Quand la métaphore est
hardie, on la transformera en comparaison (80). On note un
souci de mesure identique chez l'auteur de la *Rhétorique à
Herennius*, pour qui la *translatio* doit être prudente et modérée,
c'est-à-dire se réclamer d'analogies raisonnablement évidentes[48].

---

[47]   *Rh*. III 2, 1405 a-b; cf. aussi III 11, 1412 a 11-12: «Il faut tirer ses métaphores de choses appropriées, mais non point évidentes», δεῖ δὲ μεταφέρειν...
ἀπὸ οἰκείων καὶ μὴ φανερῶν.

[48]   *Rhet. Her*. IV 34, 45: *Translationem pudentem dicunt esse oportere, ut cum
ratione in consimilem rem transeat, ne sine dilectu temere et cupide uideatur
in dissimilem transcurrisse*.

Même idée encore chez Cicéron : il faut éviter les métaphores qui reposent sur une similitude trop lointaine, *uidendum est ne longe simile sit ductum*[49].

Nul doute que Sénèque partage ces réserves quand il loue Lucilius d'avoir employé des métaphores *ut non temerarias ita quae periculum sui fecerint* (*Ep.* 59, 6) : dans *temerarias*, nous reconnaissons le κινδυνώδης des rhéteurs grecs, et ce rapprochement nous permet de comprendre qu'une métaphore qui n'est pas «téméraire» est une métaphore qui repose sur une analogie suffisante. Même idée dans la *Lettre* 108, 35, où Sénèque refuse les *translationes improbas*. L'adjectif *improbus* signifie de façon générale «mauvais», mais aussi «hardi, impudent», et c'est le sens que la tradition rhétorique nous invite à donner ici à l'épithète, qui devient dès lors un autre synonyme de κινδυνώδης. Mais c'est surtout la *Lettre* 114, relative au style de Mécène, qui développe l'idée. Il y a eu, dit Sénèque, une époque *quae translationis iure uteretur inuerecunde* (*Ep.* 114, 1). *Inuerecunde* véhicule toujours la même notion à la fois d'excès et de hardiesse. De ces défauts Mécène est le plus fâcheux représentant, lui chez qui abonde l'*audax translatio ac frequens* (§ 10). Et Sénèque d'énumérer un certain nombre de *translationes* bizarres ou de mauvais goût dont Mécène s'est rendu coupable (§ 5). Il faut bien dire que ces exemples ne convainquent guère le lecteur moderne, auquel le surréalisme en a fait voir bien d'autres! D'autant que Sénèque, d'une façon tout à fait conforme aux habitudes de pensée des théoriciens antiques de la métaphore, cite ces images sans donner leur contexte, ce qui les rend parfois tout à fait incompréhensibles. On croit saisir toutefois que les métaphores de Mécène pèchent par excès de bizarrerie (*amne siluisque ripa comantibus; alueum lintribus ar(are)*), peut-être aussi par trivialité (*feminae cinno crispat et labris columbatur incipitque suspirans ut ceruice*

---

[49]   *De orat.* III 163; *Orat.* 82.

lassa fanantur nemoris tyranni, où l'amoureux est métaphori-
quement assimilé à une colombe, puis à un cerf, du moins si
notre interprétation de ces images, en l'absence de contexte, est
juste): cela est tout à fait conforme aux principes de la rhétorique
depuis Aristote.

Mais la pratique même de Sénèque vérifie-t-elle ces *praecepta*
de prudence et de modération? La réponse à cette question ne
saurait consister en un simple jugement d'ordre logique ou
esthétique: il ne nous appartient pas — à supposer que cela ait
jamais un sens, ce dont pour notre part nous doutons — de déci-
der si les métaphores de Sénèque sont «hardies» ou non, «exces-
sives» ou non: la sensibilité d'un lecteur moderne, formé par une
culture différente, et dont le latin n'est pas la langue maternelle,
n'est pas propre à de tels jugements. Ce que l'on peut constater
en revanche, c'est l'absence chez Sénèque de métaphores qui
appartenaient pourtant à la tradition philosophique antérieure
et que l'on ne retrouve pas chez lui, contrairement à ce que l'on
aurait pu attendre: absence qui s'explique par le caractère décon-
certant, parce qu'exotique ou trop technique, de ces images.

Nous en donnerons un seul exemple, emprunté à la classification des maladies de l'âme. Chrysippe, s'appuyant sur l'analogie
avec les maladies physiques, distinguait trois états pathologiques,
qu'il classait par ordre de gravité: l'εὐεμπτωσία, qui est l'«inclina-
tion» à la passion, malveillance, pitié, colère, tout comme il y a
dans le corps des inclinations à certaines maladies telles le catar-
rhe ou la diarrhée[50]; le νόσημα, défini comme une opinion fausse
qui fait prendre pour désirables les objets non désirables, ou au

---

[50]   *SVF* III 421 et 422. Pour la classification des maladies de l'âme chez
      Chrysippe, Cicéron et Sénèque, cf. les bonnes pages de I. HADOT, *Seneca
      und die griechisch-römische Tradition der Seelenleitung* (Berlin 1969),
      143-145.

contraire comme détestables des objets non détestables[51] (on reconnaît là l'erreur de jugement qui caractérise la passion); enfin, l'ἀρρώστημα, qui est une «maladie accompagnée de faiblesse»[52]: les exemples (goutte, rhumatisme, et pour l'âme amour de la gloire et goût du plaisir) montrent qu'il s'agit de maladies chroniques. Cicéron restitue intégralement cette classification et donne un équivalent latin de chacun de ces termes[53]: εὐεμπτωσία devient *procliuitas*, qui conserve la métaphore de la pente et de la chute incluse dans le terme grec; νόσημα est traduit par *morbus*, défini comme une *totius corporis corruptio*; enfin, ἀρρώστημα reçoit pour correspondant *aegrotatio*, décrit comme un *morbus cum imbecillitate*, conformément à sa définition grecque.

Sénèque connaît, bien entendu, cette classification des maladies psychiques: si le substantif *procliuitas* n'apparaît pas chez lui, on y trouve en revanche l'adjectif *procliuis*[54]. *Morbus* est défini comme un *iudicium in prauo pertinax, tamquam ualde expetenda sint, quae leuiter expetenda sunt*[55]: c'est la formule même par laquelle Chrysippe décrivait le νόσημα. Mais Sénèque présente aussi le *morbus* comme un état pathologique durable produit par de *frequentes neglectique... affectus*[56]. Autant dire que *morbus* réunit en lui les définitions à la fois du νόσημα et de l'ἀρρώστημα, et la série qui chez Chrysippe et Cicéron comportait trois degrés se réduit chez Sénèque à deux. Peut-être cette simplification tient-elle au dédain du moraliste pour les classifi-

---

[51]   *Ibid.*

[52]   Νόσημα μετ' ἀσθενείας: *ibid.*

[53]   *Tusc.* IV 23-30.

[54]   *Ir.* II 20, 1; *Ep.* 94, 13. Synonymes: *pronus* (*Ep.* 94, 13; 95, 37); *inclinabilis* (*Ep.* 94, 40).

[55]   *Ep.* 75, 11.

[56]   *Ep.* 75, 12. Même idée dans *Ep.* 85, 10; 106, 6.

cations dialectiques inutiles à la pratique de la sagesse. Mais il nous semble que ce qui décourage surtout Sénèque d'emboîter le pas à Cicéron et de reproduire la séquence *procliuitas/morbus/aegrotatio*, c'est le caractère très technique du dernier terme. *Procliuitas* et *morbus* sont des métaphores qui parlent d'elles-mêmes; *aegrotatio* en revanche, malgré une référence évidente à l'idée de maladie, est un terme assez rare et dont on ne saisit pas à première vue, si du moins l'on n'est pas un spécialiste du stoïcisme, en quoi il se distingue de *morbus*. Sénèque préfère renoncer à une métaphore — et à un concept — trop techniques, dès lors qu'ils risquent de n'être pas spontanément compris d'un lecteur profane. Dans un ordre d'idées voisin, souvenons-nous de l'exemple cité plus haut des métaphores traductrices de la notion d'ἀξία: nous avions remarqué, à côté de *aestimare/aestimatio*, traduction technique empruntée à Cicéron, les métaphores *taxare* et *censere/census*, plus quotidiennes et par là même plus pittoresques aux yeux du lecteur romain. Ici il s'agit non plus d'éliminer des images peu claires, comme dans le cas de la classification des maladies de l'âme, mais de doubler une terminologie latine déjà existante d'un jeu de métaphores plus expressives.

Le philosophe fixe donc des limites à son goût pour la métaphore, et ce sont celles-là mêmes que prescrivaient les rhéteurs. La métaphore ne paraît acceptable que si elle est immédiatement intelligible, que si l'analogie qui la fonde en logique est suffisamment évidente. Le précepte, dans l'esprit des rhéteurs, visait avant tout l'image littéraire. A plus forte raison est-il valable pour l'image philosophique qui s'efforce d'épauler le concept, voire de l'explorer: la métaphore doit être transparente à la raison, qu'elle la seconde ou qu'elle la guide.

*

Nous nous demandions en commençant s'il n'y avait pas quelque paradoxe à relier les deux notions de métaphore et d'abstraction: nous espérons maintenant avoir mis en évidence leur collusion. En premier lieu, la métaphore sert à dénommer le concept: c'est la métaphore-catachrèse, qui non seulement fournit un signe pour le concept, mais en propose d'emblée une première description. A cette occasion, nous avons pu apprécier le goût de Sénèque pour l'image vivace, mais aussi pour l'image simple, empruntée à des réalités familières au lecteur romain et capable de se faire entendre même des non-spécialistes. Or il s'est produit un effet pervers, que Sénèque ne pouvait certainement pas imaginer: aux yeux de ses contemporains peu philosophes, et *a fortiori* aux yeux du lecteur moderne mal informé d'une tradition stoïcienne qui ne nous est parvenue qu'à l'état de ruines, le prosaïsme de certaines métaphores, leur apparente ingénuité masquent la technicité du concept, dissimulent ses racines et font lire des banalités là où il faudrait savoir identifier des notions philosophiques rigoureusement définies. D'où, sur la personnalité de Sénèque, une méprise ébauchée dès l'Antiquité, et qui consiste à voir en lui un moraliste mondain, un rhéteur à l'affût de métaphores purement décoratives.

La seconde fonction de la métaphore consiste à faciliter la compréhension du concept en le mettant sous les yeux du lecteur: fonction illustrative et didactique certes, mais aussi plus que cela. L'usage de l'analogie permet de faire comprendre, voire d'explorer une idée ou une construction conceptuelle à partir d'une autre, plus familière et qui lui ressemble. Une réalité sera décrite dans les termes d'une autre mieux connue. Nous avons donné des exemples empruntés au droit. Mais il est une autre discipline, plus familière aux Romains que la philosophie, et à laquelle cette dernière emprunte aussi terminologie et métaphores: c'est la rhétorique. Il y aurait une étude à faire à ce sujet.

Enfin, à la frontière entre image et concept, se trouvent les métaphores que nous avons appelées «contraignantes»: des images qui s'imposent à la conscience et à la fois suscitent et emprisonnent le concept. Chez Sénèque, qui adopte une doctrine déja constituée mais n'en est pas l'inventeur, ces images peuvent faire pressentir les raisons pré-logiques ou méta-logiques de son adhésion aux concepts stoïciens — avec toute la prudence qui s'impose quand on avance sur ces terres mystérieuses: la représentation de l'âme comme espace clos fait soupçonner que l'intériorité stoïcienne est pour lui une protection contre les angoisses existentielles. Cependant elle n'est pas un repli, mais une plénitude: l'infini de la sagesse se loge dans l'espace fini de l'âme.

Ces remarques, bien entendu, ne prétendent pas épuiser les fonctions ni les ressources de la métaphore. En s'appuyant sur les divisions rhétoriques, on peut dire que nous avons traité ici des rapports de la métaphore avec le *docere*; mais la métaphore est aussi un instrument du *mouere* et du *placere*. Du *mouere* d'abord, dans la mesure où elle s'efforce de persuader: car le directeur de conscience stoïcien ne s'adresse pas seulement à l'intelligence formelle. Son discours n'est pas un exposé de logique abstraite, mais la prédication d'un moraliste qui veut gagner le cœur autant que l'intelligence, afin d'opérer ce renversement de valeurs qui caractérise la conversion, avec les conséquences que cela implique pour la conduite et le mode de vie. Et ici encore la métaphore a sa place, puisqu'elle est, les traités de rhétorique l'enseignent, l'un des plus puissants instruments de la persuasion. Mais par ailleurs Sénèque ne croit pas devoir dispenser son discours d'être beau, et la métaphore œuvre aussi pour le *placere*. Notre objet n'était pas ici d'explorer toutes ces fonctions, dont l'étude est au demeurant l'objet de notre réflexion depuis des années[57]. Retenons que la métaphore va partout où va le langage philosophique: c'est pourquoi elle est un si bon poste d'observation.

---

[57]   Cf. notre thèse, citée note 30.

DISCUSSION

M. Hijmans: I wish to thank you for a very lucid and interesting contribution: it has taught me a great deal. My question is a small and simple one. You state that in *Ep.* 74, 25 *(virtus) nihil vacare patitur loci, totum animum tenet, desiderium omnium tollit, sola satis est* the thought glides from metaphor to abstraction (*sola satis est*) and not the other way round. Would it be possible to take *satis* not so much as an abstract, but — especially in view of *desiderium* — as itself metaphorical? The implied comparison would be the body, hunger satisfied, the stomach full. I fully realize that in the context surrounding your quotation that metaphor plays no further role, but the comparison soul-body is never far from Seneca's mind.

Mme Armisen-Marchetti: Il est vrai que Sénèque aime les images empruntées à la nourriture et à la digestion et qu'il les utilise souvent par ailleurs. Cependant si dans *sola satis est* il y avait une métaphore, ce serait une métaphore tout à fait isolée et fugitive. Dans *nihil vacare patitur loci, totum animum tenet*, je lis une métaphore spatiale à cause de la présence simultanée de *vacare, loci, tenet*: c'est l'accumulation qui rend l'image sensible. Qu'un seul de ces termes apparaisse, et je n'oserais y voir une métaphore. Par votre question vous soulevez donc un problème fondamental et délicat: comment distinguer les images mortes des images encore sensibles? Je me suis donné dans ma thèse (voir *supra* n. 30) un certain nombre de critères qui ne lèvent pas toutes les hésitations, mais suffisent quand même à régler la plupart des cas.

M. Gigon: Je suis entièrement d'accord avec votre excellent exposé, spécialement en ce qui concerne la distinction entre les différents types de métaphores: 1) Dans les sciences naturelles la métaphore est un élément indispensable, dès le début, avec Anaximandre: les phénomènes cosmiques lointains deviennent compréhensibles par l'analogie avec des phénomènes connus et évidents. On y peut comparer la parabole homérique et l'abondance de métaphores chez un Empédocle; 2) En psychologie la métaphore n'est pas moins fondamentale: elle visualise l'invisible; 3) La métaphore stoïcienne (cf. la thèse de L. Stroux sur les métaphores chez Zénon); à son propos, on est frappé par l'aisance avec laquelle Zénon, déjà, se sert de la métaphore commerciale. Normalement une telle métaphore sert à dévaloriser (alors que les métaphores destinées à souligner l'importance d'un sujet sont prises dans le vocabulaire soit de la religion soit de la guerre); mais Zénon n'a pas hésité à introduire (comme Platon?) la notion de valeur commerciale (ἀξία)!

Mme Armisen-Marchetti: Il serait trop expéditif de décrire tel champ métaphorique comme a priori dévalorisant, tel autre comme a priori laudatif. Les fondateurs du stoïcisme utilisent de nombreuses images, métaphores ou comparaisons, empruntées à des domaines très concrets. Leur souci premier semble avoir été de mettre à la portée de leurs auditeurs, au moyen d'images simples, des concepts souvent difficiles. Et pour cela ils n'ont pas craint de recourir à des analogies tout à fait quotidiennes et familières. On peut trouver le relevé des comparaisons qu'ils ont utilisées dans le livre de K.-H. Rolke, *Die bildhaften Vergleiche in den Fragmenten der Stoiker von Zenon bis Panaitios* (Hildesheim 1975).

M. Mazzoli: La Sua esposizione, che ho vivamente apprezzata, tocca uno dei punti di maggiore importanza critica ai fini del tema di mia specifica competenza, il pensiero di Seneca sulla poesia. Verso la fine Lei ha incluso la retorica tra i referenti principali della terminologia e metaforicità filosofica. Anche la poesia, da Lei non considerata, si lascia sfruttare altrettanto utilmente, purché opportunamente strumentalizzata: *Ep.* 59, 6 giustifica l'uso filosofico delle *imagines*, ma ne sposta la funzione dal lenocinio perseguito dai poeti al compito di *adducere in rem praesentem*, mediando e rendendo rapidamente intuibile l'astrattezza dei valori morali.

Mme Armisen-Marchetti: Poésie et rhétorique conduisent en effet à une problématique commune. La forme poétique et la métaphore ont en commun d'être des créations de l'imagination et de la sensibilité, c'est-à-dire des créations a-rationnelles, que Sénèque met au service du λόγος philosophique pour instruire et pour persuader.

M. Grimal: Le choix des métaphores dépend non seulement du sujet parlant, mais des habitudes d'esprit que l'on suppose familières à l'auditeur et, plus généralement, à la société qui reçoit le discours. Si les stoïciens, dès Zénon, recourent à des métaphores commerciales (avec la notion d'ἀξία), cela s'explique peut-être par le milieu d'où Zénon est issu: Chypre, si proche de la Phénicie, et cela en un temps où, après Alexandre, les échanges commerciaux sont plus intenses que jamais en Egée.

Si Sénèque emploie si souvent des métaphores empruntées à la gladiature, ce n'est pas qu'il aimât les jeux sanglants, c'est parce qu'il parlait un langage familier à tous. De même les termes de la vie financière étaient usuels, dans une société où le crédit, le prêt à intérêt, etc. étaient d'usage courant, comme le montre la vie financière révélée par les tablettes de Pompéi (v. les travaux de Jean Andreau, en particulier *Les affaires de Monsieur Jucundus* [Rome 1974]).

Mme Armisen-Marchetti: Il est clair que Sénèque est attentif à son lecteur: il choisit des images qui lui parlent aisément, n'hésitant pas à proposer, à côté (ou à la place) des métaphores héritées des anciens stoïciens, d'autres métaphores spécifiquement romaines (*census / censere*), ou encore sacrifiant des images parce qu'elles ne parlent plus à un lecteur de culture romaine (j'ai donné l'exemple de la classification des maladies de l'âme, mais il y en aurait d'autres).

M. Grimal: Il convient d'établir des distinctions très nettes entre les métaphores qui remontent à l'ancien stoïcisme et celles qui sont introduites par Sénèque. La psychologie stoïcienne étant matérialiste, tout ce qui concerne l'âme comme substance, matière susceptible de recevoir une forme, une empreinte, une couleur, des qualités, etc. est reçu et accepté par Sénèque avec l'enseignement de l'Ecole. Il en déduit diverses conséquences, par exemple l'incompatibilité, en une même âme, du Bien et du Mal. C'est pour lui une vérité d'ordre physique. En revanche, quand il réfléchit sur le rôle d'un maître dans la découverte de la Sagesse, il compare sa propre expérience à ce qu'implique le matérialisme stoïcien et insiste sur la notion de *forma*, de σχῆμα, qui prend pour lui une réalité vécue. Et encore: l'âme enclose, à l'intérieur d'un espace limité, suggère les images militaires — en les justifiant — qu'il trouvait dans l'enseignement de Sextius le Père. On discerne comme un mouvement incessant entre la métaphore héritée et la métaphore ressentie et vivifiée.

Mme Armisen-Marchetti: Il existe, surtout dans le domaine de la psychologie, ce que j'ai appelé dans ma thèse (*Sapientiae facies. Etude...*) de «fausses images», c'est-à-dire des formules qui ne sont pas des métaphores, mais qu'il faut considérer au sein du matérialisme stoïcien comme l'expression propre du concept. A l'instant j'ai cité l'exemple de la «maladie» et de la «santé» de l'âme. Néanmoins ces «fausses images» stimulent l'imagination de Sénèque et servent de point de départ à des constructions proprement métaphoriques. Ainsi l'âme, substance matérielle de type biologique, est contenue dans des limites finies. Sur ce concept, qui n'est pas une image, Sénèque bâtit ses propres métaphores, et la conception de l'âme comme espace fini aboutit à l'image de la forteresse.

M. Lana: Ho ascoltato con viva soddisfazione l'*exposé* di Mme Armisen, ritrovandovi i dati di chiarezza e di finezza di analisi che ho apprezzato nel volume *Sapientiae facies*. Propongo una piccola integrazione al suo *exposé*. E' vero che anche Seneca, e per esperienza sua diretta, è ben consapevole della *patrii sermonis egestas*, e lamenta talora la difficoltà che incontra nel rendere in latino i concetti stoici. Tuttavia non è sempre così: talora la scelta del termine latino in luogo della traslitterazione del termine greco è, da parte di Seneca, intenzionale. Cito un caso nel quale la scelta del vocabolo latino per rendere un termine tecnico greco è intenzionale e risponde alla funzione — a mi non di rado Seneca indulge — dell'autoironia. Nell' *Ep.* 54, egli riferisce a Lucilio di un attacco d'asma che lo ha colpito: ... *nullum* [*i.e. genus malae valetudinis*] *mihi ignotum est. Uni tamen morbo quasi adsignatus sum, quem quare Graeco nomine appellem nescio: satis enim apte dici suspirium potest* (§ 1). La scelta del vocabolo latino *satis aptum* è polemica: infatti Celso *De medicina* IV 8, dedica un capitolo all'asma, che designa con il vocabolo greco; la scelta è anche autoironica, perché il vocabolo *suspirium* lo troviamo graffito a Pompei per designare un gladiatore «trace» come *puellarum suspirium*, come colui per il quale tutte le ragazze di Pompei «sospiravano» d'amore. Ma Seneca anche a riguardo dell'uso di vocaboli greci non è sistematico: altrove — e ancora in funzione d'autoironia — usa vocaboli greci: p.es. *Ep.* 83, 4: *crisis*; § 5: *hiera*; *psychrolutes* (ma altrove, *Ep.* 53, 3: *vetus frigidae amator*).

Ancora una riflessione. A proposito della funzione della metafora *demonstrandae rei causa* può essere chiarificatore un riferimento esplicito alla teoria retorica dell' ἐνάργεια/*evidentia*. L'uso della metafora, in tale prospettiva, serve a innalzare il livello espositivo dal grado della semplice σαφήνεια a quello dell' ἐνάργεια, che vuole, appunto, *audientem in rem praesentem adducere*. Essa svolge, quindi, nel testo filosofico una funzione analoga a quella della citazione poetica, di cui Seneca giustifica l'uso al fine di rendere più convincente il discorso filosofico.

Mme Armisen-Marchetti: Je vous remercie pour l'exemple du *suspirium*, qui est tout à fait savoureux et révèle l'humour de Sénèque. Quant à l'ἐνάργεια comme effet expressif de la métaphore, j'y avais songé pour ma part, et j'avais prévu, lors de la publication de cet exposé, de la signaler dans une note (cf. *supra* p. 111 n. 28).

M. Soubiran: Trois détails d'abord sur les textes que vous avez cités: en *Ben.* II 34, 2, *canem et venaticum et marinum et sidus*, on peut se demander si *sidus* désigne l'ensemble de la constellation du Grand Chien, dont la forme rappelle (avec beaucoup de bonne volonté!) celle de l'animal, ou seulement — et ceci serait plus conforme au sens habituel de *sidus* — son étoile principale, la plus brillante du ciel, Sirius, l'étoile de la «canicule». Dans ce dernier cas, ce ne serait pas une analogie de forme, si vague soit-elle, qui justifierait la catachrèse, mais une relation plus abstraite («mordant» de la chaleur?).

Dans la formule que vous citez (*Ep.* 59, 6) sur les métaphores trop hardies, *ut non temerarias, ita quae periculum sui fecerint*, n'est-ce pas plutôt *periculum sui* que *temerarias* qui traduit le κινδυνώδης de Démétrius? Le sens serait: une métaphore certes adéquate à son objet, c'est-à-dire pertinente (*non temerarias*, «qui n'est pas adoptée au petit bonheur»), mais tout de même «risquée». En *Ben.* IV 12, 1, dans *ad haec verba demonstrandae rei causa descendimus*, le verbe *descendere* ne sous-entend-il pas le recours à un procédé, sinon bas et indigne, du moins auquel on se résigne avec un peu de regret, faute de mieux?

Plus généralement, votre argumentation s'appuie de manière convaincante sur les théories de la rhétorique, Aristote en tête. Peut-on penser que Sénèque avait lu Aristote, ou le connaît-il seulement par des intermédiaires plus ou moins scolaires? Dans le domaine de l'origine du langage, auquel vous touchez dans votre exposé, n'y aurait-il pas des données à prendre chez Varron, par exemple, et chez ses commentateurs modernes (J. Collart, H. Dahlmann, K. Barwick)? Le livre récent de Fr. Desbordes et M. Baratin sur les théories linguistiques de l'Antiquité (qu'après un long dédain on tend à réhabiliter) pourrait aussi être utilisé dans cette perspective. Mais elle reste secondaire dans votre étude, et l'on se rappellera, avec M. Mazzoli, que Sénèque n'a guère d'estime pour les grammairiens...

Mme Armisen-Marchetti: Je réponds dans l'ordre à vos trois remarques: 1) A propos du *sidus* du Chien: *sidus* peut désigner en latin aussi bien une constellation entière qu'une étoile de cette constellation ou encore une étoile isolée. Il faut de la bonne volonté, c'est vrai, pour reconnaître dans la constellation du Chien la forme du corps de l'animal. Si elle a été nommée ainsi, c'est à cause de la proximité de la constellation d'Orion le chasseur et de celle du Lièvre. Il manquait, pour compléter le tableau de chasse, un «Chien»: l'imagination des astronomes a fait le reste (cf. le livre de A. Le Boeuffle, *Les noms latins d'astres et de constellations* [Paris 1977]).

2) (*translationes*) *ut non temerarias ita quae periculum sui fecerint*: votre traduction est aussi la mienne. *Temerarias* et *periculum sui* appartiennent au même ordre d'idées; ce n'est qu'une question de degré. Une *translatio* «téméraire» est une métaphore qui repose sur une analogie insuffisante, et c'est cela

que Démétrius veut dire par κινδυνώδης. Cependant même une bonne image prend un «risque» (*periculum*), celui de n'être pas comprise. Une image sans «risque» est une image évidente, donc plate, et le plus souvent banale. Il est possible aussi que ces notions de «hardiesse» et de «danger» des métaphores rejoignent dans l'esprit de Sénèque la polémique qui oppose partisans d'un style classique et mesuré, et partisans d'un style sublime mais risquant le mauvais goût. Des échos de cette polémique se trouvent dans le *Traité du Sublime* (33, 1) et chez Pline le Jeune (*Ep.* IX 26).

3) Tel est bien le sens que je donne moi-même à *descendere*. Sénèque utilise-t-il directement Aristote? C'est bien difficile à dire, d'autant qu'il ne s'exprime que par allusions brèves et dispersées. Au premier siècle ap. J.-C., les thèses aristotéliciennes sur la métaphore appartiennent à la vulgate scolaire. Quant à la façon dont les stoïciens décrivaient l'origine et la formation du langage, elle nous est suffisamment connue à travers le *De dialectica* d'Augustin, excellemment commenté par J. Pépin (*Saint Augustin et la dialectique* [Villanova University Press 1976]). J'ai aussi utilisé, bien sûr, K. Barwick, *Probleme der stoischen Sprache und Rhetorik* (Berlin 1957).

M. Mazzoli: A proposito della metaforicità *demonstrandae rei causa* Lei afferma giustamente che l'uso dell'analogia permette di far capire, cioè di esplorare un' idea o una costruzione concettuale partendo da un'altra che le assomiglia. E' esattamente ciò che Seneca afferma in *Ep.* 120, 5, riconoscendo nell'ordine fisico i modelli per la costituzione dei concetti morali: *quae sit haec analogia dicam. Noveramus corporis sanitatem: ex hac cogitavimus esse aliquam et animi. Noveramus vires corporis: ex his collegimus esse et animi robur...: ex his ergo speciem ingentis boni traximus.*

Mme Armisen-Marchetti: Dans le passage de la *Lettre* 120 que vous citez, il faut distinguer deux moments successifs. Sénèque décrit à la suite deux formes différentes d'*analogia. Noveramus corporis sanitatem ... esse et animi robur* est une analogie heuristique. Sénèque infère d'un domaine connu (le corps) à un domaine moins connu et supposé analogue (plutôt: supposé de même nature, étant donné le caractère matérialiste de la psychologie stoïcienne), qui est l'âme. C'est bien, en effet, le mouvement de certaines métaphores *demon-*

strandae rei causa, telles que je viens de les décrire dans mon exposé. C'est, surtout, le mouvement des analogies heuristiques des *Questions Naturelles* dont je parle au chapitre V de mon livre *Sapientiae facies*. Mais dans la suite de la *Lettre* 120, au § 5, Sénèque passe à un autre type d'analogie. *Aliqua benigna facta, aliqua humana, aliqua fortia nos obstupefecerant: haec coepimus tamquam perfecta mirari [...]. Ex his ergo speciem ingentis boni traximus.* Il s'agit maintenant de l'idée (qui remonte aux anciens stoïciens) que c'est en observant des actes inspirés par telle ou telle vertu que les hommes se sont donné la notion de vertu, *speciem boni*. Sénèque, à la suite de ses maîtres stoïciens, décrit ainsi la démarche même de l'abstraction créatrice des concepts éthiques, et cela n'a plus rien à voir avec la métaphore.

IV

R.G. Mayer

ROMAN HISTORICAL EXEMPLA IN SENECA

The theme of the paper which I have the honour to present
to this gathering concerns Seneca's use of Roman historical
examples. Professor Grimal proposed this suggestive topic, rich
in detail and significance, and I am grateful for it, since an
engagement with the issues it presents opens up to us something
of value not only in Seneca the writer but in Seneca the man as
well. For I think we shall see that Seneca's intimate acquaintance
with the tradition, both rhetorical and moral, of referring
behaviour to an exemplary standard fired his own ambition.
Thus it happened that, towards the end of his life, he exhorted
his correspondent Lucilius to join him in aiming to become an
exemplary figure: *nos quoque aliquid et ipsi faciamus animose;
simus inter exempla* (*Ep.* 98, 13). Seneca aspires to exemplary status himself, if only he can find an opportunity to exercise coura-
geous resolve. Nero offered him the chance he longed for and
he rose to the occasion (as his nephew Lucan regrettably did
not).

Tacitus records for us the memorable scene, when Seneca
received the *mandata imperatoris* (*Ann.* XV 60-64). (The
philosopher's sense of theatre in his last moments will be later
rivalled by Mary, Queen of Scots, on the scaffold.) But what
strikes the attention is the moral synthesis of both following and

setting an example. The example Seneca follows on the one
hand is signalled plainly enough, for he had long had ready to
assist his passage from life that poison which snuffed out those
condemned by the public sentence of the Athenians (Tac. *Ann.*
XV 64, 3). Socrates here is the model.[1] And yet there is a note
of Roman ambitiousness even here. For the Roman was never
content merely to imitate, he aimed also to rival his model
(*aemulari, aemulatio*) and surpass it. (In the literary world we
see this throughout Latin literature; Seneca himself for example
aims to rival Euripides by combining elements from both the
Greek *Hippolytus* plays in his own *Phaedra*.) Now at his death
Seneca aimed to outstrip Socrates in this particular: whereas
Socrates sent his wife Xanthippe away, Seneca not only allowed
Paulina to be present, he even consented to her earnest wish to
die with him. The wedded pair surpass their solitary model, and
so become models themselves, as we see later at the death of
Thrasea Paetus, whose wife Arria yearned to join him (Tac. *Ann.*
XVI 34).[2] That a model is being created Seneca himself observes
(if Tacitus faithfully reports the gist of his final utterances) when
he says to his wife: *non inuidebo exemplo.* He does not begrudge
her achieving exemplary status. His own position is as clear for
he claims to be leaving as an inheritance to his friends *imaginem
uitae suae*, a model by which they may shape their own lives.
So it is that in death Seneca crowned his lifelong practice of
referring to *exempla*, by himself becoming one. There is,

---

[1] For this see K. DÖRING, *Exemplum Socratis. Studien zur Sokratesnach-
wirkung in der kynisch-stoischen Popularphilosophie der frühen Kaiserzeit
und im frühen Christentum*, Hermes, Einzelschrift 42 (Wiesbaden 1979),
18-22.

[2] For Thrasea's imitation of Seneca see M.T. GRIFFIN, *Seneca. A
philosopher in politics* (Oxford 1976), 370. Of course Arria, as Tacitus
noted, had the *domesticum exemplum* of her mother to follow.

I believe, something essentially Roman in his aspiration and I would like first to set before you some considerations on this point.

The imitation of examples is a practice central to Roman social life, moral behaviour and literary production. Students of Latin literature are used to this concept of imitation, and it need not be emphasized at this gathering. It should nonetheless be recalled that literary imitation is only one aspect of an all-pervasive tendency among the Romans to seek out what was best in any department and turn it into a pattern for imitation and, if possible, emulation. Let us briefly observe the principle at work in the social and moral life of Rome.

Two institutions demonstrate their use of role-models: *contubernium* and the *tirocinium fori*. In the army a young officer was placed under the protection of a senior commander, whose accommodation he shared. From him were learned the rudiments of military life. But since the life of a camp can easily turn to licence it was important that the senior officer should be a good man whose influence would shape the youth's character. We therefore find Cicero stressing the moral qualities of Q. Pompeius, on whose staff Caelius served (*Cael.* 73 *castissimo homini*; cf.*Planc.* 27). Tacitus observed that Agricola was able to imitate the best men — *sequi optimos* — under Suetonius Paulinus (*Agr.* 5, 1). The general himself sets an example for his young staff to follow.[3]

So too in the forum of Rome. Tacitus, again, provides us with a statement of the principle of enrolment in public life (*Dial.* 34). The young man is entrusted to a leading public figure whom he attends constantly so as to learn the procedural ropes.

---

[3] Seneca alludes to the value of this traditional form of moral guidance at *Ep.* 6, 6: *Metrodorum et Hermarchum et Polyaenum magnos uiros non schola Epicuri sed contubernium fecit.*

The word Tacitus uses for «attend» is *sectari*; it is important to recall that the word has among its senses «imitate». Once again the model is to the fore in Roman training. It should be stressed that these older men in camp or in the forum are aware of their function as setters of examples.

The appeal to examples was, I believe, the cornerstone of a Roman's moral training as well. We can see it in operation in a variety of ways. The chief model was one's father or family generally. Cicero often refers to the *domesticum exemplum*.[4] Seneca too appeals to the principle at *Clem.* I 9 where he sets before the young Nero an account of Augustus' *concilium amicorum* to serve as a *domesticum exemplum*; in a yet more flattering manner in the *Consolatio ad Polybium* (15, 2) Seneca has Claudius, as chief comforter, rehearse examples of grief bravely borne, especially within the imperial household: *contentus nostrae domus exemplis ero.* (Nor was the concept unknown to the Greeks, who speak of οἰκεῖον παράδειγμα[5]; but it should be recalled how much less respect a Greek father commanded, compared to a Roman *paterfamilias*.) Moreover society at large was a pool from which to fish examples of behaviour both to avoid and to imitate. Two literary texts provide evidence.[6] First, in Terence's *Adelphoe* 410-419 the severe father, Demea, is delighted to learn from the slave, Syrus, that his nursling, Ctesipho, has rebuked the more laxly reared Aeschinus. Demea congratulates himself that the boy is turning out *similis maiorum suom* (411), a reference to *domestica*

---

[4]   See *TLL* V 1, 1869, 15; an instance in Terence will be referred to below; cf. Plin. *Epist.* V 8, 4: his uncle provides him with a *domesticum exemplum* for writing history.

[5]   Cf. Isoc. *Or.* I (*Demon.*) 9; *Or.* V (*Phil.*) 113; Xen. *Cyr.* VII 5, 86.

[6]   See H. KORNHARDT, *Exemplum. Eine bedeutungsgeschichtliche Studie* (Diss. Göttingen 1936), 26-34.

exempla, picked up later, *domi habuit unde disceret* (413).
Ctesipho is, in addition, *praeceptorum plenus* (412); precepts, as
we shall see, were the rival medium of moral instruction. Then
Demea expounds his technique:

> *inspicere, tamquam in speculum, in uitas omnium*
> *iubeo atque ex aliis sumere exemplum sibi.*

He makes it clear that the choice of *exempla* is to be both for
imitation (*hoc facito*) and for avoidance (*hoc fugito*). A question
at once arises. The *Adelphoe* is of course modelled upon a play
of Menander. What would the original Demea have said about
his moral training of Ctesipho? I wish we knew, for it is my
belief that in this passage we have an instance of «Terenzisches
im Terenz», a freely Romanized rendering of the Greek model.
My belief is encouraged by two factors. First, commentators do
not point to any similar technique of following examples encouraged in other Greek writers who describe the ideal education
of the child; Plato's *Protagoras* 325d is usually referred to, but
it does not recommend the application of *exempla* (neither does
Soph. 229 e). Secondly, I fancy that Terence is trying to make
Demea as like a Roman father as possible. My next literary text
will illustrate what I mean.

In the fourth satire of his first book Horace is defending his
satirical calling (*Sat.* I 4, 103-126). He argues that his role as a sati-
rist is no more than a continuation of the practice of his own
father, who accompanied Horace as a boy on his way to school
(*Sat.* I 6, 81). It was perhaps on those early morning strolls (we
may imagine it so) that the sort of admonitions Horace describes
took place. Individuals are singled out as *documenta* of bad behaviour (110; the word is a synonym of *exemplum*). For admirable
behaviour Horace's father points to the *iudices selecti* (123). This
technique of moral instruction by example is explicitly contrasted with the abstract ethics of the philosopher, i.e. *praecepta*
(115-116); the *traditus ab antiquis mos* as embodied in or

flouted by individuals is the only standard of behaviour, which the professed *sapiens* can account for but not replace. Now it would be imprudent to suggest that Horace's father must have acted as his son describes; the autobiographical element may be fictionalized after all. But it is important that Horace is defending his satirical poetry by linking it to a form of moral instruction by *exempla* which Roman fathers must have used. If they did not, then Horace's defence collapses; he must be appealing to a universally recognized Roman practice, inculcated with all the traditional authority of a *pater*.

That the Romans themselves were conscious of their reliance upon examples as the medium of moral training is clear from a number of texts. Cicero is convinced that Rome has outstripped Greece in providing *exempla* of moderation (*Fin.* II 62), for the city is stuffed with them (*Off.* III 47). Quintilian picks up the boast, but with a telling alteration: *quantum... Graeci praeceptis ualent, tantum Romani, quod est maius, exemplis* (*Inst.* XII 2, 30). Examples are worth more than precepts, actions speak louder than words. The emperor Augustus keenly sought out *exempla* which he would transcribe and dispatch to his subordinates (Suet. *Aug.* 89, 2)[7] More systematic were the collectors of *exempla*: Hyginus, Varro, Nepos, Pomponius Rufus and above all Valerius Maximus[8]

I have dwelt at some length on this preliminary exposition of the moral role of *exempla* in Roman culture for three reasons. First, because it helps to show that Seneca fits squarely into a

---

[7] These references are drawn from the admirable article by A. LUMPE, in *Reallexikon für Antike und Christentum* VI (1966), 1229-1257.

[8] For Valerius see now G. MASLAKOV, «Valerius Maximus and Roman historiography. A study of the *exempla* tradition», in *ANRW* II 32, 1 (1984), 437-496; his collection does not seem to be *oratorum in usum* but designed to exhort the general reader.

native tradition. He is not citing *exempla* simply because it was the approved method applied by rhetorical training (but of course it was that too); the imitation of models was central to an ordinary Roman's moral experience. Secondly, the choice of exemplary material is found to be inexhaustible, and even provided by one's contemporaries. This makes a difference when we compare Seneca to the later Greek moralists. Their *exempla* tend to be fossils, museum exhibits lovingly preserved? The tradition Seneca inherited is altogether more lively, so that he quite naturally appeals to his own experience or to the recent past for examples: *nec semper confugiamus ad uetera* [sc. *exempla*] (*Ep.* 83, 13). (You will therefore pardon me, I hope, if I interpret the word «historical» somewhat freely.) Thirdly, the Roman tradition encouraged not just learning from *exempla* but setting an example oneself![10] Seneca pretty clearly has this role in mind for himself in his *Epistulae*, as we shall see later.

What of the Greek tradition, we may ask at this point? Above all, did systematic ethics provide an impulse for the use of *exempla*, as it clearly did for *praecepta*? It has recently been suggested that Posidonius, whose work was used and discussed on several occasions by Seneca, may have given a lead in this

---

[9]   Plutarch castigates those who in political speeches cite inappropriate *exempla*, which he reckons are better left to sophists; but his own preferred *exempla* are nonetheless rooted in the remote past (*Praec. ger. reip.* 17, 814 B-C); Dio Chrysostom complains that speakers refuse to cite contemporary instances and prefer antiquity (*Or.* XXI [*Pulchr.*] 11). I owe these references to Mr. E.L. Bowie.

[10] An early instance of such self-consciousness is found in Plautus; Philolaches, in his grand *scena* in the first act of the *Mostellaria*, compares his former moral life to the plan, *exemplum*, of a house which others copied (103; 128; 132; 154-155). The detail may of course have been in Philemon's original; see Ed. FRAENKEL, *Elementi Plautini in Plauto* (Firenze 1960), 168 n.1.

matter as well. Seneca, indeed, provides the evidence, above all in
Epist. 95, where he lists the psychagogic strategies adopted by
Posidonius: *non tantum praeceptionem,... sed etiam suasionem et
consolationem et exhortationem necessariam iudicat (Ep.* 95, 65).
He goes on to add to these aetiology and ethology, the description of each virtue. In his commentary on this important passage
Kidd detects a hint that Posidonius' own historical writings
served an ethological function by making history a descriptive
pattern for ethics.[11] He is led to this chiefly by what Seneca goes
on to say. He likens Posidonius' ethology to Virgil's description
of the points of a sound horse in the third *Georgic* (75-81 and
83-85); then he says that the poet has inadvertently described the
brave man. Surely, Seneca reckons, this description fits Cato the
younger (his favourite figure from Rome's past), for he embodies
these very *signa* and *notae* of excellence. But is this reference to
a particular person necessarily characteristic of Posidonius' ethology? I for my part doubt it. After all Posidonius can be set into
the tradition of Theophrastus' characterismos[12], which, like Virgil's account of the good horse, is entirely typical and needs no
reference to an historical embodiment. My hunch is therefore
that the dragging in of the younger Cato is typical of Seneca's
method and of his preference for the concretely historical; it may
have nothing to do with Posidonius' *ethologia*. Apart from him
there appears to be no philosophical opinion about the value of
paradeigmata in moral discourse. It is Seneca who seeks to give
them an enhanced role.

---

[11]   Posidonius, Fr. 176 Edelstein-Kidd = 452 Theiler; see I.G. KIDD's *Commentary* (Cambridge 1988), (ii) 651. Livy certainly sees history as serving
such a function; in his account the dying Lucretia has acted so as to provide an example: *nec ulla deinde impudica Lucretiae exemplo uiuet* (her
last words, I 58,10).

[12]   See R.G. USSHER (ed.), *The Characters of Theophrastus* (London 1960), 28.

In returning to the everyday use of examples among the Romans themselves, I must not neglect, especially with Seneca, the rhetorical and literary tradition. Much has been written to illustrate this central role of the *exemplum*[13]; I shall quote but one text, from Quintilian again: *in primis uero abundare debet orator exemplorum copia cum ueterum tum etiam nouorum, adeo ut... quae conscripta sunt historiis aut sermonibus uelut per manus tradita quaeque cotidie aguntur debeat nosse* (*Inst.* XII 4, 1).[14] This prescription is admirably carried out by Seneca, who, as has been noted, does not confine his citation of *exempla* to those consecrated by his predecessors' use. He is full of instances from the recent past and clearly relies on everyday experience (*quae cotidie aguntur*), oral tradition (*sermonibus tradita*) and personal recollection for his sources.[15]

Indeed let us, in turning now to Seneca himself, look briefly at the sources of his *exempla*.[16] Though his Greek historical examples are not my concern, I should like nevertheless to draw attention to his acquaintance with Herodotus, who supplies,

---

[13] Most notably by H.W. LITCHFIELD, «National *exempla uirtutis* in Roman literature», in *HSCP* 25 (1914), 1-71. I would also refer to S. BONNER, *Roman Declamation in the Late Republic and Early Empire* (Liverpool 1949), 61-62, and to R.G. AUSTIN's note on Virg. *Aen.* VI (Oxford 1977), p. 233.

[14] It is the view of R.G. AUSTIN in his commentary (Oxford 1948), p. xxx that this somewhat token section would have been expanded.

[15] Seneca founds *exempla* upon personal reminiscence at *Const.* 17, 1; *Ben.* IV 31, 3; *Ep.* 47, 9 (Callistus) and 122, 10-13 (Acilius Buta) and 14-16 (Albinovanus Pedo on Sex. Papinius); some of these are anecdotes.

[16] See H. SCHENDEL, *Quibus auctoribus romanis Lucius Annaeus Seneca in rebus patriis usus sit* (Diss. Greifswald 1908), who reasonably warns of the difficulty in tracking the sources of so well-read a man.

but perhaps not quite directly, a fair bit of matter.[17] Once Seneca names a Roman historian as source of a story, Claudius Quadrigarius (*Ben*. III 23, 2). On another occasion he cites M. Brutus' treatise *De virtute* for the *exemplum* of the exile in Mytilene of M. Claudius Marcellus, *cos*. 51 B.C. (*Helv*. 9, 4 ff.). His reading of the letters of Augustus and of Cicero generated *exempla* at *Brev*. 4 and 5, and at *Ep*. 97. The possible use by Seneca of Valerius Maximus provoked a scrupulous essay by R. Helm[18], who was right to stress that Seneca's rhetorical training will have kept him alert for the capture of suitable specimens, so that we must not always expect a single literary source. Moreover the source may do no more than provide bare information for Seneca to distort or ornament as his context requires. Perhaps the most acute investigation of Seneca's reading was made by Fr. Münzer.[19] In the important appendix to his study of the Roman nobility, «Die geschichtlichen Beispiele in Cicero's *Consolatio*», Seneca's indebtedness to that work for his own *consolationes* was convincingly argued, especially as concerned the figure of M. Horatius Puluillus (cf. *Marc*. 13, 1). In Livy's account (I 8, 6-9) no exemplary character enhances the story; that is reckoned to be a contribution of Cicero. It may be worth making the point that the *consolatio* is the one prose form handled by Seneca which appears to have a well-defined format[20]; at any rate, in *Marc*. 2, 1 he professes to be breaking

---

[17]   See A. SETAIOLI, «Della narrazione all' exemplum. Episodi erodotei nell'opera senecana», in *Atti del Convegno internazionale «Letterature classiche e narratologia»* (Perugia 1981), 379-396.

[18]   «Valerius Maximus, Seneca und die 'Exemplasammlung'», in *Hermes* 74 (1939), 130-154.

[19]   *Römische Adelsparteien und Adelsfamilien* (Stuttgart 1920; repr. Darmstadt 1963).

[20]   See R.KASSEL, *Untersuchungen zur griechischen und römischen Konsolationsliteratur*, Zetemata 18 (München 1985), esp. 95.

with the traditional pattern by setting out his *exempla* before the *praecepta*. It is perhaps the less surprising therefore that, in composing *consolationes*, Seneca should have in mind an identifiable model, especially Cicero's famous work (it was still being read by St. Jerome, St. Augustine, and Lactantius). I turn now to a point which has been somewhat neglected by those who have investigated Seneca's literary sources, his inaccuracy and its likely cause.

That Seneca's historical *exempla* contain «howlers», blatant errors, is well known. The most startling is the fictionalized conspiracy of Cinna, already referred to as a *domesticum exemplum*.[21] Now such errors may be owed to lapses of memory, but Quintilian offers another explanation that has hitherto been passed over. At *Inst.* X 1, 128 he praises Seneca's vast *rerum cognitio* but adds: *in qua tamen aliquando ab iis quibus inquirenda quaedam mandabat deceptus est.* The busy man relied on secretaries or friends, perhaps, for information (we may recall that Cicero consulted Atticus for help with his *Consolatio*; cf. *Att.* XII 20, 2 = 258 Shackleton Bailey, XII 22, 2 = 261 Shackleton Bailey, XII 24, 2 = 263 Shackleton Bailey); their research was not always reliable, and, especially with Greek *exempla*, Seneca is convicted of error. On the other hand he shows a certain scrupulosity at one point. He refers anonymously to that well known Roman leader who, like Leonidas the Spartan, took three hundred men to draw away the enemy (*Ep.* 82, 21-22). Why does he not name the man? Perhaps because in three separate histories he was given a different name! Cato the elder, who had also compared him to Leonidas, called him Q. Caedicius, but Quadrigarius gave his name as Laberius (A. Gellius, III 7). Livy, who ought to be Seneca's source, refers

---

[21]   For this see M.T. GRIFFIN, *op. cit.* (n. 2), 409-411 and R. SYME, *The Augustan Aristocracy* (Oxford 1986), 266.

to him as L. Calpurnius Flamma[22]. It seems that Seneca, who
sometimes prefers not to name the famous exemplary figures to
whom he alludes, here chooses silence over philological
inquiry?[23]

Seneca draws most liberally on his own age; the reign of the
principes provides him with numerous *exempla*. Attempts to
arrange these various stories into a consistent pattern reveal a
conventional enough attitude to the principate and the
emperors?[24] As we might expect, Caligula is a monster, whose
reign forces into prominence exemplary figures like Pastor (*Ir.*
II 33, 3-6). Notable too is Julius Kanus (*Tranq.* 14, 4-10), who
thanked Gaius for his order of execution; what draws our attention in Seneca's account is this opening remark: *Kanus Iulius,
uir inprimis magnus, cuius admirationi ne hoc quidem obstat,
quod nostro saeculo natus est...* Seneca, like Tacitus later on, sees
that the times are not so degenerate as to be unable still to throw
up an exemplary figure or two[25] ; this is the sort of encouragement he may have wanted on his own way to becoming exemplary; his own fate would prove little different from Kanus'. (It
is possible that Kanus was, like Seneca, implicated, at however
great a remove, in a conspiracy.) Seneca's attitude to the other
principes is conventional, so far as his use of them or

---

[22]   See Fr. MÜNZER, in *RE* III 1, 1373, *s.v.* «Calpurnius», 42.

[23]   Seneca refers allusively to Porcia, who died by eating live coals, at *Prov.*
       6, 9; to Aemilius' sons at *Polyb.* 14, 5; to Q. Marcius Rex at *Ep.* 99, 6;
       to M' Curius Dentatus at *Ben.* VII 7, 5.

[24]   See especially M.T. GRIFFIN, *op. cit.* (n. 2), 210-217, whose bibliographi-
       cal references to the useful studies of W.H. ALEXANDER need one addi-
       tion, viz., «Seneca the philosopher in account with Roman history»,
       Trans. Royal Soc. of Canada, Sect. 2, 3rd Ser., 41 (1948), 20-46.

[25]   Cf. Tac. *Hist.* I 3, 1: *non tamen adeo uirtutum sterile saeculum ut non et
       bona exempla prodiderit.*

of figures who lived in their reigns as *exempla* indicates his own opinion.

I turn now to the styles of narration and the presentation generally of the *exempla* in the prose works. One of Seneca's favourite literary devices is the list; indeed lists are something of a vice in all his writings. (In the tragedies, for instance, one dreads a reference to the Labours of Hercules or the Tortures of the Damned since this is bound to trigger off a list.) We find the same technique used with *exempla*. So for instance at *Prov.* 3, 4 he offers a list of Fortune's adversaries: *ignem experitur in Mucio, paupertatem in Fabricio, exilium in Rutilio, tormenta in Regulo, uenenum in Socrate, mortem in Catone.* The list reappears in *Ep.* 98, 12-13 (the one, be it recalled, in which Seneca exhorts Lucilius to aim at exemplary status): *singula uicere iam multi: ignem Mucius, crucem Regulus, uenenum Socrates, exilium Rutilius, mortem ferro adactam Cato... Fabricius diuitias imperator reiecit...* Its personnel is reduced to the quartet Regulus — Cato — Rutilius — Socrates at *Ep.* 67, 7 and to the trios Socrates — Regulus — Cato at *Ep.* 71, 17 or Rutilius — Socrates — Cato at *Marc.* 22, 3 and *Tranq.* 16, 1 (though Pompey and Cicero flesh out the latter)[26] These figures are the small change of the exemplary tradition, and Seneca's «hopping» style is justly calculated to give them no more weight than they deserve. What is so disarming about this accumulative technique is Seneca's self-consciousness in its use. Consider *Ep.* 24. Lucilius is troubled about the outcome of a trial and Seneca encourages him to anticipate the gravity or duration of misfortune. There are many *exempla* to forearm him (24, 3). Can anything be worse than exile, prison, burning, death? Look at those who have despised such misfortunes. Then our old friends reappear: Rutilius

---

[26]   Reliance on these canonical figures was noted by E. ALBERTINI, *La composition dans les ouvrages philosophiques de Sénèque* (Paris 1923), 216-219.

in exile, Socrates in prison, Mucius with his hand in the flames
(24, 4-5). At this point Lucilius is imagined as erupting in annoy-
ance: «*decantatae... in omnibus scholis fabulae istae sunt: iam
mihi, cum ad contemnendam mortem uentum fuerit, Catonem
narrabis*» (24, 6). Lucilius is alert to Seneca's rhetorical strategies,
he anticipates the final *exemplum* and dismisses them all as out-
worn. Seneca's answer is a defence of his method: *non in hoc
exempla nunc congero, ut ingenium exerceam, sed ut te aduersus
id, quod maxime terribile uidetur, exhorter* (24, 9). Nonetheless
he does rehearse the final hour of Cato, insisting upon its
pathos. He even ventures to put into Cato's mouth a lively
denunciation of Fortune.

Seneca's art is admirable here. He knows his *exemplum* is
well-worn — we may recall its appearance in a *satire* of Persius
(3, 44-48), and so he sets about investing it with new importance.
The imagined interruption of Lucilius detaches Cato from the
list and isolates his greatness. The additional use of direct speech
enhances his significance over the others. (When Seneca deploys
Cato, he often puts words into his mouth; cf. *Prov.* 2, 9-10 and
Ep. 71, 15). The speech has its rhetorical figures, notably the one
called emphasis by the Greeks, whereby the speaker refers to
himself by name.

Now Seneca is clearly aware of his somewhat academic
deployment of traditional *exempla* in lists, so he turns the tables
on Lucilius and offers a brand new *exemplum*, this time of a
morally undistinguished man who nonetheless rose to the occasion of dying well, Q. Caecilius Metellus Pius Scipio, *cos.* 52, the
father-in-law of Pompey. His suicide in North Africa was
immortalized by his reply to the question «where was the
general»: «*imperator se bene habet*». Now this story was
deservedly famous; Livy related it (*Perioch.* 114) and it is found
in Valerius Maximus (III 2, 13). But Seneca revitalizes it with
rhetorical *colores*; he sets this Scipio alongside his ancestors,
whose fated renown in Africa he comes to share; conquering

Carthage is less than conquering death; Scipio dies in the only way suitable for the superior officer of a Cato (*Ep.* 24, 9-10). So we see Seneca here improving upon a somewhat overworked device, the list. In *Epist.* 24 therefore the traditional enumeration does not act alone but serves as foil to the clinching *exemplum*, Scipio. Seneca's literary resourcefulness never deserted him.

Lists can be troublesome because shapeless, but two devices helped to impose some control. First, there is a clear tendency to group *exempla* into threes; secondly, the rhetorical crescendo determines the order of *exempla* within the list.

Grouping into threes was clearly enjoined in the rhetorical schools.[27] Cicero favoured trios of *exempla* himself[28], and Seneca follows suit on numerous occasions.[29] More impressively the trio can be organized into a crescendo, a rhetorical device to which Professor Grimal drew attention in his edition of *De breuitate vitae.*[30] After urging the moral desirability of *otium* Seneca offers three instances, Augustus, Cicero, and Livius Drusus. In the last it is hinted that Drusus' restless soul could only find repose in a self-inflicted death. (It is also remarkable that the *exempla* are in reverse chronological order.) A more striking crescendo is found in *De prouidentia* (3, 5-7). After the list, to which I have already referred, Seneca elaborates on the supposed misfortunes of three of his exemplary figures, Mucius,

---

[27]   See Quint. *Inst.* IV 5, 3, and A.N. SHERWIN-WHITE's note on Plin. *Epist.* II 20, 8 *sufficiunt duae fabulae an scholastica lege tertiam poscis?*

[28]   See H. SCHOENBERGER, *Beispiele aus der Geschichte, ein rhetorisches Kunstmittel in Ciceros Reden* (Diss. Erlangen 1910), 60-3.

[29]   Trios of *exempla* will be found at *Ir.* I 11, 5-7 (Roman generals); *Ir.* III 22-24 (anger controlled); *Marc.* 20, 4-6 (Pompey, Cicero, Cato should have died sooner); *Helv.* 12, 4 (Greek philosophers); *Helv.* 12, 5-7 (Romans); *Helv.* 13, 4-7 (Socrates, Cato, Aristides).

[30]   L. Annaei Senecae *De Breuitate Vitae*, ed. P. GRIMAL (Paris 1959), 8.

Fabricius and Rutilius. The trio is bound together by the figure anaphora, for each section begins with the words *infelix est.* Highly rhetorical too is the development of the sections in a series of ironical interrogatives. The first two are also linked by a sudden change of direction signalled by *quid ergo?*; Seneca goes on to ask further ironical questions, *felicior esset...?*. The last *exemplum* is the most dramatic. It is devoted to P. Rutilius Rufus, *cos.* 105 B.C., who is one of Seneca's favourite figures because he was both a Stoic (he is called *noster* at *Ben.* VI 37,2) and a *nouus homo* like Seneca.[31] Indeed Rutilius had entered the tradition of *exempla* before Seneca's day; he is to be found in Cicero (*Nat. deor.* III 80), Ovid (*Pont.* I 3, 63-66) and Valerius Maximus (especially II 10, 5). Seneca sets him apart from the previous two *exempla* by abandoning the change of direction introduced by *quid ergo? felicior esset* and putting a small speech of defiance into his mouth. The use of speech of course raises the emotional temperature, and here too rhetorical devices are prominent. Rutilius speaks three sentences which begin anaphorically: «*uiderint... uideant... uideant*». The central sentence lists Sulla's atrocities, visible to those who stayed in Rome; the objects are all connected by *et*, the figure polysyndeton. The last sentence is a brisk and pointed epigram: «*uideant ista qui exulare non possunt*».

Similar devices to those described above will be found in *Ben.* V 16, where Seneca lists those who may be deemed ungrateful to the state: Coriolanus, Catiline, Marius, Sulla, Pompey, Julius Caesar, Antony. Here too each section begins anaphorically with the key word, *ingratus*, followed at once by the name.

---

[31] He appears, often in lists, elsewhere at *Marc.* 22, 3; *Vit.* 18, 3; *Tranq.* 16, 1; *Ben.* V 17, 2; *Ep.* 24, 4; 67, 7; 79, 14; 82, 11; 98, 12. For an account of Rutilius see G.L. HENDRICKSON, in *CP* 28 (1933), 153-175, esp. 175 for his exemplary status.

Seneca starts at any rate a crescendo, the sentences increase in length up to the fifth *exemplum* (two lines to Coriolanus, four to Catiline, five to Marius, eight to Sulla, and ten to Pompey).

Two further observations about Seneca's narrative style will close these remarks. When he chooses he can compose periodically. A good specimen is found at *Ben.* III 37, 4, where he lists sons who surpassed their parents in returning kindnesses (once again the list is linked anaphorically with *uicit*). The last *exemplum* runs thus:

> *uicit patrem imperiosum quidem Manlius, qui cum ante ad tempus relegatus esset a patre ob adulescentiam brutam et hebetem, ad tribunum plebis, qui patri suo dixerit diem, uenit, petitoque tempore, quod ille dederat sperans fore proditorem parentis inuisi et bene meruisse se de iuuene credebat, cuius exilium pro grauissimo crimine inter alia Manlio obiciebat, nanctus adulescens secretum stringit occultatum sinu ferrum et «nisi iuras» inquit «te diem patri remissurum, hoc te gladio transfodiam. in tua potestate est utro modo pater meus accusatorem non habeat».*

An impressive piece of writing, with abundant subordination, such as we do not associate with Senecan prose style. (I venture to suggest however that a son banished for stupidity could hardly have devised the pointedly menacing final sentence, «*in tua potestate est utro modo pater meus accusatorem non habeat*».) Nonetheless Seneca has elaborately constructed his narrative so that it culminates in this *sententia suspiciosa.*[32]

Some *exempla* are narrated in such a way that they turn into small declamations. Such will be found at *Ben.* VI 31, but since it describes Xerxes and Demaratus, an Herodotean theme, I had better do no more than mention it. More relevant to my theme

---

[32]   The *exemplum* was traditional, be it noted; cf. Cic. *Off.* III 112 and Val. Max. V 4, 3; VI 9, 1.

is the *domesticum exemplum* provided at *De clementia* I 9. Though the story of Cinna's conspiracy is quite baseless, as I have already noted, the manner of its telling is remarkably full — so much so that it probably deserves to be called an anecdote, and left as such to Professor Grimal. Nonetheless the narrative stands out for its neatness: the background is sketched in short sentences. Then there are brisk passages of direct speech, a most dramatic presentation.

The placement of *exempla* within the prose works can also be an artistic device. Above all the writer's decision to illustrate his point by referring to historical figures indicates to the reader that the topic is important, since it receives this reinforcement. It is not enough to establish a truth, it must also be rammed home. Professor Grimal has demonstrated Seneca's technique in his essay on the composition of *De breuitate vitae*, and Mr. Hijmans has observed that the core of *Ep.* 122 is flanked by *exempla* which thus contribute to the clear articulation of the letter[33]. It seems too that a good place for digressing a bit was just before the peroration, according to Cicero (*De orat.* II 80). Seneca adopts the practice in *Const.* 17-18, where he gives examples of men who could or could not endure verbal abuse (*contumelia*); Caligula he particularly dwells on before making his conclusion in section 19.

The distribution and use of *exempla* across the prose works deserves attention. One class of treatise, the *consolatio*, traditionally made frequent demands upon a store of *exempla* (as well as *praecepta*); Seneca openly avows this character of the genre at *Marc.* 2, 1 and he adheres closely to the established practice. His innovation in this particular is a reliance upon contemporary

---

[33] «Le plan du *De Breuitate Vitae*», in *Studi in onore di Luigi Castiglioni* (Firenze 1960), I 415-416 = *Rome, la littérature et l'histoire* (Rome 1986), I 496; B.L. HIJMANS Jr., *Inlaboratus et facilis. Aspects of structure in some Letters of Seneca*, Mnemosyne, Suppl. 38 (Leiden 1976), 161-162.

instances which are tailored to the addressee (we may contrast the practice of Plutarch in his *Consolation to Apollonius*). The other prose treatises and dialogues more or less constantly draw upon *exempla*. The third book of the treatise *De ira* (=*Dial.* V) is specially rich in historical references, and Seneca announces (13, 7) that he intends to set out a select list of *exempla* illustrating the dangers of anger and the benefits of repressing it. The strategy at this point is transparent. For Seneca has already said in the previous two books just about all that can be said concerning the dangers of anger, and that not without considerable repetition, as Lipsius long ago observed in his brief introductory remarks to the first and third books. Seneca, we may suppose, was aware that his argument was running out of steam, so he stokes the flames with new and abundant fuel, *exempla*. The treatise *De beneficiis* abounds in historical references, especially to the emperors and their ways of conferring gifts on their subjects; here, as we shall see later, Seneca uses the device to criticize behaviour he finds repellant.

The great exception among the prose works is formed by the *Letters*. These, considered generally, make little use of *exempla*, although some (e.g., 24 and 71) rely heavily on them. The reasons are not hard to guess at. First, the use of *exempla*, just because it was inculcated as an ornament of literary style, must have seemed alien to the style appropriate to familiar letters; Seneca himself defines this as *inlaboratus et facilis* (*Ep.* 75, 1). *Exempla* were too obviously an adornment to suit an uncomplicated genre. Secondly, where illustration is wanted, the immediate experience of the correspondents is likely to provide it. Scipio Africanus is a traditional *exemplum* (cf. *Ben.* III 33, 1-3 and V 17, 2), but his role in *Ep.* 86 breaks the bounds of the ordinary *exemplum*. Seneca's excuse is that he has visited the great man's villa, and his description of the visit prompts moral reflections on contemporary luxury. *Vice versa*, Seneca is minded to find fault with modern fashions in travel, which he

contrasts with the single horse of Cato the censor (*Ep.* 87, 9-10).
Moreover the realism of the letters is enhanced by the use of
contemporary figures as examples. Claranus of *Ep.* 66 is here
remarkable; physically deformed he was nonetheless well
advanced in moral improvement. Seneca says such a man was
born to provide a model; when he comes, towards the end of
the letter, to refer to Scaevola and his burnt up hand, we may
feel that it is the modern instance which gives fresh vitality to
the hoary *exemplum*, rather than the other way round.

It is worth asking, as we turn away from the topic of style
and presentation, what motives prompt Seneca's selection of
exempla. To be sure some are so traditional that they could
hardly be ignored (e.g., Mucius, Fabricius, Camillus). Beyond
this we may suspect that choice is guided by any number of
motives. A basic impulse, noticed but dismissed by Seneca himself in *Ep.* 24, 9 was display (*ut ingenium exerceam*). The perfect
orator, as defined by Cicero, was expected to have an *exemplorum uis* (*De orat.* I 18) and to display it on appropriate occasions.
But which *exempla* might prove appropriate depended on the
speaker's taste or bias. Let us consider the use made of *exempla*
to flatter or to criticize.

Flattery is unmistakable in two of the *Consolationes, Ad Marciam* and *Ad Polybium*. The purpose of flattering Polybius,
whose brother has died, is thinly disguised; Seneca aims to con-
ciliate Claudius. To this end the imperial household provides
the lion's share of *exempla*, and even Claudius himself is raised
to exemplary status. The strategy is a neat one, for Seneca
deploys the figure prosopopoiia (*Polyb.* 14) and has Claudius
rehearse the *exempla* drawn from Rome's history (there are, I
fear, a considerable number of blunders, exposed by Lipsius).
The list of bereaved Romans is impressive: the Scipios, the
Luculli, the Pompeii and then Claudius' own family, Augustus,
Gaius and Lucius, Tiberius and Drusus Germanicus (his father),
even Marc Antony. The parade is closed with Claudius' own

losses. Now this sort of farrago was appropriate to the *consolatio* as a literary form, but it would also have piqued Claudius' learning. Seneca praises him for it (14, 1: *omnia exempla... tenacissima memoria rettulit*), but in the famous Lyons tablet we find Claudius himself citing historical precedents to the Senate in order to recommend his proposal to enfranchise the Gauls.[34] It was the sort of learning he liked and Seneca dishes it up to please him indirectly.

The flattery offered by choice of *exempla* in the *Consolation to Marcia* similarly focusses on the imperial household, but the motive is less easy to identify if the date of composition of the work falls outside the time of Seneca's exile, a point generally agreed nowadays.[35] Seneca begins by asserting that Marcia's character (*mores*) is *uelut aliquod antiquom exemplar* and, inverting the usual order of topics in works of consolation, he passes at once to the citation of two *exempla*, both women, both of the imperial household. But the first, Octavia, Augustus' sister, is an example to deter, for her grief at Marcellus' death was never assuaged. The second, Livia, is dwelt on, both because she sets an example to follow and because she was specially close to Marcia (*Marc.* 4, 2). Moreover Seneca describes how she gave herself over to the spiritual care of a philosopher, Arius Didymus (Seneca does not mention that he composed a consolation for Livia). Now Arius, who certainly used Stoic teachings, serves as a role-model for Seneca himself, offering philosophical comfort to a well-born lady.

---

[34] See *ILS* 212 = E.M. SMALLWOOD (ed.), *Documents illustrating the principates of Gaius, Claudius and Nero* (Cambridge 1967), 97-99 no. 369.

[35] C. FAVEZ discusses the *exempla* in his edition of *Dialogorum liber VI: Ad Marciam de consolatione* (Paris 1928), pp. LII and LXI-LXIV; for the date of the work see K. ABEL, *Bauformen in Senecas Dialogen* (Heidelberg 1967), 159-160.

Later in the work Seneca returns to the use of *exempla* in a passage much indebted to Cicero's self-consolation for the death of Tullia.[36] This fresh outburst refocusses upon the imperial household (section 15), and both Augustus and Tiberius are cited as examples of self control amid bereavement. This section is capped by the next (*Marc.* 16) with a host of female *exempla*: Lucretia, Cloelia and two Cornelias (the mother of the Gracchi and the mother of Livius Drusus; the second Cornelia's presence is probably owed to a recollection once again of Cicero for she is not a traditional figure in lists of *exempla*[37]). In this work then we see Seneca adapting his selection to the individual: he dwells on women and on the imperial household to appeal to Marcia.

Nero is artfully flattered via *exempla* as well. I have already referred to the long story of Augustus at *Clem.* I 9. What makes the opening of the section specially remarkable is Seneca's candid exposition of the young Octavian's blood-stained path to the purple. The reason for this is plain enough: Nero's accession had been guiltless; Seneca made much the same points in the speech he (presumably) composed for Nero to deliver before the Senate (cf. Tac. *Ann.* XIII 4, 1). Nero's predecessors are also criticized in *De beneficiis*: Claudius at I 15, 5-6, Tiberius at I 7-8, and of course Gaius at II 12. But it would be imprudent to see in these critical *exempla* a dissatisfaction with imperial government. Seneca remains loyal to the system which after all had promoted him to the ranks of the *nobilitas*. Indeed we see him still flattering Nero in the story of L. Domitius Ahenobarbus, *cos.* 54, at *Ben.* III 24. As Seneca tells the story Nero's great-great-grandfather owed his life to a loyal slave who refused to

---

[36] See n. 19.
[37] See Fr. MÜNZER, *op. cit.* (n. 19), 399; the mother of the Gracchi on the other hand is traditional and cited in *Helv.* 16, 6.

administer poison to him after his defeat by Julius Ceasar at
Corfinium.[38] Suetonius has no reason to be so gallant and cor-
rects the story: Domitius took the poison out of fear, repented
of his act and vomited it up; he freed the slave who had sensibly
mixed a less than lethal dose (Suet. *Nero* 2, 3).

Criticism too is found (not, of course, directed at the addres-
sees), most obviously in the *exempla fugienda*, some of which
have already been noticed. More subtle is the use of an *exemplum* provided by Cn. Cornelius Cn. f. Lentulus, *cos.* 14 B.C.,
deployed at *Ben.* II 27, 1-2. For all his wealth and nobility this
Lentulus was a stupid man, rescued from his follies by Augustus
whose liberality he ungraciously belittled when he insisted that
public affairs left him no time for oratorical pursuits. As Sir
Ronald Syme has noticed, Seneca, the *nouus homo* whose career
was owed to talent, not to advantages of birth, is merciless to
those who claim ascendancy by reason of pedigree alone.[39] Stupidity in a *nobilis* is also witheringly noticed at *Ep.* 70, 10,
describing the suicide of the alleged conspirator M. Scribonius
Libo Drusus, *pr.* A.D. 16. Seneca's contempt is devastating:
*adulescentis tam stolidi quam nobilis, maiora sperantis quam illo
saeculo quisquam sperare poterat aut ipse ullo.* Drusus' rank had
weakened his sense of reality.

Seneca further retaliates upon a decayed but still privileged
aristocracy in the contemporary figures of Q. Fabius Persicus,
cos. 34, and C. Caninius Rebilus, *suff.* 37. Persicus owed his
advancement to his distinguished ancestors (*Ben.* IV 30, 2); he

---

[38]   The story is also known to Plutarch, *Caes.* 34, 6-8, and Pliny, *Nat.* VII
      186. It is worth recalling that Lucan too flatters Nero by always speaking
      well of Domitius Ahenobarbus in his poem, *De bello ciuili*; he says no-
      thing of the abortive suicide at II 478-525.

[39]   See R. SYME, *Tacitus* (Oxford 1958), II 571.

was personally a degenerate[40]. He is linked in depravity with
Rebilus at *Ben*. II 21, 5-6: they tried to help Julius Graecinus
defray the cost of games, but he rose above the temptation (and
so provided Seneca with an *exemplum magni animi*). Similarly
at *Ben*. IV 31,3-5 Seneca tells an unrepeatably disgusting story
about Mamercus Aemilius Scaurus, *suff.* 21 (?)[41], but ironically
allows that it would not do to leave the great grandson of a *princeps senatus* without office. (For all that, Seneca's father allowed
that this Scaurus was able albeit lazy, cf. *Contr*. 10 *praef.* 2-3, and
Tacitus says of him evenhandedly *insignis nobilitate et orandis
causis, uita probrosus* [*Ann*. VI 29].) Seneca can therefore reflect
by choice of *exempla* upon the society of his own day and its
behaviour.

   Syme is surely right to regard all these *exempla* as something
more than casual instances of bad behaviour; a prominent sort
of well-born parasite is arraigned. But we must also bear in mind
the declaimer's love of strong meat; Seneca's rhetorical training
surely contributed something to the choice of Hostius Quadra
at *Nat*. I 16 as an *exemplum* of the uses to which distorting mir-
rors could be put. (But Seneca announces this as a *fabella*, which
I had better leave to another of our company.) Degraded
behaviour had its own fascination, as Juvenal knew.

   On the other hand, Seneca may be detected as rehabilitating
historical figures who have received a bad press, for instance Q.
Aelius Tubero. His *parsimonia* was a byword, and Valerius
Maximus says that he deserved defeat at the polls in his can-
didacy for the praetorship because he served niggardly meals to
the Roman people (VII 5, 1). Seneca is of a different mind, not
least because he recalls (what Valerius either forgot or never

---

[40]   As was his father according to Valerius Maximus III 5, 2; the degeneracy
       of the line is noticed by Juvenal too (8, 13 ff.).

[41]   Cf. the same vice in Natalis, *Ep*. 87, 16.

knew) that Tubero was an eminent Stoic, a pupil of Panaetius. The frugal public dinners were a lesson in moderation to the Roman state: *censura fuit illa, non cena* (the assonance is pointed; *Ep.* 95, 72-73). Seneca is here setting the record straight on behalf of a fellow Stoic.

It is time to turn to the central issue, the value of *exempla* to the moralist. Seneca has strewn through his works abundant testimony to their use. A number of the passages to which I shall refer are well-known, so I want to begin with one that has, I believe, been unduly neglected. *Ep.* 120 opens with a reference to Lucilius' request for instruction on the issue of how we come to conceive of moral excellence in the first place. Seneca says that there are two roads. First, we create an analogy between bodily and spiritual health (*Ep.* 120, 4-5). Secondly, we observe particular actions in history which were deemed generous, brave, or humane, e.g., Fabricius' magnanimity towards Pyrrhus, or Horatius Cocles on the bridge. These *exempla* are of course defective morally, but we overlook their flaws in order to create from them an *imago uirtutis* (*Ep.* 120, 5-8) — the word *imago* should henceforth be borne in mind. On this account, historical *exempla* drawn from Rome's past are not mere ornaments of discourse, rather they perpetually represent to succeeding generations the sort of actions which lead us to conceptualize *uirtus*. If this formulation is Seneca's own, then we may say that he is trying to do what no philosopher had done before him, namely, to create a basic function for *exempla* within a moral system. This would harmonize with his earlier statement that the *memoria* «remembrance» of great men is as powerful as their living presence (*Ep.* 102, 30), a theme he goes on to develop in *Ep.* 104, 21-22. The exemplary figures never become ciphers.

The chief reason for their continuing value is their moral success. The trouble with the average human being is that he believes that what he cannot do is impossible generally (*Ep.* 76, 22). The exemplary figure — whose function is clearly taken over by the saints of the Church — is living proof that the virtuous life is possible.[42] Moreover a figure drawn from history is more reliable than a myth; Seneca says that we know Cato existed but are bound to discount the poetic fictions surrounding Ulysses or Hercules: *excussa iam antiqua credulitate* (*Const.* 2, 1-2). Whenever someone complains of the difficulty of maintaining a high standard of ethical behaviour, the moralist can point to those who have succeeded, Socrates and Cato (*Ep.* 104, 26-33). Such men endure misfortune — why? *Ut alios pati doceant, nati sunt in exemplar* (*Prov.* 6,3). Their lives are lessons. Since the lesson has to be learned by each and every one of us the value of *exempla* can never be diminished. What is more, the tally of exemplary figures is always growing. Seneca recalls the phrase I have just quoted when he refers to his crippled friend, Claranus: *mihi uidetur in exemplar editus* (*Ep.* 66, 4).

Exempla have the edge on other forms of instruction, according to Seneca. They are more direct than *praecepta*: *longum iter est per praecpta, breue et efficax per exempla* (*Ep.* 6, 5). They are more efficacious than dialectic or syllogisms. Zeno's proofs that death is inconsiderable sway no-one; what we need is exhortation, fortified with examples of those who defied death: the Fabii, the Spartans at Thermopylae (*Ep.* 82, 20). What is worse, a syllogism can be overthrown by experience. Zeno's arguments against drunkenness are quashed by the counter-*exempla* of Tillius Cimber and L. Calpurnius Piso, *cos.* A.D. 15; syllogisms have less force than the exemplary figures of Alexander and Marc Antony. The foulness of the vice is to be shown up *rebus, non uerbis* (*Ep.* 83, 8-27). Seneca is reinforcing a distinction found earlier in Cicero, *Tusc.* III 56, who saw two means of

---

[42]   See Hildegard CANCIK, *Untersuchungen zu Senecas Epistulae Morales*, Spudasmata 18 (Hildesheim 1967), 23-27; W. TRILLITZSCH, *Senecas Beweisführung* (Berlin 1962), 32-36.

disclosing the truth, *disputandi subtilitas* and practical *exempla*; it was one thing to argue that nature needed very little to sustain existence, another to refer to the honourable poverty of Fabricius. Cicero goes on to clinch the moral point: if Fabricius endured poverty how can others refuse to? We see here the persuasive value of historical *exempla*. Drawn from the past which was common to all Romans the exemplary figure was hallowed by tradition. Reference to him or her made common ground between the moralist and his audience. The philosopher above all, whose essentially Greek intellectual discipline might render his doctrine suspect to some of his fellow Romans, would welcome the historical *exempla* for this very reason. Romans could be shown to embody the *praecepta* of the Stoa.

Seneca carries his exemplary figures into the citadel. He sees them not just as vivid proofs that the moral life can be lived but as a sort of guardian angel. At *Ep.* 104, 21 he encourages Lucilius (and us, his readers) to live with these exemplary figures: *cum Catonibus vive, cum Laelio, cum Tuberone*. Reflection upon their lives and endurance will prepare us to suffer as well. Our colleague, Madame Armisen-Marchetti, has recently published an essay on Seneca's use of this spiritual exercise, the *praemeditatio malorum*.[43] At *Tranq.* 11, 9-12 Seneca shows how misfortunes may be anticipated by contemplating exemplary figures of the past; the wealthy should reflect on the fate of Sex. Pompeius, public figures upon Sejanus, rulers on Croesus. In *Ep.* 4 Lucilius is encouraged to prepare himself for the sort of losses that afflict even the most powerful by reflecting on the fates of Pompey, Crassus, and Caligula (*Ep.* 4, 6-7). *Ep.* 24, which has already been referred to often, is also an encouragement to anticipate misfortune. Lucilius' anxieties about the outcome of a lawsuit are to be

---

[43] «Imagination et méditation chez Sénèque: l'exemple de la *praemeditatio*», in *REL* 64 (1986), 185-195.

placed into proper perspective by contemplation of the fates of
numerous historical Romans who endured far worse than he is
likely to. The justification for this exercise is simply stated on
two occasions: *quidquid fieri potest quasi futurum cogitemus* (*Ep.*
24, 15) and *quidquid fieri potuit potest* (*Ep.* 98, 14; cf. in a different context *Ep.* 63, 15: *hodie fieri potest quidquid umquam
potest*). Thus *exempla* pass from being rhetorical ornaments back
to their essential role in the Roman world, that of helping to
shape the moral life of the individual. They become companions
of our self-examination.

The crown of a life lived in accordance with virtue is the
achievement of exemplary status. I have already indicated at the
beginning of this paper that Seneca's aspirations, especially
towards the end of his life, tended this way. He makes a tactful
suggestion at the close of *Ep.* 11, where he encourages Lucilius
to choose a spiritual director whose ghostly presence will deter
from wrong-doing — Cato perhaps or Laelius or (§ 10) *eum cuius
tibi placuit et uita et oratio et ipse animum ante se ferens uoltus:
illum tibi semper ostende uel custodem uel exemplum*. Now the
use of oneself as an exemplary figure is hardly unique to Seneca;
a recent study exposes a considerable tradition.[44] But Seneca
came to his consciousness of exemplary status only late in life
when he turned to a new literary form, the personal letter. No
other literary genre was so well adapted to the role he was creat-
ing for himself. The *Epistulae* require self-exposure, as the
Dialogi do not. Seneca exploits the new form fully in transmit-
ting the portrait of his moral consciousness. It must be stressed
that the portrait is painted with an end in view. First of all,

---

[44]   See B. FIORE, *The function of personal example in the socratic and pastoral
       epistles*, Analecta biblica 105 (Roma 1986), 84-100 for Seneca's place in the
       tradition. Horace, Propertius (cf. III 11, 8: *tu nunc exemplo disce timere
       meo*) and Tibullus (cf. I 6, 85-86) deserve consideration in this regard.

Seneca aspires to immortality; he compares his correspondence to Cicero's with Atticus (*Ep.* 21, 4)[45] and, more relevantly, to Epicurus' with Metrodorus (*Ep.* 79, 15-16). The justification for his hopes was that men might contemplate a life lived in accordance with virtue (Tac. *Ann.* XV 63, 1). To that end Seneca claimed to be leaving his friends an *imago* of his life (Tac. *Ann.* XV 62, 1; I trust the historian has picked up the word from the account of Seneca's death recorded by his secretaries, cf. *Ann.* XV 63, 7). Let us dwell on the connotations which this word *imago* might have had for a Roman.

A Roman who had held curule office acquired the *ius imaginum*, the right at his death to leave to his heirs a waxen representation of his features. Now this *imago* was no mere family portrait, offered as a memento of one's looks. As we know the *imagines*, prominently displayed in the atrium, were a spur to imitation.[46] Thus when Seneca, who had held the consulship, at the point of death told his friends that he was leaving them *imaginem uitae suae* we must see that it is something more than a dead metaphor. He had every right to leave a waxen image, but that would not have been good enough. Wax is inanimate: *imago res mortua est* (*Ep.* 84, 8). Seneca wanted to be like Cato, whom he described as *uirtutum uiua imago* (*Tranq.* 16, 1): a living representation is so much more than smoke-stained wax. Reviewing his career and his moral writings in the face of death Seneca saw that he had accomplished the goal which he set Lucilius and himself: *simus inter exempla* (*Ep.* 98, 13). As an exemplary figure Seneca hoped to live forever in the minds of men. Our gathering proves that he succeeds to this day.

---

[45]   D.R. SHACKLETON BAILEY omits reference to this clear proof that the letters to Atticus were available publicly; cf. *Cicero's Letters to Atticus* I (Cambridge 1965), p. 61.

[46]   See Afran. *Com.* 364 and Cic. *De orat.* II 226, cf. *Ep.* 64, 9: *quidni ego magnorum uirorum... imagines habeam incitamenta animi...?*

DISCUSSION

M. Abel: Ich möchte dem Vortragenden danken für den reichen wissen-schaftlichen Gehalt seiner Ausführungen. Die Darlegungen bieten Anlass, kurz auf die Frage zurückzukommen, die wir gestern zu klären versuchten: das Problem der Bauweise des Senecanischen Dialogs und seine unterschied-liche Wertung durch Lipsius und manche Moderne. In Ihrem Beitrag (S. 159) referieren Sie Lipsius zu diesem Problem (Komm. 1; 18; 40; vgl. auch 27). Ist nicht die *transitio* — verstanden im Sinne des Auctor *ad Herennium* (IV 35) — ein Beweis dafür, dass Lipsius den kompositorischen Tatbestand ungenau wiedergibt? Der Wortlaut (*Ir.* II 18, 1 f.) zeigt deutlich eine Glie-derung der *argumentatio* in einen theoretischen Teil (*quae de ira quaeruntur*) und einen praktischen Teil (*remedia*) mit einer Einteilung des ersten prophy-laktischen Unterabschnitts (*quaedam ad universam vitam ... in educationem et in sequenda tempora*). Mir scheinen dies starke Indizien, in diesem Einzel-fall, aber auch darüber hinaus, das negative Urteil des Lipsius zu überdenken, wenn nicht zu berichtigen. Freilich ist es für eine endgültige Entscheidung unerlässlich, die Untersuchung von der groben auf die Feinstruktur auszu-dehnen.

M. Mayer: Lipsius paid close attention to indications of *partitio* in the dia-logues and drew attention to the one you mention. I also recall that he parti-cularly criticized the repetition in several books of the *De ira* of the descrip-tion of the physical tokens of anger (he says in his note to *Ir.* I 1, *ubique diffuse et cur toties?*). Now it may be that these serve a structural role, but there remains an aesthetic dimension. If the physical traits, as listed, are much the same, and related in unvaried terms, then mayn't Seneca be guilty of failing to employ *variatio*?

M. Mazzoli: Farò tre brevi osservazioni. Per la prima mi rifaccio a un mio intervento sulla relazione di Mme Armisen-Marchetti, relativo alla dottrina sull'analogia esposta nell'*Ep.* 120. Se nel § 5 è la natura che fornisce per via analogica il modello della *res* morale, nei §§ 6-7, come molto opportunamente M. Mayer indica, è la storia. Cambiano i referenti ma *imago* ed *exemplum* cooperano alla stessa funzione, *demonstrandae rei causa*: è evidente la circolazione di pensiero tra la Sua relazione e quella di Mme Armisen.

Seconda osservazione. Lei limita molto l'impulso dato a Seneca dalla tradizione greca nell'uso degli *exempla*. Vorrei però ricordare l'influenza esercitata sul filosofo dalla diatriba greco-latina come bacino collettore d'un ricco materiale di anedotti, crie, apoftegmi (cf. A. Oltramare, *Les origines de la diatribe romaine* [Genève 1926], 176 ss.). Il vero «Senecanisches in Seneca» sta piuttosto nel deciso svecchiamento, da Lei segnalato con chiarezza, di questo materiale, con l'ampio ricorso a *exempla* della più recente storia romana.

Terza e ultima osservazione. Ho molto apprezzato la conclusione della Sua esposizione, che mostra perché le *Epistulae morales* siano l'opera di Seneca meno ricca di *exempla*. Si potrebbe affermare paradossalmente che ciò accade perché è la più ricca, anzi non è che una collezione di *exempla*, in cui Seneca propone *imaginem vitae suae* e in subordine quella del suo corrispondente Lucilio. Ricordo in proposito gli importanti contributi di Michel Foucault sul «racconto di sé» in Seneca («La cura di sé», in *Storia della sessualità* III [ed. it. Milano 1982], 43-71; «La scrittura di sé», in *Aut-aut* 195-196 [maggio-agosto 1983], 5-18).

M. Mayer: Insofar as moralists who addressed themselves to a wide public aimed to deploy every strategy of persuasion, including the *exemplum*, it is fair to say that Seneca is a part of their tradition. It remains my conviction however that the chief influence upon Seneca was the moral instruction common to his fellow Romans generally.

M. Lana: L'affermazione che Seneca ha cercato di fare ciò che nessun filosofo aveva fatto prima di lui — «namely to create a basic function for *exempla* within a moral system» (cf. *supra* p. 165) — non mi è parsa emergere in maniera cogente dalle argomentazioni dell' *exposé*. Penso che sarebbe utile che il prof. Mayer chiarisse più ampiamente il suo giudizio.

M. Mayer: You put your finger on a weak point; I don't venture to suppose that I can offer a more satisfactory explanation. It may be that Seneca, in explaining how we come to the notion of moral excellence, decided to refer to historical *exempla* as our starting-place for no special reason, or at any rate, not for the reason I have suggested. To be sure, he doesn't pursue the issue in any depth here, a thing he might have done in the *Libri moralis philosophiae*. It simply struck me as odd that he didn't say that our first notions of moral excellence are formed by the actions we observe happening around us. Rather he refers to the sanctified heroes of the past, perhaps just because they are preserved for us by traditional esteem. This would mean, I suppose, that our notion of goodness or excellence is inherited.

M. Lana: La trattazione è stata condotta con rigorosa aderenza al tema specifico («esempi storici romani») inquadrata nell' argomento generale di quest'*Entretiens* (Seneca e la prosa latina); tuttavia mi sembra che, avendo inteso il prof. Mayer individuare la funzione globale che Seneca attribuisce all'*exemplum* nel complesso della sua opera, non si possa evitare di prendere in considerazione anche le tragedie di Seneca, che sono, per cosí dire, tutta una galleria di *exempla* (in senso negativo piuttosto che in senso positivo), non potendosi negare *mea quidem sententia* che il testo senecano avesse anche una destinazione pedagogica.

M. Mayer: I have no reply to make to this observation.

M. Lana: Penso che la trattazione e la sistemazione degli *exempla* storici romani apparirebbero più convincenti se fossero accompagnate da una valutazione del noto giudizio negativo di Seneca sulla storia, sulle opere di storia e sul lavoro degli storici e se fossero inquadrate tenendo conto di tale giudizio.

Non sempre è possibile valutare l'*exemplum* storico, in Seneca, prescindendo dalla storia vera e propria. Penso, in particolare, al giudizio storico-politico sulla decisione di Bruto di uccidere Cesare, in *Ben*. II 20-21, che si sviluppa con tutta una serie di considerazioni attinenti a scelte e a programmi di azione e di vita fondate su una presa di posizione politico-morale sulla crisi della Repubblica.

M. Mayer: To be sure, Seneca recommends that the *iracundus* should calmly amuse himself by reading history (*Ir.* III 9, 1), but I don't know that he sets a low value on history generally (but for every Sallust there may have been dozens of entertainers like Quintus Curtius, who depressed the value of historical writing). What he deprecates is minute *philologia*, ridiculed at *Brev.* 12, 3-6. I agree about the importance of the condemnation of Brutus at *Ben.* II 20; I haven't discussed it because I am in agreement with Mrs. Griffin's treatment (cf. *supra* p. 152 n. 24).

M. Hijmans: I join the preceding speakers in thanking you for a beautifully structured and highly informative paper. My question regards its first section, in which you observe that the use of *exempla* is a social and cultural phenomenon of greater importance in Roman than in Greek society. Is it not possible that you somewhat undervalue its presence in Greek contexts? The coupling of experienced soldiers and young recruits in the Spartan and Theban armies comes to mind, as does the duo Phoenix — Achilles in the *Iliad* — and of course Homer is forever present in the Greek World. On an entirely different level, though quite relevant in the context of our discussions, one may mention the endless series of anecdotes concerning the various philosophers in Diogenes Laertius' *Vitae*. Whatever their literary function in his biographies I must suppose they had their place in the educational curricula of the Greek philosophical schools of the Empire. Another instance is the use of *exempla* in Epictetus, though he, of course, is a Roman (one of his *exempla*, I recall, is Helvidius Priscus) as a Greek could be.

M. Mayer: You must be right to stress the value of the role-model in the Greek world. What strikes me is that the Romans, at an early stage, institutionalized their practice and gave it appropriate names. It is their self-consciousness that matters. But of course the human being is naturally imitative everywhere (cf. Arist. *Po.* 4, 1448 b 5-10). What you say about the lives

of philosophers is most suggestive. Can we be sure that biographical information was part of the curriculum? It should also be recalled that the curriculum
may have omitted an account of Epicureanism altogether (cf. C. Pélékidis,
Histoire de l'éphébie attique [Paris 1962], 267); but Epicurus is the clear model
for Seneca himself in the letters.

M. Hijmans: Do we know what Lipsius' rhetorical frame of reference was?

M. Abel: Lipsius' Kommentar liefert uns vergleichsweise zuverlässige Hin-
weise über sein Arbeitsverfahren (Ausg. ⁴1652, S. I). Entgegen dem Rat eines
Kollegen benutzte er die Ausgabe des Erasmus von 1529 (abgedruckt bei W.
Trillitzsch, *Seneca im literarischen Urteil der Antike* [Amsterdam 1971], II 423
ff., bes. 434 f.). Es ist gut denkbar, dass sein eigenes ungünstiges Urteil über
Senecas Komposition durch Erasmus bestimmt oder mitbestimmt ist.

Mme Armisen-Marchetti: J'ai noté lors d'études antérieures que Sénèque
n'insère pour ainsi dire jamais d'images (métaphores ou comparaisons) à
l'intérieur d'un *exemplum*. Vous signalez quant à vous que les *exempla* se font
plus rares dans les *Lettres*. Or c'est aussi dans les *Lettres* que l'on trouve les
images les plus nombreuses et les plus colorées. Tout se passe comme si image
et *exemplum* s'excluaient l'un l'autre, Sénèque considérant l'image comme
plus adaptée à la forme épistolaire.

M. Mayer: I have no comment on this observation.

Mme Armisen-Marchetti: Une remarque encore. L'*exemplum* même du
sage, pour Sénèque, est Caton d'Utique. Pour les anciens stoïciens, c'étaient
Ulysse et Hercule. Pourquoi leur substituer Caton? Parce que Ulysse et Hercule sont des personnages légendaires? Ils l'étaient tout autant pour les Grecs
hellénistiques. C'est plutôt, me semble-t-il, parce qu'ils ne deviennent des
modèles que par le biais d'une interprétation allégorique, qui fait d'eux des
symboles. Au symbole, Sénèque préfère donc l'exemple concret, immédiatement intelligible pour le lecteur profane. Ce souci d'être compris sans le relais

d'une culture marque plusieurs des choix stylistiques de Sénèque: on l'observe entre autres dans le traitement qu'il réserve à la métaphore.

M. Soubiran: Votre développement liminaire, qui insiste sur le caractère romain des *exempla* et rappelle la méthode d'éducation du Déméa des *Adelphes*, m'a fait mieux comprendre — cela ne concerne pas Sénèque, mais vous me le pardonnerez — le caractère non-romain, et ridicule, des pères de comédie (chez Plaute surtout). Car à l'inverse du *pater familias*, ces pères ne sont pas exemplaires, au contraire: revêches, bornés, avares, paillards quelquefois, dupés toujours, ils proposent ce qu'il faut éviter, non ce qu'il faut imiter. Je crois donc avec vous que les vers de Déméa sont bien, comme vous le dites joliment, du «Terenzisches in Terenz»: l'exception confirme la règle.

Autre chose: vous notez à juste titre le style périodique, inattendu chez Sénèque, de l'*exemplum* de Manlius (*Ben.* III 37, 4). Or un récit ainsi condensé en une seule phrase, très chargée en subordonnées, ressemble fort à ceux dont Valère Maxime est coutumier: chez lui aussi les anecdotes sont souvent ramassées de la même manière. Y aurait-il un style spécifique de l'*exemplum*, dont Valère Maxime souvent et Sénèque par exception nous fournissent le témoignage?

Ma dernière remarque est si téméraire que j'ose à peine la formuler. Je me demande si divers procédés d'écriture, qu'on n'a pas coutume d'étudier conjointement, ne constituent pas différents aspects d'un même phénomène. Le plus bref, ponctuel en général (il porte sur un mot unique, mais peut à l'occasion se prolonger un peu), serait l'image et la métaphore. Un peu plus développée déjà est la comparaison en forme, surtout s'il s'agit d'une comparaison épique (ou tragique) de type homérique, qui peut s'étendre sur plusieurs vers (parfois près d'une dizaine). Lui correspondrait, en prose oratoire et philosophique, l'*exemplum*, de dimension analogue mais de fonction évidemment différente. Au sommet enfin viendraient les vastes développements annexes, plus ou moins directement rattachés au sujet principal, que connaît le genre didactique, en prose (Sénèque, *Nat.*; Pline l'Ancien) ou en vers (Lucrèce; Virgile, *Georg.*; Manilius). J'anticipe ici, très indiscrètement et sans doute maladroitement, sur ce que M. Grimal doit nous dire de la digression. Le caractère commun de ces divers procédés serait d'écarter pour un moment le lecteur du thème principal de l'exposé, souvent abstrait et difficile, et d'ouvrir en quelque sorte une fenêtre, plus ou moins large, sur un autre univers, souvent plus concret. Je songe aux dispositifs des théâtres antiques, où des ouvertures ménagées dans le mur de scène permettaient, ainsi que M. Grimal l'a bien montré à propos de la *Phaedra*, d'apercevoir un autre espace, intérieur celui-là, et d'autres personnages. Telle serait aussi, dans le domaine de l'écrit, l'effet de ces techniques d'expression. Mais ce sont là, j'en ai peur, des spéculations bien aventureuses: je prie qu'on les pardonne au profane que je suis.

M. Mayer: M. Soubiran hits the nail on the head in observing how often Valerius Maximus aims at periodic style in the narration of his *exempla*. I wonder myself if there wasn't a sort of fashion for this sort of thing; or perhaps it could be called a literary game, and one tried to pack as much circumstantial detail into a single sentence as possible. A good illustration of what I am trying to describe occurs in Cicero, *De orat.* I 181-182, the account of C. Mancinus' loss of citizenship.

V

GIANCARLO MAZZOLI

SENECA E LA POESIA

Rivisitare oggi il complesso rapporto di Seneca con la poesia significa per me anzitutto misurare la validità delle interpretazioni fornite vent'anni fa nel mio libro[1], alla luce della principale letteratura uscita nel frattempo. Significa poi verificare ancora, sulla base degli atteggiamenti teorici, le valenze assunte nelle pagine del prosatore dal ricorso alla poesia e allo stile poetico. Significa infine interrogarmi ulteriormente sulla problematica coesistenza del filosofo col tragediografo, rimessa in discussione da un saggio[2] che contrasta frontalmente coi miei (e non soltanto miei) punti di vista.

Persuaso come sono tuttora della coerenza di fondo (o quanto meno non contraddittorietà) della posizione senecana, credo sia utile iniziare a rilevarla in una prospettiva ampia, ove la funzione poetica e la facoltà estetica che la permea si lasciano interpretare conformemente alle istanze dell'etica e queste a loro volta secondo il paradigma della fisica, in un quadro «omologico» sostanzialmente legato alla dottrina stoica.

Muoviamo dunque dalla φύσις, così come è ritratta nelle prefazioni ai primi due libri delle *Naturales Quaestiones*. Nell'or-

---

[1] G. MAZZOLI, *Seneca e la poesia* (Milano 1970).

[2] J. DINGEL, *Seneca und die Dichtung* (Heidelberg 1974).

dine dei libri che ci è stato trasmesso, l'*incipit* del trattato suona
(I *praef.* 1-2):

> *quantum inter philosophiam interest, Lucili virorum*
> *optime, et alteras artes, tantum interesse existimo in ipsa*
> *philosophia inter illam partem quae ad homines et hanc*
> *quae ad deos pertinet. Altior est haec et animosior; mul-*
> *tum permisit sibi; non fuit oculis contenta; maius esse*
> *quiddam suspicata est ac pulchrius quod extra conspectum*
> *natura posuisset. Denique inter duas interest quantum*
> *inter deum et hominem. Altera docet quid in terris agen-*
> *dum sit, altera quid agatur in caelo.*

Accantoniamo per il momento, sapendo che dovremo tor-
narvi, la distinzione gerarchica iniziale tra la filosofia e le altre
artes e sottolineiamo quella successiva tra l'indagine filosofica
mirata al cielo, vertice teologico della fisica, e quella diretta
all'ambito terreno, l'etica. Se ci spostiamo alla prefazione del l.
II, ci accorgiamo che la divisione tra cielo e terra è intrinseca alla
stessa fisica ma è più complessa perché si articola gerarchicamente non in due ma in tre gradi (II *praef.* 1-2):

> *omnis de universo quaestio in caelestia, sublimia, terrena*
> *dividitur. Prima pars naturam siderum scrutatur...,*
> *secunda pars tractat inter caelum terramque versantia...,*
> *haec sublimia dicimus, quia editiora imis sunt. Tertia illa*
> *pars... quaerit... de omnibus quae solo continentur.*

Tra cielo e terra sussiste dunque — diaframma o tramite? —
un grado intermedio: lo spazio del «sublime». Altrove, a dire il
vero, la tripartizione non viene riproposta e la distanza tra
«sublime» e «celeste» si riduce (cf. *Ir.* III 6, 1) o addirittura si
annulla (cf. *Const.* 3, 3; *Ben.* III 5, 1; *Nat.* VII 4, 2; *Ep.* 58, 27);
ma la indistinzione non va mai assunta *tout court* come coincidenza. Del problema mi sono già occupato[3]. Mi limito qui a

---

[3]   G. MAZZOLI, «Seneca e il sublime», in *Atti del Convegno «Dicibilità del*

ribadire che, in rapporto con la più probabile etimologia dell'aggettivo latino[4] «che monta in linea obliqua, che s'innalza in pendio», nella dinamica del «sublime» senecano sembrano variamente bilanciarsi e comporsi due tratti, elatività e relatività. Il primo è un fattore di trascendenza e riguarda il punto d'arrivo del moto ascensionale; il secondo riguarda invece il punto di partenza (o di vista) «basso» ed è dunque un fattore d'immanenza.

La distinzione del *sublime* dal *caeleste* si attenua in ragione direttamente proporzionale al prevalere del fattore elativo[5] fino a far «figura» di dissolversi, per poetica iperbole[6] o metonimia[7]. Ma mai il *sublime* riuscirà a sganciarsi del tutto dall'altra forza componente, quel fattore relativo che lo lega al punto di riferimento «basso». E qui sussiste il limite della sua possibile indistinzione dal *caeleste*: l'altezza del *caeleste* è assoluta e incommensurabile (così come il divino non ha bisogno dell'umano per sussistere) mentre l'altezza del *sublime* è tale solo se percepita dal basso (umano) della scala ontologica, indissociabile dunque dalla sua fruizione «estetica» (il valore prettamente comparativo è ben

---

sublime» (Pavia, 9-13 novembre 1987) (Udine 1990), 89-97. Rinvio inoltre in proposito alla più recente letteratura sulle *Nat. Quaest.*, con particolare riferimento a F.P. WAIBLINGER, *Senecas Naturales Quaestiones. Griechische Wissenschaft und römische Form* (München 1977), 9-15; H.M. HINE, *An Edition with Commentary of Seneca, Natural Questions, Book two* (New York 1981), 124 ss.; D. VOTTERO, *Questioni Naturali di Lucio Anneo Seneca* (Torino 1989), 288 s.

[4] Cf. A. ERNOUT — A. MEILLET, *Dictionnaire étymologique de la langue latine* (Paris [4]1974), *s.v.* «sublimis, -e», p. 661.

[5] Ne sono spia i frequenti passi contenenti la locuzione *in sublime*, che indica lo slancio verso l'alto: cf. *Marc.* 18, 4; *Vit.* 28; *Nat.* V 12, 1; 13, 3; VI 15; VII 7, 1; 10, 3; *Ep.* 88, 22 e 34.

[6] Cf. *Herc.f.* 83; *Ben.* III 5, 1; *Nat.* VII 4, 2.

[7] Cf. *Helv.* 8, 6; *Ep.* 92, 33.

rilevato dalla definizione, solo in apparenza banale, già vista in
Nat. II 1, 2, *sublimia...* *editiora imis sunt*).

La pregnanza fisica di questa tripartizione verticale garantisce
ai suoi raccordi con l'etica stoica un carattere diretto e una portata non (o non soltanto) metaforica: *animum excellentem,
moderatum, omnia tamquam minora transeuntem... caelestis
potentia agitat* (*Ep.* 41, 5). Con religioso fervore Seneca identifica
in questo celebre passo la *sapientia* stoica col vertice cosmico,
spazio del divino.

E' antica, già zenoniana, la tesi stoica che individua nel ὕψος
uno dei tratti caratterizzanti del σοφός, in assoluto antagonismo
col φαῦλος [8]. Ma, com'è noto, lo statuto del *sapiens* non rimane
inalterato nel corso dello stoicismo. Se nella definizione zenoniana μέγαν, ἀδρόν, ὑψηλόν, ἰσχυρόν, grandezza bellezza altezza
e fortezza d'animo, sembrano comporre ancora un plesso unitario di connotazioni paritetiche dello σπουδαῖον, l'ortodossia
stoica di Crisippo, illustrata da testi come *SVF* III 264, 265, 269
ss., subordina gerarchicamente la grandezza alla fortezza (ἀνδρεία), legandole rispettivamente nel rapporto di specie a genere.
Sulla scorta di testi come Cic. *Part.* 76-78 e soprattutto *Off.*
I 61-92, o anche Mart. Bracar. *Form. vit.* 3, si è concordi nell'a-
scrivere a iniziativa di Panezio, innegabilmente influenzato a sua
volta da Aristotele, il ribaltamento di tale rapporto, sì da pro-
muovere al rango di genere (e dunque di virtù cardinale) la
magnanimità e declassare a sua specie la fortezza[9]. La μεγαλο-

---

[8]   *SVF* I 216: τὸν μὲν σπουδαῖον μέγαν καὶ ἀδρὸν καὶ ὑψηλὸν καὶ ἰσχυρόν. μέγαν
      μὲν ὅτι δύναται ἐφικνεῖσθαι τῶν κατὰ προαίρεσιν ὄντων αὐτῷ καὶ προκειμένων·
      ἀδρὸν δέ, ὅτι ἐστὶν ηὐξημένος πάντοθεν· ὑψηλὸν δ', ὅτι μετείληφε τοῦ
      ἐπιβάλλοντος ὕψους ἀνδρὶ γενναίῳ καὶ σοφῷ. καὶ ἰσχυρὸν δ', ὅτι τὴν
      ἐπιβάλλουσαν ἰσχὺν περιπεποίηται, ἀήττητος ὢν καὶ ἀκαταγώνιστος.

[9]   Cf. segnatamente U. KNOCHE, *Magnitudo animi. Untersuchungen zur
      Entstehung und Entwicklung eines Römischen Wertgedankens*, Philolo-
      gus, Suppl.- Bd. 27, H. 3 (Leipzig 1935), 50-54; R.-A. GAUTHIER,

ψυχία stoica è — attingo la definizione dal Pohlenz [10] — «un atteggiamento di superiorità di fronte alle cose esterne, che a queste non dà mai modo d'influire in modo determinante sul nostro animo e riconosce per vero bene solo ciò che è morale». Suo metro ne diviene appunto la nozione di ὕψος, se — come viene riconosciuto[11] — corrisponde al concetto ciceroniano (*Part.* 77) di *altitudo animi in capiendis incommodis et maxime iniuriis.* La consistenza morale di questi valori è indiscutibile; eppure a me sembra che nell'eleggere a virtù primaria la μεγαλο- ψυχία — tanto più dotata d'una «forma» e d'una «dimensione» percettibili rispetto all'astratta ἀνδρεία crisippea — abbia vivamente influito su Panezio una spiccata sensibilità estetica, quella stessa che è alla base della sua dottrina del πρέπον, trasparente corrispondersi di forme esteriori e di armonia spirituale[12]:

> *ex quo ergo virtutem intelleximus? ostendit illam nobis ordo eius et decor et constantia et omnium inter se actionum concordia et magnitudo super omnia efferens sese.* (*Ep.* 120, 11)

La *rerum externarum despicientia* (Cic. *Off.* I 66) che genera la μεγαλοψυχία comporta a sua volta due aspetti, così riassunti da R.-A. Gauthier[13]: «un aspetto razionale: la ferma convinzione che il bene morale è il solo bene — e un aspetto affettivo:

Magnanimité. L'idéal de la grandeur dans la philosophie païenne et dans la théologie chrétienne (Paris 1951), 119-164, in partic. 137-141, 157-162.

[10] M. POHLENZ, *La Stoa. Storia di un movimento spirituale*, trad. ital. (Firenze 1967; rist. anast. 1978), II 411 s.

[11] U. KNOCHE, *op. cit.*, 52 n. 228; R.-A. GAUTHIER, *op. cit.*, 159 n. 1.

[12] M. POHLENZ, *op. cit.*, 408; 412 s.; A. SETAIOLI, «Seneca e lo stile», in *ANRW* II 32, 2 (Berlin/New York 1985), 794, 798. Per l'impulso esercitato dalla dottrina del πρέπον sulla cultura latina, cf. da ultimo J. STYKA, *La littérature grecque à la lumière de l'appréciation esthétique des auteurs romains depuis Auguste jusqu'au IIe siècle après J.-C.* (Wrocław 1987), 23-35.

[13] *Op. cit.*, 139.

l'intera liberazione dell'anima dal giogo delle passioni. Questa liberazione dell'anima non esige d'altronde una impassibilità mal compresa. Basta che si sappia comandare a se stessi, e Panezio, nella sua lettera a Quinto Tuberone, ne indicava i mezzi; si riconducono tutti a uno solo: mantenere la propria anima in stato di tensione (εὐτονία). L'anima così liberata dal giogo delle passioni giunge a quella tranquillità e a quella sicurezza (εὐθυμία)di cui Panezio aveva attinto il concetto a Democrito e a cui aveva consacrato tutto un libro, il περὶ εὐθυμίας. E sono questa tranquillità e questa sicurezza d'animo che fanno la costanza (εὐστάθεια) e la dignità (σεμνότης) del saggio».

I debiti contratti da Seneca nei confronti di Panezio sono così chiaramente riconosciuti dagli studiosi del pensiero stoico che non è necessario soffermarvisi analiticamente. Mi basta rimandare, per il caso specifico e particolarmente importante del *De tranquillitate animi*, alle pagine di P. Grimal[14] e, per più diffusi contatti, a quelle di A. Setaioli[15]. Ciò che qui mi importa rilevare è che della morale paneziana Seneca mostra di condividere non solo il codice del πρέπον e il τέλος della μεγαλοφυχία, essenziali nella costruzione ideale del σοφός, ma anche il «punto di vista» pratico che, rinunciando alla rigoristica e infruttuosa condanna del φαῦλος, riconosce uno spazio ampio e articolato tra i due poli, il mondo reale dei προκόπτοντες, e vi si immerge in modo concretamente operativo. «*De sapiente... videbimus: mihi et tibi, qui adhuc a sapiente longe absumus...*»: questa, significativamente riferita dallo stesso Seneca (*Ep.* 116, 5), è la prospettiva di Panezio, lucidamente consapevole del fatto che *vivitur non cum perfectis hominibus planeque sapientibus* (Cic. *Off.* I 46)[16]. Ed è

---

14 P. GRIMAL, *Sénèque ou la conscience de l'Empire* (Paris 1978), 140-149.

15 *Art. cit.* (n. 12), 792-799; 830-832; 836-838.

16 Cf. A. GRILLI, *Il problema della vita contemplativa nel mondo greco-romano* (Milano-Roma 1953), 112.

anche quella di Seneca, affermata proprio nel corso dell'opera che più direttamente avverte la lezione paneziana, il *De tranq. an.*: *ad inperfectos et mediocres et male sanos hic meus sermo pertinet, non ad sapientem* (11, 1). D'altra parte il *sapiens* vero, non già *secundae notae*, è raro come la favolosa fenice che *semel anno quingentesimo nascitur* (*Ep.* 42, 1). Anzi ben più raro: *Catonem autem certius exemplar sapientis viri nobis deos inmortalis dedisse quam Ulixem et Herculem prioribus saeculis* (*Const.* 2, 1).

Queste premesse erano necessarie per accostarci all'*Ep.* 75, il testo che, nel modo più chiaro e sintetico, ci offre la chiave per comprendere la complessiva teoria stilistica di Seneca: entro la quale e, sottolineo, soltanto entro la quale è legittimo misurare le sue valutazioni sull'arte e, in particolare, sulla poesia.

Lo spunto di partenza della lettera è la lagnanza di Lucilio circa la non sufficiente elaborazione stilistica delle lettere che Seneca gli invia. Il filosofo contrappone la propria teoria del *sermo* epistolare, che deve essere *inlaboratus et facilis* senza nulla di *accersitum nec fictum*(§ 1). Ciò non comporta tuttavia — in linea con lo stoicismo più accigliato — preconcetto divorzio della filosofia dalla retorica:

> *non mehercules ieiuna esse et arida volo quae de rebus tam magnis dicentur (neque enim philosophia ingenio renuntiat), multum tamen operae inpendi verbis non oportet* (§ 3).

Le enunciazioni immediatamente successive sono capitali per intendere la primaria funzione pedagogica assegnata all'arte da Seneca, e come tali le ho assunte già nel mio libro di vent'anni fa[17]:

> *haec sit propositi nostri summa: quod sentimus loquamur, quod loquimur sentiamus; concordet sermo cum vita. Ille promissum suum implevit qui et cum videas illum et cum*

---

[17] *S. e la poesia*, 24-35.

audias idem est. Videbimus qualis sit, quantus sit: unus est. Non delectent verba nostra sed prosint (§ 4 s.).

Nel modo più perentorio Seneca invita a non assumere mai separatamente *ingenium* e *animus,* forma e pensiero, stile e vita, arte e natura. E dovrebbe maggiormente meditare su tale invito chi, come J. Dingel, non esita a proporre immagini dissociate d'un Seneca moralista a parole (il prosatore, s'intende) ma irrazionalista nel nucleo più profondo del suo sentire, quello da cui discenderebbe la produzione tragica. *At de hoc infra.*

Ciò che importa ora osservare è l'immediatezza con cui il filosofo apporta un correttivo ai suoi più generali assunti pedagogici e come altrettanto immediatamente corregge lo stesso correttivo:

> *si tamen contingere eloquentia non sollicito potest, si aut parata est aut parvo constat, adsit et res pulcherrimas prosequatur: sit talis ut res potius quam se ostendat. Aliae artes ad ingenium totae pertinent, hic animi negotium agitur* (§ 5)... *Quid aures meas scabis? quid oblectas? aliud agitur... Circa verba occupatus es? iamdudum gaude si sufficis rebus* (§ 7).

Valorizzando attentamente la parte citata dell'*Ep.* 75 a fronte degli altri testi più significativi, A. Setaioli[18] ha proposto una convincente interpretazione complessiva delle dottrine senecane in materia di stile filosofico. La distinzione di fondo sussiste tra *disputatio* e *sermo,* due tipi di discorso diversamente strutturati e attrezzati in base alle rispettive finalità: da un lato è lo stile psicagogico dell'*admonitio,* procedente per *praecepta,* mirata al grosso pubblico da convertire, anche calcando il pedale retorico; dall'altro è lo stile dimesso dell'*institutio,* procedente per *decreta,* diretta al più ristretto manipolo degli adepti. «Le

---

[18] *Art. cit.,* 777-789.

esigenze dell'*admonitio* — osserva dunque Setaioli[19] — portano
al ricupero di molti elementi retorici, che nel puro *sermo* filosofico non sarebbero giustificabili: le due istanze, che spingevano
Seneca in direzioni opposte anche se non inconciliabili, sembrano ricomporsi in equilibrio in quella che appare la sua solu-
zione ad un problema che certo lo toccava direttamente. E' vero
che, una volta chiarito che la forma è valida solo in relazione allo
scopo di illuminazione e conversione dei destinatari del
discorso, non ci può essere dubbio alcuno che essa non va considerata un bene in assoluto; dal punto di vista stoico essa rien-
trerà, perciò, nella grande categoria degli ἀδιάφορα, ma appar-
terrà piuttosto ai προηγμένα che agli ἀποπροηγμένα... La forma,
purché non sia ricercata come fine a se stessa, non è un male,
anzi ha un suo valore positivo. Certo, essa non dovrà essere lo
scopo principale dello scrittore — proprio su questo punto
Seneca tiene ferma con intransigenza la distinzione tra filosofia
e oratoria, anzi tra filosofia e letteratura d'arte in generale». Lo
stesso Setaioli[20] tuttavia è portato ad ammettere dall'esame di *Ep.*
75, 5 che nel riapprezzamento delle *res pulcherrimae* Seneca,
spinto dal «suo interesse extrafilosofico per il fatto letterario»,
«vada leggermente più in là di quanto richiederebbe la funzione
puramente pratica» assegnata al fattore formale.

Ma della *Lettera* 75 i paragrafi esaminati (1-7) costituiscono
solo la parte iniziale; e dobbiamo interrogarci sulla loro con-
gruenza col seguito (§ 8 ss.), al di là di diagnosi sbrigative che
denunciano una «precaria» unità dell'insieme[21] o addirittura un
«seltsam schroffen Übergang» tra i §§ 7 e 8[22]. Apprezzo il buon

---

[19]   *Ibid.*, 786 s.
[20]   *Ibid.*, 788 s.
[21]   Così E. ALBERTINI, *La composition dans les ouvrages philosophiques de
Sénèque* (Paris 1923), 144.
[22]   Così G. MAURACH, *Der Bau von Senecas Epistulae morales* (Heidelberg
1970), 159.

lavoro analitico svolto da B.L. Hijmans[23] per dimostrare il contrario. Per parte mia, sono persuaso che sia soprattutto il «segno» di Panezio ad assicurare l'unità della lettera. Il codice etico-estetico del πρέπον, predicato e illustrato nella sezione iniziale (§ 4: *concordet sermo cum vita*!) giustifica l'apertura operativa sul mondo dei προκόπτοντες, esplorato con la massima precisione e articolazione nel corpo della lettera (§§ 8-16) sino al «magnanimo» τέλος della clausola (§ 17 s.) sostanziato di ὕψος, εὐθυμία, αὐτάρκεια:

> *exspectant nos, ⟨si⟩ ex hac aliquando faece in illud evadimus sublime et excelsum, tranquillitas animi et expulsis erroribus absoluta libertas... Inaestimabile bonum est suum fieri.*

Ritroviamo il *sublime* da cui avevo preso le mosse. Ma il ricorso terminologico non deve ingannare; né d'altronde lo potrebbe, dato l'immediato raccordo con *excelsum*. Non il «sublime» in senso tecnico, grado intermedio dell'ordine universale, compete al *sapiens* ma il vertice supremo, il *caeleste* (cf. *Vit.* 11, 1: *non voco autem sapientem supra quem quicquam est*). Se infatti ripensiamo alle due cifre sopra accennate del «sublime», la «elatività» e la «relatività», constatiamo subito come alla forte accentuazione della prima (marcata dal verbo *evadere*) corrisponda qui l'altrettanto netto scarto dalla seconda, rilevato inequivocabilmente da aggettivi come *absoluta* o *inaestimabile*. E se il τέλος ideale si lascia attrarre, come indicano le spie sintattiche, nella sfera suggestiva dell'ipotesi «reale» ciò probabilmente si deve a più complesse transazioni dottrinarie, ove sulla lezione del razionalismo paneziano si innestano influenze da ricondurre in prima istanza alle stesse modalità della formazione filosofica senecana. Alludo soprattutto agli stimoli del volontarismo

---

[23] B.L. HIJMANS Jr., *Inlaboratus et facilis. Aspects of Structure in Some Letters of Seneca* (Leiden 1976), 145-151.

sestiano e cleanteo (in particolare alla dottrina, peraltro poi ripresa dallo stesso Panezio, delle ἀφορμαὶ ἐκ φύσεως πρὸς ἀρετήν: *SVF* I 566), rimandando in proposito a miei studi precedenti[24].

Nella celeste tranquillità della sua μεγαλοψυχία, il *sapiens* è autosufficiente: neppure lo strumento filosofico gli occorre, tanto meno quello delle altre *artes*, poesia inclusa. Diversa per definizione dalla *sapientia* come il mezzo è diverso dal fine (*Ep.* 89, 4 ss.), la filosofia svolge dunque tutta la sua funzione pratica nello spazio etico inferiore, che resta ovviamente separato anche dal limite basso, teoricamente incompatibile, della *stultitia*. E' lo spazio stesso della προκοπή, del progresso morale, la cui vetta raggiungibile (inferiore, ribadisco ancora una volta, alla σοφία) presenta — essa sì — lo statuto proprio del «sublime».

E' in questo ambito che assume senso il rapporto tra la filosofia e le *artes* e che dunque si esplicano per intero anche le funzioni assegnate da Seneca alla poesia.

Il carattere strumentale e accessorio delle *artes*, il loro subordine all'*ars vitae*, la loro stessa genesi extra-filosofica sono tra i temi più insistiti dell'etica senecana[25]. Lungi dall'essere intrinseci *bona*, esse si lasciano classificare tra i προηγμένα o invece tra gli ἀποπροηγμένα unicamente in base al grado di collaborazione che sanno o non sanno offrire alla filosofia, sollevandosi o meno dai «bassi» orizzonti utilitaristici (o edonistici) della materialità. Di qui la gerarchia delle *artes*, precisata in *Ep.* 88, 21 sulla scorta di Posidonio: *sunt vulgares et sordidae, sunt ludicrae, sunt pueriles, sunt liberales*, attributo, quest'ultimo, di cui il moralismo senecano circoscrive severamente la semantica: *solae autem*

---

24 «Genesi e valore del motivo escatologico in Seneca. Contributo alla questione posidoniana», in *RIL* (Cl. di Lettere) 101 (1967), 252-259; *S. e la poesia*, 26 n.21; «S. e il sublime» (*art. cit.* n. 3), 91; 96 nn. 23-27.

25 Rinvio per i passi utili a G. MAZZOLI, *S. e la poesia*, 24-28.

liberales sunt, immo, ut dicam verius, liberae, quibus curae virtus est (§ 23).

La poesia — e questo è il punto centrale delle mie riflessioni — non occupa per Seneca un posto definito nella tassonomia delle *artes*. L'estrema libertà delle sue forme, dei suoi contenuti e delle sue funzioni la svincola dall'incasellamento gerarchico in cui altre «arti» (ovviamente nel senso più lato del termine) sono costrette proprio a causa del loro rigido codice tecnico. Sul suo conto non si possono pronunciare *a priori* giudizi di approvazione (perché non è un *bonum*) né di condanna (perché non è un *malum*) : è davvero un ἀδιάφορον provvisto del più ampio spettro di virtualità operative, compatibili con tutte le categorie di *artes* (eccezione fatta per le *vulgares*, relative alla sussistenza materiale dell'uomo); ma per ciò stesso presenta uno statuto eteronomo, soggiacente al rapporto con l'etica.

A precisare meglio la scala delle sue valenze ci soccorre ancora la preziosa *Ep.* 75, che, come accennato, dedica la parte centrale a una distinzione in tre gradi del progresso morale[26]:

> *inter ipsos quoque proficientes sunt magna discrimina: in tres classes, ut quibusdam placet, dividuntur. Primi sunt qui sapientiam nondum habent sed iam in vicinia eius constiterunt; tamen etiam quod prope est extra est* (§ 8 s.)... *Secundum genus est eorum qui et maxima animi mala et adfectus deposuerunt, sed ita ut non sit illis securitatis suae certa possessio; possunt enim in eadem relabi. Tertium, illud genus extra multa et magna vitia est, sed non extra omnia* (§ 13 s.).

Il primo grado, vicino ma purtuttavia separato dalla «celeste» *sapientia*, presenta i connotati del «sublime»; gli altri due sono

---

[26] Ringrazio Olof Gigon per avermi segnalato la ripresa della tripartizione senecana in S. Agostino, *Beat. Vit.* 1, 2. Tuttavia si avverte l'interferenza della tripartizione epicurea di *Ep.* 52, 3-4 (cf. M. VALENZANO, «La dedica del 'De beata vita' di S. Agostino», in *Civ. Class. e Crist.* 3 [1982], 337-352).

quelli più accessibili alla comune umanità: è già molto appartenere al terzo grado (*si inter pessimos non sumus*), ma non si deve
perdere la speranza e la volontà di ascendere a un *amplior ordo*
(§ 16 s.). A questo accende l'indicazione della «magnanima»
meta assoluta (§ 17 s.).

La rimozione dell'ἄλογον, che è integrale, irreversibile e total-
mente manifesta nel *sapiens* ideale, difetta invece di consapevolezza nel grado più elevato del *profectus*, di stabilità in quello
intermedio, di pienezza in quello inferiore.

A tutti i livelli l'*admonitio* poetica può svolgere per Seneca
nei confronti dell'*institutio* filosofica funzioni ausiliarie di cospi-
cua importanza, sebbene di diverso prestigio morale, commisu-
rato alla gerarchia delle *classes*.

Dalla prima alla terza sembrano distribuirsi gli apporti del
filosofo-poeta, del filosofo-critico e, reciprocamente, del poeta-
filosofo e, *tout court*, del poeta.

Al grado più alto della προκοπή, che abbisogna soltanto di
una chiarificazione della coscienza morale, si addice particolarmente il sussidio del *carmen* etico, composto personalmente dal
filosofo. La formula diagnostica che contraddistingue in *Ep.* 75,
9 i *proficientes* della prima classe è «*scire se nesciunt*». Si tratta di
una autocitazione senecana, desunta da *Ep.* 71, 4, ove era pronta-
mente acclusa la seguente indicazione terapeutica:

> *nec multis verbis nec circumitu longo quod sit summum*
> *bonum colliges: digito, ut ita dicam, demonstrandum est*
> *nec in multa spargendum.*

Che la poesia fornisca a tale scopo lo «strumento» più
efficace[27] è dottrina che ben volentieri Seneca rivendica in *Ep.*
108, 10 a Cleante, ispirato sperimentatore della sua stessa teoria:

---

[27] Cf. A. Traina, *Lo stile «drammatico» del filosofo Seneca* (Bologna
⁴1987), 125 s.

*nam, ut dicebat Cleanthes, «quemadmodum spiritus
noster clariorem sonum reddit cum illum tuba per longi
canalis angustias tractum patentiore novissime exitu effu-
dit, sic sensus nostros clariores carminis arta necessitas effi-
cit». Eadem neglegentius audiuntur minusque percutiunt
quamdiu soluta oratione dicuntur: ubi accessere numeri et
egregium sensum adstrinxere certi pedes, eadem illa sententia velut lacerto excussiore torquetur.*

E si confronti, per misurare la «sublimità» della funzione
annessa da Cleante alla poesia filosofica, *SVF* I 486, che giudica,
rispetto alla trattatistica in prosa, ἀμείνονα τε εἶναι τὰ ποιητικὰ...
καὶ τοὺς ῥυθμοὺς ὡς μάλιστα προσικνεῖσθαι πρὸς τὴν ἀλήθειαν τῆς
τῶν θείων θεωρίας[28].

---

[28]   Cf. A. SETAIOLI, *Seneca e i Greci. Citazioni e traduzioni nelle opere filosofiche* (Bologna 1988), 273 s.
Alla luce di queste affermazioni mi sembra perdere molto della sua consistenza la critica mossa da alcuni recensori del mio libro (cf. P. PARRONI,
in *RFIC* 100 [1972], 81; J. DINGEL, in *Gnomon* 46 [1974], 213) all'interpretazione da me data del brano immediatamente anteriore in *Ep.* 108 (§
9). Dopo aver ricordato lo schietto consenso espresso a teatro anche dai
più corrotti spettatori all'ascolto di sentenze mimiche di buon livello
morale, Seneca chiede: *quanto magis hoc iudicas evenire cum a philosopho
ista dicuntur, cum salutaribus praeceptis versus inseruntur, efficacius eadem
illa demissuri in animum imperitorum?*.
Io mi fondavo allora (*S. e la poesia*, 107 n. 20) sulla traduzione di B. GIU-
LIANO (ediz. e vers. ital. delle *Lettere a Lucilio* [Bologna 1954], III 191):
« e puoi ben credere che questo avverrà tanto più quando tali verità siano
proclamate da un filosofo, quando così salutari precetti siano espressi in
versi che li portino e li imprimano vivamente negli animi degli ignoranti». In questo modo trovavo già esplicitata nel § 9 la tesi poi ricondotta a Cleante dell'immediato prosieguo. E' stata però vista una forza-
tura nel senso da me accolto (peraltro non categoricamente) per la frase
cum salutaribus praeceptis versus inseruntur, in cui assumevo *versus* col
valore di «metri». «Non par dubbio — osserva P. PARRONI, *loc. cit.* —
che il passo voglia dire 'quando ai salutari precetti si frammischiano dei
versi'». Non voglio contestare la probabilità dell'obiezione, che, se
accolta, consente di assumere il passo come un caposaldo della teoria

In *Ep.* 71 l'invito alla concisione e pregnanza espressiva del discorso morale non si concretizza, come in *Ep.* 108, nella prescrizione del *carmen* etico. Ma il pensiero profondo che comanda i due testi è il medesimo e produce risonanze di evidente affinità: *erige te... et relinque istum ludum litterarium philosophorum qui rem magnificentissimam ad syllabas vocant, qui animum minuta docendo demittunt et conterunt* (*Ep.* 71, 6); quando urge colpire il bersaglio morale, è preferibile ai percorsi parenetici in cui *multa dicuntur et longissimis orationibus* la via poetica, *relictis ambiguitatibus et syllogismis et cavillationibus et ceteris acuminis inriti ludicris* (*Ep.* 108, 11 s.).

La produzione tragica del filosofo, come vedremo più avanti, non può certo essere rinchiusa nell'*arta necessitas* del *carmen* etico, né venire intesa solo in funzione della più elevata classe di *proficientes*; ma ancora oggi resto persuaso che la teoria del *carmen* offra a Seneca la più prestigiosa patente dottrinaria per la sua vocazione di poeta e giustifichi l'ingente immissione nei drammi dell'elemento gnomico, teso al limite vibrante della «cellula» sentenziosa. D'altra parte non si può trascurare il fatto che nell'*Ep.* 108 Seneca approdi alla dottrina del *carmen* etico proprio sull'onda di riflessioni comparative tra lo spettacolo drammatico e la lezione filosofica (§§ 3 ss.)[29]. Deplora che

---

senecana della citazione poetica. Ma non può non colpire l'omologia della mia lettura col significato che sicuramente ha l'enunciato posteriore alla citazione cleantea: *ubi accessere numeri... eadem illa* (si noti la concomitanza testuale) *... torquetur*. Basta in ogni caso questo enunciato, assieme al riferimento stesso a Cleante, autentico filosofo-poeta, ad assicurarci della stima in cui Seneca teneva la dottrina della poesia filosofica di contenuto etico. E può essere sintomatico che nella lettera subito precedente, *Ep.* 107, 10 s., proprio a Cleante egli attinga l'originale per il suo esperimento di *carmen* latino di «sublime» ispirazione filosofica (cf. da ultimo A. SETAIOLI, *S. e i Greci*, 70-82).

[29] Cf. G. MAZZOLI, *S. e la poesia*, 130-132.

nell'uno e nell'altra la maggior parte del pubblico venga attratta
esclusivamente da finalità edonistiche, tutt'al più da interesse
filologico per i *verba*. Eppure c'è chi trapassa la superficie acustica e formale della parola — filosofica e/o poetica —, penetra
nelle *res*, subisce il *transfert* e vola verso il «sublime»:

> *quidam ad magnificas voces excitantur et transeunt in*
> *adfectum dicentium alacres vultu et animo, nec aliter con-*
> *citantur quam solent Phrygii tibicinis sono semiviri et ex*
> *imperio furentes. Rapit illos instigatque rerum pulchri-*
> *tudo, non verborum inanium sonitus* (§ 7).

Già più volte[30] ho avuto occasione di mostrare la forte sugge-
stione esercitata in questo luogo, a livello d'immagine e di terminologia, dalla teoria «entusiastica», di ascendenza democriteo-
platonica. L'influsso si avverte in un'ampia serie di altri spunti
senecani (talora confrontabili con pensieri dell'Anonimo περὶ
ὕψους) e in particolare nel finale del *De tranq. animi*, che elargisce,
come ultimo consiglio eutimico, l'invasamento, anche poetico:

> *non potest grande aliquid et super ceteros loqui nisi mota*
> *mens. Cum vulgaria et solita contempsit instinctuque*
> *sacro surrexit excelsior, tunc demum aliquid cecinit gran-*
> *dius ore mortali. Non potest sublime quicquam et in arduo*
> *positum contingere quam diu apud se est: desciscat oportet*
> *a solito et efferatur et mordeat frenos et rectorem rapiat*
> *suum eoque ferat quo per se timuisset escendere* (17, 10 s.).

Di recente Setaioli[31] ha espresso in modo assai corretto e cir-
costanziato il suo dissenso, centrato sull'incompatibilità del
moralismo stoico senecano con una dottrina irrazionalistica del-
l'arte. A suo avviso il paragone in *Ep.* 108, 7 coi *semiviri* dei culti
orgiastici ha una connotazione sfavorevole, mentre il finale del
Tranq. va assunto come un passo incidentale, teoricamente

---

[30]   *Ibid.*, 47 s.; «S. e il sublime» (*art. cit.* n. 3).
[31]   «S. e lo stile» (*art. cit.* n. 12), 801-811.

isolato. «In Seneca — afferma Setaioli[32] — non si tratta di irrazionalismo, ma anzi di razionalità sublimata, del tutto inconciliabile con ogni misticismo e con la teoria dell'invasamento».

Ma questo significa proiettare e comprimere sul piano «celeste» del saggio, il solo dotato, come sappiamo, di pura μεγαλοψυχία e assoluta εὐθυμία, tutta la *Seelenleitung* senecana. La *tranquillitas animi* additata nel trattato si situa invece sul piano del «sublime», obiettivo altissimo ma pur sempre relativo alla condizione non pienamente razionale dei *proficientes*. All'uomo in crisi che nel primo capitolo denuncia la sua *bonae mentis infirmitas* (*Tranq.* 1, 15), l'ultimo capitolo del dialogo indica una cura omeopatica, tramite dunque la *mota mens*.

Sembra perciò il caso di parlare, invertendo la prospettiva di Setaioli, di «irrazionalità sublimata», in cui è il τέλος altamente morale ad attivare insieme grandezza d'ingegno (la μεγαλοφροσύνη) e appassionata concitazione (l'ἐνθουσιασμός): appunto le due primarie fonti di ὕψος, a giudizio dell'Anonimo (8, 1). E, proprio come questi osservava (7, 2), l'effetto omeopatico trapassa dalla parte della ποίησις a quella dell'ἀκοή:

> *ad magnificas voces excitantur et transeunt in adfectum dicentium... Facile est auditorem concitare ad cupidinem recti: omnibus enim natura fundamenta dedit semenque virtutum. Omnes ad ista nati sumus: cum inritator accessit, tunc illa animi bona veluti sopita excitantur* (*Ep.* 108, 7 s.).

Adfectus, cupido: si tratta in modo evidente d'un παθητικόν traslato e moralizzato, posto al servizio della dottrina cleantea e paneziana delle ἀφορμαὶ ἐκ φύσεως πρὸς ἀρετήν[33].

Naturalmente queste *voces* filosofiche e/o poetiche, per essere davvero *magnificae* e per suscitare l'«entusiasmo» di chi

---

[32]   *Ibid.*, 803 n. 153.

[33]   Cf. G. MAZZOLI, *S. e la poesia*, 25 s. nn. 20 e 21; 46.

le ascolta, devono lasciar trasparire senza orpelli la loro sostanza etico-estetica, *rerum pulchritudo, non verborum inanium sonitus* (*ibid.*). Ritroviamo, mi sembra, il nucleo concettuale del προηγμένον stilistico:

> *non delectent verba nostra, sed prosint. Si tamen contingere eloquentia non sollicito potest, si aut parata est aut parvo constat, adsit et res pulcherrimas prosequatur: sit talis ut res potius quam se ostendat* (*Ep.* 75, 5).

Teso al massimo di pregnanza parenetica, il *carmen* si restringe nelle dimensioni cellulari della *sententia*. La sua stessa concentrazione espressiva, unita alla salutare azione etica, induce ad assimilarla al vaticinio oracolare (*Ep.* 94, 27 s.), e al *vates* invasato dal dio il poeta che ne è autore (*Brev.* 2, 2; 9, 2; *Ep.* 108, 26): un'altra spia del senso in cui il filosofo stoico recupera e moralizza la dottrina dell'ἐνθουσιασμός.

A lettere come le brevi 33, 38, 39 o le vaste 94 e 95, che immettono nel laboratorio teorico della *sententia*[34], fa riscontro il suo uso impressionante in ogni pagina senecana[35]:

> *ipsa, quae praecipiuntur, per se multum habent ponderis, utique si aut carmini intexta sunt aut prosa oratione in sententiam coartata (Ep.* 94, 27; cf. § 43).

Rispetto alla forma prosastica, il ricorso al metro agevola la fruizione della sentenza *rudibus adhuc et extrinsecus auscultantibus; facilius enim singula insidunt circumscripta et carminis modo inclusa* (*Ep.* 33, 6).

In generale non c'è dubbio che, atomizzata e condensata in *flosculi* e gnomologi, la letteratura eserciti una funzione ausiliare

---

[34] Cf. *ibid.*, 99-106.

[35] Cf. A. Traina, *op. cit.* (n. 27), 25-27; A. Setaioli, «S. e lo stile», 815-817.

a livelli inferiori rispetto alle istanze del *certi profectus vir* (§ 7): ma, appunto per questo, si carichi agli occhi del filosofo di maggiori responsabilità. Al grado intermedio della προκοπή potrà concorrere a consolidare o, viceversa, a destabilizzare la conquista del λόγος; al grado più basso potrà intervenire a smascherare e rimuovere i *vitia* o, viceversa, a rialimentarli. Di qui l'importanza che assume per Seneca la critica letteraria condotta non già con l'ottica, variamente miope, del grammatico o del filologo ma con la radioscopia del moralista, capace di leggere, oltre la superficie dei *verba*, la filigrana delle *res*. Ancora l'*Ep*. 108, 23-26 fornisce, in σύγκρισις efficace, saggi-campione dei vari procedimenti: un testo di primario interesse, introdotto dal famoso lamento *quae philosophia fuit philologia facta est* e concluso dalla non meno nota esortazione simmetrica *quae fuerint verba sint opera*.

Applicandosi dunque alle *classes* inferiori dei *proficientes*, l'interazione filosofia-poesia che abbiamo vista finora accentrata nell'iniziativa del filosofo-poeta, tende a sdoppiarsi nelle figure reciproche del filosofo-critico e del poeta-filosofo. Dal loro incontro, multiforme e multifunzionale, scaturiscono anzitutto la teoria e la pratica della citazione poetica senecana. Per un esame analitico mi permetto di rinviare ad ampie sezioni del mio libro[36], aggiungendo che per gli autori greci, anche prosatori, fa ora testo l'ottimo volume di Setaioli[37], mentre invece manca un lavoro d'insieme dedicato a dissodare il campo dell'intertestualità allusiva: per i principii teorici sottesi, nella dialettica *imitatio/aemulatio*, si vedano ancora pagine di Setaioli[38], col quale la mia posizione di vent'anni fa[39] concorda più di quanto a lui non sembri.

---

[36] *S. e la poesia*, 97-264.

[37] *S. e i Greci* (*op. cit.* n. 28).

[38] «*S. e lo stile*», 843-856.

[39] *S. e la poesia*, 87-96.

La chiave dell'atteggiamento senecano è in *Ep.* 8, 8: *quam multi poetae dicunt, quae philosophis aut dicta sunt aut dicenda!*

Forte di questa persuasione (*Ep.* 33, 1: *eiusmodi vocibus referta sunt carmina*) che trova ampi fondamenti nelle vedute della scuola stoica[40], il filosofo-critico perlustra e disseziona i contesti della poesia greca e soprattutto latina per estrarre quanto riesca utile alle più varie esigenze della sua *admonitio*, a partire dalle risorse dello stile poetico. Ciò vale in particolare per le *imagines*, cui ammette il ricorso non per le ragioni ornamentali proprie dei poeti ma per più serie esigenze di supporto logico: *ut inbecillitatis nostrae adminicula sint, ut et dicentem et audientem in rem praesentem adducant* (*Ep.* 59, 6).

Coloro che hanno analizzato nel modo più sistematico e minuzioso il complesso delle citazioni poetiche senecane, specialmente quelle attinte a Virgilio (l'autore di gran lunga prediletto)[41], hanno redatto accurate classificazioni per categorie, distinguendo le istanze linguistiche stilistiche o concettuali che sono alla base delle singole citazioni. Mi sembra perfino ovvio però affermare che ciascuna citazione s'inserisca nella pagina senecana all'incrocio dell'asse paradigmatico, lungo il quale essa fornisce un utile sostegno all'argomentazione in corso, e dell'asse sintagmatico, lungo il quale essa irradia *lumina* stilistici nel contesto.

A ben vedere, nemmeno nella prassi del citare viene del tutto meno l'intervento creativo del filosofo-poeta, che piega con arte la sua prosa ad accogliere senza bruschi trapassi formali o contenutistici il «corpo estraneo», affiancato non di rado da minori

---

[40]   Cf. Ph. DE LACY, «Stoic Views of Poetry», in *AJPh* 69 (1948), 241-271.

[41]   Alludo specialmente a L. DOPPIONI, *Virgilio nell'arte e nel pensiero di Seneca* (Firenze 1939); G. LURQUIN, *Les citations virgiliennes dans les ouvrages en prose de Sénèque le philosophe* (Louvain 1941); *La citation poétique dans les ouvrages en prose de Sénèque le philosophe* (Louvain 1947).

riverberi allusivi a versi contigui. Ciò accade soprattutto per i poeti che esercitano su Seneca il maggiore fascino sul piano dell'*animus* e/o dell'*ingenium*, Virgilio e Ovidio. Ma Seneca, che prudentemente raccomanda al *proficiens* di *excerpere* solo dagli autori *probati* (*Ep.* 2, 4), ha un comportamento personale ben più audace: *numquam me in bona re mali pudebit auctoris* (*Tranq.* 11, 8). E così volentieri isola e valorizza «cammei» di alta moralità, prescindendo dal contesto, dall'autore o dal genere «sconveniente» (caso privilegiato quello del mimografo Publilio Siro: cf. *Ep.* 8, 8-10).

Per questa via è facile che il filosofo-critico faccia aggio sul poeta, dandogli per così dire «del suo». E' un fenomeno che trapela già a un livello probabilmente inconscio di assimilazione, come ha messo bene in risalto Timpanaro traendo spunto da un caso di *Pathetisierung* in citazione già studiato da Eduard Fraenkel[42]; e che ridonda sul piano ormai del tutto consapevole dell'ermeneutica.

Seneca, che stigmatizza gli arbitrii della tradizionale esegesi allegorica di marca stoica (cf. *Ben.* I 3, 8-10; *Ep.* 88, 4 s.), non esita però a investire i maggiori poemi classici, *Iliade Odissea Eneide*, d'una valenza paradigmatica che in più d'un caso conduce il critico a spingersi oltre le intenzioni semantiche del poeta[43]. Finché nel mito egli scopre gli archetipi morali dell'esistenza, i *plurima varietatis humanae... exempla* (*Polyb.* 11, 5), l'operazione critica, ancorché acuta, è plausibile. P. Grimal in una comunicazione

---

[42] Verg. *Aen.* VIII 703 in *Ir.* II 35, 6: cf. Ed. FRAENKEL, *Kleine Beiträge zur klassischen Philologie* (Roma 1964), II 243 s.; S. TIMPANARO, «La tipologia delle citazioni poetiche in Seneca. Alcune considerazioni», in *GIF* N.S. 15 (1984), 163-182. Italo Lana mi richiama l'attenzione sul *semper* interpolato nella citazione lucreziana (III 1068) di *Tranq.* 2, 14: qui la modifica sembra intenzionale (cf. § 15, «*quousque eadem?*»).

[43] Cf. G. MAZZOLI, *S. e la poesia*, 111-114; 223-227.

privata, di cui lo ringrazio, mi ha ricordato la riflessione di *Ep.* 66, 26 sui νόστοι di Ulisse e Agamennone. Ed è inutile dire che tutto il teatro di Seneca gronda di questi valori archetipici del mito. Ma in qualche caso il filosofo sembra voler piegare più recisamente il senso dei testi alle proprie esigenze. Mi limito qui a richiamare il commento di *Ep.* 95, 69 a Verg. *Georg.* III 75-85, descrizione del cavallo purosangue (*dum aliud agit Vergilius noster descripsit virum fortem*) oppure le ricorrenti interpretazioni in chiave universale e moralistica della tragica notte troiana[44].

Dingel e Setaioli[45], il secondo a dire il vero in modo assai più duttile, negano che nell'atteggiamento senecano si possano cogliere tracce di tendenze allegorizzanti. Io torno a riassumere il mio punto di vista: è solo l'inizio di una tendenza, ancora complessivamente equilibrato perché circoscritto a pochi luoghi e soprattutto perché l'infusione d'un *aliud* semantico non è ricondotta a volontà del poeta stesso; ma è pur sempre un precedente da non trascurare, considerata anche l'autorità che godrà Seneca tra tardo antico e alto medioevo.

Quando per converso il filosofo, nonostante il suo impegno ermeneutico, non scopre nella poesia alcun nucleo di *bonum* idoneo al *profectus* ma mere intenzioni edonistiche, si arrocca in un giudizio negativo al tempo stesso severo e sprezzante, tanto più che l'amoralità e la frivolezza sembrano *vitia* da *Graeculi*, piuttosto che da *Romani*[46]. La *fabula*, il fondo mitologico della

---

[44] Cf. *Nat.* VI 2, 2 ad Verg. *Aen.* II 354; *Ep.* 56, 12 ad *Aen.* II 726-729; *Ep.* 59, 17 s. ad *Aen.* VI 513-514.

[45] Cf. rispettivamente recensione cit., in *Gnomon* 46 (1974), 213 s.; «S. e lo stile» (*art. cit.* n. 12), 839-843.

[46] Sul misellenismo di Seneca, aggravato dalle equazioni preconcette tra *vita* e *oratio* (*Ep.* 114, 1) e tra *natio* e *oratio* (*Ep.* 40, 11), cf. G. MAZZOLI, *S. e la poesia*, 157-160; J. STYKA, *op. cit.* (n. 12), 123-128; A. SETAIOLI, *S. e i Greci*, 11 ss.

poesia, ove non riesca ad assurgere a paradigma di portata universale, può essere oggetto al più della deplorata *philologia*: esempio classico i viaggi di Ulisse (*Ep.* 88, 7). Omero ed Esiodo, palestre dell'erudizione alessandrina, offrono più facilmente il fianco alla critica senecana. In *Ben.* I 3, 2 s. la sterilità morale del tema mitologico delle Grazie, oggetto di micrologie allegoriche da parte dei più venerati maestri stoici, è vista in rapporto con gli arbitrii fantastici dei due più antichi poeti greci. E scoccano gli ironici commenti del filosofo:

> *poetae non putant ad rem pertinere verum dicere, sed aut necessitate coacti aut decore corrupti, id quemque vocari iubent, quod belle facit ad versum* (*Ben.* I 3,10). *Istae vero ineptiae poetis relinquantur, quibus aures oblectare propositum est et dulcem fabulam nectere* (I 4, 5).

Μύθος, εὐφωνία, ἡδονή, ψευδές, vs. λόγος: Seneca non può che rigettare una poesia così inutile, anzi controproducente per quanti si sforzano di consolidare il *profectus* morale:

> *serio loquantur et magnis viribus agant, nisi forte existimas levi ac fabuloso sermone et anilibus argumentis prohiberi posse rem perniciosissimam* (*Ben.* I 4, 6).

E' anche evidente che il *decus* imputato qui ai poeti, tutto schiacciato sul polo della forma, non ha nulla a che vedere col πρέπον etico-estetico paneziano.

Italo Lana[47] ha giustamente colto in queste considerazioni l'affiorare d'una poetica «edonistica», non già «pedagogica»; ed è indiscutibile che reagiscano qui su Seneca secoli e secoli di sedimentazione teorica sull'arte[48]. Continuo tuttavia a non pensare

---

[47] «Seneca e la poesia», in *Riv. di Estet.* 6 (1961), 377-396 = AA.VV., *Seneca. Letture critiche*, a cura di A. TRAINA (Milano 1976), 137-152.

[48] Cf. G. MAZZOLI, *S. e la poesia*, 74-76.

che gli ironici rilievi ora esaminati rappresentino il baricentro critico del filosofo (una smentita già sufficiente viene da *Ep*. 8, 8) e colpiscano la funzione poetica nel suo complesso. Seneca parla sì di *poetae* in generale ma carica qui fortemente la parola della connotazione «greca» che etimologicamente le compete. Si confronti *Ep*. 58, 17: *poeta communiter dicitur... sed iam apud Graecos in unius notam cessit: Homerum intellegas, cum audieris poetam*.

Non è solo un fatto linguistico, ma piuttosto di *ingenium*. La condanna degli *inepti lyrici*, che *ex professo lasciviunt* (*Ep*. 49, 5) travalica i confini della poesia greca; mentre per converso i *mores* di un Sestio padre non sono meno *Romani* perché egli scriva *Greacis verbis* (*Ep*. 59, 7). Stento perciò ancora a credere che vi sia piena circolazione di pensiero tra la critica ai *poetae* di *Ben*. I 3-4 e il famoso giudizio sulle *Georgiche* virgiliane di *Ep*. 86, 15:

> ...*Vergilius noster, qui non quid verissime sed quid decentissime diceretur aspexit, nec agricolas docere voluit sed legentes delectare.*

Certo agli occhi di Seneca anche Virgilio ha indulto al *decus* formale (pagando in ciò il suo debito ai modelli greci della poesia didascalica): ma l'opposizione non è col *verum* dell'*ars vitae* bensì semplicemente con quello della τέχνη agricola, il che ridimensiona la portata negativa della critica[49].

Ho definito con l'etichetta di poeti-filosofi gli autori, *boni* o *mali* che siano, in cui Seneca scopre nuclei gnomici «edificanti» ai fini del progresso morale; ma, come ho già accennato, la funzione etica della poesia non si esaurisce per lui nella *pars construens*.

---

[49] Rilievi molto giusti in E. PASOLI, «A proposito del giudizio di Seneca sulle Georgiche», in *Atti del Convegno virgiliano sul bimillenario delle Georgiche*, Napoli 17-19 Dicembre 1975 (Napoli 1977), 461-469.

Al grado più basso e perciò più comune della προκοπή, quello in cui la sorte della lotta contro i *vitia* è più incerta e la rimozione dell'ἄλογον solo parziale, sono affidati ai poeti compiti sussidiari di diversa qualità e di importanza che può essere davvero basilare:

> *cogita quantum circa te videas malorum* [rileva ancora *Ep*. 75, 15 riguardo al *color tertius* del *profectus*]; *aspice quam nullum sit nefas sine exemplo, quantum cotidie nequitia proficiat, quantum publice privatimque peccetur: intelleges satis nos consequi, si inter pessimos non sumus.*

In questa fase c'è solo la speranza di arrivare ai traguardi successivi, consolidamento e chiarificazione del *bonum*; occorre prima rompere l'accerchiamento dei *mala*: *praeoccupati sumus, ad virtutem contendimus inter vitia districti* (*Ep*. 75, 16).

E la poesia può fornire in tal senso aiuti di prima mano. Non mi riferisco a quella *levior* azione di pronto soccorso e di balsamo che talora Seneca le annette, specie aderendo alla topica del λόγος παραμυθητικός, primo lenimento a πάθη di forte impatto, come l'ira (*Ir*. III 9, 1) o l'*aegritudo* (*Polyb*. 8, 2-4; 11, 5 s.; *Helv*. 20, 1): l'arte come svago o *oblectamentum* — s'è appena visto — non può suscitare molto consenso nel moralista. Ben meno blando e decantato ha da essere, a questo torbido livello, l'intervento del poeta. Parlo di poeta *tout court* perché, ripeto, la sua azione è qualitativamente diversa rispetto all'*admonitio* del filosofo: mirata al basso e non all'alto, non più finalizzata alla *pars construens* del *profectus* ma alla *pars destruens* e perciò libera di ricorrere al πάθος, all'ἔκπληξις nell'esemplificazione, demistificazione e denuncia dei *vitia*.

Questo emerge con chiarezza da *Ben*. V 15, 1-3, passo a proposito del quale Setaioli[50] vede nella mia interpretazione una for-

---

[50] «S. e lo stile» (*art. cit.* n. 12), 810 s.

zatura che francamente mi sfugge. Riguardo al «trionfo» dell'in-
gratitudine nel mondo — osserva Seneca — il filosofo che si tenga
ligio all'ortodossia non può che emettere una *murmuratio*,
facendo leva sul paradosso vetero-stoico che non ammette vie di
mezzo tra vizio e virtù. Ad altri, ben più addentro nel *milieu*,
compete il grido impetuoso ed efficace di denuncia:

> *ecce nescio qui non ex philosophorum domo clamor at ex*
> *medio conventu populos gentesque damnatura vox mitti-*
> *tur.*

Nella fattispecie si tratta di famosi versi di denuncia sociale
(*Met.* I 144-146) pronunciati — scelta significativa — dal «mon-
dano» Ovidio. Naturalmente Seneca sfrutta a fondo la citazione,
appropriandosi per lunghi paragrafi di retorica confezione
dell'*indignatio* poetica. Analogamente in *Nat.* IV a *praef.* 19
riconosce alla *magnitudo ingenii* di Virgilio, dello stesso Ovidio
e di Menandro il merito di aver smascherato senza mezzi termini il *consensus humani generis tendentis ad vitia*, lo *scelus iam*
contextum. E più d'una volta descrive le unanimi reazioni entu-
siastiche dei teatri di fronte al *convicium* mimico dei *vitia* (*Ir.*
II 11, 3; *Ep.* 108, 8 s.).

Mi sono soffermato su tali luoghi, ricorrenti specie nell'ultima produzione del moralista, perché è solo o soprattutto a
questo punto che — allo stadio attuale delle mie persuasioni —
vedo inserirsi il cruciale problema della drammaturgia senecana
e del suo rapporto ideologico, prima ancora che filosofico, con
le opere in prosa.

Nel 1974 si è mosso con animosità contro la *communis opi-*
nio, e in particolare contro le mie tesi, il saggio del Dingel[51], rac-
cogliendo in verità consensi molto scarsi e parziali, ma rimesco-
lando utilmente acque forse troppo tranquille.

---

[51] *S. und die Dichtung* (*op. cit.*, n. 2).

Per sintetizzare con sufficiente obiettività gli assunti principali di quel libro, mi valgo delle parole di uno dei suoi giudici meno severi, Sebastiano Timpanaro[52]: «Il Dingel — con un'impostazione in cui è visibile l'influsso freudiano, e che presenta punti di contatto con la teoria della poesia come «ritorno del represso» dovuta a Francesco Orlando... — considera le tragedie di Seneca, specie nelle loro espressioni pessimistiche e antiprovvidenzialistiche, come la voce genuina, profonda, della visione senecana della vita, e le opere dottrinarie come una «mascheratura», uno sforzo di giustificazione e di razionalizzazione di tutto il male che vi è nel mondo e nell'uomo. In questa forma unilaterale e provocatoria, la tesi del Dingel è insostenibile (fra l'altro, il Dingel enfatizza alcuni pur sempre sporadici spunti di antiprovvidenzialismo nelle tragedie di Seneca, fino a identificare la *Weltanschauung* di Seneca tragico con quella di Lucano); ma quel volumetto rimane tuttavia assai intelligente, e non ha avuto dai recensori il sia pur parziale riconoscimento che merita».

Personalmente, credo oggi che tra Seneca prosatore e Seneca tragediografo possa — anzi debba, tenuto conto anche del necessario tributo pagato ai ben diversi codici di «genere» — essere ammessa serenamente una distanza, senza cercare di ridurre a tutti i costi ai dogmi dello stoicismo le tragedie facendone opere di pura «pedagogia» positiva[53], ma senza nemmeno giungere all'estremistico divorzio tra le due «facce» preteso da Dingel («die Negation der Philosophie»). In altre parole: anziché forzare il senso, tecnico e concettuale, dei drammi alla ricerca del filosofo-poeta, sarà bene tenere distinto il prosatore — Seneca *construens* — dal poeta — Seneca *destruens* —: poeta *tout court*, spinto a questa funzione, pur ammirando il ben più «sublime»

---

[52] «Un nuovo commento all'*Hercules furens* di Seneca nel quadro della critica recente», in *A & R* N.S. 26 (1981), 117 s. n. 6.

[53] Cf. ora l'equilibrata indagine di T.G. ROSENMEYER, *Senecan Drama and Stoic Cosmology* (Berkeley/Los Angeles/London 1989).

carmen etico, dall'istanza, giudicata prioritaria e avvertita con «drammatica» sensibilità, di mostrare alla classe più precaria del *profectus* il suo «nemico» mortale.

In questa prospettiva tutti gli anti-valori che sembrano maggiormente opporre la *Weltanschauung* tragica a quella stoica si rivelano altrettanti paradigmi del — per l'appunto «tragico» — sovvertimento perpetrato dall'ἄλογον nel mondo: paradigmi da smascherare e denunciare spingendo a fondo sul pedale della *Pathetisierung*, per aprire vie di fuga allo *scelus iam contextum*. Ho già avuto occasione[54] di parlare, a proposito della tragedia senecana, di un'operazione radicalmente inversa (ma non antagonistica!) alla costruzione filosofica, in quanto «dissoluzione» e «rovesciamento» degli pseudo-valori e rapporti accreditati dalla *stultitia* umana: un'operazione che mi è parso legittimo paragonare a quel lavoro di scavo e di rimozione che è necessario fare in profondità prima di gettare le fondamenta di un «sublime» edificio.

Naturalmente tra le due produzioni, morale e teatrale, non mancano, al di là dei raccordi stilistici, le cerniere e gli scambi concettuali: nei drammi l'immissione, con frequente effetto contrastivo, della gnomicità stoica, nella prosa la «tragica» percezione del divario tra la moralità e gli anti-valori accreditati dall'ἀλογία. Ho già altrove sottolineato la spiccata latenza del teatro tragico senecano, del *Thyestes* in particolare[55], in luoghi come *Ir.* I 20; *Tranq.* 1, 9; *Ep.* 94, 67-74, che hanno in comune l'amara

---

[54]   In due note in corso di pubblicazione negli Atti del 1° e del 2° seminario di studi sulla tragedia romana, Palermo 1987 e 1988, rispettivamente: «Funzioni e strategie dei cori in Seneca tragico»; «*Ultra Mycenas*: 'Lysis' e 'katastrophé' dei valori nell'epilogo dell'Agamemnon di Seneca» (la prima è ora pubblicata, in *Quad. di cult. e trad. class.* 4-5 [1986-1987], 99-112).

[55]   «S. e il sublime» (*art. cit.* n. 3): per il *Thyestes* il riscontro più utile è con l'interpretazione di G. PICONE, *La fabula e il regno. Studi sul Thyestes di Seneca* (Palermo 1984), 51 ss.

denuncia del falso «sublime», del falso ἐνθουσιασμός, della falsa
μεγαλοφροσύνη e μεγαλοψυχία. Mi basti qui citare *Ir.* I 20, 2:

> *omnes quos vecors animus supra cogitationes extollit*
> *humanas altum quiddam et sublime spirare se credunt;*
> *ceterum nil solidi subest, sed in ruinam prona sunt quae*
> *sine fundamentis crevere.*

Il passo, credo, si commenta da sé; ma a togliere ogni dubbio
sulla «tragicità» della sindrome qui descritta provvede la cam-
peggiante presenza, nello stesso capitolo (20, 4 s.), dell'*Atreus*
acciano, col suo celebre *oderint dum metuant* (v. 203 R.).

E qui il discorso torna, problematicamente, al giudizio di
Seneca sulla poesia. Se dovessi indicare due *loci* emblematici, da
collocare rispettivamente al polo positivo e al polo negativo
della poetica senecana, non avrei dubbi. Al polo positivo del
«sublime» si pone il testo poetico «oracolare» per eccellenza, il
virgiliano *Georg.* III 66-68, addotto e studiato con amore dal filosofo almeno due volte (*Ep.* 108, 24-29; *Brev.* 9, 2)[56]. Al polo negativo dell'«anti-sublime» si colloca l'ora citato *execrabilis versus*
acciano (*Clem.* I 12, 4). In *Ir.* I 20, 5 Seneca ne smaschera e
denuncia lo *spiritus: nec enim magnitudo ista est sed inmanitas.*

Eppure la sua sensibilità artistica è troppo acuta per negare
al verso un giudizio in termini di «grandezza». E così in *Clem.*
II 2, 2 s. ne riprende l'esame per pronunciare una cruciale riflessione:

> *illud mecum considero multas voces magnas, sed detestabi-*
> *les, in vita humana pro veris esse celebresque vulgo ferri,*
> *ut illam: «oderint dum metuant» quoi Graecus versus*
> *similis est, qui se mortuo terram misceri ignibus*

---

[56] Non voglio qui tornare su *Brev.* 2, 2 e sulla connessa questione del *maximus poetarum*. Le mie convinzioni in proposito sono espresse in *Athenaeum* N.S. 40 (1962), 142-156; 45 (1967), 294-303; *Sandalion* 6-7
(1983-1984), 119-132.

> *iubet, et alia huius notae. Ac nescio quomodo ingenia ⟨in⟩*
> *inmani et invisa materia fecundiora expresserunt sensus*
> *vehementes et concitatos; nullam adhuc vocem audii ex*
> *bono lenique animosam.*

Il *De clementia* è uno dei trattati senecani meglio databili, nella prima fase del principato neroniano, quando ancora il filosofo non ha composto le sue opere principali né ha portato a piena maturazione le sue elaborazioni concettuali. In certa misura rileviamo nel passo la presenza d'un pensiero *in progress*, ancora perplesso sul senso e sulle funzioni dell'ispirazione poetica. Ma già *in nuce* avvertiamo le sue scelte finali.

L'immoralità, ovviamente, espelle la poesia dall'orizzonte critico di Seneca. Se è vero che, al grado più basso della προκοπή, essa deve cooperare alla rimozione dell'ἄλογον, sono del tutto incompatibili le sue espressioni che, viceversa, quell'ἄλογον attizzano e corroborano:

> *accedunt deinde carmina poetarum, quae adfectibus nostris facem subdant* (*Ep.* 115, 12).

Seneca su questo non transige e dismette anche l'*habitus* ironico tenuto nei confronti dell'amoralità poetica. Al centro è ancora il trattamento del μῦθος. La sua condanna si fa aspra quando, al di là dei lenocinii *inepti* del *fabulosus sermo*, scopre mire sacrileghe e moralmente eversive. Più volte — non è certo il Seneca «menippeo» quello che qui si manifesta — colpisce a fondo il *furor*, le *halucinationes* della *theologia fabulosa*[57]:

> *quibus nihil aliud actum est quam ut pudor hominibus*
> *peccandi demeretur, si tales deos credidissent* (*Vit.* 26, 6).
> *Quid aliud est vitia nostra incendere quam auctores illis*
> *inscribere deos et dare morbo exemplo divinitatis excusatam licentiam?* (*Brev.* 16, 5).

---

[57] Cf. G. MAZZOLI, *S. e la poesia*, 77 s.

Tra i *vitia* maggiormente incentivati da questa deprecata tendenza *poetarum ... humanos errores alentium* (*ibid.*) un posto di tutto rilievo ha la bramosia di ricchezze. *Ep.* 115, 12-16 è il *locus* che illustra in proposito l'atteggiamento dell'«ultimo Seneca». Già la descrizione positiva dello sfarzo irrita il moralista, che chiama in causa l'esuberante Ovidio (§ 13)[58]. Ben più grave la sentenziosità, in lode diretta della ricchezza, diffusa fra i tragici greci (§ 14)[59]. Dopo una serie di monostici, Seneca considera in particolare un brano euripideo (fr. 324 N²), attinto probabilmente anch'esso di seconda mano insieme a un aneddoto che lo concerne (§ 15). Quando fu recitato nel teatro ateniese, l'intero pubblico insorse unanime contro di esso e il suo interprete — reazione del tutto plausibile per Seneca, se confrontiamo il rilievo esattamente inverso di *Ep.* 108, 8-12 sul plauso teatrale alle sentenze *de contemptu pecuniae* — costringendo Euripide stesso a balzare in scena *petens ut expectarent viderentque quem admirator auri exitum faceret*.

Dingel ha utilmente insistito[60] sull'effetto di «relativizzazione» etica che scaturisce da questo aneddoto, anche se naturalmente ne piega il senso alle proprie tesi, per asserire la globale equivocità del «messaggio» poetico. A me invece sembra che non se ne possa reversibilmente inferire alcunché sulle ragioni di opportunità che avrebbero indotto Seneca a estrapolare dai contesti le sentenze morali positive. *Mala interdum* — l'ho accennato — *speciem honesti obtulere* (*Ep.* 120, 8); ma il contrario non si dà, perché il bene per uno stoico ha dalla sua l'oggettività della φύσις, che lo rende inequivocabile. Né d'altronde Seneca,

---

[58] Cf. G. MAZZOLI, *S. e la poesia*, 244 s.

[59] Per l'origine gnomologica di questo materiale, cf. l'approfondito studio di G. BARABINO, «Seneca e gli gnomologî greci sulla ricchezza», in AA.VV., *Argentea aetas, in memoriam Entii V. Marmorale* (Genova 1973), 67-82; A. SETAIOLI, *S. e i Greci*, 82-90.

[60] *S. und die Dichtung*, 34-38.

come sappiamo, dissimula il suo atteggiamento nel caso di *mésal-liances* tra la cellula del *bonum* e il suo contesto: *numquam me in bona re mali pudebit auctoris.*

Leggiamo piuttosto la «morale» posta in calce all'aneddoto, che può valere anche come clausola per le mie considerazioni:

> *dabat in illa fabula poenas Bellerophontes quas in sua quis-que dat. Nulla enim avaritia sine poena est, quamvis satis sit ipsa poenarum* (*Ep.* 115, 15-16).

Sentiamo subito la consonanza col τόπος dell'*humanae vitae mimus, qui nobis partes quas male agamus adsignat,* τόπος sulla cui efficacia Seneca si sofferma soprattutto[61] in *Ep.* 80, 6 ss., col corredo di calzanti *exempla* tragici. Ciò che più conta è che l'ultimo Seneca sembra avere ormai risolto il cruciale problema postosi nel *De clementia,* la giustificazione morale d'una poesia non «edificante» e tuttavia «grande», riconoscendola proprio nel drammatico «scavo» del *vitium,* nello spettacolo stesso dell'*in-manis et invisa materia.*

Già *Clem.* I 12, 4, a dire il vero, prefigurava la morale dell'a-neddoto, accennando all'inevitabile ritorcersi dell'odiosa sentenza tirannica su chi l'aveva pronunciata. Ma ora lo stoico pare aggiungere una ulteriore consapevolezza: come per la virtù, che ha in sé il suo premio, una paradossale autosufficienza sussiste anche per il suo polare opposto, che ha in sé la sua pena: a prescindere dall'eventuale apparente *happy end* della *fabula* o, fuori della finzione scenica, della vita. In questa prospettiva la funzione paradigmatica del teatro senecano si disambigua total-mente, incluse quelle tragedie che Dingel[62] trova irriducibili al modello dell'aneddoto, perché in tutte è pari, al di là delle

---

[61]   Cf. G. MAZZOLI, *S. e la poesia,* 123.

[62]   *S. und die Dichtung,* 38.

contingenze dell'intreccio, la portata di deterrente denuncia del *vitium*.

La lezione positiva *e contrario* la fornisce *Ep.* 77, 20:

> *quomodo fabula, sic vita: non quam diu sed quam bene acta sit, refert. Nihil ad rem pertinet, quo loco desinas. Quocumque voles desine: tantum bonam clausulam impone.*

DISCUSSION

M. Grimal: Dans la condamnation de la poésie par Sénèque, ne peut-on discerner certains arguments qui remonteraient à Epicure lui-même? Le fait que la poésie excite les passions est par conséquent contraire à l'ataraxie. Reproche qui peut porter contre la poésie épique, mais qui concerne surtout la poésie lyrique. Ne serait-ce pas là l'origine du mépris dont témoigne Sénèque à l'égard de celle-ci? Ce qui inciterait à établir des distinctions nécessaires entre les genres. Sénèque n'a pas contre la tragédie et l'épopée la prévention qu'il nourrit à l'égard des *lyrici*. Et sa position se rapproche de celle de Cicéron.

M. Mazzoli: Secondo quanto ho cercato di illustrare nel corso della mia esposizione, il complesso degli atteggiamenti critici di Seneca nei confronti della poesia si potrebbe rappresentare su un piano cartesiano, ponendo sull'asse delle ascisse i valori di «grandezza» e sull'asse delle ordinate quelli di moralità assegnati ai *carmina*. Ne risulterebbe una curva parabolica passante per il punto 0 e tendente verso l'alto nel primo quadrante, con segni positivi, in direzione del sublime, e verso il basso nel quarto quadrante, di segno positivo in ascissa ma negativo in ordinata, diretta a quello che ho chiamato «anti-sublime». Su questa curva sarebbe possibile seguire per intero gli spostamenti che per Seneca assume il valore della poesia, variabile dipendente, come ho detto, dal suo rapporto con l'etica.

Via via che il valore si sposta, si spostano anche, senza che si debba parlare d'inconseguenza, le scelte di campo del filosofo. Così l'incontro con l'epicureismo, che è innegabile, si pone a mio avviso proprio nel punto 0 del piano, all'incrocio dei due assi cartesiani, ove si annulla tanto la *magnitudo* quanto la moralità dell'opera poetica. Epicuro metteva in guardia (frgg. 163, 229 Us.)

contro il potere seduttivo della poesia e del mito, non escludendo dunque
dalla sua condanna nemmeno i «generi» più elevati; ma dopo l'audace
impresa lucreziana, la polemica anti-poetica più resistente nell'ambiente epicureo romano (la più accessibile dunque allo stesso Seneca) sembra quella
registrata da Cicerone in *Fin.* I 72 *in poetis ... nulla solida utilitas omnisque pue-
rilis est delectatio.* Credo anch'io dunque che sia necessario fare distinzioni di
generi e anch'io ritengo che quello maggiormente esposto alla condanna fosse
l' «inetta» poesia dei *lyrici,* greci e latini. Si tratta più che altro d'una preven-
zione teorica (si pensi alla trasgressione epigrammatica filodemea), su cui
l'epicureismo trovava agevole contatto con punti di vista d'altra estrazione
filosofica e non filosofica. E ce lo prova proprio il fatto di incontrare su tale
linea Seneca con Cicerone (come attesta *Ep.* 49, 5): anche se non si può naturalmente parlare di coincidenza assoluta, dati specialmente i diversi climi cul-
turali (basti rinviare a E. Malcovati, *Cicerone e la poesia,* Annali Fac. di Lettere
Cagliari 13 [Pavia 1943], 40; 56 ss.; 220 ss.).

M. Grimal: Une autre question concerne le rôle du Beau dans le stoïcisme
romain. Le fondement du stoïcisme est fourni par la formule qui identifie
ἀγαθόν et καλόν. Or, cette formule devient en latin: *nihil bonum esse nisi honestum.* Qu'il y ait place pour la poésie dans le καλόν, personne ne peut en dou-
ter. En est-il de même pour l'*honestum*? En d'autres termes, le mythe du *Phèdre* est-il encore valable pour Sénèque? L'âme peut-elle parvenir à la Sagesse
par l'intermédiaire de la beauté, poétique ou autre?

M. Mazzoli: La domanda è cruciale e travalica l'ambito del pensiero senecano e della stessa filosofia stoica per investire nella globalità il confronto tra
le due culture greca e latina, delle cui differenze possiamo bene assumere a
emblemi la connotazione estetica (cui il mito platonico suggestivamente ci
richiama) e socio-politica rispettivamente assegnate al bene morale. Ricche e
precoci informazioni sull'assunzione romana del *bonum* come *honestum* ci
fornisce il famoso frammento luciliano sulla *virtus* (vv. 1326-38 Marx) per il
quale mi permetto di rinviare al mio contributo «Reale, verum, fictum,
falso in Lucilio», in ΛΛ.VV., *Il Meraviglioso e il Verosimile tra antichità e
medioevo* (Firenze 1989), 113 ss. Ma la testimonianza di Lucilio è tanto

più preziosa perché «fotografa» il momento in cui nell'ambiente degli Scipioni si attua la mediazione tra cultura greca e latina, col primario contributo di Panezio (di cui il frammento luciliano sente indubbiamente la lezione, come mostrano le concomitanze col *De officiis* ciceroniano).

E' assai importante per noi che questa mediazione si operi proprio nell'alveo della filosofia stoica, che Panezio ha il merito di trasformare, spogliandola dei rigorismi incompatibili, in uno strumento teorico accessibile alle esigenze politiche e, ancor prima, alla mentalità dell'aristocrazia romana. Ma il filosofo di Rodi ha anche il merito di trasfondere nell'*honestum* l'armoniosa esteticità della καλοκἀγαθία greca, portando alla più raffinata elaborazione funzionale la dottrina del πρέπον. Ed è per questa via (cf. M. Pohlenz, *La Stoa* [ed. it.], I 394; 408; 541) che la lezione del «divino» Platone (Cic. *Tusc.* I 79) può entrare in sinergia con le istanze etiche stoiche e giungere fino a Seneca, abilitandolo a predicare, anche per le porte della poesia, l'accesso al bene attraverso il bello.

M. Lana: L'insofferenza di Seneca per la filologia intesa come pura erudizione può aver trovato la sua prima spinta nell'esperienza da lui vissuta a contatto con la scuola sestiana: L. Crassicio Pasicle, grammatico dottissimo, autore di un commentario alla *Zmyrna* di Cinna, celebrato entusiasticamente da un epigramma conservato da Suetonio (*Gramm*. 18), un giorno ripudiò la «grammatica» e «passò» alla scuola sestiana facendosi filosofo. Quando Seneca, nell' *Ep*. 58, 5, lamenta tutto il tempo da lui «perduto» come *puer* alla scuola del grammatico, forse ripensa alla vicenda di Crassicio.

M. Mazzoli: Grazie dell'osservazione, che mi trova perfettamente d'accordo. Io ho sempre ribadito l'importanza, per comprendere a fondo il pensiero di Seneca, di rifarsi alle radici della sua formazione filosofica. Basta leggerne l'anamnesi in *Ep*. 108, 17-23, per capirne il valore. E' nell'alveo sestiano che Seneca riesce a svincolarsi dall'opprimente impronta retorica che il padre vorrebbe dare alla sua educazione: senza peraltro rinnegarne l'utilità tecnica. In questo senso mi sembra decisivo il passaggio dall'insegnamento ascetico di Sozione a quello di Papirio Fabiano, preliminare alla «conversione» stoica sotto Attalo.

Non sono d'accordo con quanti vorrebbero ricollegare direttamente il pensiero di Seneca alle fonti greche preciceroniane (Panezio, Posidonio, Antioco, a seconda dei punti di vista). Io stesso ho dato, nel corso della mia esposizione, molto rilievo all'influsso paneziano, ma è bene distinguere tra modelli dottrinali e insegnamento vivo. E' quest'ultimo che il filosofo ormai *senex* ricorda come decisivo, e proprio nella lettera in cui esprime i suoi giudizi più importanti sui rapporti che devono intercorrere tra poesia, filosofia, filologia. Le «conversioni» filosofiche come quella, citata da Italo Lana, di L. Crassicio Pasicle segnano anche la strada di Seneca; e ben si spiega la sua profonda amarezza per la fine precoce della *secta* sestiana, repressa dal sospettoso Tiberio (*Nat.* VII 32, 4), una fine che significa soprattutto il passaggio inverso dei sestiani di seconda generazione dalla filosofia alle (svalutate da Seneca: *Ep.* 88) *artes liberales*.

M. Mayer: Your reassessment of Seneca's views on poetry concentrated on the poles — the negative of pleasure and the positive of moral instruction. Might I suggest that Seneca also offers a *via media* in *Ep.* 79? It must be borne in mind that in the social class to which Seneca belonged, and more particularly in the court of Nero where Seneca's position was so conspicuous, the composition of poetry was a polite accomplishment of men of culture (cf. Tac. *Ann.* XIV 52, 3). And so it appears in *Ep.* 79, which encourages Lucilius to press on with a poem on Etna. Seneca doesn't presuppose any special gift for poetry in Lucilius' *ingenium*, nor does he require of his friend a moral purpose. An artful reworking of the themes of earlier poets should do the trick. Poetic composition is a cultured game. Would you agree with me that this position is somewhat between the polar extremities you have stressed?

M. Mazzoli: Credo opportuna, preliminarmente, una distinzione. Io mi sono occupato, ovviamente, del punto di vista di Seneca, dunque della poesia per il *proficiens*: da ciò deriva la forte polarizzazione da Lei notata dell' «effetto» poetico, di segno positivo in direzione della *sapientia* e negativo in direzione dell' ἄλογον: ciò non toglie che vi sia, tra gli estremi, una certa gradualità, come spero di aver mostrato.

Lei invece si riferisce, piuttosto, alla poesia del *proficiens*, nella fattispecie a una reale attività poetica di Lucilio Iunior che non corrisponde tutta e necessariamente al quadro teorico di Seneca (se così già fosse, non avrebbe più ragion d'essere la «funzione conativa» della sua scrittura epistolare). Quando mi sono occupato dei versi luciliani ricordati dal filosofo (*Seneca e la poesia* [Milano 1970], 258-264), mi è parso di dover distinguere tra un filone più impegnato (direi «virgiliano») e conforme alla teoria senecana del *carmen* etico (cf. *Ep.* 8, 10 e soprattutto 24, 21, per un esametro scritto da Lucilio *quo soles ore, semper quidem magnus, numquam tamen acrior quam ubi veritati commodas verba*), e una produzione più leggera, descrittiva, di colorito «ovidiano» e di contenuto probabilmente odeporico. Recentemente L. Duret (*ANRW* II 32, 5 [Berlin/New York 1986], 3181-3187) ha ritenuto di poter sintetizzare i due filoni in uno solo, poesia filosofica intesa a penetrare i misteri naturali. Se così fosse, ovviamente tutta la poesia di Lucilio risentirebbe d'un più spiccato orientamento verso il «polo» positivo. Ma, ripeto, non è ipotesi indispensabile. Nel caso del poemetto di ambiente siciliano ricordato in *Ep.* 79, 5, è facile che sia piuttosto Seneca a venir incontro ai gusti dell'amico, accettandoli per quel che sono, una *via media* che s'inquadra facilmente, come Lei dice, nella cultura dell'età neroniana. Eppure mi sembra che neppure in questo caso il filosofo venga meno alla «funzione conativa» del suo messaggio, cercando di polarizzare più positivamente l'ispirazione poetica dell'amico. Tutta la teoria dell'*imitatio* cui dedica i successivi paragrafi (e cf. la vicina *Ep.* 84) pare agire in tal senso. E non escluderei che l'allegorizzazione in chiave morale del tema etneo proposto a partire dal § 8 miri anche a offrire a Lucilio un concreto esempio della direzione da prendere.

Mme Armisen-Marchetti: Le problème posé par la faveur de Sénèque pour la poésie — et par le fait qu'il ait pratiqué la forme poétique, avec tragédies — rejoint celui que pose la présence de la rhétorique chez le philosophe. Poésie comme rhétorique sont irrationnelles, ou à tout le moins a-rationnelles. Or Sénèque est un stoïcien, c'est-à-dire un philosophe de la raison. Il me semble donc que l'on aurait intérêt à s'interroger aussi sur sa psychologie, sur sa conception des fonctions psychiques, en s'aidant en particulier de l'excellent livre de Mme J. Fillion-Lahille, *Le «De Ira» de Sénèque et la philosophie stoïcienne des passions* (Paris 1984).

M. Mazzoli: Non è soltanto a proposito della poesia e, più in generale, della dottrina retorica e stilistica che si pone per Seneca il problema dell'irrazionale e dunque della sua compatibilità col quadro stoico. Parecchi anni fa mi sono occupato della genesi e del valore che ha nel suo pensiero il motivo escatologico (*RIL* 101 [1967], 203-262) per mostrare come le suggestioni dualistiche suscitate dal vivo sentimento religioso vengano ricondotte nel solco del monismo stoico da une grande energia metaforica (si pensi al *bellum somnium* di *Ep.* 102, 2). Quanto possa poi lo strumento metaforico per rendere compatibile col razionalismo scolastico anche una teoria dell'arte ispirata appare chiaro dal finale esaminato del *Tranq. an.* (l'immagine platonica del cavallo: 17, 11). Si tratta in fondo dello stesso problema: l'irrazionalismo dello «slancio verso l'alto» che separa dalle basse contingenze materiali l'*animus* (istanza metafisica) o l'*ingenium* (istanza artistica) viene neutralizzato e riconvertito, tramite appunto lo spostamento metaforico, a una funzione totalmente morale, in linea con le tendenze volontaristische che influenzano Seneca, da Cleante a Sestio.

Ma bene ha fatto Mme Armisen a chiamare in causa la teoria psicologica del *De ira* perché è là che per la prima volta Seneca fa i conti con la potenza, già a livello istintuale, dell' ἄλογον e misura le risposte date all'esterno e all'interno della scuola stoica (come risulta dall'approfondita ricerca delle fonti nel saggio della Fillion-Lahille). Già nel mio libro (*Seneca e la poesia*, 56 s.) mi dicevo persuaso che, senza la moderata rivalutazione del παθητικόν nel cosiddetto «Stoicismo di mezzo» (cf. M. Pohlenz, *La Stoa*, ed. it., I 404), sarebbe affatto mancato a Seneca il supporto retorico per dare corso — sorvegliato, s'intende — alle pulsioni del suo ricco sentimento religioso e poetico. Certo, il *De ira*, data l'arretrata cronologia, non può rispecchiare la posizione del Seneca più maturo; ma è interessante, perché tra l'altro testimonia la prima riflessione del filosofo su un πάθος, come l'ira, di forte valenza poetica (cf. I 20).

M. Gigon: Je me demande quel est le rôle de Cicéron dans ce débat sur les genres de la poésie. Nous avons deux fragments qui permettent de supposer que le problème a été discuté au moins brièvement dans la première partie de l'*Hortensius*. Une fois Cicéron doit avoir déclaré dans ce dialogue qu'il n'a pas le temps de lire les lyriques, façon polie de dire que les lyriques ne l'intéressent pas et ne lui apportent rien. Si ce point a été discuté ultérieurement, nous n'en savons rien.

Un deuxième fragment est un mot de Catulus qui demande à Lucullus, propriétaire d'une bibliothèque richissime, de bien vouloir lui prêter l'index des tragiques grecs; il voudrait constater quelles sont les tragédies qui manquent encore dans sa bibliothèque à lui. Il s'agit donc, seulement, de compléter une bibliothèque. On n'a pas l'impression que les tragédies grecques en tant que telles auraient eu une importance particulière et personnelle, ni pour Catulus, ni pour Lucullus, ni pour Cicéron lui-même.

M. Mazzoli: Su una materia *disiecta* come l'*Hortensius* — in cui non è tassativo che i giudizi dei personaggi rispecchino il pensiero dell'autore del dialogo — non mi sentirei di esprimere valutazioni cogenti. Tuttavia mi sembra che il significato dei due frammenti citati (8 e 12 Grilli) vada nella direzione da Lei indicata: la svalutazione della poesia disimpegnata nei confronti della filosofia può avere una spiccata valenza protrettica. Né si può sottovalutare il fatto che difficilmente Seneca attribuirebbe, riportando in *Ep.* 49, 5 il fr. 12, la stroncatura dei *lyrici* a Cicerone stesso se il contesto da cui cita deponesse diversamente. Anche il fr. 8 mostra consonanza con la polemica di Seneca, *Tranq.* 9, 4, contro la cultura ridotta a vacua ostentazione: *quo innumerabiles libros et bibliothecas, quarum dominus vix tota vita indices perlegit?* Seneca certo non stenta, nella sua critica alla poesia che suona a vuoto o viene sfruttata come mero *status symbol*, a trovare precursori: ho già ricordato, rispondendo a M. Grimal, il punto di vista dell'epicureismo romano. Bisogna però convenire che gli torni particolarmente comodo fare riferimento all'*auctoritas* di Cicerone, alla quale, nonostante gli sfavorevoli atteggiamenti critici, volentieri s'appella nella pratica della citazione poetica (cf. G. Mazzoli, *Seneca e la poesia*, 187; 212-214).

M. Lana: Posto che per Seneca la poesia eserciti una sua utile funzione, elativa e relativa, fino al livello dei *sublimia*, mi domando come si giustifichi il ricorso anche al Περὶ ὕψους per illustrare certe valutazioni della poesia che troviamo in Seneca. L'ἐνθουσιασμός dello scrittore, prosatore o poeta che sia, secondo l'Anonimo è paragonabile all'invasamento della Pizia che trae ispirazione dal soffio divino che promana dal ῥῆγμα, e l'uomo aspira alle realtà più grandiose che vanno oltre i limiti dell'esperienza quotidiana e mirano a superare tutte le barriere (tutti i *claustra mundi*) in uno slancio verso l'infinito. Dunque la poesia (sublime) per l'Anonimo tende verso i *caelestia* senecani né si arresta davanti ai *sublimia*.

M. Mazzoli: Se mi sembra indubbio che Seneca abbia attinto al pensiero che ispira il saggio Περὶ ὕψους (il che non comporta necessariamente la diretta conoscenza di quel testo) non mi spingerei troppo avanti nello stringere il rapporto. L'Anonimo non è certo uno stoico, ha quindi facoltà di accentuare al massimo il carattere irrazionale dell'ἐνθουσιασμός, sulle orme della θεία μανία di Platone. Seneca si limita a mutuare solo ció che può inserirsi, senza «rottura» metafisica, nella vasta «metafora» morale della προκοπή.

VI

PIERRE GRIMAL

NATURE ET FONCTION DE LA DIGRESSION DANS LES ŒUVRES EN PROSE DE SÉNÈQUE

Une tradition qui demeura longtemps bien ancrée et que se transmettaient les historiens de la littérature latine voulait que les ouvrages de Sénèque, les *Dialogues*, les traités comme les *Questions Naturelles* et le *De beneficiis*, ou les *Lettre à Lucilius* ne fussent, comme l'affirmait R. Pichon, que des «séries de réflexions enfilées au hasard»[1]. Opinion extrême, et que nul ne se hasarderait aujourd'hui à soutenir, sous cette forme brutale, mais que l'on retrouve souvent, avec plus de nuances, dans de nombreuses études plus récentes. Ainsi, le livre classique d'E. Albertini[2], s'il distingue trois modes de composition chez Sénèque, reconnaît qu'il existe, dans son œuvre, et pour certains traités, «un plan formé et annoncé d'avance», mais insiste sur les deux autres catégories, dont l'une «est la réunion après coup de morceaux qui ont été conçus et écrits isolément», et l'autre «la composition par association d'idées», pour laquelle il n'y a «ni plan préconçu, ni rapprochement volontaire de morceaux d'abord distincts»[3]. Et, ajoute E. Albertini, «aucun de ces trois

---

[1]   *Histoire de la littérature latine* (Paris, 1897), 449.
[2]   *La composition dans les ouvrages philosophiques de Sénèque* (Paris, 1923), 244 et suiv.
[3]   *Ibid.*, 245.

modes n'exclut les digressions, c'est-à-dire la présence de morceaux qui s'insèrent dans un développement au thème fondamental duquel ils sont étrangers»[4]. Et il en conclut: «Il est permis
d'estimer que Sénèque, en les éliminant, aurait fait preuve d'un
goût plus sûr...»[5].

Quelques années plus tard, en 1934, Jean Bayet écrivait, de
même, à propos de Sénèque: «La composition ne l'inquiète pas:
il s'y efforce parfois... mais oublie bientôt son plan, le grossit de
digressions, l'amplifie ou le mutile. Nulle proportion, par suite,
entre les parties; et des transitions vaille que vaille. L'improvisa-
tion est reine...»[6]

Un tel état de choses appelle une explication. Elle était fournie
dès 1898 par Ed. Norden, dans son livre sur la prose d'art antique[7], qui insistait sur l'importance de la rhétorique, et, plus particulièrement, de la déclamation dans la culture romaine au premier siècle de notre ère. Cette influence, exercée par les maîtres
de la rhétorique, est indéniable, et, peu après la parution du livre
de Norden, deux auteurs au moins ont cherché à la préciser et à
l'expliquer, d'abord en s'appuyant sur le fait que Sénèque le Père
était grand amateur de rhétorique et que son fils eut avec lui une
évidente intimité intellectuelle[8]. Le résultat de ces recherches ne
fut pas négligeable. Elles conduisirent, en particulier, à découvrir
des rapprochements de mots, voire de phrases, montrant que les
leçons du père ou, plutôt, ses conversations avec son fils avaient
laissé des souvenirs précis dans la mémoire de celui-ci.

---

[4] *Ibid.*, 246.

[5] *Ibid.*

[6] J. BAYET, *Littérature latine*, nouvelle édition, avec la collaboration de
Louis NOUGARET (Paris 1965), 326.

[7] Ed. NORDEN, *Die antike Kunstprosa*, 2 vol. (Leipzig ³1928).

[8] E. ROLLAND, *De l'influence de Sénèque le Père et des rhéteurs sur Sénèque
le philosophe* (Gent 1906). Voir également C. PREISENDANZ, «De L.
Annaei Senecae rhetoris apud philosophum filium auctoritate», in *Philo-
logus* 67 (1908), 68-112.

Pourtant, ces coïncidences pouvaient passer pour superficiel-
les. Elles ne rendaient pas compte des liens profonds qui ratta-
chent Sénèque le philosophe à l'enseignement et à la pratique des
rhéteurs, de la parenté qui existe dans le style, les formes de la
pensée, sa tension, son chatoiement, entre une controverse ou
une *suasoria* et ce que nous lisons dans les traités en prose de
Sénèque. Ainsi en jugeait Luigi Castiglioni dans une étude parue
en 1926[9], suggérée, peut-être, par le livre d'E. Albertini et le *Sénèque prosateur* de A. Bourgery, paru en 1922. L. Castiglioni cons-
tatait que, si les rapports entre Sénèque le philosophe et les décla-
mateurs avaient été signalés, à plusieurs reprises, l'étude de ces
rapports n'avait pas été «poussée à fond»:

«La réalité du fait, écrivait L. Castiglioni, appartient désormais aux choses jugées... Mais en quoi consiste réellement cette
rhétorique de Sénèque, quelles formes précises elle revêt, dans
quelle mesure elle influe sur l'évolution de sa pensée, sur sa
manière de traiter une question, sur la composition des œuvres
prises une à une sont autant de problèmes que je ne trouve pas
— je ne dirai pas abordés de front, mais même formulés avec une
suffisante clarté.»[10]

La raison de cette absence est assez claire; elle réside, sans
doute, dans le parti-pris des historiens de la littérature pour lesquels parler de rhétorique revient à porter un jugement péjora-
tif, équivalant à une véritable condamnation: ce qui appartient
au domaine de la rhétorique ne saurait être, pense-t-on, que langage artificiel, dépourvu de sincérité, le contraire même d'une
pensée authentique et, le plus souvent, empreint de «mauvais
goût». Et si, de plus, l'auteur qui l'emploie se pique de philo-

---

[9]   «Studi intorno a Seneca prosatore e filosofo», in *RFIC* 52 (= N.S. 2)
(1924), 350-382, = AA.VV., *Seneca. Letture critiche*, a cura di A. TRAINA
(Milano 1976), 97-126.

[10]   *Art. cit.*, 100-101.

sophie, le reproche est encore plus grave, puisque ses propos apparaissent comme dictés par des lois purement formelles, qui lui seraient imposées de l'extérieur. On admet donc, assez généralement, que, dans la mesure où Sénèque se révèle disciple des rhéteurs, où il recourt aux procédés qui leur sont familiers, où il adopte les formes de discours qui leur sont chers, il ne saurait être un véritable penseur, encore moins un philosophe. Il veut seulement s'en donner l'apparence.

Tel est le jugement, sévère, de l'opinion commune, aujourd'hui, à l'égard de Sénèque, quelles que soient, par ailleurs, les qualités et les mérites que l'on consent à lui reconnaître. Il nous semble, au contraire, que l'emploi qu'il fait des modes d'expression en usage chez ceux qui furent ses maîtres, directs ou indirects, ne compromet en rien son autonomie intellectuelle ni, à plus forte raison, sa sincérité. Il utilise un «langage», un mode de communication, dirait-on de nos jours, qui se révèle comme le plus propre à être entendu par ceux auxquels il s'adresse. Chaque siècle, en effet, a son langage. Lucilius, au temps des Scipions, exposait, en vers, les doctrines des philosophes. De même Lucrèce, un siècle plus tard, demandait à la poésie le moyen de persuader Memmius, tandis que Cicéron, au cours des mêmes années, s'efforçait de forger, pour la langue latine, un vocabulaire qui rendît sensible l'enseignement des principales écoles encore vivantes. Et, comme, avec l'avènement du principat, l'essentiel de la culture se trouvait représenté par les rhéteurs, désormais les maîtres de la parole, il ne pouvait se faire que toute pensée ne dût recourir à eux pour être entendue. Mais cette rhétorique, toute-puissante, ne fournissait, ou, si l'on préfère, n'imposait que des formes. Il appartenait à ceux qui l'employaient de faire que ces formes recouvrissent autre chose que du vide.

En essayant de découvrir quelle est la fonction des digressions dans l'œuvre en prose de Sénèque, le problème que nous posons est l'un de ceux qui se trouvaient évoqués dans le travail de Luigi Castiglioni. Il intéresse en effet celui de la composition, problème plus général et qui, lui, ne peut être résolu que si l'on consent à se référer aux usages et aux règles de la rhétorique contemporaine de Sénèque. Depuis l'article de Castiglioni, cette étude a été entreprise, par Karlhans Abel, notamment[11], puis par nous-même[12], et poursuivie par J.R.G. Wright[13]. Elle a conduit à considérer les dialogues comme de véritables *suasoriae*, tout à fait comparables, dans leurs structures et les «couleurs» qu'elles emploient, à celles que nous fait connaître l'ouvrage de Sénèque le Père[14].

Mais les digressions ne se rencontrent pas seulement, chez Sénèque, dans les traités proches de la *suasoria* — c'est-à-dire, généralement, les *Dialogues*. On en trouve également dans les ouvrages plus généraux, ceux qui nous ont été conservés, les *Questions Naturelles* et les livres *Des bienfaits*. Elles sont nombreuses aussi dans les *Lettres à Lucilius*, et l'on penserait qu'elles y sont justifiées par le ton plus libre d'une correspondance privée, si les œuvres antérieures n'avaient pas montré que l'usage en était depuis longtemps familier à Sénèque et qu'il appartenait aux structures mêmes de sa pensée. On est ainsi conduit à considérer que la digression, dont les rhéteurs faisaient une partie intégrante de la composition d'un discours, avait pris, pour Sénèque, une valeur propre, qu'elle lui était devenue un mode de pensée. Et cela répond précisément à l'un des souhaits formulés par L. Castiglioni, qui invite à mieux connaître l'influence exercée par

---

[11] *Bauformen in Senecas Dialogen* (Heidelberg 1967).

[12] «La composition dans les 'dialogues' de Sénèque», in *Rome. La littérature et l'histoire* (Paris-Rome 1986), I 515-549.

[13] «Form and Content of the Moral Essays», in *Seneca*, ed. C.D.N. COSTA (London 1974), 32-69.

[14] Ainsi, le livre I du *De clementia* est construit sur le schéma *ius et aequitas*, caractéristique de la *suasoria*. Voir P. GRIMAL, *Sénèque ou la conscience de l'Empire* (Paris 1978), 121.

la rhétorique non plus sur l'expression mais sur l'expérience spirituelle même de l'écrivain. Ce qui est en question, c'est la cohérence de sa pensée, à travers les différents aspects de son œuvre. Nous devrons nous demander si ce qui était un ornement imaginé par la rhétorique traditionnelle ne devint pas pour Sénèque une véritable méthode de découverte philosophique et morale, s'il n'existe pas, chez lui, sous-jacente à l'étourdissante diversité des digressions, une unité profonde d'inspiration, trop souvent méconnue, et qu'il nous appartient de retrouver. Mais cette recherche que nous entreprenons devrait nous permettre aussi de mieux comprendre comment l'œuvre de Sénèque, dans la mesure où elle prend appui sur les théories de l'esthétique oratoire, s'insère dans la littérature de son temps, celle qui est encore en devenir, et prépare des floraisons que le goût sévère de Quintilien et de quelques autres tendait à étouffer. Curieusement, et ce n'est sans doute pas le moindre mérite de Sénèque, il nous sera donné de voir (du moins nous l'espérons) à travers son œuvre, comment la rhétorique, déjà traditionnelle, en viendra elle-même à se dépasser.

*

Mais il convient d'abord de définir la digression et de rappeler quels furent, à ce sujet, l'enseignement et la pratique des rhéteurs. Une digression, si l'on en croit Cicéron, qui s'appuie sur la doctrine d'Hermagoras, est un développement extérieur à la cause et au point à juger, «et qui contient ou bien l'éloge de soi-même ou bien la critique de l'adversaire ou qui introduit une cause différente pour en tirer quelque confirmation ou quelque réfutation, non par une argumentation mais par une amplification qui élève la question»[15].

---

[15] *Inv.* I 97.

Il est naturel de penser qu'un pareil procédé naquit en même temps que l'art oratoire; il est spontané chez quiconque veut persuader. On constate que, bien avant le temps des doctrines et des écoles, dans l'Athènes du Vᵉ siècle, les orateurs ne répugnaient pas à user de la digression, à interrompre le cours logique de leur démonstration pour insérer dans leur discours des passages destinés à plaire aux auditeurs, à réveiller leur attention, à toucher leur sensibilité[16]. Démosthène était resté célèbre par son art de la digression. Pline le Jeune citera encore, bien des siècles plus tard, celle qu'il lisait dans le discours *Sur l'Ambassade*, et dont il lui suffira de rappeler les premiers mots, tant elle était présente à toutes les mémoires[17].

Pourtant, la digression n'est pas mentionnée par les premiers auteurs qui tentent de formuler des règles pour l'éloquence. Elle ne figure ni chez Aristote ni chez son contemporain Anaximène[18]: apparemment elle est considérée comme une excroissance parasite, qui ne saurait être soumise à des lois et dépend seulement de la fantaisie de l'orateur.

Il faut attendre l'enseignement d'Hermagoras de Temnos, vers 150 av. J.-C., pour que la digression soit reconnue par les rhéteurs comme une partie du discours. Nous avons vu quelle définition il en donnait. Il la justifie en en faisant une espèce de la *quaestio*, par exemple la nature du bien, ou la grandeur du soleil, ou des problèmes généraux, qui, dit Cicéron, appartiennent aux seuls philosophes[19].

A Rome, la pratique de la digression avait commencé bien avant que l'on n'en fît la théorie. Cicéron affirme que le premier

---

[16] Isaeus, *Or.* VI 59.

[17] Plin. *Epist.* IX 26, 9: *iam quid audentius illo pulcherrimo ac longissimo excessu:* νόσημα γὰρ...

[18] Cf. J. Brzoska, «Anaximenes», in *RE* I 2 (1894), 2086-2098.

[19] *Inv.* I 8.

à la pratiquer avec éclat fut Servius Sulpicius Galba, au milieu du deuxième siècle av. J.-C. Galba s'était illustré en «sortant de son sujet, pour embellir son propos, charmer les esprits, émouvoir, élever le débat, recourir au pathétique, aux idées générales»[20]. Mais il semble bien que ces parties de ses discours n'aient pas été conservées lors de leur publication, puisque Cicéron avoue n'en pas trouver trace en les lisant[21]. Quoi qu'il en soit, la *Rhétorique à Hérennius* ignore la digression[22].

Dans le *De inuentione*, Cicéron se montre assez réticent à l'égard des théories d'Hermagoras. Il se refuse à faire de la digression une partie autonome du discours[23]. Il accepte bien que l'orateur introduise un développement sur un «lieu général» (*locus communis*), mais il faut qu'il le fasse avec discrétion, et toujours après avoir établi, par des arguments précis et positifs, la vérité de sa thèse[24].

Telle était l'opinion de Cicéron en son adolescence, quand il était dans sa vingtième année. Une trentaine d'années plus tard, dans le *De oratore*, il se montre aussi très réservé en parlant de la digression. Il n'y fait, à la vérité, qu'une allusion:

«Quelques-uns [il s'agit des rhéteurs grecs et, sans doute, essentiellement d'Hermagoras] invitent à insérer, avant la péroraison, une digression destinée à orner ou élever le discours, puis à conclure et à passer à la péroraison.»[25]

---

[20] *Brut.* 82: ... *ut egrederetur a proposito ornandi causa, ut delectaret animos, ut permoueret, ut augeret rem, ut miserationibus, ut communibus locis uteretur.*

[21] *Ibid.*

[22] Voir A.D. LEEMAN, *Orationis ratio*, trad. ital. (Bologna 1974), 36.

[23] *Inv.* I 97: *nobis autem non placuit hanc partem in numerum reponi quod de causa digredi nisi per locum communem displicet...*

[24] *Inv.* II 48.

[25] *De orat.* II 80: *alii iubent, antequam peroretur, ornandi aut augendi causa degredi deinde concludere ac perorare.*

Mais, tout en concédant qu'il est possible de suivre ce conseil, Cicéron ne croit pas que ce soit là une règle absolue, purement abstraite. Il estime que ces théoriciens de la parole, qui n'ont jamais défendu réellement un accusé devant un tribunal, se faisaient une idée fausse des conditions dans lesquelles l'éloquence avait à s'exercer.

Qu'il ne réprouvât pas lui-même le recours à la digression, nous en avons plusieurs preuves. Il en avait usé avec beaucoup d'éclat au cours de sa carrière, mais il ne pensait pas qu'il fallût l'enfermer par des préceptes trop contraignants.

Quintilien, dans le chapitre qu'il consacrera à la digression[26], citera trois digressions célèbres qu'il trouve dans les discours de Cicéron, et il les considère comme des modèles: l'éloge de la Sicile, au début de la seconde action contre Verrès (le discours consacré à la préture de Sicile), puis la description de la ville d'Henna et de son sanctuaire, qui culmine avec la légende de Proserpine[27], enfin un éloge de Pompée, que nous ne possédons pas et qui se trouvait dans le plaidoyer en faveur de C. Cornelius[28]. Celui que nous connaissons par le *Pro lege Manilia* peut nous en donner quelque idée.

Cicéron, il est vrai, ne s'était pas abandonné sans quelque scrupule à ce genre de développement. Déjà, dans le *De signis* (qui, on le sait, n'a pas été prononcé), il feint d'hésiter. Après avoir rappelé les cérémonies célébrées en l'honneur de la déesse d'Henna, il s'interrompt pour dire — ou plutôt pour écrire: *Non obtundam diutius*, «je ne vous étourdirai pas plus longtemps»[29].

---

[26]   *Inst.* IV 3. Voir ci-dessous.

[27]   Eloge de la Sicile: *Verr.* II, 2, 2-9. Description d'Henna: *Verr.* II, 4, 106-109 (*De signis*).

[28]   Du *Pro Cornelio* (qui comportait deux discours), il ne reste que des fragments.

[29]   *Verr.* II, 4, 109.

Il affecte de considérer que toute digression doit être justifiée, et, surtout, demeurer discrète.

Il nous a d'ailleurs confié dans l'*Orator* quel était, en sa vieillesse, son véritable sentiment sur ce genre de développement, ces morceaux de bravoure qui provoquaient l'admiration des foules. Il le fait à propos de la célèbre digression sur le supplice des parricides, dans le *Pro Sex. Roscio Amerino*[30]. Il voit dans ce tableau pathétique l'effet d'une jeunesse qui n'a pas encore «jeté sa gourme» ou, comme il le dit lui-même, «achevé sa fermentation». Il n'en considère pas moins, dans ce même passage de l'*Orator*, où il ironise sur ses efforts d'autrefois, que de telles digressions, en introduisant dans l'éloquence une plus grande diversité de tons, avaient provoqué dans le public une véritable passion, un engouement qui explique, au moins en partie, l'évolution ultérieure de l'art oratoire.

Les digressions, dans les discours de Cicéron, ne sont pas seulement des morceaux de cette sorte. Il en est une, par exemple, plus discrète, dans le *Pro Rabirio*, dans laquelle l'orateur exprime l'une de ses plus profondes convictions, lorsqu'il affirme, à propos de C. Marius, qu'une âme comme la sienne ne pouvait mourir[31]. Ce sont les mêmes arguments qu'il reprendra, au premier livre des *Tusculanes*[32], et l'on sait que, dans sa jeunesse, il avait exalté dans un poème la gloire de son illustre compatriote et allié[33]. Tout cela nous autorise à penser que, chez Cicéron, l'emploi des digressions relève d'une inspiration spontanée de l'esprit, de ce que Pétrone, dans les propos qu'il prête à Eumolpe, appellera un *impetus*[34], quelque chose qui, parfois,

---

[30]   *S. Rosc.* 69-71; *Orat.* 107.
[31]   *Rab. perd.* 29 (cité par A.D. LEEMAN, *op. cit.*, 137-138).
[32]   I 30 et suiv.
[33]   Voir P. GRIMAL, *Cicéron* (Paris 1986), 39 et suiv.
[34]   Petron., *Satirae* 118, 6.

peut être un jeu artificiel, mais qui, plus souvent encore, jaillit des profondeurs de l'être.

Mouvement de l'âme, la digression est, par essence, indisciplinée, et les rhéteurs, comme Cicéron vieilli, la considéraient avec suspicion. Quintilien, dans le chapitre que nous avons cité, constate qu'elle ne rentre pas dans les cinq parties canoniques d'un discours; elle ne se confond ni avec l'exorde ni avec la narration, ni avec la preuve, la réfutation ou la péroraison[35]. Elle est, par essence, inclassable. En revanche, elle est partout. Quintilien énumère les formes qu'elle peut prendre: «indignation, appel à la pitié, malveillance, insultes, justifications, appel à la bienveillance, réfutation de mauvais propos», tout cela est digression[36].

Cette omniprésence de la digression est pour nous fort instructive. Elle trahit une tendance, de la part des orateurs, et aussi, peut-être surtout, nous le verrons, des rhéteurs professionnels, à briser les cadres trop rigides que les préceptes de la rhétorique traditionnelle imposaient au discours. C'est dans la digression que trouve refuge la richesse de la pensée; elle est la part de l'inattendu, c'est-à-dire, finalement, de la création. Puisque, par nature, elle ne correspond à aucun contenu déterminé à l'avance (comme le font les autres «parties» d'une controverse ou d'une *suasoria*), elle est le domaine par excellence de la liberté. Elle est le moyen de réintroduire la vie dans les schémas figés de l'école, et, ce qui le montre bien, c'est qu'elle a étendu son royaume d'abord dans l'école même et non pas au forum ou dans les tribunaux. Quintilien lui-même est contraint de l'avouer, non peut-être sans regret: «Beaucoup d'orateurs, dit-il, ont coutume, une fois qu'ils ont annoncé le plan, de se lancer aussitôt, et sans autre considération, dans un développement brillant, susceptible de

---

[35]   *Inst.* IV 3, 15.

[36]   *Ibid.*

leur attirer le plus d'applaudissement possible»[37]. Et il ajoute: «Cette pratique, née de la déclamation d'apparat, est aujourd'hui parvenue au forum, depuis que l'on a imaginé de plaider non pour l'utilité des parties mais pour satisfaire la vanité des avocats.»[38]

C'est reconnaître que la digression est une expression oratoire qui n'a d'autre fin que le plaisir de l'auditeur et, naturellement, la gloire de l'auteur. Elle fleurit dans ce milieu littéraire qui trouve sa plus grande délectation dans les *recitationes*, les lectures publiques dont la mode se répandit à partir du règne d'Auguste. Dans la dédicace de son *Histoire Naturelle* à Vespasien, Pline demandait à l'empereur de bien vouloir l'excuser si les livres qu'il lui offrait ne se prêtaient pas à ce que l'auteur y fît montre de talent, s'ils ne pouvaient donner lieu à «des digressions, des discours, des dialogues, à des événements étonnants, à des histoires de toute sorte, plaisantes à raconter, agréables à lire. Le sujet en est la réalité des choses, c'est-à-dire la vie...»[39].

Pline pense ici, évidemment, aux historiens, comme Tite-Live, dont il fait mention peu après. Mais sa remarque prend toute sa valeur si l'on se souvient de la manière dont Sénèque avait traité des sujets concernant, eux aussi, la «nature», dans ses *Questions Naturelles*: là, nous le verrons, ne manquent pas les digressions destinées, comme dans un discours, à «élever le ton», élargir l'enquête, de manière à en montrer toute l'ampleur. Tandis que l'*Histoire Naturelle* de Pline se présentait comme une suite de faits où les considérations philosophiques demeurent sous-jacentes[40], le livre de Sénèque se conforme à la tradition de

---

[37] *Inst.* IV 3, 1-2.

[38] *Ibid.*

[39] Plin. *Nat.* I *praef.* 12.

[40] P. GRIMAL, «Pline l'Ancien et les philosophes», in *Pline l'Ancien, témoin de son temps. Actes du Congrès International de Nantes*, oct. 1986 (Salamanca-Nantes 1987), 239-250.

la rhétorique d'apparat, où la digression sert à introduire la réflexion de l'auteur. On ne saurait donc accuser Sénèque d'avoir cédé, lorsqu'il usait de ce procédé, à l'entraînement de son imagination, à son tempérament, à un manque de rigueur dans la pensée, ou, si l'on préfère, à ses «démons». Il usait seulement d'un mode d'expression qui s'était progressivement créé et façonné au cours des générations précédentes. Peut-être faut-il, comme on l'a suggéré, en chercher les origines lointaines dans le désir conçu par les «rhéteurs» d'imiter les poètes hellénistiques dans leur goût pour le singulier, le bizarre, les descriptions et les mythes[41]. L'idée est ingénieuse; il est possible que, au cours du deuxième siècle avant notre ère, les rhéteurs rhodiens ou pergaméniens, ou syriens, voire alexandrins, aient été séduits par les œuvres des poètes qui leur étaient contemporains. L'éloquence asianique en serait une preuve. Mais cette influence ne pouvait agir que sur le contenu ou le style des digressions, non pas sur leur existence même, puisque, phénomène spontané de toute éloquence encore indisciplinée, elles ont d'abord apparu, avant toute règle, comme des plantes sauvages qu'il fallut ensuite tailler et assagir. Et elles ne cessèrent jamais tout à fait d'être telles.

Il nous reste à examiner l'usage que fit Sénèque de cette liberté depuis ses premiers ouvrages jusqu'aux *Lettres à Lucilius*, à nous demander si la digression fut seulement pour lui un moyen d'orner son discours, au prix d'une certaine incohérence ou si ce ne fut pas avant tout un instrument de pensée, un moyen de la conduire au-delà des inférences de la logique, un recours à l'irrationnel.

*

---

[41]   M. Rozelaar, *Seneca. Eine Gesamtdarstellung* (Amsterdam 1976), 393 et suiv.

Dans le premier ouvrage en prose qui nous soit conservé, la *Consolation à Marcia*, Sénèque use de la digression, comme le voulait ce genre de *suasoria*[42]. Il y recourt comme à l'un des procédés propres à agir sur l'âme et l'esprit de celle à qui il s'adresse. Il en use à côté des préceptes et des *exempla*, des considérations générales sur la nature de l'homme et, surtout, sa place dans l'ensemble de la création. Mais s'il ne s'agissait que d'exposer à Marcia ce qui n'est guère plus qu'un lieu commun, l'incertitude de la vie humaine, en butte à tous les coups de la Fortune, la simple succession des arguments ne saurait la persuader. Aussi, pour rendre cette incertitude effectivement sensible, Sénèque, abandonnant de façon délibérée le point en question, imagine un voyageur au moment de partir pour Syracuse, à qui un ami décrit ce qui l'attend: une ville d'une grande beauté, des souvenirs historiques grandioses, mais aussi la tyrannie cruelle du despote Denys[43].

Puis, sur cette première digression, une autre se greffe, second terme d'une comparaison. A la beauté de Syracuse répond le merveilleux spectacle du monde; à la cruauté de Denys, les maux sans nombre qui menacent les corps, les guerres, les brigandages, les poisons, les naufrages, et la mort, dont on ne peut prévoir si elle sera douce ou terrible[44]. Puis, peu à peu, le regard s'élève, jusqu'à la contemplation de l'univers, qui est donnée aux âmes heureuses[45].

Au terme de ce long poème, il ne peut se faire que l'âme de Marcia elle-même ne retrouve, elle aussi, la sérénité. Le schéma

---

[42]   Sur cette consolation, sa date, etc., voir J. FILLION-LAHILLE, «La production littéraire de Sénèque sous les règnes de Caligula et de Claude...», in *ANRW* II 36, 3 (Berlin 1989), 1606-1638.

[43]   *Marc.* 17.

[44]   *Marc.* 18.

[45]   *Marc.* 25-26.

traditionnel de la consolation est rénové, dépassé, grâce à la double digression qui en occupe toute la dernière partie et forme environ le tiers de l'ouvrage entier. Ici, la tradition des rhéteurs paraît avoir joué un moindre rôle que celle du dialogue philosophique. On ne peut pas ne pas penser au *De republica* de Cicéron, dont le souvenir est évident; et, au-delà de Cicéron, aux grands mythes platoniciens, qui ont pour objet, eux aussi, de dépasser les incertitudes de la pensée purement logique — les limites de l'ἐπιστήμη, de rejoindre l'ineffable comme nous y invitent les poètes[46].

Quelques années plus tard, lorsque Sénèque voudra consoler sa mère, il recourra, tout naturellement, à l'argument qui tend à dépouiller l'exil des associations dramatiques qui le rendent si terrible à imaginer. Argument qui se résume à deux mots, la définition «objective» de l'exil, qui n'est qu'un «changement de lieu»[47]. Mais il sait aussi le peu de poids que possède ce type de définition, aussi cher soit-il aux stoïciens. Bien plus tard, dans une *Lettre à Lucilius*, il s'en moquera ouvertement: «J'ai envie de rire, mon excellent ami Lucilius, de ces sottises grecques, dont je ne me suis pas encore débarrassé, bien qu'elles me plongent dans l'étonnement. Notre Zénon emploie ce syllogisme: 'Aucun mal n'est glorieux; or, la mort est glorieuse, donc la mort n'est pas un mal'.»[48] Dès le temps de son exil, il pensait de même: les vérités les mieux établies de la logique et de la dialectique demeurent sans force et ne persuadent point. Aussi, après avoir établi que l'exil, après tout, n'est qu'un changement de lieu, il rend cette notion sensible, il la matérialise, en une assez longue digression qui commence par un tableau de la population à Rome

---

[46]   Voir K. KUMANIECKI, «Die verlorene Consolatio des Cicero», in *ACD* 4 (1968), 27-47.

[47]   *Commutatio loci*, *Helv.* 6, 1.

[48]   *Ep.* 82, 8-9.

même, dans la Ville où se rassemblent des gens venus de tous les horizons, et se poursuit par le spectacle du monde, où aucun endroit n'est assez sauvage pour n'attirer personne. Bien plus, cette agitation perpétuelle des humains, qui changent incessamment de lieu, appartient à l'ordre même de la Nature, où rien n'est stable, ni le soleil ni aucun des astres. Et l'âme humaine participe à ce devenir perpétuel, dont elle n'est qu'un élément.

Une telle digression a pour fin d'insérer chacun de nous dans l'univers. A la vérité, il ne s'agit pas seulement, comme dans la *Consolation à Marcia*, de susciter un «mouvement du cœur», mais, plus profondément, de rendre immédiatement sensible la vérité de la maxime fondamentale des stoïciens, le *naturam sequi*. La digression, ici, est à la fois un poème et une méditation.

Entre la *Consolation à Marcia* et la *Consolation à Helvia* se placent les trois livres du *De ira*. Là encore, bien qu'il s'agisse en fait d'un traité théorique, dont les sources peuvent être précisées[49], Sénèque a voulu le présenter comme une *suasoria*, adressée à son frère aîné, Novatus. Et cette *suasoria* commence par un tableau des effets de la colère dans l'ensemble du monde. Le mouvement est le même que dans la digression que nous ont présentée les deux *Consolations*. La reprise, de dialogue en dialogue, de ce même procédé suggère que c'est là non pas une maladresse d'auteur, enclin à user, avec monotonie, des mêmes artifices, mais une forme de pensée, qu'il doit au stoïcisme. L'un des dogmes chers aux stoïciens est en effet la cohérence qu'ils croient constater entre les différentes parties de l'univers, cette *sympathie* qui en fait l'unité[50]. Il est donc naturel d'élever inlassablement l'esprit jusqu'à cette compréhension totale de la

---

[49]   J. Fillion-Lahille, *Le* De ira *de Sénèque et la philosophie stoïcienne des passions* (Paris 1984). Sur la date, P. Grimal, *Sénèque ou la conscience de l'Empire*, 270 et suiv.

[50]   Cf. *SVF* II 475 et suiv.

«nature», grâce à une série de tableaux grandioses ou émouvants.

Toute question particulière ne peut donc être traitée et résolue que dans une perspective universelle. Ce qui réintroduit dans le système stoïcien l'une des fonctions de la digression, que lui attribuaient les rhéteurs. Quintilien nous dit en effet[51] que «la digression... est souvent utile pour préparer le traitement d'une question, surtout si, au premier abord, cette question semble peu propre à nous favoriser». Tel est le dessein de Sénèque au début du *De ira*: préparer son frère à découvrir tous les méfaits de la colère, montrer en elle une force cosmique, destructrice de toute société, de toute affection familiale; elle est le *mal*, en soi.

La *Consolation à Polybe* culmine sur une digression célèbre, qui a valu à Sénèque beaucoup de critiques, la prosopopée de Claude essayant de consoler son affranchi pour la mort de son frère[52]. Cette digression intervient, conformément aux préceptes des rhéteurs, un peu avant la péroraison. Celle-ci est essentiellement un développement empreint de rhétorique, où ne manquent pas les recherches de style. Faut-il en conclure qu'elle est tout à fait dépourvue de signification morale?

En introduisant ce discours prêté à Claude, Sénèque rapproche Claude de son affranchi, il supprime l'énorme distance sociale qui les sépare, mais il le fait en montrant que l'empereur donne l'exemple des vertus viriles qui conviennent au maître du monde. Claude, parce qu'il est maître du monde, se doit d'être aussi maître de lui-même, et ce portrait idéal tracé du prince est, en fait, celui de tout homme capable de s'élever au-dessus des coups de la Fortune. En contraste, ce qui est dit de Caligula, et qui ne fait pas moins digression, tend à exalter la «vertu» de Claude. L'image du prince qui clôt ce dialogue entre Sénèque et

---

[51]   *Inst.* IV 3, 9.
[52]   *Polyb.* 14-17.

Polybe, ou plutôt cette *suasoria*, ne peut être expliquée par la
volonté de flatter celui dont dépendent le rappel et la grâce du
philosophe. Rapprochée de celle que, plus tard, Sénèque tracera
dans le *De clementia*, elle répond à une conviction politique profonde et n'a rien d'hypocrite. Etant donné le personnage en
cause, ce Polybe, qui est un collaborateur direct de Claude, il
convenait d'élargir le débat, d'associer l'affranchi au destin de
l'empire et d'exalter en lui le désir de la gloire, une gloire qu'il
partagerait avec le prince. Rien, là, qui ne s'explique, rien qui
relève d'une fantaisie de Sénèque. Tout est logique, dans cette
digression, à la fois dans la perspective d'une consolation et dans
celle de Sénèque lui-même comme consolateur.

Dans le dialogue *Sur la brièveté de la vie*, que Sénèque com-
posa très probablement dès son retour d'exil, et qui est une *suasoria* dont le destinataire est son beau-père Paulinus, nous trouvons aussi des digressions. La plus importante nous paraît être
celle qui expose les mille-et-une façons dont les *occupati* gaspil-
lent le temps[53]; elle a pour point de départ, on le sait, une confé-
rence que Sénèque vient d'entendre, et qui traite un sujet qui lui
paraît futile: le nom de celui qui, en chaque chose, a innové. De
telles études sont superflues, dit Sénèque, et rentrent dans la catégorie de ce qu'il appelle une *desidiosa occupatio*[54]. Il s'agit, dans
toute cette partie du dialogue, de définir le véritable *otium*. C'est
le premier point de l'*argumentatio*, destiné à montrer que
l'*otium* est utile, lorsqu'il est véritablement consacré au progrès
moral[55]. A ce moment se place la digression, qui illustre la pensée par une sorte de tableau satirique, longuement développé
pour lui-même. Et voici qu'à propos d'un des exemples allégués

---

[53] Chap. 13 jusqu'à 13, 8: *sed ut illo reuertar unde discessi...*

[54] *Brev.* 12, 2.

[55] Sur le plan du dialogue, voir notre édition, Collection «Erasme» (Paris
1959), 5-7.

par le conférencier, se greffe une autre digression. Pompée, disait-il, fut le premier à faire combattre des éléphants, au nombre de dix-huit, dans le Cirque. Sur quoi Sénèque se rappelle quelle fut la mort de Pompée lui-même: cet homme «qui se croyait alors au-dessus de la nature» dut, quelques années plus tard, tomber sous le poignard d'un esclave de la plus vile espèce[56].

Sénèque est parfaitement conscient de s'être livré à une digression. Il enchaîne aussitôt, en disant: Sed ut illo reuertar unde decessi... Pourquoi a-t-il ainsi brisé la ligne de son premier développement, lui-même grossi démesurément? Deux raisons peuvent être invoquées: d'abord le désir de suggérer que l'exemple de Pompée pouvait avoir, aux yeux d'un sage, une signification morale. Encore fallait-il pour cela dépasser la simple curiosité érudite. D'autre part, il n'était pas inutile de montrer que le problème posé par le «faux otium» n'était pas purement théorique, mais concernait chaque Romain lettré. La réflexion générale, sur le rôle et la nature de l'otium, cessait d'être un thème d'école pour s'enraciner dans le réel.

Il en va de même pour la troisième digression, sur l'étrange conduite du préfet de l'annone C. Turannius. Elle illustre l'obstination de quelques hommes à ne pas vivre vraiment, mais à recourir, jusqu'au bout, au «divertissement». Dans l'économie générale du dialogue, cette digression a une fonction conforme à une règle énoncée par Quintilien, recommandant d'user de la παρέκβασις pour préparer la péroraison[57]. Sénèque en usera de même pour la digression qui précède la conclusion du dialogue Sur la constance du sage, et qui rappelle comment Caligula fut châtié pour avoir sottement ridiculisé Cassius Chaerea[58].

---

[56]   Brev. 13, 7: ultimo mancipio transfodiendum se praebuit.
[57]   Inst. IV 3, 11-12.
[58]   Const. 18.

Dans toutes ces *suasoriae*, l'emploi de la digression est conforme aux préceptes des rhéteurs. Sénèque en use pour illustrer une *quaestio*, en montrer l'application, lorsqu'il s'agit d'une *quaestio infinita*, au personnage qu'il s'agit de convaincre. Ainsi l'exemple de C. Turannius sera-t-il de nature à frapper vivement l'esprit de son «collègue» Pompeius Paulinus, lui aussi préfet de l'annone.

D'une manière plus générale, la digression «actualise» la discussion, à la fois pour l'interlocuteur et pour Sénèque lui-même, qui la présente comme un élément de sa propre expérience. Une dissertation abstraite ne persuade guère; elle ennuie plutôt. Une anecdote, au contraire, retient l'attention, frappe l'imagination, et transmet plus sûrement la leçon morale. Car le dessein de Sénèque, dans les dialogues, n'est pas d'abord de proposer un enseignement, de reprendre les *scholae* des maîtres du stoïcisme, nous l'avons dit. Il refuse leurs syllogismes, qui ne sont, à ses yeux, que des schémas préparatoires, des points d'ancrage, sans lesquels rien de solide ne saurait être construit, mais qui ne remplacent pas l'édifice lui-même.

C'est ainsi que le traité *Sur la vie heureuse* commence par un tableau de la vie humaine qui est assurément une digression par rapport au thème proposé. Tableau que l'on peut juger assez peu original, la comparaison de la vie à une route, mais qui sert à poser le problème, à capter l'attention de l'interlocuteur[59]. Les définitions proposées par les stoïciens ne viennent qu'après cet exorde, qui pouvait paraître hors du sujet. Puis, une fois établi que la «vertu» ne saurait être unie au «plaisir», après une discussion théorique, qui est une réfutation de l'épicurisme, il semble que tout le dialogue bascule. Désormais il n'est plus question du bonheur, ni du souverain bien, mais, apparemment au moins, d'une polémique contre les détracteurs de la philosophie, qui

---

[59]   *Vit.* 1-2.

s'écrient: «Pourquoi parles-tu avec plus de courage que tu ne vis?»[60] La *suasoria* cède la place à une controverse. On a supposé, probablement avec raison, que Sénèque se défendait ici, devant l'opinion, contre les accusations lancées par Suillius. Mais ce changement de propos se justifie encore autrement. Il a pour effet d'amener le lecteur — placé ici dans la position d'un juge — à découvrir la différence qui sépare la matérialité de l'acte et l'intention qui l'inspire. Une première illustration est fournie par l'anecdote relative à ce philosophe épicurien Diodore qui, contrairement à la doctrine de la secte, s'est suicidé[61]. Les uns l'accusent de folie, les autres d'inconséquence. Personne n'accepte de penser qu'il a atteint la plénitude de l'*ataraxie*, qu'il est arrivé, consciemment, au terme de sa vie, que sa mort a été la consécration de ce bonheur.

Puis, par une série d'exemples, qui sont autant de «digressions», dans la mesure où ils refusent de dépasser le plan des réalités concrètes et rompent les démonstrations théoriques, Sénèque en vient à présenter la théorie des «indifférents» et des «préférables» et à la rendre non seulement acceptable à son interlocuteur mais évidente[62].

Nous voyons donc que la digression, dans ces dialogues de Sénèque, est d'abord un instrument de persuasion, qu'elle se place dans la tradition des rhéteurs, mais que, de plus, elle est pour lui le moyen d'établir une liaison entre les propositions théoriques de l'école et les réalités de l'expérience intérieure, ce qui confère parfois à son discours une apparence de désordre, les transitions entre les deux domaines n'étant pas explicites. Mais n'accusons pas Sénèque de négligence. Cette absence de lien exprimé a pour dessein d'inviter l'auditeur à s'interroger, à ressentir instinctivement l'existence d'un rapport, qu'il décou-

---

[60]   *Vit.* 17 et suiv.

[61]   *Vit.* 19.

[62]   *Vit.* 22 et suiv.

vre peu à peu, de façon graduelle, et qui, pour cette raison, le per-
suadera plus sûrement.

Sur ce point, Sénèque ne fait guère qu'appliquer de très
anciens procédés, ceux de la «satire» romaine, qui, de Lucilius à
Varron, de Varron à Horace, s'était donné pour fin de répandre
les thèses des philosophes, en les rendant accessibles à tous les
esprits, en les «incarnant» dans des situations concrètes. Les
digressions que nous lisons dans les dialogues sont de même
nature que les récits, les fables, les anecdotes de toutes sortes
dont usent les poètes des satires.

Il n'est pas besoin, pour justifier et expliquer ce rapprochement,
d'alléguer l'influence de la «prédication populaire», de la «diatribe», qui serait la source commune aux poètes et aux philosophes. Il semble plus naturel de penser que les différentes formes de
la diatribe, dans la mesure où celle-ci a existé et n'est pas un mythe
commode imaginé par les historiens modernes de la littérature,
dérivent des œuvres littéraires qui leur servirent de modèles.

Quoi qu'il en soit, il y eut un moment, à Rome, où les poètes
mirent à la mode les digressions brillantes, les morceaux à effet,
qui s'inséraient tant bien que mal dans le corps du poème, un
récit épique, par exemple, et en brisaient l'unité. Horace fait allusion à des descriptions de cette sorte, ingénieuses, belles, peut-
être, en soi, mais superflues, ces chiffons de pourpre que l'on
coud par-dessus l'étoffe[63]. L'auteur de l'*Epître aux Pisons* les
condamne, lorsqu'il s'agit d'une épopée, mais il ne se fait pas
faute d'en user lui-même dans ses *Satires* et ses *Epîtres*, où il
introduit des digressions de plusieurs sortes, tantôt des fables[64],
tantôt des allégories[65] ou des scènes de mime[66].

---

[63]   Hor. *Ars* 15-16.
[64]   Par exemple, *Sat.* II 6, 79 et suiv. (le rat de ville ...); *Epist.* I 7, 29 et suiv.
       (le renard dans la corbeille de grain); etc.
[65]   *Epist.* I 15, 26 et suiv.
[66]   *Sat.* II 3 (Damasippe); etc.

Or, Sénèque use, dans ses *suasoriae*, de procédés identiques. L'une des plus célèbres, le discours *Sur la clémence*, adressé à Néron, contient une véritable tragédie *praetextata*, divisée en scènes, l'histoire de Cinna et de la conjuration manquée, scénario tout prêt offert au génie de Corneille[67]. C'est de la même manière, bien que sur un autre ton, qu'Horace, dans une *Epître* du premier livre[68], avait raconté, sous la forme d'une comédie, l'aventure de l'orateur Philippe et du crieur public Voltéius Mena. Chez le poète comme chez le philosophe, la digression se déroule librement, elle est traitée pour elle-même et ne se rattache que par la morale que l'on peut en tirer au discours théorique où elle s'inscrit.

De la même façon, le tableau de la mort douloureuse de Caton, dans le traité *Sur la providence*[69], est un spectacle proposé au lecteur, placé sous ses yeux comme il le fut, en son temps, sous le regard des dieux[70].

On pourrait donc penser que l'emploi que fait Sénèque de la digression s'explique par des intentions d'ordre purement littéraire, le désir d'orner la démonstration, de se concilier le lecteur, de reposer son attention. Telle était bien, nous l'avons vu, la doctrine des rhéteurs, et l'on pourrait ajouter maintenant l'exemple offert aux écrivains romains par les poètes satiriques. Mais une telle explication resterait bien insuffisante, selon les critères habituels à Sénèque lui-même.

Souvent, dans les *Lettres à Lucilius*, Sénèque condamne un discours fabriqué selon les règles d'une esthétique imposée *a*

---

[67] I 9, 2.

[68] *Epist.* I 7, 46 et suiv.

[69] *Prov.* 2, 9-12.

[70] *Prov.* 12: *non fuit dis immortalibus satis spectare Catonem semel.*

priori[71], un discours qui n'offrirait pas l'image d'une âme. Il en vient, pour cette raison, à faire le procès de l'éloquence «populaire», et, précisément, de cette «diatribe» dont on veut qu'il ait subi l'influence. Il écrit en effet, à propos du «philosophe» Sérapion, dont Lucilius admirait l'éloquence: «Ajoute que le discours qui se donne pour objet la vérité doit être sans ornements et simple; le discours populaire dont tu parles n'a rien de vrai. Il veut émouvoir la foule, entraîner par son élan des oreilles qui ne réfléchissent pas.»[72]

Il est alors permis de se demander dans quel esprit Sénèque recourt à un procédé bien connu des rhéteurs, comme la digression. Ne serait-il pas dupe de lui-même? Mais, s'il ne l'est pas, quelle est donc à ses yeux la véritable fonction de la digression?

Pour répondre à une telle question, il convient de se reporter à l'idée que Sénèque lui-même se fait de la conversion des âmes. Examinant, dans une lettre, les rapports qui existent entre les sentiments que l'on éprouve et leur manifestation physiologique, essentiellement entre le sens de l'honneur et la rougeur du visage[73], il constate que celle-ci ne saurait être imitée par des acteurs. Lorsqu'elle apparaît, elle révèle la vérité d'une âme. Puis, sans transition, il poursuit la lettre en citant à Lucilius une maxime d'Epicure[74], dont on ne comprend pas d'abord le rapport avec le début de la lettre: «Il nous faut choisir, disait Epicure, un homme de bien, que nous devons avoir toujours devant les yeux, de telle sorte que nous vivions comme s'il nous regardait, que nous fassions tout comme s'il nous voyait.»

---

[71] Par exemple *Ep.* 115, 2 et suiv., ou la lettre sur Papirius Fabianus (*Ep.* 100), en particulier le § 4: *oratio sollicita philosophum non decet.*

[72] *Ep.* 40, 4.

[73] *Ep.* 11.

[74] Fr. 210 Usener: *aliquis uir bonus nobis deligendus est ac semper ante oculos habendus, ut sic tanquam illo spectante uiuamus et omnia, tanquam illo uidente, faciamus* (*Ep.* 11, 8).

La pensée de Sénèque ne s'explique que par référence à la manière dont il se représente la transmission de la sagesse. En commentant le précepte d'Epicure, il insiste sur le rôle que peut jouer dans notre vie le modèle que nous avons choisi; ce rôle ne consiste pas seulement dans l'influence que peut avoir sur nous la pensée de ce grand homme — car il s'agit d'un philosophe engagé dans l'action, comme Caton, voire Laelius —, mais l'inspiration que peut nous apporter jusqu'à la contemplation de son visage — ce visage, qui est le miroir de l'âme. Un miroir qui ne ment pas, comme vient de le suggérer le développement sur le caractère irrépressible de la rougeur.

Une telle méditation devant le visage d'un grand philosophe du passé semble d'abord étrange. Elle semble bien cependant avoir été une pratique réelle, comme l'indique la coutume de placer dans les bibliothèques les bustes des penseurs d'autrefois. On pense, par exemple, à la Villa des Pisons, découverte à Herculanum.

Mais il y a plus. Cette imitation d'un modèle, jusque dans son apparence physique, a pour effet, pense Sénèque, de donner à notre âme une *forme* (*forma*), qui sera celle de la sagesse. Il accepte la théorie stoïcienne de la causalité, selon laquelle toute cause est un être matériel. Il conçoit l'action du maître comme celle d'un coin servant à frapper une monnaie, qui impose à l'âme du disciple une forme, matérielle, analogue à la sienne[75]. Le cheminement de la sagesse dans une âme n'est pas le résultat d'une révélation purement logique et rationnelle, il résulte d'une série de formes que lui imposent des forces extérieures à elle, qui la façonnent et provoquent en elle des métamorphoses, ou, comme le révèle Sénèque lui-même à Lucilius, une «transfiguration»[76].

---

[75]   P. GRIMAL, «Anatomie d'une conversion», in *Augustinus* 32, 125-128 (1987), 74 et les textes cités.

[76]   *Ep.* 6.

La digression sera l'un des moyens de provoquer ce choc créateur d'un état quasi ineffable. Elle est utilisée pour rendre sensible la condition humaine dans l'ensemble de l'univers. Ainsi, dans les *Questions Naturelles*, la préface du premier livre ou, au deuxième livre, ce qui est dit de la foudre, de la divination et du destin transcende la connaissance des phénomènes naturels et met le lecteur en présence d'une méditation sur la mort. Cette méditation est-elle, comme les modernes ont tendance à le croire, une digression, un «hors-d'œuvre» introduit par Sénèque, en rhéteur impénitent? Elle nous semble au contraire être la fin véritable de l'exposé scientifique, qui ne trouve pas en lui-même sa justification, qui, s'il est séparé d'une réflexion sur la nature de l'univers, n'est que l'une de ces «occupations oisives» dont parlait le dialogue sur la *Brièveté de la vie*. Il n'est pleinement justifié, et légitime, que dans la mesure où il a pour rôle de mettre l'esprit en condition, de lui communiquer une «forme» qui lui permettra d'accueillir et d'intégrer à sa propre substance ce que la philosophie lui apportera.

La digression, en rompant la tension que peut produire dans l'esprit de l'auditeur un enseignement rationnel, théorique, en établissant un état de vacuité et d'attente, prépare cet esprit à recevoir l'empreinte grâce à laquelle tout son être va se «métamorphoser». Et c'est là ce qui importe.

Nous ne croirons donc plus que le discours de Sénèque, ni dans les dialogues, ni dans les *Questions Naturelles*, ni dans le reste de ses œuvres en prose, procède au hasard, d'association en association, selon la fantaisie du moment. En réalité, sa pensée n'est jamais éloignée du moment, de ce qui lui est actuel. Ce n'est pas un hasard, sans doute, si, dans les *Questions Naturelles*, le livre consacré aux tremblements de terre commence par le rappel de celui qui, le 5 février 62, a ravagé la Campanie. Où est alors la digression? Est-ce la mention d'un événement quasi contemporain ou la leçon morale que Sénèque formule à son propos? Les diverses hypothèses sur les causes des séismes sont incertaines; en revanche, le bénéfice spirituel que l'on peut tirer de leur étude est, lui, bien certain. Les *Lettres à Lucilius* ne manqueront pas d'en reprendre l'essentiel lorsqu'il s'agira de combattre la peur de la mort.

*

Telle nous paraît être la fonction de la digression dans la prose de Sénèque. Héritage de l'éloquence, ornement du style parlé, elle devient, dans la prose écrite, le moyen de briser les cadres rigides de la composition, elle ouvre le discours à la poésie, provoque les écrivains à ne pas refuser le mélange des genres. Elle rend possible des renouvellements et contribue à créer une prose narrative à mi-chemin entre l'éloquence et l'histoire, qui ne soit pas la narration d'événements vrais ni non plus une démonstration en faveur d'une thèse ou d'une autre. Développée, traitée largement pour elle-même, elle va donner la dignité littéraire à un genre nouveau, qui apparaît, précisément, du vivant de Sénèque.

Déjà, les pratiques de l'école avaient ouvert la voie, en développant, à propos du genre de la controverse, l'appel à l'imagination. Il fallait, pour les besoins de chaque cause, imaginer des «couleurs», c'est-à-dire bâtir chaque fois une histoire qui rendît plausible l'énoncé proposé. Mais ce n'était encore qu'un exercice scolaire. Bientôt, le plaisir de conter, et d'entendre des contes, ne sera plus demandé à l'éloquence, il n'y sera plus mesuré ni réduit aux seules digressions. Le roman latin est en train de naître.

DISCUSSION

M. Mayer: May I offer, by way of opening discussion, a brief observation about Aristotle's general neglect of digression in his *Rhetoric*? This is the more surprising when we recall his interest in «episodic» forms of drama (cf. *Po.* 17, 1455 b 1). In the *Rhetoric* on the other hand he only briefly notices «episode» as characteristic of epideictic speeches (III 17, 1418 a 33).

M. Grimal: La digression apparaît chez les théoriciens, comme une catégorie particulière à l'exposé oratoire, seulement après Aristote. Que celui-ci en parle à propos de la poésie dramatique est intéressant: la digression est alors un manquement à l'unité du δρᾶμα, de l'action «imitée». Elle est comme un corps étranger introduit dans le récit, le μῦθος, dont elle détruit l'unité. Aristote (*Po.* 9, 1451 b 33 sqq.) les appelle ἐπεισοδιώδεις et les condamne. Il les excuse seulement comme «morceaux de concours» (ἀγωνίσματα). Ce qui est effectivement l'une des fonctions de la digression chez les orateurs et les rhéteurs.

M. Mazzoli: In *Ep.* 58, 25 Seneca afferma: *quemadmodum ille caelator oculos diu intentos ac fatigatos remittit atque avocat et, ut dici solet, pascit, sic nos animum aliquando debemus relaxare et quibusdam oblectamentis reficere. Sed ipsa oblectamenta opera sint; ex his quoque, si observaveris, sumes quod possit fieri salutare.* Ritiene che questo luogo (meglio del passo parallelo in *Ep.* 65, 17) possa essere preso in considerazione all'interno del quadro teorico da Lei presentato?

M. Grimal: C'est aussi ce que dit Sénèque à la fin du *De tranquillitate animi* sur la nécessité de faire alterner des phrases de tension et de repos. La digres-

sion jouera ce rôle dans le dialogue entre le philosophe (ou, plus généralement, la personne qui parle) et son ou ses auditeurs. Et cela non seulement
pour le premier mais surtout pour les seconds, dont l'attention est sollicitée
fortement par un exposé oral. Et c'est d'abord dans un tel exposé («oratoire»)
que la digression se situe.

Mme Armisen-Marchetti: Mais au fait, comment identifie-t-on une digression? En particulier, peut-on la distinguer à coup sûr de l'*exemplum*, qui est
lui aussi une pièce rapportée sur la trame de l'exposé?

M. Grimal: Le problème posé est évidemment fondamental. Dans quelle
mesure la pensée du philosophe demeure-t-elle authentique et libre, si elle
appuie son expression sur les formes et les catégories de la rhétorique? Le
reproche traditionnel adressé à Sénèque est d'avoir subordonné sa liberté
intérieure à la tradition des rhéteurs. Ce reproche tombe si l'on admet que
les catégories étaient de tout temps familières à Sénèque, que c'est à l'intérieur
de ces cadres que s'est, spontanément, développée sa pensée. Une idée,
comme l'identité du Bien et du Beau, n'est pas compromise parce qu'elle
s'exprime selon les règles élaborées par les rhéteurs. Tout revient à savoir si
la pensée existe antérieurement à l'expression qui en sera faite ou si elle est
le résultat d'une jonglerie de mots sans référence à aucune expérience spirituelle. On peut considérer en effet que l'*exemplum* historique n'est qu'une
espèce de la digression. Mais un *exemplum*, s'il est traité sobrement, par une
brève allusion, n'est pas forcément une digression. Un nom cité à propos, la
mention rapide d'un personnage (par ex. Caton d'Utique, Brutus, etc.) ne
constituent pas autant de digressions; on peut les considérer, si l'on veut,
comme des digressions possibles, potentielles, laissées à l'imagination de
l'auditeur ou du lecteur.

Mme Armisen-Marchetti: La digression n'est-elle pas, très souvent, destinée
à plaire (voir ce qu'en disait Pichon!)?

M. Grimal: Dans la mesure où la digression est une «récréation», on peut
dire qu'elle a pour but le plaisir. Mais non forcément celui-ci et lui seul. Elle

agit sur l'affectivité qui est plus facilement «surprise» en ce moment de relâchement. La digression introduit l'irrationnel. L'analogie la plus claire pourrait être trouvée dans l'expression musicale: le discours rigoureux d'une fugue, par exemple, étant traversé par quelques figures qui rompent la continuité du développement. On peut penser aussi aux «cadences» du concerto classique.

M. Lana: L'impostazione all'*exposé* di M. Grimal mi trova del tutto consenziente. L'importanza della formazione retorica (ancorché spesso Seneca condanni la scuola del retore. Ma non dobbiamo dare troppo peso a questa condanna: pensiamo a certi apologisti cristiani, come Taziano, che condannano aspramente la retorica, ma sanno servirsene con molta perizia!) è innegabile, in Seneca. Per esempio, a proposito del riferimento fatto da M. Grimal alla tecnica della *suasoria*, alcuni scritti di Seneca sono da intendere — sul piano della retorica — come trattazioni di θέσεις (*quaestiones infinitae*) sviluppate in forma di *suasoriae* (d'altra parte, dicono i retori, θέσει τέλος ἐστὶ τὸ πεῖσαι, Teone, *Prog.* 12, p. 120, 20-21 Spengel = p. 510, 9 Butts); *De providentia*: cf. la tesi «teoretica», εἰ θεοὶ προνοοῦνται τοῦ κόσμου; *De otio*: εἰ πολιτεύεσθαι δεῖ ὁ σοφός; *De matrimonio*: εἰ γαμητέον (tesi «pratica»).

In realtà il territorio delle θέσεις era vivacemente disputato dai filosofi e dai retori: ciascuno voleva riservarlo a sé (è nota la polemica di Quintiliano con i filosofi, a proposito dell' estensione del territorio della retorica). Eppure la trattazione dei temi che alla scuola del retore veniva fatta, p.es. per la διήγησις, con lo sviluppo (anche) dell'ἀνασκευή e della κατασκευή e i procedimenti della *refutatio* e della *confirmatio*, elencati, p.es. nei *Progymnasmata* di Teone, aveva certo un fondamento filosofico (τὸ ἀναγκαῖον, τὸ εἰκός, τὸ ἀδύνατον, τὸ συμφέρον, τὸ καλόν, κτλ.).

Aggiungo — a conferma dell'enorme importanza della retorica nella società del tempo di Seneca — che anche la prima formazione sul piano dell'apprendimento dell'argomentazione giuridica del futuro avvocato si svolgeva anch' essa su base retorica alla scuola del retore, con i medesimi procedimenti di cui ho detto a proposito della *narratio* (cf. I. Lana, «Il primo approccio degli studenti romani con la legge alla scuola del retore», in *Klio* 61 [1979], 89-95).

M. Grimal: J'approuve totalement l'importante remarque de M. Lana. Le divorce entre éloquence et philosophie, dont Cicéron, dans un passage célèbre, rend Socrate responsable, tend à s'estomper chez les Romains, préoccupés de retrouver l'unité de la pensée. A quoi bon philosopher si ce n'est pour persuader autrui, le guider dans l'action, partager avec lui les intuitions les plus intimes et les plus profondes? Et, pour cela, la rhétorique est un instrument non seulement précieux mais irremplaçable. Que la formation de Sénèque se soit déroulée dans un milieu imprégné de rhétorique, cela est certain: elle l'a préparé à découvrir sa vocation de directeur d'âmes et à l'accomplir.

Comprendre cela évitera de retomber dans l'erreur des professeurs du siècle dernier, trop heureux de condamner un auteur qu'ils comprenaient mal.

M. Soubiran: Vous avez magistralement montré la place et le rôle de la digression dans la tradition rhétorique. Je voudrais seulement ajouter que la digression semble avoir aussi droit de cité dans deux genres littéraires, l'historiographie et la poésie didactique.

Dans l'histoire, *opus oratorium maxime*, la présence d'*excursus* s'explique fort bien. Il s'agit, le plus souvent, de descriptions de contrées, dont Hérodote avait déjà donné l'exemple: l'Afrique, dans le *Jugurtha* de Salluste, la Libye et l'Inde chez Quinte-Curce (probablement rhéteur et de peu antérieur à Sénèque), la Judée dans les *Histoires* de Tacite — pour ne rien dire de la Bretagne dans l'*Agricola*, qui est aussi oratoire qu'historique. Mais même César, qui ne prétend pas faire œuvre historique, insère de telles digressions dans le *Civ.* VI. Et la géographie n'est pas le seul thème de ces *excursus*: dans un curieux passage de son livre IX, Tite-Live se demande si l'armée et les généraux romains contemporains d'Alexandre auraient été capables de vaincre le conquérant macédonien.

La poésie didactique elle aussi affectionne les digressions. Aratos en avait donné deux exemples célèbres (les âges de l'humanité, et le viol manqué d'Artémis par Orion), et chacun connaît les «épisodes» de Lucrèce et de Virgile (*Georg.*), mais aussi de l'*Aetna* et de Manilius (Persée et Andromède au ch. V): ces morceaux brillants semblent un ornement quasi obligé de la poésie didactique. Pensez-vous qu'il faille voir là une influence, indirecte ou marginale, de la pratique rhétorique?

M. Grimal: Vous montrez bien l'omniprésence de la digression dans l'ensemble de l'expression littéraire. Il est possible que la rhétorique ait joué un rôle à cet égard. Toutefois il semble bien que ce soit un phénomène spontané à partir du moment où il y a «littérature», c'est-à-dire volonté chez un «auteur» de dominer, avec des mots, l'attention d'autrui, de transcender l'usage quotidien du langage. Pour nous, cela commence avec l'*Iliade*, où la mésaventure d'Aphrodite et d'Arès, pris dans le filet d'Héphaïstos, est effectivement un «*excursus*». Et la rhétorique était encore à naître. Elle s'est emparée, je crois, d'un phénomène naturel, a tendu à lui donner des lois (sans y réussir, car cela était contradictoire avec son être propre), elle ne l'a pas nié.

M. Abel: Ich stehe — wie ich kaum zu betonen brauche; andere in diesem Kreise haben es an meiner Statt getan — dem Seneca-Verständnis des Vortragenden sehr nahe. Beim Verfolg der Diskussion drängt sich mir eine Frage auf, die vielleicht kurz erwogen werden sollte: besteht nicht eine gewisse Gefahr, die Gewichte im Grundgefüge der Persönlichkeit des Philosophen — ob viel, ob wenig, ist von untergeordneter Bedeutung — zu verrücken, das rhetorische Element zu stark zu betonen und den Vorrang der erzieherischen Komponente zu sehr in den Hintergrund treten zu lassen? Mit Herrn Grimal glaube ich, dass die *Consolatio ad Marciam* für den Leser des 20. Jh.s den Reigen der erhaltenen Schriften chronologisch eröffnet und irgendwann unter Caligula anzusetzen ist. In diesem Werk wird gleich im Proöm (1, 4) die *eloquentia* neben der *libertas* als das Schönste verherrlicht, was das menschliche Leben zu bieten habe. Das hat sich jedoch in den *Epistulae morales* gewandelt; sie mögen 25 bis 30 Jahre später liegen. *Ep.* 40, 12 stellt mit Blick auf seinen Lehrer Fabianus die *eloquentia* hinter die sittliche Integrität und das gediegene Wissen zurück (*vir egregius et vita et scientia*). *Ep.* 100, 2 gibt es als ein Verdienst ebendieses Fabianus aus, dass er sich auf die *mores*, nicht auf die *verba* konzentriert bei seinen Bemühungen um Perfektion. Dem entspricht es, wenn Seneca in der grossen autobiographischen *Ep.* 108 diejenigen, die um des rhetorischen Genusses willen unablässig die Hörsäle der Philosophen aufsuchen, mit dem Spottnamen *inquilini* bedenkt (§ 5). Es hat den Anschein, als ob er mit steigenden Jahren innerlich gereift sei, die

Kunst des *pretia rebus imponere*, die ihm als die schwierigste τέχνη im Leben erscheinen will (*Ep.* 89, 14), sich gründlicher angeeignet habe.

M. Grimal: Il est naturel que le roman soit un lieu privilégié pour la digression, puisque le roman est un récit sans véritable unité organique, à la différence de la tragédie ou de la comédie. Tous les épisodes sont admis. Celui du livre X des *Métamorphoses* d'Apulée est le récit de la représentation d'un mime: moyen de variété, de piquer la curiosité du lecteur, de rétablir un dialogue en un genre où le lecteur-auditeur est essentiellement passif. D'où l'intervention du narrateur, qui suggère une conclusion proposée à l'auditeur, invité ainsi à prendre parti, à redevenir actif.

N'oublions pas non plus que le Festin de Trimalchion est une longue digression dans la trame du roman.

M. Mazzoli: Le sembra che qualche indizio sul carattere retorico dei *Dialogi* senecani possa venire dallo stesso titolo? Per quanto resti di interpretazione aperta (né aggiunge lumi la menzione in Quint. *Inst.* X), non è possibile ricondurre il termine ai modelli filosofici della forma letteraria (Platone, Aristotele, Cicerone stesso...). Meglio si prestano al confronto procedimenti di marcata impronta retorica, come la *declamatio* (e allora ricorderei, accanto alla *suasoria* da Lei così opportunamente considerata, la *controversia*) o piuttosto la διατριβή (col ben noto espediente dell'interlocutore fittizio).

M. Grimal: Il est certain que le nom de *Dialogues* donné aux douze livres de Sénèque transmis sous ce titre peut difficilement s'expliquer par la tradition du dialogue platonicien. Le ton, la mise en œuvre sont totalement différents. Nous avons là des exhortations, des enseignements qui sont formulés de telle façon que le «maître» y apparaît comme détenant la vérité, qu'il formule sans tenir compte des réactions de son interlocuteur. Seul le *De tranquillitate animi* fait exception, du moins en apparence, car l'opinion de Sérénus est rapportée en bloc, une fois pour toutes, elle n'est pas véritablement confrontée, point par point, à celle de Sénèque. Un tel procédé fait évidemment songer à la *suasoria* et à la *controversia*, dans la mesure où ces deux genres impliquent des discours suivis, les μακροὶ λόγοι que Socrate réprouvait.

Faut-il penser à la «diatribe»? Peut-être, si l'on entend ainsi les entretiens d'un maître et d'un disciple. Mais, même dans ce cas, un tel exposé ne peut pas ne pas avoir subi l'influence de la technique oratoire. La «diatribe», dans la mesure où elle a été une réalité, ne fut pas une sorte de discours fruste, accumulant sans ordre les lieux communs, à la manière d'un prêcheur s'adressant à une foule inculte. Elle ne peut avoir été, au sens où nous l'entendons, que l'expression, par un maître, d'une pensée vivante et, dans la mesure où elle s'efforçait de persuader, retrouvait la rhétorique.

M. Abel: Vielleicht ist es angebracht, in diesem Zusammenhang an das Senecanische Selbstzeugnis in *Benef.* V 19, 8 zu erinnern. Die Auslegung des Passus ist strittig; doch in aller Regel versteht man die Äusserung so, als ob der Philosoph sein eigenes Werk *Über die Wohltaten* knapp charakterisiere im Gegensatz zu einem *iuris consultus*. Während der Rechtsgelehrte auf Grund seines überlegenen Wissens auf seinem Sachgebiet seinen Spruch autoritativ verkündet, so dass dem Ratsuchenden nichts anderes übrig bleibt als die widerspruchslose Unterwerfung, ist dem Senecanischem Dialog dieses diktatorische Behaupten, das neben der eigenen Meinung keine andere gelten lässt, für gewöhnlich fremd; er führt, jedoch mit sanftem Zügel. Er kennt die *altercatio*, das Eingehen auf das Gegenüber, sei es in der Du- oder Ihr- Form, sei die angesprochenen Person, der angeredete Personenkreis bestimmt oder unbestimmt. Damit rückt das Problem des Adressaten ins Blickfeld, das bislang, wenn ich recht sehe, keine adäquate Lösung gefunden hat. Die Dahlmannsche, die den Adressaten zum eigentlichen Schlüssel des Dialogverständnisses macht (*Kleine Schriften* [Hildesheim 1970], 243), lässt, möchte ich denken, dem Tatbestand keine Gerechtigkeit widerfahren. Warum z.B. Gallio zum Empfänger von *De vita beata* gewählt worden ist, lässt sich nur hypothetisch klären; doch auch ohne dies liegt der Finalgedanke des Werks weitgehend offen.

VII

ITALO LANA

LE «LETTERE A LUCILIO» NELLA LETTERATURA EPISTOLARE

Premessa

Quando, due anni e mezzo fa, il collega Pierre Grimal mi invitò a partecipare a quest'Entretien proponendomi di occuparmi delle *Lettere a Lucilio** nella letteratura epistolare accettai di buon grado, anche perché, così, mi si offriva l'occasione di riprendere, e ripensare, miei studi senecani di anni lontani[1], però mai messi da parte, anzi proseguiti e approfonditi soprattutto sul versante del pensiero politico e specificamente del rapporto degli intellettuali con il potere, anche in questi ultimi anni[2].

---

*   Per le *Lettere a Lucilio* seguo l'edizione oxoniense in due tomi di L.D. REYNOLDS (Oxford 1965); ho tenuto presenti anche le edizioni di F. PRÉCHAC — H. NOBLOT, «Les Belles Lettres», in cinque tomi (Paris 1945-1964) e U. BOELLA, «Classici Latini» UTET (Torino ²1969). Ringrazio il Dr. Maurizio Lana che per questa mia ricerca ha elaborato le tabelle dell'*Appendice*.

[1]   Mi riferisco alla mia monografia *Lucio Anneo Seneca* (Torino 1955), pp. 301

[2]   Ricordo: *L. Anneo Seneca e la posizione degli intellettuali romani di fronte al principato* (Torino 1964); *Seneca e la politica* (Torino 1970); «La

1. Studi recenti sull'epistolario senecano

Non potevo sapere, allora, che, prima che si tenesse quest'incontro, sarebbero usciti alcuni tomi dell'*ANRW*, nei quali ad opera di molti studiosi, alcuni dei quali sono qui presenti, sono trattate la vita e l'opera di Seneca, studiate sotto molti aspetti.

In particolare è di reale interesse per la mia relazione il saggio di Giancarlo Mazzoli, «Le 'Epistulae morales ad Lucilium' di Seneca. Valore letterario e filosofico», in *ANRW* II 36, 3 (1989), 1823-1877, che, come avrò occasione di mostrare nel corso della relazione, in larga misura ha già provveduto, con ricchezza di informazione ed equilibrio nei giudizi e nelle prese di posizione critiche, a fare quanto tocca, qui, a me di fare.

Inoltre, Aldo Setaioli, anch'egli autore di saggi inclusi nell'*ANRW* e di lavori su lingua e stile del nostro filosofo[3], ha pubblicato, l'anno scorso, il grosso volume *Seneca e i Greci. Citazioni e traduzioni nelle opere filosofiche* (Bologna 1988), pp. 545, nel quale sono accuratamente studiate le citazioni esplicite da autori greci presenti negli scritti filosofici di Seneca: per questa relazione è particolarmente utile il capitolo[4] che studia con

---

teorizzazione della collaborazione degli intellettuali con il potere politico nell'ultimo libro dell'*Institutio oratoria* di Quintiliano», in *Hispania Romana*, Accad. Nazionale dei Lincei, Quaderni N. 200 (Roma 1974) (su Seneca v. le pp. 155 sgg.); *I principi del buon governo secondo Cicerone e Seneca* (Torino 1981) (su Seneca v. le pp. 90-138); *Studi sull'idea della pace nel mondo antico*, Memorie Accad. delle Scienze di Torino (1989) (su Seneca le pp. 30-38). E, inoltre, *Analisi delle «Lettere a Lucilio» di Seneca* (Torino 1988).

[3] Tra i quali, in particolare: «Elementi di *sermo cotidianus* nella lingua di Seneca prosatore», in *SIFC* N.S. 52 (1980), 5-47; 53 (1981), 5-49, e, ora, «Seneca e lo stile», in *ANRW* II 32, 2 (1985), 776-858.

[4] Pgg. 171-248; un capitolo è dedicato anche al discepolo di Epicuro Metrodoro, 249-256.

impregno il rapporto di Seneca con Epicuro, rapporto che è di notevole significato per la comprensione dell'epistolario senecano.

Un aspetto importante per la valutazione dell'epistolario senecano e lungamente studiato — se l'epistolario sia costituito di lettere reali o non reali — è stato recentemente ristudiato con novità di risultati da Karlhans Abel, «Das Problem der Faktizität der Senecanischen Korrespondenz», in *Hermes* 109 (1981), 472-499; egli ha ora, nelle monografia «Seneca. Leben und Leistung», in *ANRW* II 32, 2 (1985), 653-775, dedicato un paragrafo, 745-752, alle *Epistole a Lucilio*. L'Abel con un'ampia argomentazione, ricca di analisi di singoli luoghi dell'epistolario e rigorosa nelle concatenazioni, sostiene che nel mettere insieme l'epistolario Seneca non si dà molto pensiero di rappresentare il destinatario «con stretta consequenzialità» né di esporre con «scrupulosa precisione le altre circostanze dello scambio epistolare fittizio»; per il resto però nell'epistolario sono rispecchiate «con grande fedeltà» («mit grosser Treue») la vita sua e dell'amico. Insomma, la finzione epistolare riguarda soltanto «die literariche Einkleidung» dell'epistolario. Per dirla con le parole del Grimal, che l'Abel fa sue con esse chiudendo il suo lavoro, 499: «Les *Lettres à Lucilius* nous donnent une sorte de journal du philosophe»[5]. Questi risultati del 1981 sono ribaditi e precisati nel secondo lavoro, nel quale, individuando nelle *Lettere* l'opera di Seneca «in dem er sein Reifstes und Höchstes gab» (745), viene affermato che Lucilio è il «Widmungsempfänger» mascherato come «Briefadressat»; che il vero scopo dell'epistolario è indicato nell'*Ep.* 8; tra l'altro, viene affrontato in maniera aperta il «Taxis-Problem» ed è posta la domanda (750) se nell'opera esista un piano generale.

---

[5] La citazione è da P. GRIMAL, *Sénèque ou la conscience de l'Empire* (Paris 1979), 219.

Quest'anno, poi, Mireille Armisen-Marchetti ha pubblicato
lo studio *Sapientiae facies. Etude sur les images de Sénèque* (Paris
1989), pp. 399, che ha rappresentato per me una lieta sorpresa
man mano che procedevo nella lettura dell'articolato e dotto
lavoro, reso agevolmente consultabile anche dai ricchi indici.
Nel volume l'ideazione del pensiero senecano, l'utilizzazione
degli strumenti retorici della comunicazione, il rapporto fra stoicismo e retorica, vengono analizzati e ricostruiti con perizia.

Conoscevo invece molto bene, per averne seguito passo
passo l'elaborazione — a partire dalla discussione della tesi di lau-
rea — durante una quindicina d'anni, gli studi e le ricerche di
Dionigi Vottero sulle fonti, il testo, lo stile e la lingua delle *Naturales Quaestiones*, studi ora confluiti in piccola parte nella prefazione alla sua edizione bilingue delle *Questioni Naturali* di
Seneca, «Classici Latini» (Torino 1989); ciò che, delle ricerche
del Vottero, attiene più specificamente a lingua e stile è ampiamente sviluppato — dopo contributi parziali già editi[6] — in un
lavoro attualmente in corso di stampa negli *Atti* dell'Accademia
Pontaniana di Napoli, e costituisce un'utile integrazione allo studio di Carmen Codoñer, «La physique de Sénèque: Ordonnance
et structure des 'Naturales Quaestiones'», in *ANRW* II 36, 3
(1989), 1779-1822, dedicato alla struttura dell'opera e alla dimostrazione del carattere logico e consequenziale dell'intero sviluppo e coordinamento dell'opera stessa, interpretato secondo
un carattere unitario, che esige e motiva la presenza dei prologhi
e degli epiloghi. Una dimostrazione rigorosa, forse persino
troppo rigorosa (ma v. qui avanti, p. 278), per un pensatore poco
sistematico quale era Seneca. Ma su tutti i problemi riguardanti
le *Naturales Quaestiones* si pronunzierà, in quest'Entretien,
Olof Gigon, con l'autorità e la competenza sulla filosofia antica
che gli sono universalmente riconosciute.

---

[6] Elencati nella bibliografia alle *Nat.* edite da D. VOTTERO, 87.

Dunque un tema, quello assegnatomi, ampiamente trattato, direttamente o indirettamente, in questi ultimi anni; un terreno d'indagine che, naturalmente, è già stato affrontato, in passato, nelle opere di carattere generale sull'epistolografia antica[7] e in quelle specifiche sull'epistolario di Seneca[8], le quali, tutte — ma è giusto menzionare espressamente la grossa monografia di Pierre Grimal, che vorrei definire (se egli me lo consente) in maniera filodemea, ὁ τῆς ἡμετέρης ἀγωγῆς ἀρχηγγήτης, che all'epistolario dedica un denso capitolo, 219-233, e un'accurata e ingegnosa appendice sulla cronologia e natura delle lettere senecane, 441-456 — hanno rivolto adeguata attenzione anche alle lettere del nostro filosofo. In anni a noi vicini Paolo Cugusi ha avviato, e condotto già a buon punto, un'indagine globale sull'epistolografia latina: egli ha preso le mosse dall'idea, nuova e feconda, di introdurre, in un'unica indagine, a fianco delle epistole di carattere letterario, anche la valutazione delle lettere pervenuteci in papiri ed epigrafi, documenti, perlopiù, della vita quotidiana, di cui riflettono circostanze e casi vari, di ogni ambiente sociale. Egli ha pubblicato, nel «Corpus Scriptorum Latinorum Paravianum» da me diretto, le prime due parti della sua silloge epistolare (dall'impresa sono esclusi gli epistolari che costituiscono opere specifiche di singoli autori): sono tre tomi di *Epistolographi Latini Minores* (Vol. I [Torino 1970]; Vol. II in due tomi [Torino 1979]), abbraccianti *testimonia et fragmenta* e relativi commentari per l'età anteciceroniana e per l'età ciceroniana e augustea[9]. Nella monografia *Evoluzione e forme dell'epistologra-*

---

[7]   Si vedano elencate in P. CUGUSI, *Evoluzione...* (*op. cit.* qui avanti, pp. 257-258), 11-13.

[8]   Elencate da P. CUGUSI, *Evoluzione...*, 15-17, e da G. MAZZOLI (*art. cit.* sopra p. 254), 1825-1828 (e anche, per singole lettere, 1828-1845).

[9]   Il Cugusi sta preparando (la preparazione è già a buon punto) il terzo volume, che arriverà sino ad abbracciare l'età tardoantica.

fia latina nella tarda repubblica e nei primi due secoli dell'Impero con cenni sull'epistolografia preciceroniana (Roma 1983), pp. 291, tracciando un documentato bilancio di tutte le sue precedenti ricerche, il Cugusi ha dedicato all'epistolario di Seneca un capitolo (195-206) in cui tutti i problemi sono trattati e sviscerati; un capitolo delle cui conclusioni mi pare utile riferire questo giudizio globale sulle *Lettere* di Seneca:

> ... da tutto ciò scaturisce il carattere «ambiguo» della lettera senecana equidistante dai due poli opposti costituiti dalla lettera di tutti i giorni scritta solamente per l'interlocutore occasionale da un lato, da quella artistica composta solo per la pubblicazione dall'altro. (205)

Questo giudizio, come vedremo, mi trova consenziente solo in parte[10].

2. L'epistolario di Seneca in rapporto con altri epistolari

Accostiamoci ora al tema della mia relazione: la collocazione dell'epistolario di Seneca nella letteratura epistolare; non, in maniera esclusiva, il suo valore letterario/artistico, ma soprattutto la sua natura in rapporto ad altri epistolari antichi e in sé considerata.

Intendendo il tema nella sua precisa formulazione («letteratura epistolare») e riconoscendo al termine letteratura la sua qualificazione tecnica corrente, il campo dei possibili raffronti tra Seneca ed altri autori di epistolari si restringe. Infatti, se rivolgiamo l'attenzione alle lettere che si propongono una finalità letteraria, tutta la documentazione epistolare, che possediamo, di

---

[10] Una visione sintetica di tutta l'epistolografia antica, sia greca sia latina, il CUGUSI ha ora tracciato con la voce «Epistolografi», nel *Dizionario degli scrittori greci e latini*, diretto da F. DELLA CORTE per l'editore Marzorati, Vol. II (Settimo Milanese 1987), 821-853.

carattere pratico, avente i caratteri della reale comunicazione scritta, non trova posto nel nostro discorso.

Naturalmente, se come penso e sostengo da anni, il concetto di letteratura va oggi allargato secondo la prospettiva dello studio della civiltà letteraria fino ad includere tutta la documentazione scritta di una determinata civiltà[11], i termini del problema si spostano. Dovremmo prendere in esame tutta la produzione epistolare antica a noi nota (come ha fatto e fa il Cugusi a riguardo dell'epistolografia latina, nei suoi lavori che ho già in parte ricordati). Non credo, tuttavia, in questa sede, e per il problema specifico che tratto — il valore letterario dell'epistolario di Seneca lo intendo nella sua «letterarietà» — di dover spostare i termini tradizionali del problema.

Studierò, quindi, il rapporto dell'epistolario di Seneca con gli epistolari che si collocano nel quadro tradizionale della letteratura: gli epistolari, per intenderci, che sono presi in considerazione anche, se pure non esclusivamente, per il loro valore letterario e che in quanto tali vengono inclusi nelle storie letterarie del mondo antico.

Nella letteratura in lingua latina (pagana) il campo, come è noto, degli epistolari in prosa non è molto vasto, se ci limitiamo ai maggiori: le raccolte epistolari di Cicerone, di Seneca, di Plinio il Giovane, di Frontone, di Simmaco (non mi spingo oltre l'inizio della prima metà del V secolo); più vasto è il campo tra i cristiani: Cipriano, Ambrogio, Paolino di Nola, Girolamo, Agostino...; e, nel campo della letteratura greca, per limitarci ai maggiori: Platone, Aristotele, Epicuro e filosofi epicurei, e poi epistolari apocrifi e gli epistolari fioriti nella Nuova Sofistica e in età tarda, nonché parecchi epistolari di autori cristiani, a partire da Paolo.

---

[11]   Rinvio soltanto alle mie *Considerazioni sul «classico»* (Torino 1988), 49-55.

Un'ulteriore restrizione mi pare necessaria, di ordine cronologico: non prenderò in esame gli epistolari composti in età successiva a Seneca, perché non credo che essi ci servirebbero per
capire l'epistolario senecano e il suo valore letterario. Ciò significa che, nell'ambito della prosa latina, l'unico autore da tenere
in conto è Cicerone[12].

In questa prospettiva, ponendoci di fronte all'epistolario
senecano e dichiarando subito il nostro pensiero, riteniamo di
poter assumere che esso è «il primo epistolario letterario» in lingua latina[13]. Ciò non significa né negazione né diminuzione di
valore e di importanza degli epistolari ciceroniani[14], ma riconoscimento esplicito che questi, nel loro complesso, non posseg-
gono la peculiarità di essere «epistolari letterari». In ciò sta la
prima differenza dell'epistolario senecano rispetto a quelli ciceroniani.

Il valore fondamentale degli epistolari ciceroniani sta nella
loro qualità di documentazione dei fatti, come aveva visto bene
già il contemporaneo Cornelio Nepote, *Att.* 16, 3: *quae* [sc.
undecim volumina epistularum] *qui legat non multum desideret
historiam contextam eorum temporum*: proprio quell'aspetto,
dunque, che Seneca non apprezzava nel medesimo epistolario:
*... nec faciam quod Cicero, vir disertissimus, facere Atticum iubet,
ut etiam «si rem nullam habebit, quod in buccam venerit scribat»*
[*Att.* I 12, 4]. *Numquam potest deesse quod scribam, ut omnia illa
quae Ciceronis implent epistulas transeam: quis candidatus labo-
ret; ... Sua satius est mala quam aliena tractare, ...* (*Ep.* 118, 1-2;
ma v. anche, di quest'epistola, i §§ 3-4).

---

12   Ma con la riserva che un'attenzione particolare va rivolta alle *Epistole* di
     Orazio, come ora vedremo.
13   V. per es. P. CUGUSI, *Evoluzione... (op. cit.* sopra p. 257), 195.
14   Sui quali si può ora vedere per una veduta d'insieme, e con riferimento
     alla bibliografia precedente, ben documentata su tutti i problemi che essi
     presentano, P. CUGUSI, *Evoluzione...,* 159-176.

Questo mi pare sufficiente ad escludere che Seneca si sia ispirato in qualche modo agli epistolari ciceroniani (anche quando l'avvio della lettera senecana è preso dai *communia*[15], questo serve a Seneca come punto di partenza per riflessioni di ordine morale, nelle quali consiste la sostanza della lettera)[16]. Non possiamo quindi valutare l'epistolario di Seneca collocandolo in rapporto con gli epistolari ciceroniani: essi sono, semmai, per lui, come è stato giustamente detto e ripetuto, un «antimodello»[17]. Con il giudizio, comunemente accettato, essere l'epistolario senecano il primo epistolario letterario in lingua latina, non intendo negare che anche alcune lettere di Cicerone abbiano occasionalmente valore «letterario»: a titolo di esempio, ricordiamo la lettera sulla storiografia, a Lucceio (*Fam.* V 12). Ma ciò che conta è il fatto che nessun epistolario ciceroniano fu concepito in una prospettiva globale dal suo autore come opera autonoma e, come tale e perché tale, mirante a raggiungere il livello della «letterarietà».

Abbiamo ripetuto che l'epistolario senecano è il primo epistolario letterario in lingua latina; ma dobbiamo aggiungere una precisazione: il primo epistolario letterario latino in prosa.

---

[15] V. per esempio *Ep.* 23, 1 (considera *ineptiae* i *communia*) e 67, 1; e naturalmente 118, 1, trascritto qui sopra; 122, 1.

[16] Ciò non vuol dire che Seneca non riconoscesse il valore e la fortuna degli epistolari di Cicerone: paragona la gloria che toccherà a Lucilio per avergli Seneca indirizzato le lettere (*hoc tibi promitto, Lucili: habebo apud posteros gratiam, possum mecum duratura nomina educere*, *Ep.* 21, 5) alla gloria di Attico destinatario delle lettere di Cicerone e alla gloria di Idomeneo a cui Epicuro inviò lettere assicurandogli da queste quella fama presso i posteri che non avrebbe ottenuto come ministro di un re quale egli era (*Ep.* 21, 2-5). Seneca mostra di conoscere direttamente l'epistolario ciceroniano ad Attico e in una lettera (*Ep.* 97, 4) ne cita testualmente un passo (*Att.* I 16, 5).

[17] Così K. THRAEDE, *Grundzüge griechisch-römischer Brieftopik*, Zetemata 48 (München 1970), 66-67.

Infatti il primo epistolario veramente letterario latino in assoluto è quello di Orazio: un epistolario vero e proprio, costituito
di lettere indirizzate a persone reali, nel quale il poeta esamina
se stesso e le sue condizioni di spirito, indica la strada che si propone di percorrere, nella ricerca del *verum* e del *rectum*, i suoi
momenti di cedimento, la sofferenza del *funestus veternus*, l'al-
ternarsi degli stati d'animo di serenità con quelli di desolazione,
la rievocazione delle sue esperienze giovanili, l'aspirazione all'*ae-
quus animus*, il riconosciuto bisogno di coerenza (il *sibi con-
stare*), l'amore appassionato per i libri; offre ai destinatari consigli e ammonimenti di vario genere (si presenta come *monitor*[18]
degli amici e del suo libro), discute problemi di varia natura,
anche letteraria[19]. Ciò per cui Seneca si distingue da Orazio,
oltre al dato ovvio che il destinatario delle sue lettere è uno solo,
mentre in Orazio i destinatari sono molti, è il fatto che le sue
lettere sono tutte tese verso l'unico scopo della lotta incessante
per la conquista della sapienza, senza mai cedimenti né scora-
menti né ondeggiamenti: cosicché ciò che è tipico di Orazio —
costui si presenta, nelle *Epistole*, come un personaggio *mixtus*[20]
— non lo ritroviamo per nulla in Seneca[21]. E aggiungiamo anche
il fatto che il filosofo non menziona mai esplicitamente l'epistolario oraziano né mai lo cita, per cui possiamo escludere che lo
considerasse come un preciso punto di riferimento nel concepire

---

[18] Hor. *Epist.* I 18, 67; 20, 14; II 2, 154; *Ars* 163. La parola è già terenziana
(*Haut.* 171). *Monitor* è anche nell'epistolario di Seneca: *Ep.* 94, 8, 10 e 72
(*stet ad latus monitor*); ma è già in *Marc.* 9, 4; nella stessa *Lettera* 94 troviamo più volte *monitio* (sempre al plurale): §§ 12, 21, 24, 39 (bis), 55.

[19] Ho studiato il I libro delle *Epistole* di Orazio nel volume *Il I libro delle
Epistole oraziane* (Torino 1989), pp. 231; ivi ho anche discusso, 201-210,
parte della bibliografia più recente sulle *Epistole* oraziane.

[20] V. *op. cit.* (n. preced.), 217.

[21] Rinvio alle mie lezioni *Analisi delle «Lettere a Lucilio» di Seneca*, 51-52.

il suo proprio epistolario, che esso fosse per lui un modello[22]. E tuttavia almeno per un aspetto del suo epistolario (la notevole diseguaglianza nell'ampiezza delle lettere) Seneca fa pensare ad Orazio: le cui epistole vanno da un minimo di 13 versi (I 9) ad un massimo di 112 (I 18) e, se teniamo conto del II libro, ad un massimo di 270 (la prima) e, se vogliamo includere anche l'*Ars poetica*, di 476 versi. Le epistole di Seneca vanno da un minimo di 17 righe (*Ep.* 62) ad un massimo di 503 (*Ep.* 94)[23].

Tra gli epistolari greci una particolare attenzione va dedicata a quello di Epicuro.

Il nome di Epicuro è presente 63 volte nelle lettere di Seneca[24]: vi sono citati 47 frammenti (4 di essi sono citati due volte, in epistole diverse) e un passo dell'*Ep.* 3 a Meneceo (130, p. 63, 19-20 Us.). All'interno dell'epistolario le citazioni sono distribuite in maniera e con intensità diverse: si distinguono nettamente tre nuclei. Il totale delle 34 epistole[25], più di un quarto del totale, in cui compare Epicuro si ripartisce in questo modo:

---

[22] Analisi della bibliografia sulla questione in G. MAZZOLI, in *ANRW* II 36, 3, 1858. Nelle epistole senecane ci sono tre citazioni dalle *Satire* di Orazio: *Ep.* 86, 13 (da *Sat.* I 2, 27 e I 4, 92); *Ep.* 119, 13 (da *Sat.* I 2, 114-116); *Ep.* 120, 20-21 (da *Sat.* I 3, 11-17). Ci sono, però, reminiscenze ed allusioni, nel complesso delle opere senecane, anche alle *Epistole* orazione (sono elencate in G. MAZZOLI, *Seneca e la poesia* [Milano 1970], 235 n. 52).

[23] Il rapporto tra le più lunghe e le più brevi per Orazio è di 8, 61 (I libro: 112:13), di 20, 76 (II libro: 270:13), di 36, 61 (*Ars*: 476:13); per Seneca (503:17) è di 29, 58. Per il dato numerico riguardante Seneca vedi l'*Appendice*.

[24] Per calcolare questi dati mi avvalgo degli indici dell'edizione oxoniense di L.D. REYNOLDS delle *Epistole* di Seneca.

[25] Il numero delle *Epistole* (34) in cui compaiono citazioni di Epicuro è poco più della metà del numero delle volte (63) in cui nell'epistolario senecano compare il nome di Epicuro, perché in parecchie epistole il nome è presente più di una volta.

1) nei primi tre libri dell'epistolario (*Ep.* 1-29) il nome di Epicuro compare in 23 epistole (è assente solo dalle *Ep.* 1, 3, 4, 5, 10, 15), cioè circa nell'80% del totale;

2) nelle *Ep.* 30-97 (68 epistole) è presente in 11 epistole, cioè nel 16% circa del totale (la quinta parte appena delle presenze nel primo gruppo);

3) nelle *Ep.* 98-124 (27 epistole) non compaiono più citazioni (e neppure il nome) di Epicuro.

Per rendere più evidente il rapporto fra i tre nuclei consideriamo che nel totale di 14.152 righe dell'epistolario senecano, per ciò che riguarda il nome di Epicuro, troviamo:

40 presenze nelle prime 2128 righe (*Ep.* 1-29); media: 1 ogni 73 righe;
23 nelle successive 8529 righe (*Ep.* 30-97); media: 1 ogni 370 righe;
nessuna presenza nelle ultime 3495 righe (*Ep.* 98-124).

Il fatto che immediatamente colpisce è il largo spazio concesso ad Epicuro nell'epistolario senecano. Ciò appare meglio evidente considerando il posto occupato da altri filosofi, che invece, vi sono molto meno citati. Per esempio, tra gli Stoici: Zenone, 3 volte; Cleante e Aristone di Chio, 4; Crisippo, 3; Panezio, 1; Ecatone, 3; Antipatro, 2; Archidemo, 1[26]; e poi: Eraclito, 2; Democrito, 1; Platone, 2; Senocrate, Teofrasto e Aristippo, 1; Metrodoro, 4. Come si vede, non si supera per

---

[26] Inoltre gli Stoici (talvolta designati: *nostri*) sono citati 26 volte (tra cui in 6 epistole due volte), dunque, in totale, in 20 epistole. Tenendo presente la divisione in tre nuclei delle citazioni di Epicuro, che abbiamo operato qui sopra: 4 volte nelle prime 29 lettere, 10 volte nelle *Ep.* 30-89, 6 volte nelle *Ep.* 90-123. Come si vede, nel confronto con le citazioni epicuree, che vanno progressivamente scemando sino a ridursi a zero, le citazioni degli Stoici vanno intensificandosi.

nessuno il numero di 4 citazioni testuali, mentre i testi di Epicuro citati sono 48.

Un po' diversa è la situazione per quanto riguarda la presenza dei nomi dei filosofi: troviamo il nome di Aristotele 5 volte; di Platone 25; di Posidonio 22; di Zenone 14; di Cleante 11; di Crisippo 9 (tralascio gli altri filosofi).

Quale straordinaria rilevanza abbia la presenza di Epicuro si può mettere in evidenza anche considerando il posto limitato che, al confronto, occupano i filosofi maestri dell'adolescenza di Seneca, che sono ricordati nell'epistolario: Attalo, 10 volte; Papirio Fabiano, 9; Sestio, 8; Sozione, 3. Di nessuno di essi è data mai una citazione testuale (anzi dei *Civilia* di Fabiano Seneca dice espressamente, *Ep.* 100, 12, di non averli più riletti dopo gli anni giovanili; però Seneca mentre scrive le epistole legge il libro di Sestio: *Ep.* 59, 7 e 64, 2).

Solo un poeta, Virgilio, occupa con le sue 64 citazioni testuali, che trovano spazio con la medesima intensità in tutta l'opera[27], un posto più ampio di quello di Epicuro: nelle epistole sono citati 3 passi delle *Bucoliche*, 16 delle *Georgiche*, 45 dell'*Eneide* (4 di questi ultimi sono citati 2 volte ciascuno, in epistole diverse). Rileviamo anche che nelle citazioni sono presenti tutti i libri delle *Georgiche* e tutti i libri dell'*Eneide* (con prevalenza del VI libro: 12 citazioni). Il nome di Virgilio nell'epistolario compare invece solo 29 volte (a cui possiamo aggiungere, nell'*Ep.* 59, 17, *Vergilianum versum*). Il rapporto per Virgilio fra presenza del nome e citazione di versi: 29 (30) / 64 è rovesciato rispetto ad Epicuro: 63 / 48. Ma la particolarità si spiega agevolmente: Virgilio era talmente noto ai lettori di Seneca che non

---

[27] La prima citazione virgiliana è nell'*Ep.* 12 e l'ultima nella 122 (un riferimento a Virgilio è anche nel frammento del libro XXII delle *Epistole* conservato da Gell. XII 2, 10). L'indice dell'edizione Préchac-Noblot non è attendibile.

era necessario nominarlo espressamente ogni volta; non altrettanto, ovviamente, si poteva pensare per Epicuro.

Che tipo di conoscenza avesse Seneca delle *Lettere* di Epicuro è stato ampiamente e ripetutamente discusso: oggi prevale l'opinione che Seneca ne avesse conoscenza diretta. Il problema è stato ora riesaminato globalmente e nei particolari dal Setaioli[28] che ha studiato una per una tutte le citazioni epicuree nelle *Lettere a Lucilio*, con ampia erudizione e con indagine approfondita. Le sue conclusioni, ben documentate, mi paiono del tutto accettabili: «Seneca ha una conoscenza estesa e dettagliata di alcune lettere di Epicuro» (173) — e precisamente di almeno cinque di esse (176-181)[29]; e, d'altra parte, «oltre ad una raccolta di lettere di Epicuro, Seneca disponeva anche di uno gnomologio etico che conteneva sentenze almeno in prevalenza epicuree, da cui ricava le massime delle prime 29 lettere a Lucilio e che forse [...] utilizza anche altrove» (183)[30].

Una volta riconosciuto che Seneca conosceva, almeno in parte, le *Lettere* di Epicuro, si pone, legittimamente, il problema del rapporto dell'epistolario senecano con quello di Epicuro. E tuttavia *in limine* osserviamo che, se sono valide, come credo, le conclusioni del Setaioli (nei primi tre libri, nei quali la presenza epicurea è più imponente, Seneca ricava i testi epicurei da

---

[28]   A. SETAIOLI, *Seneca e i Greci*, 171-248; ivi, 249-256, è studiata la presenza di Metrodoro, discepolo di Epicuro, nelle epistole di Seneca: probabilmente Seneca «ebbe tra le mani scritti di Metrodoro» e le quattro citazioni che ne fa «provengono quasi con certezza da lettere di Metrodoro» (249).

[29]   Nelle *Ep.* 9, 18, 21-22, 52, 79.

[30]   Ad una conclusione analoga il SETAIOLI giunge anche studiando il problema della conoscenza che Seneca aveva di Platone (117-140): ma le uniche due citazioni di testi platonici nelle *Epistole a Lucilio* non riguardano le *Lettere platoniche*, per cui non ritengo di dovermi porre il problema se Seneca conoscesse tali lettere.

uno gnomologio)[31], il problema è meno rilevante, per quanto almeno attiene alla concezione e all'organizzazione dell'epistolario[32].

Non dico cosa nuova rilevando che il pensiero di Epicuro da Seneca è sempre citato solo per aspetti riguardanti i comportamenti, i *mores*, mai è toccata la dottrina fisica epicurea. Quando Seneca ritiene di dover citare il pensiero epicureo su problemi dottrinali — ciò avviene solo a partire dall'*Ep.* 95 —, si rivolge esplicitamente a Lucrezio[33]. Ciò, a mio avviso, non può essere casuale.

Rinviando alla sintesi delle varie posizioni assunte dagli studiosi circa il rapporto Seneca/Epicuro elaborata nitidamente da G. Mazzoli (*art. cit.*, 1856-1860), ritengo utile riportare alcune valutazioni di Gianpiero Rosati, che, studiando *Seneca sulla lettera filosofica. Un genere letterario nel cammino verso la saggezza*[34], afferma:

> «... c'è uno scrittore di lettere che viene a configurarsi [per Seneca] come il modello positivo, l'esempio al quale adeguarsi: Epicuro. Sarà lui che avrà per Seneca un valore paradigmatico proprio in quanto scrittore di lettere, come perfetto esempio di quel rapporto di formazione, di educazione spirituale che Seneca istituisce con l'amico Lucilio.»[35]

---

[31] Così A. SETAIOLI, *op. cit.*, 183.

[32] E teniamo anche conto che testi di Epicuro sono citati pure nelle *Ep.* 30 e 33, quasi sull'onda dei primi tre libri: cosicché nel resto delle *Epistole* di Seneca (da 34 a 97) in cui Epicuro è citato, le citazioni epicuree si riducono da 11 a 9.

[33] *Ep.* 95, 11: sulla natura: Lucr. I 54-57; sulla natura dei corpi (*Ep.* 106, 8): Lucr. I 304; e inoltre: sulla natura del timore (*Ep.* 110, 6): Lucr. II 55-56 (per polemizzare con il Poeta: ivi, §§ 6-7). Un 'espressione di Lucr. III 1084 è citata nell'*Ep.* 86, 5.

[34] In *Maia* 33 (1981), 3 15.

[35] *Ibid.*, 5 e anche 6-7.

Sono d'accordo con questa valutazione; ma sottolineo che essa vale sostanzialmente per le prime 29 lettere di Seneca (e forse per le prime 33)[36], perché nel resto dell'epistolario, per le ragioni che vedremo, Seneca allenta sempre più il rapporto con Epicuro, fino a cancellarlo del tutto (mi riferisco, ovviamente, alle *Ep.* 98-124).

3. Il carattere «letterario» dell'epistolario senecano

L'epistolario di Seneca può definirsi concepito dal suo autore come un «epistolario letterario» prima di tutto (a) per il suo carattere complessivamente omogeneo e (b) per la sua destinazione che va oltre Lucilio e oltre i contemporanei sino ad abbracciare anche i posteri.

Quanto alla sua omogeneità, già A. Gellio definiva (XII 2, 3) le *Lettere a Lucilio* come *epistulae morales*: ciò prova che tale definizione, quand'anche non si ritenga di poter asserire che testualmente essa risalga a Seneca stesso, era stata riconosciuta e si era affermata sicuramente a circa un secolo di distanza dalla morte del filosofo (ma probabilmente già anche prima). Tale definizione — risalga o non risalga a Seneca — coglie il carattere omogeneo, nella sua globalità, di tutta la raccolta epistolare in quanto rivolta alla formazione dei *mores*.

Quanto alla destinazione della raccolta epistolare, osserviamo che Seneca intendeva con essa giovare al miglioramento dei *mores* suoi, di Lucilio, dei contemporanei e anche dei posteri. Nell'epistolario non c'è soltanto una generica «prospettiva aperta sui posteri»[37], ma c'è la destinazione apertamente dichia-

---

[36]   V. sopra n. 32.
[37]   Così G. MAZZOLI, *art. cit.*, 1849, che cita, insieme, *Ep.* 8, 2 e 21, 4-5.

rata delle lettere anche ai posteri, come già ebbi a rilevare anni fa nella mia monografia su Seneca (291-292).

Seneca quando scrive le lettere ha in mente anche i posteri[38], non solo — ciò è ovvio — come coloro che leggeranno i suoi scritti[39] e che gli tributeranno gloria[40], ma anche come coloro per cui scrive, per i cui progressi morali intende offrire insegnamenti e consigli, ai quali, insomma, vuole giovare[41]: le testimonianze esplicite sono numerose:

> *Ep.* 8, 2: *posterorum negotium ago. Illis aliqua quae possint prodesse conscribo...; (§ 6) si haec mecum, si haec cum posteris loquor;*

> *Ep.* 22, 2: *quid fieri soleat, qui oporteat, in universum et mandari potest et scribi; tale consilium non tantum absentibus, etiam posteris datur;*

> *Ep.* 64, 7: *veneror itaque inventa sapientiae inventoresque; adire tamquam multorum hereditatem iuvat. Mihi ista adquisita, mihi laborata sunt. Sed agamus bonum*

---

[38] Lo stesso fa egualmente quando scrive le *Nat.*: v. p.es. VII 25, 5 (e il § 7: *aliquid veritati et posteri conferant*; si v. anche la n. 40 qui appresso). Pure nel *Ben.* la riflessione di Seneca include anche i posteri (I 10, 1: *hoc posteri nostri querentur*).

[39] Questo era stato il pensiero che aveva avuto Marcia nel salvare l'opera storica del padre, come sottolinea Sen. *Marc.* 1, 3. V. anche *Nat.* VII 15, 1.

[40] V. soprattutto *Ep.* 21, 5: *quod Epicurus amico suo* [sc. *Idomeneo:* v. i §§ 3-4 di questa stessa lettera] *potuit promittere, hoc tibi promitto, Lucili: habebo apud posteros gratiam, possum mecum duratura nomina educere.* V. inoltre *Ep.* 64, 7 (passo con valore autobiografico: cf. la mia monografia su Seneca, 291); 79, 17; 93, 5 (riferito al filosofo Metronatte, di cui lamenta la perdita); *Tranq.* 1, 13 (*ne te posteri taceant*).

[41] Diversamente da quanto fanno gli storici (è noto che Seneca non ha simpatia per la storiografia) che, anziché contribuire con le loro fatiche al miglioramento degli uomini, diffondono tra di essi la conoscenza dei vizi dell'umanità e dei grandi personaggi del passato: *Nat.* III *praef.* 5 (e v. la nota di D. VOTTERO, *ad loc.*, con rinvii bibliografici).

> *patrem familiae, faciamus ampliora quae accepimus;*
> *maior ista hereditas a me ad posteros transeat.*[42]

Questa scelta fatta da Seneca negli anni del *secessus* trova fondamento e spiegazione nella dottrina stoica, secondo quanto il filosofo stesso dichiara nel *De otio* 6, 4, come programma di vita per il ritiro[43]:

> *quo animo ad otium sapiens secedit? Ut sciat se tum quoque ea acturum per quae posteris prosit.*[44]

Il suo *agere*, come abbiamo visto nei passi citati dell'epistolario, consiste nel *conscribere* (*Ep.* 8, 2) *aliqua quae [posteris] possint prodesse*, nel *cum posteris loqui* (*Ep.* 8, 6), nel *posteris dare* determinati consigli (*Ep.* 22, 2), nel far passare accresciuta ai posteri l'eredità dottrinale ricevuta dal passato (*Ep.* 64, 7). E si tenga presente che quest'atteggiamento è nuovo in Seneca: finché era stato impegnato nella vita attiva — prima dunque del *secessus* — Seneca aveva pensato soprattutto ai presenti, ai contemporanei:

---

[42] Il pensiero che segue (*multum adhuc restat operis multumque restabit, nec ulli nato post mille saecula praecludetur occasio aliquid adhuc adiciendi*) è familiare a Seneca e trova riscontro, p.es., in *Nat.* VII 25, 5.

[43] E si tenga conto dell'obiezione che gli muove Lucilio all'inizio proprio dell'*Ep.* 8, e che giustifica la stesura dell'intera lettera: «*Tu me*» inquis «*vitare turbam iubes, secedere et conscientia esse contentum? Ubi illa praecepta vestra quae imperant in actu mori?*». Seneca risponde, vivacemente: *Quid? Ego tibi videor inertiam suadere? In hoc me recondidi et fores clusi, ut prodesse pluribus possem.* Ora intende giovare «a più persone» di prima: non solo i contemporanei, ma anche i posteri sono oggetto della sua attenzione.

[44] Naturalmente, questa norma stoica valeva anche per chi era impegnato nella vita attiva. Tuttavia Seneca non prende mai in considerazione la destinazione anche ai posteri nelle sue opere anteriori al ritiro. Anzi nel *De otio* 6, 4 l'invito a *secedere* nell'*otium* colloca l'*otium* nell'àmbito della vita personale dell'interiorità, non nella dimensione del *prodesse* agli altri. Cf. il commento di I. DIONIGI nella sua edizione del *De otio* (Brescia 1983), 255-256.

anche quando già meditava il ritiro, verso il 59 o poco dopo, nel *De tranq.* rispondendo ad Atenodoro, esortava (cap. 4) il *civis bonus* all'impegno con la considerazione che, qualunque cosa costui faccia o non faccia, sempre *prodest* alla *civitas*, alla *res publica*, perché *numquam inutilis est opera civis boni* (§ 6)[45]; ma il suo pensiero non si volgeva ai posteri. Questo allargamento ai posteri della prospettiva è conseguenza dell'avvenuto definitivo ritiro dall'impegno politico.

L'epistolario senecano ha dunque anche questa caratteristica, che ne fa un'opera unica, senza confronti, tra gli epistolari dell'antichità: di essere destinato, programmaticamente, anche ai posteri.

In secondo luogo l'epistolario a Lucilio è un «epistolario letterario» sotto l'aspetto del modo come Seneca sviluppa i suoi pensieri: da questo punto di vista, al di sopra della cornice e della funzione comunicativa, le *Lettere a Lucilio* rispondono, nella massima parte, ad un disegno abbastanza preciso, per cui possono considerarsi, quasi, come parti o momenti di un'unica trattazione.

Questa prima impressione, suggerita dalla lettura dell'epistolario, può essere confermata da qualche considerazione sull'ampiezza delle lettere. E' facile notare — è un aspetto del tutto evidente della raccolta epistolare — che qualche lettera raggiunge l'ampiezza dei Dialoghi di Seneca. La più lunga delle *Epistole*, la 94, è di 503 righe (segue, nell'ordine dell'ampiezza, la 95, di 501 righe): dunque quanto il *De providentia*, che è di 509 righe. Per prudenza non prendo in considerazione il *De otio*, che si estende per 233 righe, perché è lacunoso: tuttavia le parti perdute non

---

45 Si v. l'analisi del passo nella mia monografia su *Seneca* (citata nella n. 1), 246-248, e nella mia «Introduzione a Seneca», in *Studi sul pensiero politico classico* (Napoli 1973), 420-421. Ritengo che il *De tranq.* sia stato composto poco dopo il matricidio di Nerone, forse già nel 59.

dovevano occupare molto spazio (cfr. l'edizione del *De otio* di
I. Dionigi, 39-44), per cui doveva essere anch'esso sostanzialmente comparabile, nella lunghezza, con un certo numero di
lettere[46]. Molte lettere differiscono dai Dialoghi essenzialmente
solo per il fatto che dall'autore i temi trattati sono presentati in
forma appartenente al genere epistolare.

Si consideri l'attacco dell'*Ep.* 111: *Quid vocentur latine
sophismata quaesisti a me*, e lo si metta a confronto con l'inizio
del *De prov.*: *quaesisti a me, Lucili, quid ita si providentia mun-
dus regeretur...*[47]. Come si vede, tra i due inizi non c'è differenza.
Se il dialogo *De providentia* ci fosse pervenuto incluso nella
raccolta epistolare come una lettera a Lucilio non avremmo
avuto alcun motivo per dubitare della legittimità di tale collocazione.

La trattazione, in parecchie epistole, non si sviluppa in
maniera diversa da quella dei vari Dialoghi indirizzati a Marcia,
ad Elvia, a Polibio, a Novato, a Sereno, a Lucilio stesso[48]. Di quest'affermazione possiamo fornire una prova, ricavandola dal-
l'*Ep.* 99 a Lucilio, la quale, dopo un paragrafo di apertura, è costi-
tuita dalla trascrizione della lettera, più esortatoria che consolatoria in senso stretto, mandata da Seneca a Marullo, il quale
aveva perduto un figlio in età puerile e ne piangeva inconsolabil-
mente la morte.

E' vero che non esiste la certezza che nell'*Ep.* 99, dal § 2 alla
fine (§ 32) Seneca trascriva la lettera inviata a Marullo, ancorché

---

[46]   Per questi dati numerici, v. l'*Appendice.*

[47]   Si tenga presente che questi sono gli unici due luoghi in tutta l'opera di
Seneca in cui compare la forma *quaesisti.*

[48]   Perciò ha ragione K. ABEL (v. sopra p. 255) di definire Lucilio, nell'epistolario, come il dedicatario dell'opera presentato sotto la figura del destinatario delle lettere.

egli dica: *epistulam quam scripsi Marullo* [...] *misi tibi*[49], ma sembra un atteggiamento ipercritico quello di chi voglia escludere che nella lettera a Lucilio sia inclusa la lettera a Marullo. Naturalmente non abbiamo difficoltà ad ammettere che Seneca abbia operato qualche intervento su di essa nel trascriverla nell'*Ep.* 99 a Lucilio, a partire dal dato più elementare riguardante le formule topiche del saluto iniziale proprie del genere epistolare; forse anche sono eliminate alcune frasi iniziali introduttive che nella lettera a Lucilio appaiono verosimilmente riassunte nello stesso primo paragrafo. Si può inoltre fondatamente supporre che la lettera a Marullo non sia trascritta per intero nel complesso delle sue argomentazioni; infatti nell'ultimo paragrafo l'inciso *liquet enim mihi te* [sc. *Marullum*] *locutum tecum quicquid lecturus es*, sembra preannunciare nel *lecturus es* (appunto: *lecturus es*, non *legisti!*) uno sviluppo successivo — la seconda parte della lettera a Marullo — cioè l'*adhortatio* a *contra fortunam tollere animos*. La parte trascritta a Lucilio contiene i *convicia* a Marullo che non riesce a darsi pace per la morte del figlio (vedi l'inizio della parte trascritta: *solacia expectas? Convicia accipe*, § 2). Ma questi rilievi di dati di fatto e di elementi possibili o probabili non cambiano la sostanza della cosa[50].

---

[49]   Si noti che l'espressione si trova identica in Cic. *Att.* X 10, 1 (*misi ad te epistulam*), dove non c'è dubbio che Cicerone trascrive una lettera. Cf. P. CUGUSI, *Evoluzione...*, 144.

[50]   In certo modo la controprova che nell'*Ep.* 99 è riportata la lettera inviata a Marullo è fornita dalla *Lettera* 91, nella quale Seneca espone le sue considerazioni sull'incendio di Lione (del quale era molto afflitto l'amico Liberale [il destinatario del *De beneficiis*] che era appunto di Lione) e sulla sorte delle città ed elenca i *solacia* mandati all'amico (*haec ergo atque eiusmodi solacia admoveo Liberali nostro*, § 13): ma, appunto, riassume i suoi argomenti nella lettera a Lucilio senza indicare in nessun modo come li avesse comunicati a Liberale, se sotto forma di lettera consolatoria o in quale altro modo.

Dunque Seneca a Marullo scrisse una lettera «consolatoria» (delle quali la tradizione antica è ricca), così come scritti consolatorii, ma non in forma di lettere bensì di veri e proprii trattati («dialoghi») aveva scritto a Marcia, ad Elvia, a Polibio. Fra tutti questi scritti, lo ripetiamo, non vi sono differenze di argomenti o di sostanza o di scopi o di sviluppi nella trattazione: la sola differenza è nella cornice (cornice epistolare formalmente esplicita, nella consolazione a Marullo).

La *Lettera* 99 costituisce, così, in certo modo, un caso limite, nel complesso dell'opera epistolare di Seneca: quello della massima approssimazione della lettera al trattato (consolatorio, in questo caso): così come il *De providentia* costituisce, tra i Dialoghi, il caso di massima approssimazione dei Dialoghi alle lettere.

In altre lettere — non molte, per la verità — si tocca l'estremo opposto: della lettera non solo vicina alla quotidianità ma documento pressoché esclusivo di essa. Ricordiamo, a titolo di esempio, le *Lettere*: 46, la prima impressione che Seneca ha provato da una lettura cursoria di un libro di Lucilio mandatogli dall'amico; 54: descrizione di un attacco d'asma di Seneca e dei suoi pensieri in quei momenti dolorosi: la lettera appare scritta quando l'attacco è diminuito d'intensità ma non è ancora cessato del tutto[51]; 62: Seneca non si distrae, lungo la giornata, dai suoi pensieri; è con lui sempre il cinico Demetrio; 86: resoconto della sua visita alla villa di Scipione a Literno; 112: consigli a Lucilio sulla possibilità di *formare* alla filosofia un amico del destinatario.

---

[51] V. la mia *Analisi delle «Lettere a Lucilio» di Seneca* (Torino 1988), 151-154; mi riferisco in particolare al § 6 della lettera: ... *deinde paulatim suspirium illud, quod esse iam anhelitus coeperat, intervalla maiora fecit et retardatum est. At remansit, nec adhuc, quamvis desierit, ex natura fluit spiritus; sentio haesitationem quamdam eius et moram.*

4. La struttura dell'epistolario e il suo rapporto con opere scritte da Seneca negli anni del ritiro

Ritengo che il significato e il valore delle *Lettere a Lucilio* possano essere individuati, non mediante il confronto con epistolari precedenti (di Epicuro, di Orazio e, eventualmente, di altri autori), ma mettendo l'opera epistolare di Seneca in rapporto e in collegamento con altri scritti senecani composti più o meno contemporaneamente nella trentina di mesi che restarono da vivere al nostro filosofo dopo il suo ritiro. Chi anche ritenga di non condividere questa posizione del problema, spero che, dopo questa mia relazione, vorrà ammettere che non attraverso una ricerca condotta sul genere letterario (il genere epistolare), come si è fatto fino ad oggi, ma mediante la valutazione di tutta la produzione letteraria di Seneca degli anni 62-65 è possibile mettere in luce la vera fisionomia dell'epistolario. Questa presa di posizione non esclude l'attenzione per gli epistolari che furono messi insieme prima di Seneca, i quali in qualche misura poterono agire sul nostro filosofo, e neppure nega che metta conto di compiere tali indagini: tuttavia le considera di minore importanza.

Mi propongo, perciò, di mettere l'epistolario a Lucilio in rapporto con le *Naturales Quaestiones* e con i *Libri moralis philosophiae* — non pervenutici, come è noto —, ampiamente studiati da Marion Lausberg, nella sua dissertazione *Untersuchungen zu Senecas Fragmenten* (Berlin 1970)[52]. Potremmo anche includere nel gruppo le *Exhortationes*, il *De providentia*, il *De beneficiis*, che una parte degli studiosi di Seneca attribuisce agli anni del

---

[52] Ad essi perciò ora M. LAUSBERG nel saggio «Senecae operum fragmenta: Überblick und Forschungsbericht», in *ANRW* II 36, 3 (1989), 1879-1961, non dedica spazio, pur intitolando un paragrafo alle *Exhortationes*, al *De immatura morte* e ai *Libri moralis philosophiae*.

ritiro[53]: ma poiché la datazione di questi scritti è controversa,
preferisco non riferirmi anche ad essi, per ridurre quanto è possibile il margine di opinabilità delle mie considerazioni.

Le due opere, *Nat. Quaest.* e *Libri mor. philos.*, costituivano
un complesso organico, abbracciante le due parti della filosofia
che Seneca riconosceva utili. Le parti della filosofia sono tre,
secondo quanto ci dice Seneca stesso nell'*Ep.* 89, dedicata espressamente, su richiesta di Lucilio, ad illustrare le parti della filosofia:

> *philosophiae tres partes esse dixerunt et maximi et plurimi*
> *auctores: moralem, naturalem, rationalem. Prima compo-*

---

[53] Le *Exhortationes*, secondo la ricostruzione molto accuratamente organiz-
zata sul fondamento specialmente dell'*Ep.* 16, 1-6 (ma la LAUSBERG, *art.
cit.*, 1888 — che aveva già accuratamente studiato anche i frr. delle *Exhort.*
nelle sue *Untersuchungen*, 53-152 — propende ad anticiparne la data, che
sarebbe vicina a quella del *De vita beata*) da G. MAZZOLI, *Sul protrettico
perduto di Seneca: le Exhortationes*, Memorie dell'Istituto Lombardo, 36
(Milano 1977), appartengono agli anni del ritiro. Alla datazione del 63
perviene, indipendentemente dal Mazzoli, P. GRIMAL, *Sénèque ou la conscience de l'Empire*, 312. Ciò che ci rende esitanti ad accettare le conclusioni cronologiche del Mazzoli — in mancanza di dati specifici al
riguardo — è il fatto che, mentre nelle *Epistole a Lucilio* il titolo dei *Libri
mor. philos.* è fondatamente ricuperabile (v. in particolare l'*Ep.* 108, 1:
libros [...] *continentes totam moralem philosophiae partem*, e *Ep.* 109, 17:
... *quas moralis philosophiae voluminibus complectimur*), non vi è invece
in nessun modo ricuperabile quello delle *Exhort.*: a questo argomento,
certo non decisivo, va pure riconosciuto un qualche peso (per es., quando
Seneca vuol riferirsi al *De beneficiis* nelle lettere si esprime così: *sed de isto
satis multa in iis libris locuti sumus qui de beneficiis inscribuntur*, *Ep.* 81,
3). Anche il *De providentia* potrebbe appartenere all'ultimo periodo del-
l'attività di Seneca; mancano, però, a mio giudizio, dati probanti per
decidere. Pure il *De beneficiis* può appartenere agli anni del ritiro (agli
anni 63-64, a mio avviso: v. il mio *Seneca* [cit. nella n. 1], 49): certo nel-
l'*Ep.* 81, 3, come abbiamo visto, il titolo dell'opera è espressamente citato
(con riferimento, verosimilmente, ai primi sei libri). Ma non c'è accordo
tra gli studiosi, per la datazione.

*nit animum, secunda rerum naturam scrutatur, tertia
proprietates verborum exigit et structuram et argumentationes, ne pro vero falsa subrepant* (§ 9).[54]

Ma la terza (*rationalis*) non interessa particolarmente il nostro
filosofo; Lucilio potrà occuparsene, se vorrà, *dummodo quidquid legeris ad mores statim referas* (§ 18)[55]. Di questo scarso interesse tecnico di Seneca per la parte *rationalis* non abbiamo
motivo di stupirci conoscendo il suo atteggiamento di fondo
verso le dottrine riguardanti le parole: le considera come dei
supervacua; sono nozioni che *nec ignoranti nocent nec scientem
iuvant* (*Ep.* 45, 8)[56].

Entrambe le opere, *Nat. Quaest.* e *Libri moralis philos.*, si collocano negli anni a cui appartengono le *Lettere a Lucilio*. Queste
tre opere sono strettamente collegate tra di loro: alle prime due
Seneca affidava, per così dire, la *summa* del suo lascito filosofico;
esse si disponevano, cronologicamente, più o meno l'una
appresso all'altra, nell'ordine: *Nat. Quaest., Epistulae ad Lucilium, Libri moralis philos.* Con ciò non intendo dire che Seneca
si sia accinto a scrivere le *Ep.* solo dopo la conclusione delle *Nat.*
e tanto meno i *Libri mor. philos.* dopo aver terminato le epistole;
ma, semplicemente, che, legate da una concezione unitaria, questo è l'ordine logico — e solo in parte cronologico — secondo
cui si pongono in relazione l'una con l'altra.

---

[54] Il passo dell'*Ep.* 89 è opportunamente studiato, al fine di comprendere
il significato di *natura* in Seneca, da C. CODOÑER, 1783 (ivi correggi *Ep.*
70, 16 in *Ep.* 89, 16)-1784. V., per questo riguardo, la mia *Analisi delle
«Lettere a Lucilio»*, 59-64. La *Lettera* 89 è stata ampiamente studiata (bibl.
in G. MAZZOLI, *art. cit.*, 1839).

[55] E Lucilio imparò la lezione: ad un argomento che Seneca gli sottopone,
Lucilio obbietta: «*hoc quid ad mores?*» (*Ep.* 121, 1).

[56] Sul rapporto *res/verba* secondo Seneca rinvio a G. MAZZOLI, *S. e la poesia* (Milano 1970), 24-35; ma v. anche qui avanti, p. 283 e n. 71.

Identità di destinatario, per la prima e la seconda opera[57], totalità della trattazione degli ambiti della filosofia che soli contano per Seneca. La sua *summa* filosofica, dunque, messa insieme quando il distacco del filosofo dalla vita stava giungendo alla sua conclusione: troppo sistematico, tutto ciò, per un pensatore come Seneca, notoriamente poco sistematico?

Questa è una fondata riserva alla mia proposta; alla quale riserva posso rispondere precisando che la mia visione sistematica delle due opere vale solo per il progetto nella sua globalità, non per la realizzazione di ciascuna delle due parti del progetto.

Quanto alle *Nat.*[58], all'interno dell'opera non è facile individuare un piano preciso. Tuttavia ha giustamente scritto C. Codoñer, *art. cit.*, 1803: «le manque de rigueur ou d'habileté dans la réalisation d'un plan ne doit pas se confondre avec l'absence d'un plan consciemment établi par l'auteur.» Tra le varie parti e libri delle *Nat.* non c'è sviluppo e concatenamento adeguatamente — o, almeno, chiaramente — omogeneo. Preso atto di ciò, non abbiamo motivo di stupirci: veniamo a trovarci in piena atmosfera senecana: squilibri nelle singole trattazioni, ripetizioni e riprese, sviluppi aberranti nei riguardi dei temi centrali di ciascun libro, ecc., sono normali nelle opere del nostro autore. Dei *Libri mor. philos.*, naturalmente, niente ci è possibile asserire sotto questo aspetto, non essendoci pervenuti che pochi frammenti dell'opera (Fr. 116-125 Haase).

Invece, in senso positivo, a favore della nostra interpretazione globale dei nessi fra le tre opere, va segnalato — per

---

[57]   Non abbiamo elementi per sostenere che anche i *Libri mor. philos.* fossero dedicati a Lucilio, come asseriscono W. KROLL, in *RE* XIII 2 (1927), *s.v.* «Lucilius», N. 26, 1645, e D. VOTTERO nella prefazione alla sua citata edizione delle *Nat. Quaest.*, 21: ma non mi nascondo che l'ipotesi ha un forte carattere di verosimiglianza.

[58]   Le ho studiate nel I cap. della mia monografia senecana, *cit.*, 1-19 («Sulle orme di Lucrezio»).

provare la vicinanza e le analogie tra le *Nat.* e le *Lettere a Lucilio* — che in particolare la prefazione al libro IVa (VIII) delle *Nat.* si presenta, in apertura, anche formalmente, come una vera e propria lettera con cui Seneca risponde ad una lettera dell'amico (dunque le *Lettere a Lucilio* potevano entrare, a seconda dei casi, nell'epistolario o in altre opere):

> *Delectat te, quemadmodum scribis, Lucili, virorum optime, Sicilia et officium procurationis otiosae, etc.*

Tutto quanto lo sviluppo di questa prefazione — che ha per temi principali l'analisi dell'arte dell'adulazione e l'indicazione dei modi da usare per difendersene nonché l'invito a fuggire la folla (*a turba te, quantum potes, separa,* § 3) — è intessuta di motivi, formule, espressioni che trovano puntuale rispondenza soprattutto in luoghi paralleli delle *Lettere*[59] (ma anche di altre opere di Seneca), accuratamente individuati e segnalati da D. Vottero nel suo commento, 464-480, alla prefazione di questo libro IVa (VIII).

Mi pare che non si possa sfuggire alla conclusione che per questa prefazione Seneca si è servito di una sua lettera a Lucilio (o, almeno, che ha concepito questa prefazione sotto forma di lettera). Forse si può anche sostenere che Seneca abbia scritto questa lettera di risposta a Lucilio proprio come accompagnatoria per l'invio del libro all'amico lontano, in Sicilia. Anche su questa base di carattere formale mi pare fondata la visione di una connessione stretta delle *Nat.* (o almeno di questo libro) con le *Lettere a Lucilio*[60]. D'altra parte risulta dall'epistolario senecano

---

59 Per l'adulazione v. in particolare l'*Ep.* 45, 7; per la fuga dalla folla varie epistole dei primi tre libri, a cui si aggiunga l'*Ep.* 68.

60 Si consideri anche nel *Ben.* VII 4, 1, la *quaestio*: *quemadmodum potest aliquis donare sapienti si omnia sapientis sunt?* La trattazione occupa i capp. 4-13; e la si metta a confronto con l'*Ep.* 109 che tratta la *quaestio*: *an*

che l'amico chiedeva spesso di poter leggere determinati scritti dell'autorevole filosofo e gliene chiedeva l'invio, impaziente com'era di conoscere il pensiero di Seneca, da cui era lontano (v. p.es. *Ep.* 6, 4-5; 39, 1-2; 45, 3; anche 108, 1).

Un cenno sulla struttura esterna dell'epistolario. Quale fosse la sua ampiezza originaria non conosciamo. Gellio conosceva il XXII libro, che non ci è pervenuto. La tradizione medioevale ha diviso il *corpus* pervenutoci in due tronconi: *Ep.* 1-88, *Ep.* 89-124. Il libro XXII forse apparteneva ad un blocco di lettere edite dopo la morte di Seneca. Non sappiamo perché (non dopo il V secolo secondo L.D. Reynolds, p. V) siano state divise le prime 88 (libri I-XIII) dalle rimanenti (libri XIV-XX, conservatisi, e libri XXI-XXII, se non di più, non conservatisi). I due tronconi sono di lunghezza diseguale: il primo ha 8506 righe, il secondo 5646; nel primo stanno i 3/5 del totale del testo[61].

Il primo dato materiale che salta all'occhio è la diversa lunghezza media delle epistole del primo e del secondo gruppo: nel primo 96 righe, nel secondo 156 (arrotondamento per difetto); mediamente le 36 epistole del secondo gruppo sono lunghe quasi il doppio delle 88 del primo gruppo.

L'altro dato evidente è che i primi tre libri costituiscono sicuramente[62] una unità, probabilmente pubblicata autonoma-

---

sapiens sapienti prosit. Nella lettera è trattato un aspetto particolare della questione generale affrontata nel *Ben.*; gli sviluppi delle due *quaestiones* nelle due opere sono analoghi. V. anche l'*Ep.* 81, 3 (cit. qui sopra, n. 53) in cui c'è una citazione del *Ben.*

[61] Con lieve arrotondamento. Se fosse lecito formulare l'ipotesi che i libri XXI e XXII contenessero un migliaio di righe ciascuno (tale è l'ampiezza dei libri XIX e XX), le epistole da 89 fino all'ultima del XXII libro avrebbero avuto l'estensione di (5646+2000) 7646 righe, un'estensione non molto lontana da quella delle epistole 1-88 (8506 righe).

[62] Infatti l'affermazione dell'ultima epistola del terzo libro: *si pudorem haberes, ultimam mihi pensionem remisisses, sed ne ego quidem me sordide*

mente, contrassegnata, sotto l'aspetto formale, dalla citazione di massime di Epicuro nel finale di quasi tutte le lettere (23 su 29). Le 29 epistole dei primi tre libri non hanno forti squilibri nella loro ampiezza: due sole (I 9; III 24) sono rispettivamente di 145 e 177 righe, tutte le altre vanno da un minimo di 32 righe (la prima) ad un massimo di 120 (II 14). La loro lunghezza media è di 73 righe. Ma soprattutto esse costituiscono una unità perché il loro tema dominante, come ebbi occasione di mostrare con minuziosa analisi nella mia monografia senecana, 269-276, è la scelta della vita ritirata (senza ostentazione, diversamente dal ritiro provocatorio e polemico di Trasea Peto) che il filosofo deve assumere in mezzo e di fronte alla società, nella quale vive, e ai potenti[63].

Sul finire dell'anno 62 Seneca, dopo che già aveva ottenuto da Nerone il permesso di ritirarsi dalla vita politica, corse pericolo di morte: dopo che già erano stati fatti uccidere Rubellio Plauto, Cornelio Silla e Ottavia, Seneca fu accusato segretamente dal liberto Romano *ut C. Pisonis socius*, ma riuscì

---

geram in finem aeris alieni et tibi quod debeo inpingam (*Ep.* 29, 10, e segue una massima di Epicuro) dimostra che con questa epistola Seneca considerava chiusa la raccolta. Nell'*Ep.* 33, poi, Seneca sembra rispondere a critiche del pubblico dei lettori dei primi tre libri (critiche messe in bocca a Lucilio), stupito di tante citazioni di Epicuro da parte di uno stoico come Seneca, il quale spiega e giustifica il suo comportamento: *itaque nolo illas Epicuri existimes esse: publicae sunt et maxime nostrae sed ⟨in⟩ illo magis adnotantur quia rarae interim interveniunt, quia inexpectatae, quia mirum est fortiter aliquid dici ab homine mollitiam profeso* (§ 2).

[63] Si v. l'*Ep.* 14, 7: *sapiens numquam potentium iras provocabit, immo [nec] declinabit, non aliter quam in navigando procellam*; e, nella stessa epistola, il § 8: *idem facit sapiens: nocituram potentiam vitat, hoc primum cavens, ne vitare videatur.*

a salvarsi ritorcendo l'accusa sul suo accusatore[64]. Fu quello il primo campanello d'allarme per il nostro filosofo: egli non ignorava l'ostilità verso gli stoici di Tigellino, successore di Burro nella prefettura del pretorio, il quale si scagliava contro la *Stoicorum adrogantia sectaque quae turbidos et negotiorum adpetentes facit*[65]. L'*Ep.* 18 che invita al ritiro è del dicembre del 62 e le lettere che più insistentemente trattano lo stesso tema sono le 11 che vanno dalla 15 alla 25[66]. La linea prudente, adottata da quel momento dal nostro filosofo, è evidente anche nel fatto che, mentre nelle *Nat.* il nome di Nerone è ancora presente quattro volte (di Nerone viene anche citato un frammento poetico), nelle *Epistole* Nerone non compare mai[67]. Questo silenzio è la prova più convincente che Seneca non vuol correre rischi, non vuole più avere nulla a che fare con la politica[68]. Per questi

---

[64]   Tac. *Ann.* XIV 65, 2: *Romanus secretis criminationibus incusaverat Senecam ut C. Pisonis socium, sed validius a Seneca eodem crimine perculsus est. Unde Pisoni timor et orta insidiarum in Neronem magna moles et improspera.* Con queste parole termina il libro XIV degli *Annales.*

[65]   Ho lievemente modificato il testo tacitiano (*Ann.* XIV 57, 3, dove il pensiero è riferito in forma di discorso indiretto e applicato specificamente a Rubellio Plauto).

[66]   Ma il tema è già insistentemente presente prima, nelle *Ep.* 5, 7, 8, 10, 12.

[67]   Nelle lettere sono menzionati Giulio Cesare, Augusto, Tiberio e Caligola; non compaiono, e *pour cause*, né Claudio né Nerone. Oltre alle citazioni esplicite di Nerone nelle *Nat.* ci sono passi in cui Seneca sembra alludere a lui (v. I. LANA, *Lucio Anneo Seneca*, 15-18).

[68]   Eppure nell'*Ep.* 73 Seneca sentirà di doversi difendere dall'accusa «tigelliana» che viene mossa ai filosofi di essere *contumaces ac refractarios* (§ 1), ma si difenderà senza nessun riferimento esplicito a personaggi contemporanei o a fatti determinati. Ma si noti che anche in quest'epistola Seneca si astiene con molta cura dal rispondere alla domanda se il sapiente si debba impegnare nella vita politica: domanda che si era posta nell'*Ep.* 14, 14 rimandando ad altro momento la risposta: *postea videbimus an sapienti opera rei publicae danda sit.* Ho studiato ampiamente

motivi le epistole dei primi tre libri formano un gruppo nettamente differenziato da tutto il resto dell'epistolario.

La critica si è impegnata per individuare un disegno unitario
nel complesso dell'epistolario: G. Mazzoli, *art. cit.*, 1860-1863,
riferisce e valuta equilibratamente le varie prese di posizioni e a
lui rinvio, per questo aspetto. Molto sensata la sua proposta, p.
1863, di considerare l'epistolario «un *work-in-progress* (anche nel
senso etico della προκοπή)».

Davanti alla critica, che cerca di individuare un piano preciso
nell'epistolario, forse Seneca ripeterebbe la riposta che aveva
data a Lucilio deluso dalla lettura dei *Civilia* di Papirio Fabiano:
oblitus de philosopho agi compositionem eius accusas [...] *mores
ille, non verba composuit* [...] *ad profectum omnia tendunt* (*Ep.*
100, 1, 2 e 11)[69].

Il *componere mores* — motivo fondamentale delle lettere —
passa sopra ogni altra considerazione, per Seneca: e prima di
tutto sopra le regole retoriche della *compositio*. Il capovolgi-
mento rispetto alle posizioni della retorica è, nelle intenzioni[70],
globale: al primo posto Seneca colloca le ·res, non i *verba*[71].

---

l'*Ep.* 73 in «*Sextiorum nova et Romani roboris secta*», in *Studi sul pensiero
politico classico* (Napoli 1973), 339-342.

[69] Ho studiato questa lettera nell'*Analisi delle «Lettere a Lucilio» di Seneca*,
90-97.

[70] Sottolineo: nelle intenzioni, perché nella pratica dello scrivere non di
rado anche il Seneca delle epistole si ricorda delle regole retoriche. Qui
non posso diffondermi su quest'aspetto della prosa di Seneca (rinvio per
un primo approccio alla mia *Analisi delle «Lettere a Lucilio»*, 65-110:
«L'uso della parola»). In generale, ora: A. SETAIOLI, «Seneca e lo stile»,
in *ANRW* II 32, 2, 776-858 (con valutazione della letteratura specifica
sino al 1974 e con un'aggiunta sino al 1984).

[71] V. per es. *Ep.* 45, 5: *tota illo mente pergendum est ubi provideri debet ne
res nos, non verba decipiant*; 115, 1: *quaere quid scribas, non quemadmodum*. Cf. la mia *Analisi...*, 97; A. SETAIOLI, «S. e lo stile», 814.

Anche nel modo di comporre Seneca vuol essere del tutto libero da regole e consuetudini. Si veda la sua risposta a Lucilio che gli chiedeva *commentarios* [...] *diligenter ordinatos et in angustum coactos*. Rispondeva di sì (*ego vero componam*), ma con una precisazione essenziale: *scribam ergo quod vis, sed meo more* (*Ep*. 39, 1-2).

Prendiamo dunque atto che Seneca vuol comporre, ed effettivamente compone, l'opera *suo more*. Questo suo *mos* è facilmente riconoscibile, come abbiamo visto, per i primi tre libri. Non è invece riconoscibile, a mio avviso, per il resto dell'opera (salvo forse, come vedremo, per il blocco di lettere dall'89 alla fine). Si può anche ragionevolmente ammetterre che nei rimanenti libri, poiché il suo *mos* non appare chiaro per la totalità di tali epistole, chiaro non fosse neppure a Seneca; in altre parole, che Seneca non si sia per nulla preoccupato di realizzare, nei libri IV e seguenti, un unico piano ben definito, dal punto di vista della *compositio*. Inoltre teniamo presente che la raccolta epistolare non ci è giunta completa: anche per questo motivo riesce difficile individuare con chiarezza il piano — se un piano c'era — di un'opera per noi priva della sua parte finale; che, per di più, non sappiamo quanto fosse estesa[72].

Un fatto è certo: l'omogeneità dell'opera[73], sicura per ciò che riguarda lo scopo (la formazione dei *mores*), non ne riguarda la struttura e l'articolazione. Tuttavia, qualche linea della struttura si riesce forse ad individuare, oltre a quanto abbiamo già detto dei primi tre libri.

---

[72]   Nulla prova che il libro XXII dell'epistolario, noto e Gellio, fosse proprio l'ultimo della raccolta.

[73]   A commento dell'*Ep*. 94, 72 (*laudet parvo divitem et usu opes metientem*) M. BELLINCIONI, *op. cit.* (qui avanti, p. 288 n. 81), cita vari passi di Epicuro; ma a ragione, data la genericità del pensiero di Seneca in quel luogo, il REYNOLDS, nella sua edizione delle *Lettere*, non li include negli *scriptorum loci*.

Partiamo da Epicuro. Ci domandiamo perché Epicuro, dopo l'*Ep.* 97, non compare più, nell'epistolario. Anzitutto osserviamo che nelle *Nat.* il nome di Epicuro compare una sola volta (VI 20, 5): nel medesimo passo è citato un frammento di Epicuro[74]. Eppure Epicuro era autore del trattato *Sulla natura*, in 37 libri. Lucrezio invece è citato testualmente nelle *Nat.* in IVb 3, 4 — e senza l'indicazione del nome, in quanto Seneca riteneva ben noto il poeta ai suoi lettori[75]. Una scelta intenzionale di Seneca: ad un certo punto egli abbandona Epicuro e quando deve riferirsi a dottrine epicuree preferisce rifarsi a Lucrezio (a partire dall'*Ep.* 95). Lo stesso progetto delle *Nat.* è di impianto chiaramente lucreziano. Possiamo, con buona probabilità, individuare un progressivo passaggio, per il Seneca delle *Nat.* e delle *Epistole*, da Epicuro a Lucrezio. Nelle *Epistole* quanto più la visione della parte morale della filosofia si fa sistematica e teorica, tanto più, accentuandosi la presenza della dottrina stoica, si riduce lo spazio riservato ad Epicuro[76], fino ad annullarsi.

Un'altra osservazione riguarda l'uso del termine *quaestiuncula*; esso è presente in tutti gli scritti di Seneca sei sole volte: una volta nel *Ben.* VI 12, 1, e cinque volte nelle *Epistole*, 49, 8; 111, 2; 117, 1; 120, 1; 121, 1. Come si vede, quasi esclusivamente nelle *Lettere*. Se siamo disposti ad ammettere che il *Ben.* sia stato scritto negli anni del ritiro, *quaestiuncula* è un termine che Seneca «scopre» in tali anni. I dati statistici ci consentono di

---

[74] In altri luoghi il riferimento al pensiero di Epicuro è sicuro o probabile, ma non v'è mai citazione testuale né vi compare il nome di Epicuro. V. gli indici del Vottero nella sua edizione delle *Nat. Quaestiones*, 747 e 739.

[75] Si veda, qui sopra, pp. 265-266, l'osservazione analoga che abbiamo fatta per il nome di Virgilio nelle epistole di Seneca.

[76] Nell'*Ep.* 99, 25 è citato il suo discepolo Metrodoro: ma per polemizzare vivacemente con lui, §§ 26-29, a proposito della sua affermazione *esse aliquam cognatam tristitiae voluptatem*. V. anche l'*Ep.* 98, 9, dove la citazione sembra derivare dal medesimo scritto di Metrodoro.

valutare il significato di questa novità. *Quaerere* è una delle parole chiave del nostro filosofo: è presente 536 volte nel complesso dei suoi scritti; aggiungiamo *quaestio*, 37 presenze, e, appunto, *quaestiuncula*, 6 volte: in totale l'idea del *quaerere* espressa in tale forma è presente 579 volte[77].

Quaestiuncula serve a Seneca per designare nell'*Ep*. 49, 8 un *sophismata*: i *sophismata* sono dei *supervacua*, delle *ineptiae*, non mette conto «perdere tempo» con essi (§§ 5-9). Nell'*Ep*. 111 il termine è usato una seconda volta per designare i *sophismata*: *quibus quisquis se tradidit quaestiunculas quidem vafras nectit, ceterum ad vitam nihil proficit* (§ 2). Anche gli Stoici affrontano *quaestiunculas* [...], *in quibus ego nec dissentire a nostris salva gratia nec consentire salva conscientia possum* (*Ep*. 117, 1). Altre *quaestiunculae*, trattate anche dagli Stoici, sono proposte da Lucilio a Seneca e tra esse Seneca sceglie di trattarne una (*Ep*. 120, 1). Nell'*Ep*. 121 è invece Seneca che propone a Lucilio una *quaestiuncula*, pur sapendo che essa non giova per la formazione morale.

Perché, se le *quaestiunculae* non servono allo scopo che si propone Seneca (formano una *scientia inutilis*, *Ep*. 109, 18: *inutilis*, s'intende, per la formazione dei *mores*), vengono da lui trattate? La risposta Seneca la dà nel *Ben*. VI 1: *etiam quae discere supervacuum est, prodest cognoscere*. Si tratta, quindi, di un momento puramente conoscitivo, da cui però ogni filosofo non può prescindere nella sua formazione culturale e dottrinale.

Le *quaestiunculae*, dunque, si addensano nelle lettere finali della raccolta pervenutaci, dalla 111 alla 121: e nel secondo blocco delle epistole (89-124) la trattazione di temi che servono solo ad accrescere le nostre conoscenze senza giovare diretta-

---

[77] V. la mia *Analisi delle «Lettere a Lucilio»*, 59-64 («Il motivo dominante: la vita come ricerca»).

mente ai *mores* viene ad occupare uno spazio notevole[78], dando all'opera una fisionomia nuova. Osservo che esse compaiono, definite espressamente come tali, dopo (e solo dopo) che Seneca ha informato Lucilio che sta mettendo insieme (*ordino*) i *Libri moralis philosophiae*[79]:

> ... *tardius rescribo ad epistulas tuas* [...] *Quid ergo fuit quare non protinus rescriberem? Id de quo quaerebas veniebat in contextum operis mei; scis enim me moralem philosophiam velle conplecti et omnes ad eam pertinentis quaestiones explicare.* (*Ep.* 106, 1)
>
> *Id de quo quaeris ex iis est quae scire tantum eo, ut scias, pertinet. Sed nihilominus, quia pertinet, properas nec vis expectare libros quos cum maxime ordino continentis totam moralem philosophiae partem. Statim expediam...* (*Ep.* 108, 1).[80]
>
> *Persolvi quod exegeras, quamquam in ordine rerum erat quas moralis philosophiae voluminibus complectimur.* (*Ep.* 109, 17)

In tali libri (un'opera sistematica: 106, 1: *scis ... omnes ad eam pertinentis quaestiones explicare*) la parte conoscitiva aveva un suo spazio (108, 1: *id de quo quaeris ex iis est quae scire tantum eo ut scias pertinet*: cf. *Ben.* VI 1, già cit.). Di tale opera siamo certi, almeno per una trattazione (*an sapiens sapienti prosit*: 109, 1), che la *Lettera* 109 costituisce un'anticipazione, fornita da Seneca all'amico che non aveva pazienza per aspettare a leggerla poi nell'opera (108, 1). La *Lettera* 109 ci offre, dunque, un capi-

---

[78] Penso in special modo alle epistole 89, 90, 92, 94, 95, 105, 106, 108, 109, 110, 111, 113, 116, 117, 118, 119, 120, 121, 123, 124.

[79] Per i problemi ad essi relativi v. in particolare modo, A.D. LEEMAN, «Seneca's Plans for a Work 'Moralis Philosophia' and their influence on his later Epistles», in *Mnemosyne* S. IV 6 (1953), 307-313; M. LAUSBERG, *Untersuchungen*, 168-169.

[80] Il tema è poi trattato ampiamente nell'*Ep.* 109.

tolo — diciamo così — dei *Libri mor. philos.* Lo stesso possiamo dire della *Lettera* 106 (che sviluppa la *quaestiuncula*: *bonum an corpus sit*), il cui tema entrava *in contextum operis mei*: l'*opus*, anche qui, sono i *Libri mor. philos.*; Seneca ha tardato a rispondere a Lucilio pensando che gli avrebbe mandato l'*opus* (in cui quell'argomento doveva essere trattato): poi, *humanius visum est tam longe venientem non detinere. Itaque et hoc ex illa serie rerum cohaerentium excerpam et, si qua erunt eiusmodi, non quaerenti tibi ultro mittam* (106, 2-3). Dunque dalla *Lettera* 106 apprendiamo: 1) che essa contiene un *excerptum* dall'*opus*: 2) che altri *excerpta* gli aveva già mandato in precedenza (ciò si ricava dall'espressione *et hoc*); 3) che altri si disponeva a mandargli di sua iniziativa. Tra questi *excerpta ultro missa* da Seneca va inclusa la *Lettera* 116: *utrum satius sit modicos habere adfectus an nullos saepe quaesitum est*, dove appunto non è detto che fosse stato Lucilio a proporgli l'argomento.

Ritengo non arrischiato supporre che il tema accennato e non trattato nell'*Ep.* 94, 52 e trattato, invece, ampiamente nell'*Ep.* 95 per venire incontro, anche qui, all'impazienza dell'amico, riguardante il valore della parenetica/precettistica, che Seneca intendeva sviluppare più tardi (*in diem suum dixeram* — appunto nell'*Ep.* 94, 52 — *debere differri*) dovesse fare parte anch'esso dei *Libri mor. philos.* La trattazione (l'abbiamo già notato) si sviluppa per ben 501 righe e l'epistola precedente, la 94, per 503 righe: sono le due epistole più lunghe — lunghe, più o meno, quanto alcuni *Dialoghi.* L'*Ep.* 95 poteva costituire uno dei libri del complesso dei *Libri mor. philos.* Lo stesso si può dire per l'*Ep.* 94 che sviluppa l'argomento di quella parte della filosofia *quae dat propria cuique personae praecepta nec in universum componit hominem*, perché essa è l'unica, in tutto l'epistolario, ad essere priva di qualsiasi elemento proprio del τύπος epistolare e di qualsiasi riferimento esplicito a Lucilio. Inoltre è stato giustamente osservato che le *Lettere* 94 e 95 «costituiscono un insieme unitario»[81].

---

[81] Seneca. *Lettere a Lucilio, lib. XV: le Lettere 94 e 95,* testo, introd., versione e commento di M. BELLINCIONI (Brescia 1979), 17.

Raccogliamo, per concludere, le osservazioni sin qui fatte:

1) *Ep.* 97: con essa cessano le citazioni di testi e del nome di Epicuro; dall'*Ep.* 95 cominciano le citazioni di Lucrezio;

2) *Ep.* 95: vi è ampiamente trattato un tema di carattere teoretico che Seneca intendeva riservarsi di sviluppare in altra sede; ad essa è strettamente legata la precedente, per analogia di argomento;

3) *Ep.* 111, 117, 120, 121: trattazione di *quaestiunculae*, cioè di problemi teorici attinenti alla filosofia morale;

4) *Ep.* 106: fornisce la prima indicazione esplicita della composizione dei *Libri mor. philos.* in atto già da qualche tempo (§ 2: *scis enim me moralem philosophiam velle conplecti...*);

5) *Ep.* 108 e 109: citazione esplicita dei *Libri moralis philosophiae*;

6) Tra le ultime 20 epistole, 15 trattano questioni (in quattro casi definite formalmente *quaestiunculae*) teoretiche in rapporto con la morale.

Dal complesso di queste osservazioni traggo la convinzione che nel secondo blocco di lettere (89-124) sia diventato filo conduttore dell'opera l'interesse del filosofo per le questioni teoretiche riguardanti la filosofia morale, considerate e trattate in vista dell'elaborazione dei *Libri moralis philosophiae*, di cui alcune di esse già contengono parti e, forse (come le *Epistole* 94 e 95), interi libri[82].

---

[82]   Per le *Ep.* 30-88 non ho nuove ipotesi da aggiungere a quelle finora formulate dagli studiosi che se ne sono occupati: tali ipotesi sono esposte e adeguatamente valutate da G. MAZZOLI, *art. cit.*, 1860-1863.

APPENDICE

a cura di

MAURIZIO LANA

L'Appendice comprende:

1. Epistole a Lucilio

a) ordinamento **crescente** per numero di *righe* delle epistole (con l'indicazione per numero delle parole di ciascuna epistola);

b) ordinamento **decrescente** per numero di *righe* delle epistole (con l'indicazione per numero delle parole di ciascuna epistola);

aa) ordinamento **crescente** per numero di *parole* delle epistole (con l'indicazione per numero di righe di ciascuna epistola);

bb) ordinamento **decrescente** per numero di *parole* delle epistole (con l'indicazione del numero di righe di ciascuna epistola);

2. Dialoghi

a) ordinamento **crescente** per numero di *righe* di ciascun dialogo (o libro di dialogo) con l'indicazione del numero delle parole di ciascun dialogo (o libro di dialogo);

b) ordinamento **decrescente** per numero di *parole* di ciascun dialogo (o libro di dialogo) con l'indicazione del numero di righe di ciascun dialogo (o libro di dialogo).

NOTA TECNICA
SULLA PREPARAZIONE DELLE TABELLE

Le tabelle sono state prodotte utilizzando un personal computer del tipo correntemente in commercio e programmi facilmente reperibili. Per completare il lavoro sono state necessarie circa 8 ore.

Il testo delle Epistole a Lucilio e dei Dialoghi è quello presente sul disco ottico (CDROM — compact disc read only memory) distribuito dal Packard Humanities Institute (PHI). Esso riproduce l'edizione oxoniense del Reynolds.

Le operazioni compiute sul testo per giungere alle tabelle sono state le seguenti:

— lettura del file su CDROM e suo trasferimento su hard disk per mezzo del programma OFFLOAD fornito dal PHI a corredo del disco ottico;

— eliminazione preliminare di caratteri di controllo presenti nel file (es: $\mathcal{L}^{\mathcal{C}}$ per indicare la tabulazione di inizio paragrafo) per mezzo del programma CONVERT, anch'esso fornito dal PHI;

— successiva ulteriore eliminazione di caratteri di controllo e delle sillabazioni (divisioni di parola) a fine riga, ovviamente avendo l'avvertenza di non mutare il numero totale delle righe delle singole lettere o opere, per mezzo di un editor e del programma FLEXTEX;

— suddivisione del file in «fette» corrispondenti alle singole lettere o dialoghi, per mezzo del programma CHOP che ha tagliato il file dopo ogni *Vale* (questo per le epistole; per i dialoghi l'operazione è un po' meno facile a descriversi, ma ha seguito un criterio analogo);

— conteggio delle parole e delle righe di ogni singola epistola o dialogo per mezzo del programma WC (Word Count);

— ordinamento crescente e decrescente, per mezzo del programma QSORT, dei dati prodotti dal programma WC;

— stampa dei dati così ordinati previo abbellimento tipografico per mezzo del programma di elaborazione di testi Word 4.

Per più ampie informazioni sull'utilizzo del computer per indagini filologiche sui testi:

M. LANA, «Hardware and Software for a PC-based Workstation Devoted to Philological Studies», in *Historical Social Research* 14 (1989), 70-75; id., «Il personal computer negli studi letterari, oggi», in *Orpheus* 1990, 1-9.

Epistole a Lucilio in ordine **crescente**
per **numero di righe**

```
LUCILIO  62  words = 0149, lines =  017
LUCILIO 112  words = 0171, lines =  019
LUCILIO  38  words = 0162, lines =  019
LUCILIO  46  words = 0193, lines =  021
LUCILIO  34  words = 0185, lines =  022
LUCILIO  61  words = 0213, lines =  022
LUCILIO  43  words = 0218, lines =  024
LUCILIO  60  words = 0201, lines =  025
LUCILIO  35  words = 0242, lines =  026
LUCILIO 111  words = 0265, lines =  030
LUCILIO 103  words = 0250, lines =  030
LUCILIO  69  words = 0258, lines =  030
LUCILIO  37  words = 0261, lines =  030
LUCILIO  01  words = 0279, lines =  032
LUCILIO  96  words = 0278, lines =  032
LUCILIO  32  words = 0299, lines =  034
LUCILIO  02  words = 0317, lines =  036
LUCILIO  10  words = 0320, lines =  037
LUCILIO  03  words = 0354, lines =  040
LUCILIO  39  words = 0372, lines =  042
LUCILIO  06  words = 0361, lines =  042
LUCILIO  54  words = 0391, lines =  043
LUCILIO  44  words = 0392, lines =  043
LUCILIO  25  words = 0420, lines =  047
LUCILIO 105  words = 0418, lines =  050
LUCILIO  57  words = 0459, lines =  054
LUCILIO 116  words = 0463, lines =  055
LUCILIO  27  words = 0463, lines =  055
LUCILIO  05  words = 0448, lines =  055
LUCILIO  42  words = 0490, lines =  056
LUCILIO  28  words = 0464, lines =  057
LUCILIO  64  words = 0476, lines =  057
LUCILIO  26  words = 0517, lines =  058
LUCILIO  11  words = 0506, lines =  060
LUCILIO  50  words = 0522, lines =  060
LUCILIO 106  words = 0514, lines =  060
LUCILIO  16  words = 0536, lines =  061
```

```
LUCILIO  08   words = 0527, lines =  062
LUCILIO  41   words = 0542, lines =  063
LUCILIO  23   words = 0595, lines =  067
LUCILIO  04   words = 0567, lines =  067
LUCILIO  80   words = 0587, lines =  069
LUCILIO  33   words = 0614, lines =  072
LUCILIO 107   words = 0590, lines =  073
LUCILIO  17   words = 0660, lines =  074
LUCILIO  07   words = 0634, lines =  074
LUCILIO  15   words = 0659, lines =  074
LUCILIO  31   words = 0687, lines =  075
LUCILIO  36   words = 0662, lines =  075
LUCILIO  12   words = 0682, lines =  076
LUCILIO  55   words = 0646, lines =  076
LUCILIO  29   words = 0653, lines =  076
LUCILIO  19   words = 0683, lines =  077
LUCILIO  68   words = 0677, lines =  078
LUCILIO  93   words = 0714, lines =  079
LUCILIO  21   words = 0660, lines =  080
LUCILIO  53   words = 0669, lines =  080
LUCILIO  72   words = 0667, lines =  080
LUCILIO  48   words = 0677, lines =  081
LUCILIO  20   words = 0718, lines =  081
LUCILIO  49   words = 0705, lines =  083
LUCILIO  51   words = 0701, lines =  086
LUCILIO  18   words = 0755, lines =  086
LUCILIO  45   words = 0737, lines =  087
LUCILIO 100   words = 0728, lines =  087
LUCILIO  84   words = 0759, lines =  089
LUCILIO  63   words = 0763, lines =  091
LUCILIO  40   words = 0740, lines =  091
LUCILIO  52   words = 0761, lines =  092
LUCILIO  22   words = 0853, lines =  099
LUCILIO  56   words = 0834, lines =  100
LUCILIO  73   words = 0849, lines =  100
LUCILIO  97   words = 0843, lines =  101
LUCILIO  67   words = 0865, lines =  102
LUCILIO 101   words = 0821, lines =  102
LUCILIO 119   words = 0865, lines =  102
LUCILIO  75   words = 0894, lines =  103
```

LUCILIO 109   words = 0880, lines =   **107**
LUCILIO 30   words = 0961, lines =   **111**
LUCILIO 118   words = 0952, lines =   **111**
LUCILIO 13   words = 0981, lines =   **113**
LUCILIO 98   words = 0992, lines =   **114**
LUCILIO 123   words = 0980, lines =   **116**
LUCILIO 79   words = 1001, lines =   **117**
LUCILIO 14   words = 1016, lines =   **120**
LUCILIO 47   words = 1021, lines =   **122**
LUCILIO 77   words = 1098, lines =   **128**
LUCILIO 86   words = 1115, lines =   **134**
LUCILIO 110   words = 1129, lines =   **134**
LUCILIO 59   words = 1105, lines =   **135**
LUCILIO 122   words = 1091, lines =   **136**
LUCILIO 115   words = 1064, lines =   **136**
LUCILIO 09   words = 1301, lines =   **145**
LUCILIO 124   words = 1304, lines =   **148**
LUCILIO 65   words = 1379, lines =   **153**
LUCILIO 91   words = 1293, lines =   **155**
LUCILIO 121   words = 1394, lines =   **162**
LUCILIO 70   words = 1407, lines =   **168**
LUCILIO 120   words = 1422, lines =   **170**
LUCILIO 89   words = 1382, lines =   **172**
LUCILIO 24   words = 1501, lines =   **177**
LUCILIO 83   words = 1553, lines =   **185**
LUCILIO 82   words = 1599, lines =   **189**
LUCILIO 113   words = 1728, lines =   **194**
LUCILIO 78   words = 1637, lines =   **198**
LUCILIO 102   words = 1688, lines =   **200**
LUCILIO 114   words = 1746, lines =   **204**
LUCILIO 99   words = 1757, lines =   **208**
LUCILIO 81   words = 1813, lines =   **211**
LUCILIO 76   words = 1919, lines =   **222**
LUCILIO 58   words = 1972, lines =   **233**
LUCILIO 104   words = 1941, lines =   **235**
LUCILIO 74   words = 2001, lines =   **236**
LUCILIO 117   words = 2110, lines =   **237**
LUCILIO 71   words = 2108, lines =   **242**
LUCILIO 92   words = 2155, lines =   **251**

LUCILIO 85 words = 2283, lines = **271**
LUCILIO 108 words = 2133, lines = **275**
LUCILIO 87 words = 2266, lines = **275**
LUCILIO 88 words = 2525, lines = **302**
LUCILIO 66 words = 2993, lines = **348**
LUCILIO 90 words = 2919, lines = **357**
LUCILIO 95 words = 4106, lines = **501**
LUCILIO 94 words = 4164, lines = **503**

Epistole a Lucilio: ordinamento **decrescente**
per **numero di righe**

LUCILIO 94 words = 4164, lines = **503**
LUCILIO 95 words = 4106, lines = **501**
LUCILIO 90 words = 2919, lines = **357**
LUCILIO 66 words = 2993, lines = **348**
LUCILIO 88 words = 2525, lines = **302**
LUCILIO 108 words = 2133, lines = **275**
LUCILIO 87 words = 2266, lines = **275**
LUCILIO 85 words = 2283, lines = **271**
LUCILIO 92 words = 2155, lines = **251**
LUCILIO 71 words = 2108, lines = **242**
LUCILIO 117 words = 2110, lines = **237**
LUCILIO 74 words = 2001, lines = **236**
LUCILIO 104 words = 1941, lines = **235**
LUCILIO 58 words = 1972, lines = **233**
LUCILIO 76 words = 1919, lines = **222**
LUCILIO 81 words = 1813, lines = **211**
LUCILIO 99 words = 1757, lines = **208**
LUCILIO 114 words = 1746, lines = **204**
LUCILIO 102 words = 1688, lines = **200**
LUCILIO 78 words = 1637, lines = **198**
LUCILIO 113 words = 1728, lines = **194**
LUCILIO 82 words = 1599, lines = **189**
LUCILIO 83 words = 1553, lines = **185**
LUCILIO 24 words = 1501, lines = **177**
LUCILIO 89 words = 1382, lines = **172**
LUCILIO 120 words = 1422, lines = **170**
LUCILIO 70 words = 1407, lines = **168**

LUCILIO 121   words = 1394, lines = **162**
LUCILIO 91   words = 1293, lines = **155**
LUCILIO 65   words = 1379, lines = **153**
LUCILIO 124   words = 1304, lines = **148**
LUCILIO 09   words = 1301, lines = **145**
LUCILIO 122   words = 1091, lines = **136**
LUCILIO 115   words = 1064, lines = **136**
LUCILIO 59   words = 1105, lines = **135**
LUCILIO 110   words = 1129, lines = **134**
LUCILIO 86   words = 1115, lines = **134**
LUCILIO 77   words = 1098, lines = **128**
LUCILIO 47   words = 1021, lines = **122**
LUCILIO 14   words = 1016, lines = **120**
LUCILIO 79   words = 1001, lines = **117**
LUCILIO 123   words = 0980, lines = **116**
LUCILIO 98   words = 0992, lines = **114**
LUCILIO 13   words = 0981, lines = **113**
LUCILIO 30   words = 0961, lines = **111**
LUCILIO 118   words = 0952, lines = **111**
LUCILIO 109   words = 0880, lines = **107**
LUCILIO 75   words = 0894, lines = **103**
LUCILIO 119   words = 0865, lines = **102**
LUCILIO 67   words = 0865, lines = **102**
LUCILIO 101   words = 0821, lines = **102**
LUCILIO 97   words = 0843, lines = **101**
LUCILIO 73   words = 0849, lines = **100**
LUCILIO 56   words = 0834, lines = **100**
LUCILIO 22   words = 0853, lines = **099**
LUCILIO 52   words = 0761, lines = **092**
LUCILIO 40   words = 0740, lines = **091**
LUCILIO 63   words = 0763, lines = **091**
LUCILIO 84   words = 0759, lines = **089**
LUCILIO 100   words = 0728, lines = **087**
LUCILIO 45   words = 0737, lines = **087**
LUCILIO 18   words = 0755, lines = **086**
LUCILIO 51   words = 0701, lines = **086**
LUCILIO 49   words = 0705, lines = **083**
LUCILIO 20   words = 0718, lines = **081**
LUCILIO 48   words = 0677, lines = **081**
LUCILIO 53   words = 0669, lines = **080**

LUCILIO 21 words = 0660, lines = **080**
LUCILIO 72 words = 0667, lines = **080**
LUCILIO 93 words = 0714, lines = **079**
LUCILIO 68 words = 0677, lines = **078**
LUCILIO 19 words = 0683, lines = **077**
LUCILIO 29 words = 0653, lines = **076**
LUCILIO 55 words = 0646, lines = **076**
LUCILIO 12 words = 0682, lines = **076**
LUCILIO 31 words = 0687, lines = **075**
LUCILIO 36 words = 0662, lines = **075**
LUCILIO 17 words = 0660, lines = **074**
LUCILIO 07 words = 0634, lines = **074**
LUCILIO 15 words = 0659, lines = **074**
LUCILIO 107 words = 0590, lines = **073**
LUCILIO 33 words = 0614, lines = **072**
LUCILIO 80 words = 0587, lines = **069**
LUCILIO 04 words = 0567, lines = **067**
LUCILIO 23 words = 0595, lines = **067**
LUCILIO 41 words = 0542, lines = **063**
LUCILIO 08 words = 0527, lines = **062**
LUCILIO 16 words = 0536, lines = **061**
LUCILIO 11 words = 0506, lines = **060**
LUCILIO 106 words = 0514, lines = **060**
LUCILIO 50 words = 0522, lines = **060**
LUCILIO 26 words = 0517, lines = **058**
LUCILIO 64 words = 0476, lines = **057**
LUCILIO 28 words = 0464, lines = **057**
LUCILIO 42 words = 0490, lines = **056**
LUCILIO 116 words = 0463, lines = **055**
LUCILIO 05 words = 0448, lines = **055**
LUCILIO 27 words = 0463, lines = **055**
LUCILIO 57 words = 0459, lines = **054**
LUCILIO 105 words = 0418, lines = **050**
LUCILIO 25 words = 0420, lines = **047**
LUCILIO 44 words = 0392, lines = **043**
LUCILIO 54 words = 0391, lines = **043**
LUCILIO 39 words = 0372, lines = **042**
LUCILIO 06 words = 0361, lines = **042**
LUCILIO 03 words = 0354, lines = **040**
LUCILIO 10 words = 0320, lines = **037**

LUCILIO   02   words = 0317, lines =   **036**
LUCILIO   32   words = 0299, lines =   **034**
LUCILIO   96   words = 0278, lines =   **032**
LUCILIO   01   words = 0279, lines =   **032**
LUCILIO 111 words = 0265, lines =   **030**
LUCILIO   37   words = 0261, lines =   **030**
LUCILIO   69   words = 0258, lines =   **030**
LUCILIO 103 words = 0250, lines =   **030**
LUCILIO   35   words = 0242, lines =   **026**
LUCILIO   60   words = 0201, lines =   **025**
LUCILIO   43   words = 0218, lines =   **024**
LUCILIO   61   words = 0213, lines =   **022**
LUCILIO   34   words = 0185, lines =   **022**
LUCILIO   46   words = 0193, lines =   **021**
LUCILIO 112 words = 0171, lines =   **019**
LUCILIO   38   words = 0162, lines =   **019**
LUCILIO   62   words = 0149, lines =   **017**

Epistole a Lucilio: ordinamento **crescente**
per **numero di parole**

LUCILIO   62   words = **0149**, lines =   017
LUCILIO   38   words = **0162**, lines =   019
LUCILIO 112 words = **0171**, lines =   019
LUCILIO   34   words = **0185**, lines =   022
LUCILIO   46   words = **0193**, lines =   021
LUCILIO   60   words = **0201**, lines =   025
LUCILIO   61   words = **0213**, lines =   022
LUCILIO   43   words = **0218**, lines =   024
LUCILIO   35   words = **0242**, lines =   026
LUCILIO 103 words = **0250**, lines =   030
LUCILIO   69   words = **0258**, lines =   030
LUCILIO   37   words = **0261**, lines =   030
LUCILIO 111 words = **0265**, lines =   030
LUCILIO   96   words = **0278**, lines =   032
LUCILIO   01   words = **0279**, lines =   032
LUCILIO   32   words = **0299**, lines =   034
LUCILIO   02   words = **0317**, lines =   036
LUCILIO   10   words = **0320**, lines =   037

LUCILIO 03 words = 0354, lines = 040
LUCILIO 06 words = 0361, lines = 042
LUCILIO 39 words = 0372, lines = 042
LUCILIO 54 words = 0391, lines = 043
LUCILIO 44 words = 0392, lines = 043
LUCILIO 105 words = 0418, lines = 050
LUCILIO 25 words = 0420, lines = 047
LUCILIO 05 words = 0448, lines = 055
LUCILIO 57 words = 0459, lines = 054
LUCILIO 116 words = 0463, lines = 055
LUCILIO 27 words = 0463, lines = 055
LUCILIO 28 words = 0464, lines = 057
LUCILIO 64 words = 0476, lines = 057
LUCILIO 42 words = 0490, lines = 056
LUCILIO 11 words = 0506, lines = 060
LUCILIO 106 words = 0514, lines = 060
LUCILIO 26 words = 0517, lines = 058
LUCILIO 50 words = 0522, lines = 060
LUCILIO 08 words = 0527, lines = 062
LUCILIO 16 words = 0536, lines = 061
LUCILIO 41 words = 0542, lines = 063
LUCILIO 04 words = 0567, lines = 067
LUCILIO 80 words = 0587, lines = 069
LUCILIO 107 words = 0590, lines = 073
LUCILIO 23 words = 0595, lines = 067
LUCILIO 33 words = 0614, lines = 072
LUCILIO 07 words = 0634, lines = 074
LUCILIO 55 words = 0646, lines = 076
LUCILIO 29 words = 0653, lines = 076
LUCILIO 15 words = 0659, lines = 074
LUCILIO 17 words = 0660, lines = 074
LUCILIO 21 words = 0660, lines = 080
LUCILIO 36 words = 0662, lines = 075
LUCILIO 72 words = 0667, lines = 080
LUCILIO 53 words = 0669, lines = 080
LUCILIO 48 words = 0677, lines = 081
LUCILIO 68 words = 0677, lines = 078
LUCILIO 12 words = 0682, lines = 076
LUCILIO 19 words = 0683, lines = 077
LUCILIO 31 words = 0687, lines = 075

```
LUCILIO  51  words = 0701, lines =  086
LUCILIO  49  words = 0705, lines =  083
LUCILIO  93  words = 0714, lines =  079
LUCILIO  20  words = 0718, lines =  081
LUCILIO 100  words = 0728, lines =  087
LUCILIO  45  words = 0737, lines =  087
LUCILIO  40  words = 0740, lines =  091
LUCILIO  18  words = 0755, lines =  086
LUCILIO  84  words = 0759, lines =  089
LUCILIO  52  words = 0761, lines =  092
LUCILIO  63  words = 0763, lines =  091
LUCILIO 101  words = 0821, lines =  102
LUCILIO  56  words = 0834, lines =  100
LUCILIO  97  words = 0843, lines =  101
LUCILIO  73  words = 0849, lines =  100
LUCILIO  22  words = 0853, lines =  099
LUCILIO  67  words = 0865, lines =  102
LUCILIO 119  words = 0865, lines =  102
LUCILIO 109  words = 0880, lines =  107
LUCILIO  75  words = 0894, lines =  103
LUCILIO 118  words = 0952, lines =  111
LUCILIO  30  words = 0961, lines =  111
LUCILIO 123  words = 0980, lines =  116
LUCILIO  13  words = 0981, lines =  113
LUCILIO  98  words = 0992, lines =  114
LUCILIO  79  words = 1001, lines =  117
LUCILIO  14  words = 1016, lines =  120
LUCILIO  47  words = 1021, lines =  122
LUCILIO 115  words = 1064, lines =  136
LUCILIO 122  words = 1091, lines =  136
LUCILIO  77  words = 1098, lines =  128
LUCILIO  59  words = 1105, lines =  135
LUCILIO  86  words = 1115, lines =  134
LUCILIO 110  words = 1129, lines =  134
LUCILIO  91  words = 1293, lines =  155
LUCILIO  09  words = 1301, lines =  145
LUCILIO 124  words = 1304, lines =  148
LUCILIO  65  words = 1379, lines =  153
LUCILIO  89  words = 1382, lines =  172
LUCILIO 121  words = 1394, lines =  162
```

LUCILIO 70 words = 1407, lines = 168
LUCILIO 120 words = 1422, lines = 170
LUCILIO 24 words = 1501, lines = 177
LUCILIO 83 words = 1553, lines = 185
LUCILIO 82 words = 1599, lines = 189
LUCILIO 78 words = 1637, lines = 198
LUCILIO 102 words = 1688, lines = 200
LUCILIO 113 words = 1728, lines = 194
LUCILIO 114 words = 1746, lines = 204
LUCILIO 99 words = 1757, lines = 208
LUCILIO 81 words = 1813, lines = 211
LUCILIO 76 words = 1919, lines = 222
LUCILIO 104 words = 1941, lines = 235
LUCILIO 58 words = 1972, lines = 233
LUCILIO 74 words = 2001, lines = 236
LUCILIO 71 words = 2108, lines = 242
LUCILIO 117 words = 2110, lines = 237
LUCILIO 108 words = 2133, lines = 275
LUCILIO 92 words = 2155, lines = 251
LUCILIO 87 words = 2266, lines = 275
LUCILIO 85 words = 2283, lines = 271
LUCILIO 88 words = 2525, lines = 302
LUCILIO 90 words = 2919, lines = 357
LUCILIO 66 words = 2993, lines = 348
LUCILIO 95 words = 4106, lines = 501
LUCILIO 94 words = 4164, lines = 503

Epistole a Lucilio: ordinamento **decrescente**
per **numero di parole**

LUCILIO 94 words = 4164, lines = 503
LUCILIO 95 words = 4106, lines = 501
LUCILIO 66 words = 2993, lines = 348
LUCILIO 90 words = 2919, lines = 357
LUCILIO 88 words = 2525, lines = 302
LUCILIO 85 words = 2283, lines = 271
LUCILIO 87 words = 2266, lines = 275
LUCILIO 92 words = 2155, lines = 251
LUCILIO 108 words = 2133, lines = 275

LUCILIO 117 words = **2110**, lines = 237
LUCILIO 71 words = **2108**, lines = 242
LUCILIO 74 words = **2001**, lines = 236
LUCILIO 58 words = **1972**, lines = 233
LUCILIO 104 words = **1941**, lines = 235
LUCILIO 76 words = **1919**, lines = 222
LUCILIO 81 words = **1813**, lines = 211
LUCILIO 99 words = **1757**, lines = 208
LUCILIO 114 words = **1746**, lines = 204
LUCILIO 113 words = **1728**, lines = 194
LUCILIO 102 words = **1688**, lines = 200
LUCILIO 78 words = **1637**, lines = 198
LUCILIO 82 words = **1599**, lines = 189
LUCILIO 83 words = **1553**, lines = 185
LUCILIO 24 words = **1501**, lines = 177
LUCILIO 120 words = **1422**, lines = 170
LUCILIO 70 words = **1407**, lines = 168
LUCILIO 121 words = **1394**, lines = 162
LUCILIO 89 words = **1382**, lines = 172
LUCILIO 65 words = **1379**, lines = 153
LUCILIO 124 words = **1304**, lines = 148
LUCILIO 09 words = **1301**, lines = 145
LUCILIO 91 words = **1293**, lines = 155
LUCILIO 110 words = **1129**, lines = 134
LUCILIO 86 words = **1115**, lines = 134
LUCILIO 59 words = **1105**, lines = 135
LUCILIO 77 words = **1098**, lines = 128
LUCILIO 122 words = **1091**, lines = 136
LUCILIO 115 words = **1064**, lines = 136
LUCILIO 47 words = **1021**, lines = 122
LUCILIO 14 words = **1016**, lines = 120
LUCILIO 79 words = **1001**, lines = 117
LUCILIO 98 words = **0992**, lines = 114
LUCILIO 13 words = **0981**, lines = 113
LUCILIO 123 words = **0980**, lines = 116
LUCILIO 30 words = **0961**, lines = 111
LUCILIO 118 words = **0952**, lines = 111
LUCILIO 75 words = **0894**, lines = 103
LUCILIO 109 words = **0880**, lines = 107
LUCILIO 67 words = **0865**, lines = 102

```
LUCILIO 119  words = 0865, lines =  102
LUCILIO  22  words = 0853, lines =  099
LUCILIO  73  words = 0849, lines =  100
LUCILIO  97  words = 0843, lines =  101
LUCILIO  56  words = 0834, lines =  100
LUCILIO 101  words = 0821, lines =  102
LUCILIO  63  words = 0763, lines =  091
LUCILIO  52  words = 0761, lines =  092
LUCILIO  84  words = 0759, lines =  089
LUCILIO  18  words = 0755, lines =  086
LUCILIO  40  words = 0740, lines =  091
LUCILIO  45  words = 0737, lines =  087
LUCILIO 100  words = 0728, lines =  087
LUCILIO  20  words = 0718, lines =  081
LUCILIO  93  words = 0714, lines =  079
LUCILIO  49  words = 0705, lines =  083
LUCILIO  51  words = 0701, lines =  086
LUCILIO  31  words = 0687, lines =  075
LUCILIO  19  words = 0683, lines =  077
LUCILIO  12  words = 0682, lines =  076
LUCILIO  48  words = 0677, lines =  081
LUCILIO  68  words = 0677, lines =  078
LUCILIO  53  words = 0669, lines =  080
LUCILIO  72  words = 0667, lines =  080
LUCILIO  36  words = 0662, lines =  075
LUCILIO  21  words = 0660, lines =  080
LUCILIO  17  words = 0660, lines =  074
LUCILIO  15  words = 0659, lines =  074
LUCILIO  29  words = 0653, lines =  076
LUCILIO  55  words = 0646, lines =  076
LUCILIO  07  words = 0634, lines =  074
LUCILIO  33  words = 0614, lines =  072
LUCILIO  23  words = 0595, lines =  067
LUCILIO 107  words = 0590, lines =  073
LUCILIO  80  words = 0587, lines =  069
LUCILIO  04  words = 0567, lines =  067
LUCILIO  41  words = 0542, lines =  063
LUCILIO  16  words = 0536, lines =  061
LUCILIO  08  words = 0527, lines =  062
LUCILIO  50  words = 0522, lines =  060
```

LUCILIO 26 words = **0517**, lines = 058
LUCILIO 106 words = **0514**, lines = 060
LUCILIO 11 words = **0506**, lines = 060
LUCILIO 42 words = **0490**, lines = 056
LUCILIO 64 words = **0476**, lines = 057
LUCILIO 28 words = **0464**, lines = 057
LUCILIO 116 words = **0463**, lines = 055
LUCILIO 27 words = **0463**, lines = 055
LUCILIO 57 words = **0459**, lines = 054
LUCILIO 05 words = **0448**, lines = 055
LUCILIO 25 words = **0420**, lines = 047
LUCILIO 105 words = **0418**, lines = 050
LUCILIO 44 words = **0392**, lines = 043
LUCILIO 54 words = **0391**, lines = 043
LUCILIO 39 words = **0372**, lines = 042
LUCILIO 06 words = **0361**, lines = 042
LUCILIO 03 words = **0354**, lines = 040
LUCILIO 10 words = **0320**, lines = 037
LUCILIO 02 words = **0317**, lines = 036
LUCILIO 32 words = **0299**, lines = 034
LUCILIO 01 words = **0279**, lines = 032
LUCILIO 96 words = **0278**, lines = 032
LUCILIO 111 words = **0265**, lines = 030
LUCILIO 37 words = **0261**, lines = 030
LUCILIO 69 words = **0258**, lines = 030
LUCILIO 103 words = **0250**, lines = 030
LUCILIO 35 words = **0242**, lines = 026
LUCILIO 43 words = **0218**, lines = 024
LUCILIO 61 words = **0213**, lines = 022
LUCILIO 60 words = **0201**, lines = 025
LUCILIO 46 words = **0193**, lines = 021
LUCILIO 34 words = **0185**, lines = 022
LUCILIO 112 words = **0171**, lines = 019
LUCILIO 38 words = **0162**, lines = 019
LUCILIO 62 words = **0149**, lines = 017

Dialoghi di Seneca

Ordinamento **crescente** per **numero di righe**

DE OTIO	words = 1961, lines = **0233**
DE PROVIDENTIA	words = 4081, lines = **0509**
DE CONSTANTIA	words = 5280, lines = **0653**
DE IRA I	words = 5568, lines = **0685**
AD POLYBIUM	words = 5654, lines = **0689**
DE BREVITATE	words = 6161, lines = **0765**
AD HELVIAM	words = 6750, lines = **0848**
DE VITA BEATA	words = 7276, lines = **0904**
DE IRA II	words = 7563, lines = **0938**
DE TRANQUILLITATE	words = 7519, lines = **0938**
AD MARCIAM	words = 8277, lines = **1042**
DE IRA III	words = 9306, lines = **1144**

Ordinamento **crescente** per **numero di parole**

DE OTIO	words = **1961**, lines = 0233
DE PROVIDENTIA	words = **4081**, lines = 0509
DE CONSTANTIA	words = **5280**, lines = 0653
DE IRA I	words = **5568**, lines = 0685
AD POLYBIUM	words = **5654**, lines = 0689
DE BREVITATE	words = **6161**, lines = 0765
AD HELVIAM	words = **6750**, lines = 0848
DE VITA BEATA	words = **7276**, lines = 0904
DE TRANQUILLITATE	words = **7519**, lines = 0938
DE IRA II	words = **7563**, lines = 0938
AD MARCIAM	words = **8277**, lines = 1042
DE IRA III	words = **9306**, lines = 1144

DISCUSSION

M. Mazzoli: Quanto io condivida la complessiva impostazione di Italo Lana emerge facilmente dal mio contributo sullo stesso tema edito in *ANRW* II 36, 3 (Berlin/New York 1989), 1823-1877. Mi limito ad alcune osservazioni, non prive di raccordi, sulla destinazione, cronologia e forma letteraria delle *Lettere a Lucilio*.

Che Seneca pensi ai posteri, non solo come fruitori dei contenuti morali ma anche come garanti della dignità letteraria dell'opera, è palesato dal famoso passo *Ep.* 21, 4 ss., in cui assicura, sulla scorta di ancor più famosi versi virgiliani (*Aen.* IX 446-449), il *Fortleben* per sé e per il proprio destinatario Lucilio. Tra i destinatari degli scritti senecani Lucilio gode in effetti una posizione del tutto eccezionale, essendo l'unico cui vengano dedicate tre opere (due delle quali di ampio respiro): *De providentia, Naturales quaestiones, Epistulae morales*. Ciò rende assai probabile la loro composizione nello stesso periodo, cioè l'ultimo della vita di Seneca: non tanto per l'unicità del destinatario (si può citare il caso contrario del *De ira* e del *De vita beata*, dedicati allo stesso fratello in tempi diversi, come mostra il cambio del *cognomen*) quanto per l'omogeneità del rapporto che lega Lucilio a Seneca, di cui è spia la presenza, notata da Lana, della forma epistolare anche all'inizio del *Prov.* e in una *praefatio* delle *Nat.* Ciò indica la contiguità e almeno parziale intercambiabilità tra forme letterarie come le *Ep.*, i *Dialogi*, le *Nat.*; e si aggiungano almeno i *libri moralis philosophiae*, dai quali Lana ritiene travasate nell'ultima parte delle *Lettere* alcune trattazioni. Ci si può chiedere allora in che risieda lo «specifico» delle *Epistulae* rispetto alla restante produzione filosofica: più che nei contenuti morali io lo individuerei nella cornice che spesso le introduce e consente a Seneca quel prezioso «racconto di sé» su cui ha giustamente insistito Michel Foucault.

M. Lana: Ringraziando il prof. Mazzoli per il suo amichevole intervento, per quanto riguarda il rapporto che Seneca intende instaurare anche con i posteri sottolineo che, mentre è normale per gli scrittori antichi augurarsi di ottenere dai posteri gloria per sé, per la loro opera, per i destinatari delle loro opere e per i loro eroi (quindi sotto questo punto di vista il Seneca dell' *Ep.* 21 non dice niente di nuovo, quanto all' epistolario, rispetto, p.es., ad Epicuro), non esiste, a mia conoscenza, nessun altro scrittore antico, oltre a Seneca, che dichiari in un suo epistolario di scrivere le lettere pensando (anche) al «bene» dei posteri, per fornire anche a costoro insegnamenti e norme di vita. Questa è una caratteristica peculiare ed esclusiva dell'epistolario di Seneca.

Circa la proposta formulata dal Mazzoli a chiusura del suo intervento (l'importanza delle «cornici» per individuare la specificità dell'epistolario a Lucilio), so che egli intende svilupparla adeguamente con un apposito scritto: attendo di leggerlo, prima di esprimere un'opinione definita al riguardo. In linea preliminare posso dire che l'idea mi appare seducente: nelle mie lezioni sulle *Epistole a Lucilio* (*Analisi delle «Lettere a Lucilio» di Seneca* [Torino 1988]) ho dato anch'io notevole importanza alle «cornici» per comprendere meglio la personalità del nostro filosofo.

M. Mayer: May I add two remarks to M. Mazzoli's? First, while it is true that reference to Epicurus peters out after *Ep.* 89, Metrodorus continues the Epicurean engagement (cf. *Ep.* 98, 9, where he is referred to approvingly, and *Ep.* 99, 25, in which Seneca records dissent from his opinions). Secondly, the appeal to *posteri* as the readers of the correspondence: I wonder if Seneca mayn't be recalling an earlier collection of letters by a writer he greatly admired, Ovid. *Posteritas* in the addressee of *Trist.* IV 10 (the last poem of its book, as Seneca's *Ep.* 21 is the last of the second book). Closer to Seneca's attitude is *Pont.* III 2 in which Ovid thanks Cotta for his unbroken loyalty and promises that his expression of gratitude will survive, *si tamen a memori posteritate legar* (*Pont.* III 2, 30). Do you feel, as I do, that Ovid might have influenced Seneca in this, as in so many other, matters?

M. Lana: Ho ricordato la presenza di Metrodoro (*Ep.* 98, 9 e 99, 25) nella n. 28 di p. 266. Le due citazioni sembrano provenire da un unico scritto di Metrodoro. V. anche p. 285 n. 76.

Le citazioni addotte dal prof. Mayer (Ov. *Trist.* IV 10 e *Pont.* III 2) contenenti l'appello del Poeta ai posteri, rientrano nel quadro del τόπος dell'attesa della fama dai posteri, ma non riguardano lo specifico senecano: l'epistolario è scritto per *prodesse* anche ai posteri, per aiutare anch'essi a procedere sulla via della conquista della virtù. Di ciò non c'è, naturalmente, parola nei testi ovidiani citati, e Ovidio non ne fa parola perché niente di simile rientrava nei suoi propositi.

M. Hijmans: I should like to express my gratitude to you — and also to your son for having done such an impressive computer job. My question however, is not in the computer field, but regards a point of ethics. I should like to know whether you think that Seneca in his paraenetic efforts has followed an ethically defensible or rather an indefensible strategy — according to his own ethical values of course — in treating the *quaestiunculae* with disdain. I refer in this context to Mme Armisen's treatment of the *spatium animi*. If I remember correctly, Seneca shows himself uninterested in the question *an bonum corpus* (*Ep.* 106) and ends up by in fact saying that *bonum* is *corporale* rather than *corpus*. If so, how does he rhyme this with the spatial metaphor of *entering* the *animus* and does not such a metaphor send the reader in a wrong direction?

M. Lana: La difficoltà e la contraddittorietà, che acutamente il prof. Hijmans ha notato, sono reali (ma ad esse Seneca non attribuiva importanza). Occorre prima di tutto tenere conto che Seneca tratta la questione *an bonum corpus sit* esclusivamente per far piacere a Lucilio (alla fine della *Lettera* 106, § 11: *ut voluisti, morem gessi tibi*); essa è un campo di esercitazione per la *subtilitas* che si consuma *in supervacuis*; il modo stesso con cui la tratta (procedendo per sillogismi) la avvicina ai σοφίσματα, ne fa cioè una *quaestiuncula* priva di valore per la vita. E' come un giocare a scacchi (*latrunculis ludimus*) mentre la casa brucia (cf. *Ep.* 117, 30). Il fatto stesso che Seneca appoggi la sua dimostrazione ad una citazione di Lucrezio, I 304, è ulteriore spia che ad essa Seneca non attribuisce veramente importanza.

M. Abel: Meine Frage zielt auf das vielverhandelte Problem der Faktizität der *Epistulae morales*. Ich selbst habe in dieser Beziehung, wie ich andernorts bekannt habe (*Hermes* 109 [1981], 472-499), einen Wandel durchgemacht. Unter dem Einfluss E. Albertinis glaubte ich lange an die Faktizität, während ich mich seit Ende der siebziger Jahre zu der Ansicht von Lipsius «bekehrt» habe, mit dem ich nunmehr im wesentlichen übereinstimme. Ein Indiz mit zugegebenermassen keineswegs durchschlagender Beweiskraft scheinen mir die Rück- und namentlich die Vorverweise zu sein, z.b. in den dialektischen Briefen (*Ep.* 45, 13; vgl. 48; 49) oder in den grossen Lehrepisteln (*Ep.* 94 und 95; vgl. vor allem *Ep.* 95, 1 und 94, 52). Besondere Aufmerksamkeit verdienen die Vorverweisungen über weite Intervalle: *Ep.* 36, 11 und 71, 12 ff. Wie sehen Sie diese Frage?

M. Lana: Quanto al problema se si tratti di una corrispondenza reale di Seneca con Lucilio, la mia risposta positiva al riguardo emerge dal complesso della relazione, conforme a quanto sostenni già nella monografia del 1955. L'intervento di M. Abel contribuisce opportunamente a mettere meglio a fuoco la sua posizione attuale (e per altro solo ad essa mi sono riferito) di fronte a tale problema.

M. Grimal: A propos des rapports personnels entre Lucilius et Sénèque, il ne faut pas oublier la manière dont était ordinairement transmise la sagesse. La *Vie d'Apollonios de Tyane* montre que le Maître était entouré d'élèves qui vivaient avec lui et s'efforçaient de l'imiter. La transmission par la parole n'était qu'un aspect, et peut être le moindre de cet enseignement. On sait que les «cercles épicuriens» ne procédaient pas autrement. De même Cléanthe avait vécu quotidiennement en la compagnie de Zénon. A plusieurs reprises Sénèque fait allusion à une telle communauté de vie, qu'il souhaiterait avoir avec Lucilius. La lettre n'est qu'un moyen, moins efficace, qui remplace, tant bien que mal, une vie commune rendue impossible par l'éloignement. Il en allait ainsi pour Epicure. Mais la lettre, par là-même, acquiert un caractère plus général et tend à créer une direction morale «objective», qui dépasse la relation personnelle et reste valable pour la postérité.

Ordinairement, l'enseignement écrit concernait des points de doctrines (nature du Bien, de la Vertu, etc.). Tels sont les traités des philosophes de l'Ecole, dont nous avons les échos, notamment, chez Cicéron. La «lettre morale» ne traite ces problèmes que dans un second temps, une fois l'élève engagé sur la voie de la philosophie. C'est probablement la raison pour laquelle Sénèque traite de «question secondaire» (*quaestiuncula*) celle qui concerne la nature matérielle des qualités de l'âme. Elle ne se pose qu'une fois l'élève parvenu à l'intuition directe de ces qualités. La tradition de certains stoïciens en faisait des *animalia*. Sénèque préfère les considérer comme des σχήματα; mais l'essentiel est de les acquérir.

M. Lana: Sono d'accordo con il prof. Grimal che la lettera filosofica antica per sua natura travalica l'interesse specifico e personale del destinatario, per rivolgersi a tutta la cerchia degli «amici» e discepoli: e questo rende ragione del fatto che talora nelle lettere Seneca tratta argomenti particolari e punti dottrinali che egli doveva ritenere già ben chiari a Lucilio e da lui acquisiti. Questo carattere peculiare della lettera filosofica serve anche a togliere peso al rilievo di chi trova in esso motivo per negare alle *Lettere a Lucilio* il carattere di lettere vere e proprie.

Il secondo punto toccato dal prof. Grimal contribuisce a rendere più comprensibile nel loro complesso gli sviluppi ampi del secondo gruppo delle *Lettere a Lucilio* con il loro carattere dottrinale, conforme ad un livello più approfondito di conoscenze, che si riteneva utile per il discepolo ormai decisamente avviato sul cammino della «vita filosofica».

M. Soubiran: Je voudrais revenir sur un point marginal qui a déjà été abordé dans cette discussion: la date du *De providentia*. Que ce dialogue soit contemporain des *Naturales quaestiones* et des *Epistulae morales* est, sinon prouvé, du moins fortement suggéré par une technique commune des clausules métriques, plus soignée et «cicéronienne» que dans les autres œuvres. Le *Prov.* et les *Nat.* témoignent de la facture la plus raffinée, les *Ep.* demeurant un peu en deçà de ce niveau d'excellence.

M. Lana: Effettivamente le ricerche che ho compiuto su tutta l'opera di Seneca per prepararmi a quest'*Entretien* e le considerazioni che ho sviluppato *supra* pp. 272, 274 e 276 n. 53, sul *Prov.* e le *Lettere a Lucilio* mi spingono a modificare la presa di posizione sulla cronologia del dialogo che avevo assunto nel 1955 nella mia monografia su Seneca, pp. 134-138, 143-144. Se il *Prov.* viene ambientato nel periodo del ritiro dalla vita politica di Seneca, le mie considerazioni circa la vicinanza di certe epistole ad alcuni dei dialoghi, a partire dalla constatazione della loro ampiezza e delle formule con cui i temi vengono introdotti, acquistano maggior forza.

VIII

Olof Gigon

SENECAS NATURALES QUAESTIONES

Es ist zweckmässig, zunächst einmal den problemgeschichtlichen Rahmen abzustecken, in welchem die *Naturales Quaestiones* (= *Nat.*) ihren Platz finden. Wir können uns da an keinen anderen wenden als an den Philosophen Cicero, der schon in der Zeit des Augustus der Klassiker der Philosophie in lateinischer Sprache geworden ist, den Seneca überaus selten nennt und der doch im philosophischen Œuvre Senecas im Hintergrund allgegenwärtig ist. An ihn bleibt Seneca gebunden und gegen ihn muss er sich unablässig behaupten.

Wir halten uns hier an Ciceros ethisches Hauptwerk *De finibus*. Da werden in sorgfältig auskalkuliertem Aufbau drei philosophische Systeme geprüft. Begonnen wird mit Epikur. Der Stil seines Philosophierens ist so ungepflegt und einfach, dass gewissermassen jedes Kind ihn verstehen kann. In der Sache wiederum ist seine Lehre so bedenklich, dass es unmöglich ist, mit ihr an die Öffentlichkeit zu treten; kein Magistrat könnte es wagen zu erklären, er wolle sich in seinem Handeln ausschliesslich vom Lustprinzip leiten lassen.

Es folgt die Stoa, in der als Methode die Dialektik herrscht, ein System abstrakter Definitionen, Dihäresen und Syllogismen, das so spitzfindig ist, dass Cicero gesteht, gewisse Dinge vermöge er selbst kaum zu verstehen (IV 2). Wichtiger ist eine etwas spätere Stelle (IV 7), in der er kategorisch erklärt, die-

jenigen, die sich die kleinen spitzen Fragen der Stoiker anhören,
würden innerlich überhaupt nicht berührt, auch wenn sie in der
Sache zustimmen; sie gehen genau gleich weg, wie sie gekom-
men waren. In der Sache selbst ist die stoische Lehre so verstie-
gen, dass es unmöglich ist, mit ihr an die Öffentlichkeit zu treten; denn wie kann man einen Freund, dem Vermögenskonfis-
kation, Verbannung oder die Hinrichtung droht, verteidigen,
wenn der Satz gilt, dass nur die Tugend ein Gut und alles Übrige
gleichgültig ist?

Gemeinsam ist Epikur und den Stoikern ein gewisses Inter-
esse an Naturphilosophie, soweit nämlich als sie der ethischen
Erziehung dient. Bei Epikur lehrt sie die Furcht vor dem Tode
und vor den Göttern zu überwinden, in der Stoa zeigt sie dem
Menschen, welches sein Platz in der providentiell geordneten
Welt ist (I 63-64 und III 73).

Diesen beiden Schulen steht nun der Peripatos gegenüber. Er
pflegt einen anspruchsvollen, aber urbanen Stil ohne Vulgarität
und ohne Künstlichkeit und seine Lehre von den drei Güterklas-
sen wird den Realitäten des Lebens gerecht. Diese Lehre vermag
das tägliche Handeln nicht nur des Gebildeten, sondern auch des
Staatsmannes, Heerführers und Fürsten philosophisch zu leiten.
Dazu kommt, dass nur der Peripatos der naturwissenschaftlichen Forschung einen selbständigen Wert zubilligt. Die Natur
kennen zu lernen hat seinen Zweck in sich selber, und Cicero
zitiert ausdrücklich die Reihe der zoologischen Schriften des
Aristoteles, der botanischen Schriften Theophrasts (V 9-11).
Dies ist ein Bereich der erfahrbaren Wirklichkeit, um den sich
die klassische Stoa des Zenon, Kleanthes und Chrysipp genau so
wenig gekümmert hat wie Epikur. Naturphilosophie und
Naturtheologie wurde zwar ausschweifend getrieben, doch die
Welt der Pflanzen und Tiere, der Gewässer und der meteorischen Erscheinungen im sublunaren Raume interessierte nicht.

Es sei hier einen Augenblick innegehalten und allgemein formuliert. Unter den Aussagen der menschlichen Sprache haben

wir vor allem zwei Typen grundsätzlich zu unterscheiden. Wir können sie behelfsmässig Information und Werbung nennen. Bei der Information geht es ausschliesslich um die Sache, die begriffen und zur Kenntnis gebracht werden soll, etwa im Sinne des διδάσκειν des platonischen *Gorgias*. Es muss exakt bestimmt werden, wovon die Rede ist und es wird ein Optimum an zwingender, für jedermann einsehbarer Richtigkeit angestrebt. Die Person dessen, der die Information erteilt, wie dessen, der sie entgegennimmt, ist gleichgültig und beliebig austauschbar.

Geworben wird dagegen für eine Überzeugung, die der Sprechende vertritt und für die der Angeredete gewonnen werden soll. Dies ist das πείθειν des platonischen *Gorgias*, und ich erinnere an eine kleine Szene, die Platon vielleicht aus einer Äusserung des historischen Gorgias selber übernommen hat (*Grg.* 456 b). Der Bruder des Gorgias ist Arzt und Gorgias selber begleitet ihn zuweilen bei seinen Patientenbesuchen. Da wird der Arzt die Diagnose feststellen und die der Diagnose entsprechende Therapie bezeichnen. Doch dies genügt nicht. Es muss ein Anderer, derjenige, den Platon Rhetor nennt, dazu kommen und den Kranken davon überzeugen, dass es für ihn gut ist, dem Arzt zu vertrauen und die von diesem beschriebene Therapie anzuwenden. Dieses Überzeugen hängt ganz an dem Charakter und der Autorität der Person, die überzeugen will, und an ihrer Fähigkeit, an der Person des Partners genau diejenigen Momente anzusprechen, durch die er ansprechbar ist und gewonnen werden kann. Da steht ein reiches Arsenal von Kunstmitteln zur Verfügung, deren Aufgabe nicht das Belehren, sondern das Beeinflussen ist. Dieser Mittel bedient sich schon Platon; und er weiss auch wie später Cicero (*Fin.* IV 7), dass es für das Überzeugen zum mindesten eine tödliche Gefahr gibt: die Langeweile, die durch eine gleichmässig dahinfliessende pedantische Systematik erzeugt wird. Da wird denn die Variatio zum Hauptgebot, die Fähigkeit, durch wechselnde Darstellungsweise und Stilhöhe das Interesse des Partners ununterbrochen lebendig zu erhalten. Man könnte sogar an einem so spröden Werk wie dem platonischen *Politikos* nachweisen, wie spezialistisch dozierende, weiträumig ausgreifende und einfache Fragen einfach darlegende Abschnitte auf einander folgen, damit unter allen Umständen die Atmosphäre einer eintönigen Schulstunde vermieden wird. Der Gesprächsführer wechselt, dem πείθειν zuliebe, immer wieder den Ton und die Perspektiven.

Dies führt uns nun zu Senecas *Nat.*, die eingestandenermassen beides zu bieten versuchen, also (um es gleich so scharf als möglich zu formulieren) sowohl wissenschaftliche Information über meteorologische Probleme in der Tradition des Peripatos wie auch ein Werben um den Partner, der angesichts der Vergänglichkeit, die die ganze sublunare Welt beherrscht, in ein richtiges Verhältnis zu Leben und Tod gebracht werden soll; dies ist dann die sokratische Tradition der Seelenführung, die sowohl von der Stoa wie auch von Epikur uneingeschränkt aufgenommen worden ist.

Naturales Quaestiones sind *Problemata physika.*

Wissenschaft als *Problemata*-Forschung ist von Anfang an im Peripatos zuhause. *Problema* als Buchtitel findet sich bei Aristoteles und Theophrast, und die grossen *Problemata*-Sammlungen, die wir haben, gehören ganz und ausschliesslich dem Peripatos an. Bei Epikur wie bei Zenon erscheint der Begriff *Problema* nur am Rande; nur von Chrysipp werden dreimal Φυσικὰ Ζητήματα zitiert, alle drei Stellen (*SVF* II 429; 480; 665) ausgezeichnet durch eine rücksichtslose Ontologisierung der Phänomene; für eine distanzierte Observation des Einzelnen, seine Eingliederung in ein Ganzes und für die daraus ableitbare Aitiologie bleibt kein Raum.

Der auf Wissen um des Wissens willen bedachte Peripatos dagegen hat einen eigenen Stil der *Problemata*-Forschung entwickelt, an der Masse der Texte unmittelbar abzulesen, auch wenn es im einzelnen offen bleibt, wieviel Aristoteles und Theophrast und wieviel dem späteren Peripatos angehört.

Ausgegangen wird immer von einem autonomen Sonderproblem, das der Erklärung bedürftig erscheint. Der Spielraum ist fast beliebig gross: Warum beschreibt der Regenbogen nur einen Halbkreis und nie einen vollen Kreis? Warum bekommen die Männer meist eine Glatze, die Frauen nie? Warum ist das Wasser bestimmter Quellen übel schmeckend? usw. Meist werden mehrere Ursachen genannt, bei Aristoteles formlos mit ἔτι - ἔτι - ἔτι aufgereiht, von Seneca mit *primum - deinde - deinde - praeterea* wiedergegeben.

Dazu kann man bemerken, dass der Peripatos in der Regel an eine Mehrzahl einander ergänzender Ursachen denkt: sie ergeben zusammen eine befriedigende Erklärung. Zu bedenken ist aber auch ein anderer Aspekt. Auch Epikur fragt nach den Ursachen dieser oder jener Erscheinung. Darin steckt zu einem kleinen Teil der Einfluss Demokrits, der als erster grundsätzlich das Wissen als Einsicht in die Ursachen der Phänomene bestimmt zu haben scheint, und zu einem grossen Teil der Einfluss der Sokratik, die an Aitiologien nur soweit interessiert ist, als es notwendig ist, um dem Menschen die Ruhe des Gemütes zu verschaffen. So pflegt auch Epikur im Rahmen bestimmter Phänomene eine Vielheit von Ursachen aufzuführen. Doch sie dienen da nur dem Nachweis, dass man nicht wissen kann, welche von den angegebenen Ursachen die richtige ist. Man kann genau so gut die eine oder die andere Ursache annehmen. Dies wird dann ein Hinweis auf die Beschränktheit unseres Wissens überhaupt (dass solche Hinweise auch bei Seneca nicht fehlen, wird sich noch zeigen) oder dann ein Signal, dass solche Dinge, über deren Ursachen beliebig viele Meinungen möglich sind, vermutlich auch nicht wissenswert sind. Über Blitze und Erdbeben braucht man sich keine Gedanken zu machen; es genügt zu wissen, dass sie natürliche Ursachen haben, auch wenn wir nicht angeben können, welches die richtige Ursache ist. Seneca bleibt hier gegen Epikur im Bereich des Peripatos, der an die Begreifbarkeit der Naturphänomene glaubt. Lehrreich ist aller-

dings die Behandlung der Erdbeben (VI 5-21). Angeboten werden vier mögliche Ursachen: Wasser, Feuer, Erde und
Luft/Pneuma. Einige Autoren kombinieren mehrere unter diesen Ursachen, so Demokrit; andere, wie Epikur, erklären, es sei
möglich, mit einer dieser Ursachen auszukommen oder alle
zusammen wirken zu lassen: die wichtigste Ursache ist indessen
auch für ihn das Pneuma.

Für das Pneuma als entscheidende Ursache optiert auch
Seneca selbst. Damit schliesst er sich teilweise an Poseidonios an
(Fr. 320 Theiler), doch nur teilweise. Denn wenn dieser zwei
Formen der Einwirkung des Pneuma auf die Erdoberfläche
kennt, so fügt Seneca ausdrücklich (*Ego et tertium illud existimo*,
etc.) eine dritte Form bei, für die ein besonderes lateinisches
Wort zur Verfügung steht, *tremor terrae*. Dies könnte uns zur
Frage weiterführen, ob ihn in diesem Punkt etwa Varro mit sei-
ner Darstellung des altlateinischen Sprachgebrauchs angeregt
haben könnte (vgl. dazu V 16, 4; II 56).

Das ist eine Diskussion durchaus in der Art peripatetischer
Wissenschaftlichkeit. Spürbar ist dabei eine diskrete Sympathie
für Epikur und ein auch sonst zu beobachtendes Bestreben, auch
und gerade der eigenen, in diesem Falle durch Poseidonios ver-
tretenen Schule gegenüber seine Selbständigkeit zu betonen. Die
nostri werden oft genug angeführt, aber nur selten ohne eine kritische oder geradezu abweisende Stellungnahme (etwa I 8, 4; IVb
5, 1; IVb 6, 1; VII 20, 1; VII 22, 1). Hier darf man zweifellos mit
dem unterirdisch wirkenden Einfluss Ciceros rechnen. Seneca
ist zwar kein Akademiker, doch dass er sich Ciceros Anspruch,
an kein Dogma gefesselt zu sein und über Alles frei und vorur-
teilslos urteilen zu können (vgl. die eindrucksvolle und entscheidende Stelle *Ac.* II 7-9), zu eigen gemacht hat, ohne jemals
Cicero zu nennen, scheint mir evident.

Es ist ja auch bezeichnend, dass er unter den Klassikern der
Stoa nur Zenon und diesen ein einziges Mal nennt (VII 19,1 =
SVF I 122), und noch bezeichnender ist es, dass von Arnim in

seinen *SVF* aus dem gesamten Material der *Nat.* nur gerade diese *eine* Stelle aufgenommen hat. Vermutlich stand er unter dem nicht ganz falschen Eindruck, dass in den *Nat.* unter den Stoikern bloss Poseidonios einigermassen ausführlich zu Worte kommt (ob Theiler in seiner Fragmentsammlung Fr. 318-333 zuviel oder zuwenig aufgenommen hat, ist an dieser Stelle nicht zu untersuchen), und dass sich im übrigen Seneca (gewiss nicht ohne einige Anregung durch Poseidonios) in seinen naturwissenschaftlichen Darlegungen ganz an den Peripatos gehalten hat. Darauf führt auch die folgende Beobachtung. Während Cicero bekanntlich in *Nat. deor.* II die stoische Theologie und ihre konsequent anthropozentrische Teleologie (angekündigt schon in I 4) in einem figurenreichen Gemälde dargestellt hat, begnügt sich Seneca mit erstaunlich sparsamen Hinweisen. Er weist protreptisch nach, wie der Mensch die guten Gaben der Natur (Spiegel, Winde, auch den Schnee) schändlich zu missbrauchen pflegt; weiter geht er nicht.

Philosophisch von besonderem Interesse ist darüber hinaus nur die Auseinandersetzung über die etruskische Blitzlehre (II 32-51). Da wird die primitive etruskische Teleologie (Gott sendet Blitze und Vögel, um dem Menschen dies oder jenes anzuzeigen) sozusagen unterlaufen durch die allgemeine These, dass in einem vollkommen geordneten Kosmos notwendigerweise Alles zeichengebend sein wird und alles Gegenwärtige auf Künftiges hinweist. Nicht nur die fünf Planeten, sondern alle Gestirne geben Zeichen; es ist nur unsere menschliche Unwissenheit, die diese Zeichen nicht zu lesen versteht. Alles hat irgendeinen Zweck; es sind nur die Menschen, die bloss wenige dürftige Zwecke wahrzunehmen vermögen. Zu rechnen ist mit einem Universum, in dem Alles auf Alles bezogen ist und die kleinliche Teleologie der Etrusker, aber auch des Stoikers bei Cicero jegliche Bedeutung verliert. Man wird hier wie dort Poseidonios vermuten; aber ob und wie dies Alles auf eine widerspruchsfreie Doktrin zurückgeführt werden kann, ist eine andere Frage.

Die Begrenztheit des menschlichen Wissens zu betonen
dürfte kaum ein Anliegen der Stoa gewesen sein; bei Cicero
jedenfalls treten sowohl Cato wie auch Antiochos, der Zögling
der Stoa, äusserst selbstsicher auf. Dies ist eher peripatetischer
und (wenigstens in Sachen der Naturwissenschaft) auch epikureischer Stil.

Stoisch ist natürlich die Lehre vom Fatum, die Seneca mit der
Blitzlehre der Etrusker konfrontiert. Es bleibt allerdings letzten
Endes offen, wie diese Lehre mit dem Glauben an die Wirkung
der *procurationes* und *expiationes*, der auch in der römischen
Religion fest verankert ist, vereinigt werden kann. So kommt es
denn auch zu der Wendung II 38, 3, in der Seneca ausdrücklich
erklärt, die Frage *quemadmodum manente fato aliquid sit in
hominis arbitrio* müsse später einmal diskutiert werden. Dass er
damit auf seine *moralis philosophiae libri* verweist, die er damals
gleichzeitig plante, ist möglich (so neuestens D. Vottero *ad loc.*),
aber nicht beweisbar. Umgekehrt verführt natürlich der Wortlaut des Satzes bei Seneca zur Frage, ob etwa in Augustins *De
libero arbitrio* ein Einfluss Senecas nachgewiesen werden
könnte; es versteht sich ja von selbst, dass die christliche Theologie dieses Problem wie viele andere schon aus älterer Tradition
übernommen und ihren eigenen Gegebenheiten nur angepasst
hat.

Dezidiert gegen Epikur (meist ohne ihn zu nennen) wendet
sich Seneca nur in einem einzigen Punkte. Der Kosmos ist für
ihn natürlich nicht ein durch zufällige Verflechtung der Atome
entstandener Gegenstand, sondern ein durch das Pneuma
gelenktes Lebewesen. Diese fundamental stoische These, an der
Seneca gegen alle naheliegenden und bösartigen Angriffe des
Karneades (die wir aus Cicero und z.T. Sextus Empiricus kennen) unbeirrbar festhält, erlaubt ihm auch, unbedenklich den
Kosmos als Lebewesen mit den Menschen als Lebewesen zu vergleichen. Manche kosmische Phänomene lassen sich begreifen,
indem man auf entsprechende, am Menschen zu beobachtende

Phänomene zurückgreift. Auf Einzelheiten gehe ich hier nicht ein, bemerke aber immerhin, wie nahe Seneca mit seinen Aitiologien zuweilen an Thesen der frühen Vorsokratik von Anaximander an herankommt. Gerade die *Nat.* zeigen, wie manche naturwissenschaftliche Probleme, die im 6. Jhdt. v. Chr. formuliert worden sein müssen, noch für Seneca und seine Zeit ihre Aktualität behalten haben.

*

Gegenstand Senecas sind *Problemata physika*, und so haben wir nun zu fragen, was hier unter *Physika* und φύσις verstanden werden soll. Damit ist das Problem der Komposition der *Nat.* im Ganzen gestellt.

Der Titel selbst zeigt zunächst an, dass wir es nicht mit einem geschlossenen System, sondern mit einer Reihe von Einzelfragen zu tun haben. Es sind indessen nicht beliebige Fragen. Wir sehen auf den ersten Blick, dass auf der einen Seite weder Zoologie und Botanik noch auf der anderen Seite die Astronomie berücksichtigt werden. Pedantisch gesagt bewegen wir uns also im Raume zwischen der Erde und dem Monde, im sublunaren Raum. Freilich scheint hier wie dort eine Ausnahme vorzuliegen. Meere, Flüsse, Quellen und vor allem der Nil sind terrestrische Erscheinungen und von den Kometen betont Seneca nachdrücklich, dass sie nicht flüchtige Ergebnisse bestimmter Konfigurationen im meteorologischen Bereich sind, sondern *aeterna opera naturae* (VII 22, 1), also den Planeten gleichzuordnen.

Doch einfach liegen die Dinge nicht, und Seneca hat hier wie immer gewusst, was er tat.

Wir müssen zuerst auf die Gruppierung der Bücher eingehen. Schon die handschriftliche Überlieferung zeigt eine erstaunliche Unsicherheit in der Numerierung. Die Unsicherheit wurde noch grösser, als nachgewiesen wurde, dass Buch IV aus zwei heterogenen Teilen besteht, also in IVa und IVb aufgelöst werden muss. Ich bin, um es kurz zu sagen, überzeugt, dass die von A. Rehm 1907 entwickelte, dann von W. Theiler und neuestens auch von D. Vottero gebilligte Hypothese die allein mögliche und richtige ist. Die Kalamität begann damit, dass der Archetypus aller Codices schon früh am Anfang und am Ende mehrere Blätter verloren hatte. Später muss wiederum der massgebende Codex in der Mitte auseinandergebrochen und dann falsch wieder zusammengesetzt worden sein. Die ursprüngliche Reihenfolge ist demnach: IVb, V, VI, VII, I, II, III, IVa. Dem Inhalt nach ergibt dies: (1) Wolken-Regen, Schnee, (2) Winde, (3) Erdbeben, hier eingeordnet, weil die Erde als solche unbeweglich ist und nur durch Einwirkung eines anderen Elementes, der Luft, in Erschütterung gebracht werden kann, (4) Kometen, (5) Wetterleuchten und andere Feuererscheinungen im sublunaren Raum, (6) Blitz und Donner, (7) Gewässer, (8) der Nil.

Drei Gruppen von Büchern lassen sich unterscheiden. (1), (2), (3) sind alle samt Erscheinungen und Wirkungen der Luft, des Pneuma (Seneca verwendet lässig bald *aer*, bald *spiritus*), also desjenigen Elementes, das nach der stoischen, vor allem in (6) 2-11 skizzierten Lehre das Alles durchdringende. Alles vereinheitlichende Element ist (im Sinne von *SVF* II 366-368; 391; 1013) und insofern weit über das Feuer hinaus das den ganzen Kosmos beherrschende Element. Angemessen folgt in (4), (5) und (6) die Reihe der Erscheinungsweisen des Feuers im meteorischen Raum; vom supralunaren Raum, in dem das Feuer als Aether eigentlich zuhause ist, ist nur beiläufig die Rede. Es verbleiben (7) und (8), die es mit dem Ursprung und den Eigentümlichkeiten der Gewässer auf der Erde zu tun haben. Dass in (8) nur ein Sonderproblem, das besonders interessant ist, aus dem Zusammenhang von (7) herausgelöst wurde, sagt Seneca selbst 7, 26, 1.

Doch auch das (7). Buch wirkt wie ein Anhang, näher verbunden nur mit (3). Dort wurde vorausgesetzt, dass sich im Erdinneren weite höhlenartige Räume befinden; wenn die Luft,

das Pneuma in diesen Räumen in heftige Bewegung gerät und
unterirdische Stürme entstehen, so bringen diese an bestimmten
Stellen die Erde zum Beben. In jenen unterirdischen Räumen
befindet sich indessen nicht nur Luft, sondern auch Wasser,
ungeheure Flüsse und Seen (auffallend, dass der Mythos des platonischen *Phaidon* 109 a ff., der eine ähnliche Anschauung vor-
aussetzt, nicht berücksichtigt wird). Es sind diese unterirdischen
Gewässer, die unaufhörlich die Flüsse und Meere auf der Erde
speisen. Da ist ein Zusammenhang erkennbar, auch wenn Buch
(7) im ganzen sich mit der Aufreihung von Einzelphänomenen
begnügt (meist wohl aus Theophrasts gelehrtem Werke Περὶ
ὑδάτων).

Anders steht es mit Buch (4), das von den Kometen handelt.
Da haben wir eine sehr bemerkenswerte Situation. Seneca stellt
sehr rasch die Frage, ob die Kometen nur flüchtige Feuererscheinungen im sublunaren Raum sind oder ob sie zu den *aeterna
opera naturae* gehören (2, 1 und 22, 1). Das Gesamtsystem, dem
er zunächst folgt, versteht die Kometen als Feuererscheinungen
wie die Sonnenhöfe, die Nebensonnen, Wetterleuchten und
Blitz. Das ist die These der meisten Autoritäten, und darum ist
auch das Kometenbuch an der Stelle eingereiht, an der wir es
lesen, zusammen mit (5) und (6). Doch genau diese These
bekämpft Seneca durch das ganze Buch hindurch; wie weit mit
eigenen Argumenten und wie weit gestützt auf Autoritäten, die
wir nicht sicher zu benennen vermögen, bleibe dahin gestellt.
Jedenfalls gehören für ihn die Kometen in die Nähe der Planeten, also nicht in den sublunaren, sondern in den supralunaren,
astronomischen Raum, den er im übrigen aus seinen *Problemata*
ausklammert. Er hat die Anordnung, die er übernommen hatte,
nachträglich korrigiert und es dabei in Kauf genommen, dass
damit ein Phänomen zur Sprache kam, das streng genommen
nicht die Meteorologie, sondern die Astronomie anging.

Sehen wir von den Sonderfällen (7)/(8) und (4) ab, so haben
wir ein Ganzes, das trotz der urban lässlichen, an den Stil der

Briefe an Lucilius erinnernden Darstellungsweise seinen Charakter als ein Stück systematisch abgehandelter Naturwissenschaft vorwiegend peripatetischer Provenienz nicht verleugnet.

Als ein Gegengewicht zu dieser Wissenschaft sind, wie sich auf den ersten Blick zeigt, die Prologe und Epiloge der einzelnen Bücher konzipiert; doch auch sie sind sorgfältig auf einander abgestimmt.

Es verlohnt sich, gerade unter diesem Gesichtspunkt bei ihnen zu verweilen. Der erste Prolog, der dem Buch über Wolken, Schnee und Regen vorausging, ist verloren. Wir dürfen vermuten, dass er sehr umfangreich war und zwar nicht zuletzt darum, weil das nachfolgende Buch über die Winde als einziges ohne einen Prolog beginnt und sofort die Definition des Windes zur Diskussion stellt. Der Epilog des ersten Buches geht von derselben sokratischen Frage aus (Kap. 13), die uns im Epilog des Erdbebenbuches (3), 32 und in demjenigen von Buch (6) über Blitz und Donner wieder begegnet: Ein Wissen, das bloss informiert, ist gleichgültig; was wir brauchen, ist ein Wissen, das uns besser macht und das uns vor allem über die Angst vor dem Tode hinwegzuhelfen vermag. Allerdings gibt Seneca zuweilen zu verstehen, dass wir gerade dieses Wissen nur auf dem Weg über die Erforschung der Natur zu erlangen vermögen. Dabei ist der Epilog des ersten Buches ein Grenzfall. Von der Aitiologie des Schnees war die Rede, doch in Kap. 13 kippt der Gedanke um in die These, nicht die naturwissenschaftliche Erforschung des Schnees ist wichtig, sondern die ethische Mahnung, man dürfe den Schnee nicht als ein Instrument zur Befriedigung unserer kulinarischen Ausschweifungen missbrauchen. Was folgt, ist ein halb gelehrte medizinische Erörterung der Tatsache, dass nur ein übersättigter und überreizter Magen das Bedürfnis haben kann, sich durch die Zufuhr von Schnee einige Erleichterung zu verschaffen. So mündet das Buch in eine leidenschaftliche Polemik gegen die hemmungslose Genussucht der zeitgenössischen römischen Gesellschaft.

Vergleichbar ist der Epilog des (2). Buches über die Winde. Nur wird hier stärker als zuvor der Gegensatz zwischen dem von Gott gesetzten Zweck der Winde und dem Missbrauch der Winde durch den Menschen herausgearbeitet. Denn die Winde sind es, die es dem Menschen möglich gemacht haben, auf das Meer hinauszufahren, Flotten auszurüsten und Krieg und Verwüstung in ferne Länder zu bringen. Es gibt nichts Nützliches, was der Mensch nicht in sein Gegenteil verkehrt, und den Schluss bildet das einzige Zitat Platons in den *Nat.* ein uns sonst nicht überliefertes Bonmot, das bis in den Wortlaut hinein an ein Fragment Heraklits, *Vorsokr.* 22 B 85, erinnert; wir werden vielleicht sogar den schwer deutbaren Text Heraklits von dieser Stelle her interpretieren dürfen: Die Leidenschaften verführen den Menschen dazu, für Kleinigkeiten ihr Leben (ihre Seele?) zu verkaufen.

Das nachfolgende Buch beginnt mit einem aktuellen Ereignis, der Erdbebenkatastrophe, die Campanien wenige Jahre zuvor heimgesucht hatte. Da steht nicht der Missbrauch der durch Gott und die Natur geschenkten Güter zur Diskussion, sondern die ungeheure Angst vor dem Tode, die ein Erdbeben verbreitet. Geschildert wird zuerst diese Angst, dann sofort dargelegt, wie man sie überwinden könne (Kap. 1, 4-3, 4). Angeboten werden nur zwei, untereinander völlig verschiedene Möglichkeiten. Gegen den Tod als solchen hilft nur der Gedanke, dass Alle einmal sterben müssen und dass es gleichgültig ist, auf welche Weise man stirbt: man kann in einem Erdbeben begraben werden oder bei Tisch an einem Stück Speise ersticken, — dies kommt schliesslich auf dasselbe hinaus. Von der Perspektive, die Platon im *Phaidon* eröffnet, ist überhaupt nicht, vom Gedanken Epikurs, dass der Tod auch eine Erholung vom Ungemach des Lebens bedeuten kann, ist nur am Rande die Rede, — und dies obschon Seneca zuweilen die Wendung aufnimmt, der Tod sei die Lösung der Seele vom Körper ((6) 59, 4; (7) *Praef.* 18); was dies heissen soll, erfahren wir freilich nicht.

Ganz anders ist die Erwägung in Kap. 3, die Erdbeben würden nicht von den Göttern gesandt, sondern beruhten ganz auf natürlichen Ursachen. Gerade darum ist die Naturwissenschaft wichtig, weil wir durch sie diese Ursachen kennen lernen und damit zum mindesten von einer bestimmten Angst befreit werden. Der Epilog wiederholt und vertieft dieselben Gedanken; merkwürdig epikureisch tönt der Satz, wir werden *felices*, wenn wir weder die Menschen noch die Götter noch die Dinge noch den Zufall fürchten; und wenn wir in der εὐδαιμονία mit den Göttern wetteifern wollen, so müssen wir einfach jederzeit und überall auf den Tod vorbereitet sein (Kap. 32, 5).

Betont nüchtern ist dem gegenüber der Eingang des nachfolgenden Buches über die Kometen. Äusserst knapp wird auf die Tatsache aufmerksam gemacht, dass auf die Menschen nicht das Grossartige, sondern nur das Seltene einen Eindruck macht. Zu solchen seltenen, ebenso erstaunlichen wie schwer zu erforschenden Erscheinungen gehören die Kometen.

Ich erwähnte schon, dass Seneca hier eine von der *opinio communis* abweichende Theorie vorträgt. Dann ist es auch nicht allzu befremdlich, dass der wissenschaftliche Text mit dem Eingeständnis schliesst, wir Menschen vermöchten in solchen Dingen kein sicheres Wissen zu erlangen. Wir wissen kaum etwas von Gott und nicht viel mehr von der Welt; immerhin darf auf einen Fortschritt im Wissen gerechnet werden (Kap. 30, 5-6). Dann aber kippt der Gedanke abermals um ins Ethische: Wie es mit dem Fortschreiten in der Philosophie steht, ist eine offene Frage (auf die historisch wichtige Stelle Kap. 32, 2 gehe ich hier nicht ein); sicher ist aber, dass wir in der sittlichen Verworfenheit ununterbrochen weiterschreiten. Allerdings: selbst wenn wir alle Anstrengungen auf die Philosophie richten würden, würden wir nur zu einem unvollständigen Wissen gelangen: *Vix ad fundum veniretur, in quo veritas posita est* (Kap. 32, 4).

Ein in einem gewissen Masse geschlossenes Ganzes bilden die Prologe der Bücher (5), (6), (7) und (8). Ich charakterisiere sie der Reihe nach.

Der erste dieser Prologe ist ein Lob der Kosmologie und der Erforschung alles dessen, was oberhalb der Menschenwelt ist. Da verlohnt es sich, einen Augenblick die Position der alten Sokratik, wie sie etwa durch Xen. *Mem.* I 1, 11-15 oder Aristippos, Fr. 166 Giannantoni, vertreten wird, zu bedenken. Die Naturphilosophie ist erstens entweder ein Bereich, über den wir nichts wissen können oder, wenn wir ihn kennen können, so entsteht ein Wissen, das nichts zu unserem ethischen Fortschritt beiträgt; zweitens greifen wir mit solcher Forschung in den Raum des Übermenschlichen ein und da ist zu vermuten, dass die Götter ihn uns mit Absicht verschlossen haben. Wer es dennoch wagt zum Übermenschlichen vorzudringen wie Anaxagoras und zu berichten, was er dort erfahren hat, handelt genauso ruchlos wie der mythische Tantalos (*Vorsokr.* 59 A 1, 8 und A 20 a).

Von alledem ist bei Seneca nicht die Rede. Unbedenklich geht er von der These aus, dass dem Irdischen als dem bloss Menschlichen das Überirdische als das Göttliche gegenübersteht und dass wir zu dieser göttlichen Welt zugelassen sind, weil wir in unserem innersten Wesen mit der Gottheit verwandt sind. Wir dürfen also hinausgehen über das, was unsere Augen zeigen, zu dem, was grösser ist als alles Sichtbare. Da verwandelt sich die Kosmologie in Theologie, und dreimal wird in Stichworten eine Reihe von theologischen Problemen berührt, über die ihrerseits ganze Bücher geschrieben werden könnten: in 3, in 13-14, in 16-17, und der letzte Satz des Prologes ist in der Weise Senecas eine Pointe, die alles Gesagte zusammenfasst: Der Naturforscher sieht ein, dass Alles dürftig ist, wenn er einmal die Dimensionen Gottes begriffen hat.

Dann folgt so unvermittelt der Einstieg in ein begrenztes und durchaus nicht spektakuläres naturwissenschaftliches Problem, die verschiedenen Feuererscheinungen in der Zone der Luft und der Meteora, dass nicht nur Eduard Zeller durch diesen Absturz aus dem Erhabenen in das vergleichsweise Banale schockiert war; da ist denn von unüberlegter und flüchtiger Komposition des Textes die Rede. Ich vermute, dass man gerade umgekehrt argumentieren muss. Seneca hat selbstverständlich gewusst, dass zwischen dem letzten Satz des Prologes und dem ersten Satz des Haupttextes dem Leser ein geradezu absurd grosser Sprung zugemutet wird. Doch genau dies hat er selbst gewollt, und gerade der jähe Wechsel zwischen theologischem Tiefsinn und nüchterner Naturforschung entspricht seiner bewussten Absicht.

Dazu noch einige Einzelheiten. Die theologischen Probleme als solche sind, wie angedeutet, von grösstem Gewicht. So verbirgt sich in der Frage, ob Gott ganz auf sich bezogen bleibt oder ob er zuweilen uns Menschen zugewandt ist, der Gegensatz, auf dem Cicero seine Bücher *De natura deorum* aufgebaut hat: hier der Gott Epikurs (und des Aristoteles), der ganz bei sich selbst verweilt oder dort der weltschaffende Gott der Stoa (und des platonischen *Timaios*). Dazu tritt in 16 die weitreichende Frage, ob der schaffende Gott sich sein Material selber schafft (wir kommen in die Nähe der *Creatio ex nihilo*..) oder ob er mit gegebenem Material arbeiten muss, das seinem gestaltenden Willen nicht selten Widerstand entgegensetzt. Der Naturforscher sieht die Welt «von oben» (8) und entdeckt sie als einen winzigen Punkt, wie dies schon Ciceros *Somnium Scipionis* (*Rep.* VI 16) aus alter Tradition angedeutet hatte. An denselben Text wird man auch erinnert, wenn der Naturforscher aufgefordert wird, sich vom Körper zu lösen und *velut vinculis liberatus* zu seinem Ursprung zurückzukehren (11-12). Allerdings während bei Cicero die Seele sich in der Tat selbständig macht und als körperlose und unsterbliche Seele den Rückweg zu ihrem göttlichen Ursprung findet, bleibt es unklar, was die entsprechenden Wendungen bei Seneca eigentlich meinen. Denn auch und gerade in den *Nat.* wird dem Leser immer wieder eingehämmert, dass der Tod den ganzen Menschen tötet und dass es gilt, eben diesem totalen Tode tapfer ins Auge zu blicken. Dann aber scheinen sich die Äusserungen unseres Prologes zu reinen Metaphern zu verdünnen.

Eine andere Beobachtung darf man daneben stellen. Die theologischen Passagen sind, wie ich sagte, problemgeschichtlich von grösstem Gewicht. Dem steht gegenüber, dass in den *Nat.* auf weite Strecken die Begriffe *deus, natura, fatum, providentia* nahezu unterschiedslos neben einander verwendet werden. Neben äusserst exakten (und insofern philosophisch fruchtbaren) Formulierungen steht der Versuch einer Synthese verschiedener Theoreme, der auf den Leser beliebig und beinahe unverbindlich wirkt; am deutlichsten natürlich in (6) 45, wo in eminent stoischer Manier Aussagen verschiedenster Provenienz auf die Gottheit gehäuft werden. Jedenfalls will der erste Prolog dieser Reihe zeigen, dass nur durch die Naturforschung der Mensch zur Einsicht in die Nichtigkeit aller irdischen und menschlichen Dinge gelangen kann.

Vollkommen anders ist der nächste Prolog, (6) 1-11, den W. Theiler vielleicht etwas gar zu summarisch dem Poseidonios zugewiesen hat (Fr. 331 Th. mit Kommentar). Betont sachlich wird die Frage nach dem Ganzen der Welt in die drei grossen Bereiche aufgeteilt: (I) den Bereich des Supralunaren, also Astronomischen, wo das Element des Feuers herrscht und die Gestirne sich bewegen; einige Sonderfragen werden knapp angedeutet; (II) den Bereich des Sublunaren, also des Meteorischen im Sinne des Aristoteles, Theophrast und auch des Poseidonios, also Alles, was sich unter dem Monde und über dem Erdboden abspielt. Hier ist das herrschende Element die Luft und das Pneuma. Endlich haben wir (III) den Bereich der Erde selber, der Gewässer und der Lebewesen auf der Erde.

Zur Auflockerung werden gleich zwei Einzelprobleme gestreift.

Die Erdbeben gehören nicht etwa dem dritten, sondern dem zweiten Bereich an, weil die Kraft, die die Erde erschüttert keine andere ist als die Luft und das Pneuma. Die Frage nach der Erde

im ganzen muss sowohl beim ersten wie auch beim dritten
Bereich behandelt werden. Denn zu fragen ist sowohl nach der
Beschaffenheit der Erde als solcher wie auch nach der Stellung
der Erde im Universum.

Das für Seneca entscheidende Moment wird sofort in Kap.
2 anhand der schon erwähnten stoischen Dreiteilung der Ein-
heitlichkeiten herausgearbeitet. Einheitlich im strengsten Sinne
des Wortes und darum Alles durchdringend und Alles mit
Allem verbindend ist nur das Element der Luft und das Pneuma;
es erfährt zwar Einwirkungen vom Feuer, das aus dem obersten
Bereich in den Pneuma-Bereich einwirkt, doch es zeigt sich
deutlich, dass das in der Welt und vor allem für den Menschen
weitaus wichtigste Element gerade nicht das Feuer, sondern die
Luft und das Pneuma ist.

Eingeschoben wird in Kap. 3-5 die Distinktion zwischen
«Teil» (μέρος) und «Material» (ὕλη); ich gehe auf den z.T. zer-
störten und noch nicht befriedigend wiederhergestellten Text
nicht näher ein. Kap. 6-11 ist eine Schilderung der alles umgrei-
fenden Aktivität der Luft/Pneuma. Dies ist die Doktrin, die die
Nat. im ganzen beherrscht und den systematischen Zusammenhang zwischen den einzelnen Problemen herstellt.

Interessant ist hier einmal die These, dass das Universum
genau so durch das Pneuma zusammengehalten wird wie unser
Körper (die Parallele Weltkörper-Menschenkörper zieht sich
durch das ganze Werk hindurch), und sodann (damit zusam-
menhängend) die diskrete, aber eindeutige Polemik gegen den
epikureischen Atomismus (Kap. 6, 2-4 und Kap. 7). Von der
Bösartigkeit der Polemik des Poseidonios, von der uns Cicero,
Nat. deor. I 123-124, einen Begriff gibt, ist keine Rede.

In einem augenscheinlich kalkulierten Gegensatz zum voran-
gehenden Prolog gibt sich dieser Prolog (6), 11 ausdrücklich als
eine Vorbereitung auf die nachfolgende spezialistische Untersuchung; von einem Gedankensprung ist gerade hier nicht die
Rede.

Eine Frage, die wir hier nicht verfolgen können, ist die, wie sich unser Text, der so stark den Vorrang der Luft und des Pneuma betont, zu Cicero *Nat. deor.* II im ganzen verhält, das die Forschung auf weite Strecken hin (die Hinweise auf Kleanthes eingeschlossen) auf Poseidonios zurückzuführen geneigt ist. Letzten Endes kennen wir trotz den Anstrengungen Theilers und von Edelstein-Kidd Poseidonios noch viel zu wenig; die Rolle, die er in der Philosophie des 2.-1. Jhdts. v. Chr. und darüber hinaus gespielt hat, ist nach wie vor höchst undurchsichtig.

Abermals anders ist der nächste Prolog, in dem nun Seneca von sich selber spricht. Er ist sich seines Wagnisses bewusst, wenn er es nun als *senex* unternimmt, den Kosmos zu erforschen und nach dessen Ursachen und Geheimnissen zu fragen. Sein bisheriges Leben hat er *inter vana studia* vertan, und was er in einer *aetas male exempta* versäumt hat, muss er nun in aller Eile nachtragen. Da wird plötzlich der Abgrund sichtbar, der Senecas Situation von derjenigen Ciceros trennt. Cicero ist gleichmässig beansprucht durch seine Liebe zur Philosophie und durch seine politische Pflicht als Römer. Er wird nicht müde zu versichern, dass er niemals die Philosophie aus den Augen verloren, aber auch niemals seine politische Arbeit zugunsten der Philosophie vernachlässigt habe; er hat nur so weit philosophiert, als ihm die politischen Verpflichtungen Zeit dazu liessen. Bei Seneca ist dies alles radikal anders. Es gibt keine Politik mehr. Es gibt nur noch Verwaltung im Dienste des Princeps, und sie ist nur lästig und zuweilen gefahrvoll. Dergleichen hat schon Epikur, der Zeitgenosse der ersten hellenistischen Könige, gesagt. Aber es bleibt doch ein starkes Stück, wie Seneca die Jahre seiner Tätigkeit als Berater des Princeps einfach als *vana studia* abfertigt und den Leser nicht einmal erraten lässt, was unter diesen *studia* zu verstehen ist. Seneca schildert seinen Umgang mit der Philosophie wie das Ergebnis einer Konversion. Er hat bisher sein Leben in Nichtigkeiten zugebracht und jetzt erst begriffen, was die Philosophie ist und was sie for-

dert; und jetzt muss er eilen, um die verlorene Zeit einzu-
holen.

Das damit berührte Rätsel erhält unzweifelhaft eine geradezu
geschichtsphilosophische Dimension: Wie ist es möglich gewesen, dass sich die geistige Atmosphäre in einer hochgebildeten
Gesellschaft innerhalb von knapp hundert Jahren so radikal hat
ändern können? Las man doch immer wieder Cicero? War man
sich nicht im klaren darüber, dass die Existenz des Römers im
Jahre 60 n. Chr. mit derjenigen Ciceros überhaupt nichts
gemein hatte? Und fragte man nie nach den Ursachen dieses
totalen nicht nur institutionell äusseren, sondern auch existen-
ziell inneren Untergangs der römischen Republik? Nun, ich
stelle hier nur die Fragen und konstatiere, dass so, wie Seneca in
den ersten Zeilen dieses Prologes spricht, Cicero niemals hätte
sprechen können.

Überraschend ist auch sodann in 5-9 der scharfe Ausfall
gegen die Historiographie, die nur die Nichtigkeit der Menschen verewigt, — sein eigenes früheres Leben wäre ja ein
Gegenstand der Geschichtsschreibung gewesen, und eben dieses
Leben verleugnet er heute.

In der Geschichte regiert die Tyche, so 7-9. Wir dürfen nicht
fragen, wie sich dieses mit dem Regiment der Providentia und
des Fatum verträgt. Dann wird mit grossem Pathos ausgeholt zu
der Frage nach der einzigen Sache, auf die es ankommt. Sieben
Mal wird die Frage wiederholt *Quid est praecipuum?* Es ist die
Herrschaft nicht über die Welt, sondern über sich selber, die
Gelassenheit dem Spiel der Tyche gegenüber, die Verachtung
des Luxus und der menschlichen Schlechtigkeiten. Drei Dinge
leistet die Naturforschung: die Lösung vom Kleinlich-
alltäglichen, die Befreiung der Seele vom Körper (ohne dass wir
erfahren, was dies heissen soll), endlich die Einübung im scharf-
sinnigen Denken. Wer naturwissenschaftliche Probleme bewäl-
tigen kann, vermag sich auch der Schlechtigkeit der Menschen
zu erwehren.

Dann erfolgt wie nach dem Prolog des (5). Buches der absurde und doch gewollte Sprung aus der Weite philosophischer und existenzieller Probleme in eine mehr als nüchterne Frage: Wie entstehen die Gewässer auf der Erde? Das ganze Buch befasst sich mit der eminent naturwissenschaftlichen Frage nach dem Ursprung und der Beschaffenheit der Meere, Seen, Flüsse und Quellen. Doch da haben wir auch den Eindruck, dass Seneca selber das Bedürfnis empfand, zur Reihe der Einzeluntersuchungen ein Gegenstück zu schaffen. Dies ist der auf seine Weise grandiose Epilog dieses Buches (7) 27-30, ein Gemälde des Untergangs in der grenzenlosen Überflutung der ganzen Erde durch das Wasser; dabei ist der Zweck keineswegs der Hinweis auf die Nichtigkeit des Menschenlebens, sondern die Vergegenwärtigung des ungeheuren Schauspiels der Sintflut; die komplementäre Vernichtung der Welt durch das Feuer, die der heraklitisierenden Stoa eigentlich näher lag, wird nur beiläufig gestreift. Der Schluss ist eine Pointe im Geschmack Senecas: Einmal werden die Wasser sich wieder zurückziehen, die Erde wird wieder bewohnbar werden, neue, noch unschuldige Menschen werden entstehen; doch diese Unschuld wird nicht dauern. Den Weg zur Verworfenheit kennt der Mensch von selbst, und so werden auf der wieder geschenkten Erde die Menschen genau wieder so ruchlos werden wie sie es jetzt sind. Und wiederum dürfen wir weder fragen, was der Sinn des Ganzen sein kann, wenn Alles nur immer wieder auf dasselbe Ergebnis hinausläuft, noch auch uns wundern darüber, dass eine Menschheit, die durch das Fatum und die Providentia gelenkt wird, unaufhörlich derselben *nequitia* verfällt.

Es bleibt das letzte Buch, die Studie über den Nil, in dessen Prolog nun der Adressat des ganzen Werkes in den Mittelpunkt tritt. Lucilius hat die Provinz Sizilien zu verwalten. Es ist eine Aufgabe rein administrativen Charakters, gefüllt mit den Umtrieben von Bürgern, die sich über irgendeinen Nachteil beschweren oder irgendeinen Vorteil zu erlangen suchen. Von

einer staatspolitischen Dimension, die die Aufgabe im Prinzip
haben könnte und wie sie etwa Ciceros Prokonsulat in Kilikien
hatte, ist keine Rede. Was Lucilius festhält, ist bestenfalls das
Interesse an einer lohnenden Karriere in der Reichsverwaltung,
mehr nicht. Da hat Seneca ein leichtes Spiel, den Freund zum
Verzicht auf jenen Posten aufzufordern und ihm nahezulegen,
sich ganz der Philosophie zu widmen. Ein Lob des Charakters
und der guten Vorsätze des Lucilius fehlt nicht. Ein Zusammen-
stoss mit Caligula, der mindestens zwanzig Jahre zurückliegt,
wird erwähnt, doch mit Politik hat dergleichen nichts mehr zu
tun; es ist der Untertan, der sich zuweilen die Ungnade des Fürsten zuzieht. Die Provinz Sizilien ist interessant und hat eine
bedeutsame Geschichte, mehr nicht (21-22).

Seneca will Lucilius, wie er es auch in den *Briefen* tut, ganz
aus der Administration in die Philosophie hinüberziehen. Etwas
künstlich wirkt es freilich, wenn er erklärt, er wolle den Freund
nun auch aus Sizilien in ein anderes Land entführen, eben nach
Ägypten, das Land des Nil.

Da ist es besonders schade, dass wir weder den Epilog dieses
Buches noch den Prolog des ersten Buches kennen. Wir werden
vermuten, dass sowohl im letzten Buch Prolog und Epilog in
einem sorgfältig konstruierten Verhältnis zu einander standen,
und auch in ähnlicher Weise zwischen dem Prolog des ersten
und dem Epilog des letzten Buches eine Beziehung bestanden
haben dürfte. Darüber wissen wir jedoch nichts. Der Prolog des
Nilbuches ist jedenfalls so persönlich gehalten wie keiner der
andern uns erhaltenen Prologe (dazu auch das Lob von Senecas
Bruder Gallio, 10 ff.), hält sich auch von ethischen Betrachtungen über die Schlechtigkeit der Menschen fast völlig frei. Die
Atmosphäre entspricht im ganzen dem Epilog des vorangehen-
den Buches (der Sintflutschilderung), steht aber wie dieser im
schneidenden Gegensatz zum Prolog von (7).

Ich mache zum Abschluss nur noch auf einige besondere
Probleme aufmerksam.

Beachtenswert ist zunächst, wie oft Seneca sich auf Natur-
ereignisse der vergangenen hundert Jahre vom Tode Caesars an
bezieht. Man könnte eine lange Liste zusammenstellen, die nicht
ganz abzutrennen wäre von den Passagen, in denen Seneca seine
Unabhängigkeit allen Autoritäten, auch und vor allem der Stoa
gegenüber betont. Dies steht in irgendeiner unterirdischen
Beziehung, wie schon bemerkt, zu Ciceros Haltung, besonders
in *Ac.* II 7-9.

Auch schon kurz berührt wurde die merkwürdige Rolle der
Theologie. Einzelne Stellen berühren Probleme, die man gerne
genauer behandelt sähe, die aber in den *Nat.* nirgends themati-
siert werden. Dem steht gegenüber die Beliebigkeit, mit der bald
von Gott, bald von der Natur, bald vom Fatum die Rede ist,
augenscheinlich ohne einen Gedanken daran, dass diese Begriffe
der Sache nach gänzlich Verschiedenes, ja, Inkommensurables
meinen.

Dass der Anteil des Poseidonios am gesamten Text noch einmal überprüft werden müsste, wurde ebenfalls schon gesagt.
Dem Poseidonios steht gegenüber Epikur, zu dem Seneca ähnlich wie in den *Briefen* ein spürbar ambivalentes Verhältnis hat.
Die atomistische Kosmologie lehnt er ab ohne Epikur mit
Namen zu nennen. Doch sein Urteil über die *luxuria* der Menschen und seine Aufforderung, den Tod gelassen hinzunehmen,
könnte auch von Epikur formuliert worden sein. Gerade im
Verhältnis zum Tode ist die Nähe zu Epikur ebenso gross wie
die Ferne von Platon.

Verweilen möchte ich zum Abschluss noch kurz beim
Abschnitt über die etruskische Blitzlehre (6) 32-51. Da liegt es
ihm daran, zwischen der stoischen Lehre vom alles determinie-
renden Fatum und der etruskischen Blitzlehre, wie sie in der
Periode der «etruskischen Renaissance» unter Augustus durch
den Etrusker A. Caecina dargestellt worden war, eine Vermitt-
lung zu finden. Er vermeidet den eleganten Ausweg, den Cicero
in *Nat. deor.* genommen hatte: hier die beweisende Rationalität,

dort der geschichtlich bewährte Glaube, wobei weder der
Glaube die Forderung nach Beweisen überflüssig macht noch
die Beweise den Glauben zu widerlegen vermögen. Seneca wählt
einen schwierigeren Weg.

Die etruskische Lehre setzt voraus, dass Gott dieses oder
jenes Zeichen sendet, um dies oder jenes zu verkünden, zu fordern oder zu verbieten. Der Stoiker lehnt dies ab, aber nicht
weil er überhaupt nicht an Zeichen glaubt, sondern sozusagen
aus dem Gegenteil. In dem *longus fatorum sequentium ordo* ist
Alles ein Zeichen; denn wo es Ordnung gibt, gibt es auch die
Verknüpfung des Gegenwärtigen mit dem Kommenden, und so
gibt es nichts Gegenwärtiges, das nicht auf Kommendes voraus-
wiese. Es ist nur der Mensch, der in seiner Schwachheit einige
wenige Zeichen deuten kann, nicht aber die Gesamtheit aller
Zeichen.

Auf eine knappe systematische Aufgliederung (33) folgt das
eigentliche Problem: Kann der Lauf des Fatum durch menschli-
ches Verhalten beeinflusst und in dieser oder jener Richtung
abgelenkt werden? Entweder regiert das Fatum, oder die in der
Kulttradition verankerten *expiationes* und *procurationes* vermögen tatsächlich etwas auszurichten. In einem ersten Zug bleibt
nur das Fatum bestehen; es ist genau so wenig beeinflussbar wie
etwa die Gottheit Epikurs nach Κυρίαι Δόξαι 1, worauf 35 anzu-
spielen scheint. Anders formuliert: Gott kann in seinen Ent-
schlüssen genau so wenig wankend gemacht werden wie der ihm
ebenbürtige Weise (36). Seneca will indessen auch die Gegenpo-
sition zu Worte kommen lassen. Die Wirkung der *expiationes*
und *procurationes* kann mit der Allmacht des Fatum verbunden
werden, wenn man das Handeln des Menschen selber als einen
Teil des Fatum interpretiert, und zwar mit dem suggestiven
Beispiel: Der Kranke wird gesund werden, wenn er sich dazu
entschliesst, den Arzt kommen zu lassen; im Fatum vorher
bestimmt ist nicht nur, dass der Kranke gesund werden wird,
sondern auch, dass er sich entschliessen wird, den Arzt zu

rufen. Da ist der Arzt genau wie der Haruspex *fati minister* (38, 4).

Freilich geht die Rechnung doch nicht ganz auf. Von einer freien Entscheidung des Menschen ist auch in diesem Falle nicht die Rede. Das Problem bleibt: *Quemadmodum manente fato aliquid sit in hominis arbitrio* (38, 3). Doch dieses Problem will Seneca auf eine andere Gelegenheit verschieben. Die Frage ist offen, ob er tatsächlich in einer späteren Schrift auf diesen Punkt zurückgekommen ist. Eine Antwort ist vorläufig nicht möglich; wir kennen und besitzen nur einen Teil der Werke Senecas, und der mögliche Einfluss verlorener Schriften auf spätere erhaltene Literatur ist noch viel zu wenig erforscht. Sollten sich Gedanken Senecas etwa im ersten Buch von Augustins De *libero arbitrio* finden lassen?

Es folgt eine durchsystematisierte Aufgliederung der Blitze nach Caecina; dass Seneca an ihr Einiges zu kritisieren hat, wundert uns nicht. Ein zweites höchst seltsames Stück etruskischer Doktrin folgt in 41. Dem gegenüber wird Seneca zum rabiaten Aufklärer; man weiss schliesslich, dass die Angst vor den Göttern eine Erfindung kluger Männer der Vorzeit ist, denen es klar war, dass die Menschen in ihrer Schlechtigkeit nur dann zu zügeln sind, wenn man ihnen Angst vor den Göttern macht.

Eine vertretbare Theologie sieht ganz anders aus, wie das schon vorhin zitierte Kap. 45 lehrt. Dann wird eine weitere etruskische Aufteilung erwähnt; ihrer philosophischen Unzulänglichkeit stellt Seneca die Dihärese jenes Attalos gegenüber, der in der Zeit des Tiberius es unternommen hatte, die Blitzlehre in griechischen Kategorien zu interpretieren und damit dem griechisch gebildeten Römer annehmbar zu machen.

Doch in 49 folgt ein viertes etruskisches System in nicht weniger als dreizehn Teilen. Ohne Kommentar stellt Seneca diesem System ein Schema des Attalos gegenüber, das offenbar 48,2 ergänzen soll. Dieses Schema seinerseits ist freilich von beachtlicher Kompliziertheit. Unterschieden werden als erstes die

Zeichen (a) die etwas anzeigen, was uns Menschen angeht, dann
(b) die etwas anzeigen, was wir nicht zu deuten vermögen, und
(c) die nichts anzeigen. In der ersten Gruppe sind (1) erfreuliche,
(2) widrige, (3) gemischte Zeichen zu unterscheiden oder endlich
(4) solche, die weder erfreulich noch widrig sind. Unter den
widrigen wiederum gibt es solche, die ein unvermeidbares,
andere die ein vermeidbares oder doch reduzierbares Unheil
ankündigen, usw.

Da hat also Seneca sich gestattet, Dihäresen auf einander zu
häufen, ohne sich darum zu kümmern, dass dergleichen in
einem Stil, der ein Gespräch oder einen Brief nachbilden will,
schwer unterzubringen ist. Wesentlich ist offenbar, dass der
Leser den Eindruck erhält, Seneca nehme trotz seinen philosophischen und naturwissenschaftlichen Vorbehalten die Sache als
solche ernst.

Vor diesem Abschnitt hatte er in 31 einige naturwissenschaftliche θαυμάσια, die den Blitz betreffen aufgeführt, nach diesem Abschnitt kehrt er nochmals in 52-53 zu solchen zurück. Es
sind naturwissenschaftliche Einzelbeobachtungen, wie wir sie
schon in der Tradition der Vorsokratiker in Menge finden;
denn, wie Theophrast einmal erklärt hat (*De ventis* 59): «Wo
etwas Unerwartetes geschieht (παράλογον), fordern wir eine
Erklärung (αἰτία); doch wo etwas geschieht, was man erwartet
hatte (εὔλογον), sind die Menschen auch ohne Erklärung und
Angabe von Gründen zufrieden.»

Doch auf solche θαυμάσια will Seneca einmal zurückkom-
men, wenn er Zeit dazu hat. Was er nun noch bietet, sind einige
ältere δόξαι über Blitz und Donner, Poseidonios, dann der überaus selten erwähnte Kleidemos, dann Heraklit (54-56). Mit Emphase folgt in 57 die Frage: *Quid ipse existimem, quaeris*, und so
bringt er das, was er als seine eigene Theorie verstanden wissen
will, sozusagen als Klimax des Buches (57-58).

Dann endlich lässt er den Freund mit seinem sokratischen
Einwand zu Worte kommen: «Ich will nicht wissen, was der

Blitz ist, sondern vielmehr, warum ich ihn nicht zu fürchten brauche» (59; vgl. (1) 13 und (3) 32). Die Antwort ist einfach. Wie sollen nicht fürchten, was jedermann einmal trifft, und bei dem es gleichgültig ist, welche Art von Tod man erfährt. Da wird es noch einmal klar, wie sehr Seneca bemüht war, ein Gleichgewicht zwischen einer Wissenschaft, die gerne bei allem Wissenswerten verweilt, und einem Erziehertum, das nur danach fragt, welches die Wege sind, auf denen der Mensch sokratisch «an seiner Seele besser werden kann», herzustellen. Natürlich besteht bei ihm, anders als bei Cicero, die eine grosse Gefahr, dass nämlich sozusagen im luftleeren Raum philosophiert wird. Die vielen Anspielungen auf aktuelle Ereignisse können nicht darüber hinwegtäuschen, dass wir über die Geschichte des Menschen Seneca wie über die Geschichte des Menschen Lucilius beinahe nichts erfahren. Doch dies ist nicht die Schuld Senecas, sondern seiner Epoche, also der Epoche des *Neronis principatus laetissimus* ((4) 21, 3). Ob und wie weit unter dieser Voraussetzung die Synthese zwischen wissenschaftlicher Theorie und ethischer Praxis geglückt ist und glücken konnte, ist eine Frage, die hier offen bleiben mag.

Zugrundegelegt sind die Ausgaben von A. GERCKE (1907, Neudruck 1970), P. OLTRAMARE (1929) und die neueste Ausgabe von D. VOTTERO (1989), die mir durch die Freundlichkeit von I. Lana zugänglich gemacht wurde und durch die die beiden älteren Ausgaben überholt sind.
    Zitiert wird nach der ursprünglichen Buchfolge, d.h. (1) = IVb Gercke, (2) = V, (3) = VI, (4) = VII, (5) = I, (6) = II, (7) = III, (8) = IVa.

DISCUSSION

M. Abel: Ich möchte Sie um eine Stellungnahme zu der Kontroverse über Senecas wissenschaftliche Gesinnung bitten (mit besonderer Berücksichtigung der *Nat.*). Es ist ja bekannt, dass Wilamowitz hinsichtlich der wissenschaftlichen Qualität unseres Autors keine sonderlich günstige Meinung hatte. Dass Seneca sich manchen historischen Lapsus zuschulden kommen lässt (*Helv.* 13, 7; *Benef.* III 37, 3; *Ep.* 6, 6; *Ir.* III 23, 1 usw.), lässt sich nicht leugnen, braucht aber nicht allzuviel zu besagen. Von sehr kompetenter Seite ein Urteil in diesem Streitpunkt zu erhalten würde ich dankbar begrüssen.

M. Gigon: Ich teile hier vollständig die Meinung von Herrn Grimal. Das Substrat der *Nat.* stammt weitgehend aus der reichen Problemata-Forschung der Peripatetiker, zweifellos vereinfacht für den römischen Leser und dem Stil eines persönlichen Briefes an Lucilius angepasst. Aber dass eine Absicht naturwissenschaftlicher Information dahintersteht, ist nicht zu bestreiten.

M. Abel: Wenn eine Zusatzfrage gestattet ist? Sie betrifft das Problem der Behandlung der Nilschwelle (*Nat.* IV a). Scheint sie nicht in besonderer Weise geeignet, Zweifel an Senecas Wissenschaftlichkeit in naturkundlichen Fragestellungen zu wecken? Eratosthenes von Kyrene in frühhellenistischer Zeit erklärt, dass die Frage der Nilschwelle keine Frage mehr sei, seitdem man in der Zeit Alexanders auf die Veranlassung des Königs durch Augenschein festgestellt habe, dass die Monsunregen in Abessinien verursachendes Moment seien (fr. III B, 52 Berger [mit Komm.], *ap.* Procl. *In Ti.* I p. 120, 6; p. 121, 8 Diehl). Nach modernen wissenschaftlichen Begriffen zumindest hat es wenig Sinn, falsche Erklärungsweisen in der Diskussion mitzuschleppen, *ohne* die richtige Erklärung unzweideutig als solche herauszustellen. Am besten würde man den unnötigen Ballast über Bord werfen. Denn zu zeigen, dass man auch die Irrwege der Forschung kennt, kann sicherlich unter Umständen sinnvoll sein; zumeist ist es sinnlos.

M. Gigon: Was die Behandlung der Nilschwelle angeht, so genügt es eigentlich, auf *Nat.* VI 8, 3-5 zu verweisen. Da zeigt es sich, dass man die Entdeckungen der Alexanderzeit und des Eratosthenes keineswegs für endgültig gehalten hat und es immer noch eine Aufgabe war, die Quellen des Nils aufzuspüren.

M. Mazzoli: Attendevo con molto interesse l'esposizione di M. Gigon perché mi importava confrontare col quadro da lui tracciato della dottrina fisica senecana l'impostazione da me data al problema, del tutto distinto ma — a mio avviso — omologo, del giudizio dato dal filosofo sulle funzioni e sugli obiettivi della poesia. Ebbene, mi sembra che l'omologia si confermi. M. Gigon ha chiaramente indicato che i φυσικά di Seneca vertono esclusivamente sulla meteorologia, quello spazio appunto del *sublime* (*Nat.* II *praef.* 1 s.) intermedio tra cielo e terra, cui deve anche puntare, emancipandosi dall' ἄλογον, l'ispirazione poetica. E non mi sembra irrilevante che il destinatario delle *Nat.* sia quello stesso Lucilio che Seneca nelle *Ep.* assume come il *proficiens* per eccellenza: è giusto osservare nuovamente la comunanza di stile epistolare tra le *Lettere* e le *Nat.* (perlomeno nelle parti più compatibili, come le *praefationes*). A Lucilio — Lei ben dice — Seneca insegna nelle *Nat.* il disprezzo dei *terrestria* e mai mostra aperture metafisiche, in direzione dell'escatologia platonica. D'altra parte il piano del divino, dei *caelestia*, è nella sua parte principale *extra conspectum* (*Nat.* I *praef.* 1). Dunque — così mi sembra che si possa concludere, e desidero la Sua opinione — l'unico spazio davvero utile aperto alla ricerca resta quello intermedio: la regione sublunare per l'indagine fisica, del *profectus* per l'etica, del «sublime» per la poesia.

M. Gigon: Ihre Bemerkung ist jedem Sinne richtig und förderlich. Die Region der *sublimia* zwischen den *terrestria*, die man verachten soll, und den *caelestia*, die wir nicht erreichen, ist genau die Region, die dem Zustand und dem Fortschreiten der *proficientes* am möglichsten ist, in der er sozusagen zuhause ist.

M. Hijmans: I am very grateful for the clear and systematic contribution you have made to our *Entretiens*. The question I have to ask is how the originality you detect in Seneca's treatment of the comets is to be understood in view of e.g. *Ep.* 64, 7-8 in which Seneca describes himself as a *bonus pater familiae* guarding and amplifying an inheritance, but at the same time appears to imply that he has no contributions to make in the sense of additions to the body of received knowledge.

M. Gigon: Die Originalität Senecas in philosophischen Dingen ist genau so relativ wie diejenige Ciceros. Sie wissen beide, dass sie keine «schöpferischen Philosophen» sind, aber sie bearbeiten das griechische Material mit grosser Freiheit, wählen aus, gruppieren und formulieren nach ihrem eigenen Geschmack und nach den Bedürfnissen des römischen Publikums, an das sie sich wenden.

M. Lana: Circa il riferimento, nelle *Nat.*, ad avvenimenti contemporanei che danno un carattere personale all'opera, ricordo che la spedizione, voluta da Nerone e elogiata da Seneca (*Nat.* VI 8, 3) dei due centurioni che mossero dall'Egitto alla ricerca delle sorgenti del Nilo, si inquadrava nelle grandi linee della politica neroniana, la quale si proponeva, verso Oriente, di raggiungere le *portae Caspiae* (attraverso le quali passava il commercio della seta). Ricordo anche l'importanza, nella direzione delle regioni settentrionali, della via dell'ambra, al tempo di Nerone.

Se, come sembra, l'esplorazione dei due centurioni va collocato nel 61 (prima del ritiro definitivo di Seneca), si può vedere anche in essa (come nei progetti di conquista nella direzione delle *portae Caspiae*) un segno dell'influenza del filosofo sul principe: costui avrebbe trasferito, nel terreno propriamente politico (ed economico), il programma di vita di Seneca, centrato sul tema del *quaerere*. In questa direzione va cercata — e spiegata — la ragione della menzione onorifica (ed anche adulatoria) di Nerone nelle *Nat.*

M. Gigon: On peut certainement admettre que l'expédition envoyée par Néron en Egypte et en Ethiopie a été en rapport avec les intérêts personnels de Sénèque. Néron était assez cultivé pour apprécier ce genre de recherche. Il est aussi possible que cette expédition poursuivait, comme vous le dites, un but politique; mais est-ce plus qu'une possibilité?

M. Mazzoli: Mi sembra che l'opera naturalistica di Seneca costituisca, non tanto per i suoi referenti fisici quanto per le sue motivazioni e finalità, un capitolo alquanto anomalo nella storia della cultura tecnica e scientifica latina, inserita piuttosto — da Catone a Varrone a Plinio il Vecchio alla tarda antichità — nei vari solchi dell' «enciclopedia» pratica e teorica. Per ciò che in particolare concerne il termine di confronto più vicino, la *Naturalis historia* pliniana, mi pare che si debbano tenere presenti, a fronte del comune denominatore stoico (o comunque stoicizzante), le diverse prospettive del moralista, Seneca, che insegna a *supra humana surgere* (*Nat.* I *praef.* 5), e del naturalista, Plinio, che organizza l'«inventario del mondo» (la definizione è di Gianbiagio Conte) in una prospettiva antropocentrica. Vede Lei qualche convergenza più accentuata di Seneca con tratti di questo filone culturale e letterario latino?

M. Gigon: Il me semble que par rapport à Sénèque et aux *Nat.*, Varron se trouve sur un autre plan que Pline l'Ancien. Varron est l'érudit pédant et systématique pur, un personnage pour lequel Sénèque a sans doute eu aussi peu de sympathie que Cicéron avant lui. Pour Pline la situation est différente. Il est encyclopédique — mais, au moins dans la première décade de ses *Naturales historiae*, il a aussi le souci de la condition humaine, de ses grandeurs et de ses bassesses — et ceci crée une certaine ressemblance entre Sénèque et Pline.

M. Lana: In effetti, almeno nel caso dell'opera enciclopedica di Plinio, siamo in grado di spiegare perché la *Naturalis historia* è così diversa dalle *Nat.* di Seneca. Queste, come dice il titolo stesso, sono sotto il segno «senecano» del *quaerere* (v. in particolare VII 31-32), mentre al tempo dei Flavi il *quaerere* è bandito dalle prospettive del lavoro intellettuale: si veda in particolare *Nat.*

II 117-118 e I. Lana, «Scienza e politica in età imperiale romana (da Augusto ai Flavi)», nel vol. *Tecnologia, economia e società nel mondo romano* (Como 1980), 21-43.

Le direttive di politica culturale di Vespasiano chiedevano agli intellettuali adesione e collaborazione al suo programma di restaurazione (e di risanamento del bilancio dello Stato: v. Suet. *Vesp.* 16, 3) e, nei fatti, non incoraggiavano la ricerca intellettuale: ricordo la dichiarazione del giurista di età flaviana Nerazio Prisco: *rationes eorum quae constituuntur inquiri non oportet: alioquin multa ex his quae certa sunt subvertuntur (Dig.* I 3, 21).

M. Gigon: Vespasien n'était certainement pas un intellectuel comme Néron, et dans ce sens, l'atmosphère dans laquelle Pline travaillait n'était pas la même que l'atmosphère intellectuelle dans l'entourage de Néron. Dans ce sens je suis entièrement d'accord avec vous.

M. Grimal: La remarque de M. Lana sur les intentions politiques possibles de Sénèque dans les *Quaestiones naturales* me paraît très importante.

L'intérêt porté au Nil par Sénèque doit être rapproché de l'inscription *OGIS* II 666 dans laquelle les habitants de Busiris, près de Gizeh, font honneur à l'administration de Néron d'avoir assuré «la juste mesure de l'inondation du dieu». Néron, comme roi, successeur des pharaons, était donc personnellement intéressé au phénomène de la crue du Nil. A-t-il voulu connaître l'explication scientifique de ces crues? Dans ce cas, le livre des *Nat.* sur le Nil irait dans le sens de cette curiosité de l'empereur.

On notera aussi que l'intérêt porté par Sénèque, dans ces mêmes *Nat.*, aux comètes, répond à des préoccupations religieuses contemporaines. Il y a le *sidus iulium*, mais aussi la comète mentionnée par Tacite (*Ann.* XIV 22) pour l'année 60. Y a-t-il un effort de Sénèque pour donner une explication «positiviste» à des phénomènes qui avaient des résonances mystiques?

M. Gigon: Je suis entièrement d'accord avec vous; je crois, en effet, que Sénèque, dans un certain besoin d'indépendance intellectuelle, a préféré les interprétations «positivistes» aux considérations mystiques.

M. Soubiran: Un mot seulement pour compléter les séduisantes perspectives ouvertes par M. Lana. Sénèque et Néron se sont intéressés à l'exploration de régions nordiques (route de l'ambre), orientales (portes Caspiennes) et méridionales (sources du Nil). Mais ils ont peut-être songé aussi au quatrième point cardinal, l'ouest, c'est-à-dire l'Océan, au-delà des côtes hispaniques. Les vers fameux du chœur de *Médée* (375-379) évoquent l'étendue d'une *ingens tellus*, qui sera peut-être découverte lorsque *venient annis saecula seris*. Mais il n'était évidemment pas question pour Néron de lancer une flotte dans cette direction...

M. Gigon: Le désir romain d'explorer la Terre dans ses quatre dimensions est en lui-même parfaitement compréhensible: Rome croyait à la mission d'apporter l'ordre et la civilisation à l'*orbis terrarum* tout entier, et ceci parfois dans un sens très concret. Il est d'autre part caractéristique, pour Sénèque (comme pour Pline), d'espérer qu'un beau jour on aura des connaissances du monde beaucoup plus sûres et plus vastes que celles qu'on avait alors. Le passage de *Médée*, que vous citez, en est un indice.

M. Lana: Vorrei che il prof. Gigon ci dicesse che-cosa pensa della tesi di D. Vottero (riprasentata nel vol. *Quaestioni Naturali di L. Anneo Seneca*, Classici Latini [Torino 1989], 24-39) a proposito delle fonti delle *Nat*. Il Vottero, una volta ammesso che Seneca si sia servito di un'unica fonte, sostiene che Seneca si sarebbe basato soprattutto sui *placita* di fisica raccolti da Ario Didimo ed a noi noti attraverso epitomi di epitomi.

M. Gigon: Sur ce point je suis assez sceptique. On peut certainement admettre que Sénèque a connu et utilisé un «handbook» du genre des *vetusta placita*, mais je pense que les hypothèses de M. Giusta sur ce sujet vont beaucoup trop loin; et, d'ailleurs, on ne gagne pas grand-chose avec une telle hypothèse. Car celui qui est intéressant, n'est pas le *rédacteur* d'un manuel à l'usage du public cultivé, mais bien l'*auteur* de la doctrine qui est résumée dans le manuel. Areios Didymos est certes intéressant, mais ce que nous voudrions savoir, c'est chez quels auteurs philosophiques il a trouvé les doctrines dont il parle.

M. Mazzoli: Per meglio comprendere e definire il tipo di interesse manifestato da Seneca per le *Naturales quaestiones*, ritiene Lei che sia utile considerare anche le radici della sua formazione filosofica, nell'alveo della scuola dei Sestii? E' noto che uno dei suoi principali maestri, Papirio Fabiano, compose libri *causarum naturalium* e *de animalibus* (Charisius gramm., I, p. 105, 14 e 106, 14 K.).

M. Gigon: Ce que vous dites est en principe parfaitement juste, mais notre connaissance de la philosophie des Sextii et de leur entourage est tellement mince qu'il est difficile d'en tirer des conclusions précises. Nous connaissons la philosophie du premier siècle ap. J.-C. beaucoup moins bien que celle des deux siècles précédents.

IX

JEAN SOUBIRAN

SÉNÈQUE PROSATEUR ET POÈTE: CONVERGENCES MÉTRIQUES

«Sénèque avait-il, pour l'ordre des mots, certaines préférences grammaticales ou rythmiques? Recherchait-il des clausules déterminées et quelles clausules? Ce sont là des questions ouvertes.» En les formulant ainsi et en leur donnant une réponse si dubitative, dans son Introduction à l'édition des *Naturales Quaestiones*[1], P. Oltramare était en retard sur la science de son temps. Dès 1898, Ed. Norden[2] avait posé fermement l'existence de clausules métriques régulières chez Sénèque, et en 1910 un bref article de A. Bourgery[3] le confirmait sans équivoque. Vinrent ensuite, dans le même sens, les beaux travaux de B. Axelson[4].

---

[1] C.U.F. (Paris 1929), I p. XXXII.

[2] *Die antike Kunstprosa* (Leipzig 1898), II 941: «Sehr sorgfältig hat Seneca der Sohn den rhythmischen Satzschluss beobachtet, was bei ihm deshalb noch besonders deutlich ist, weil er in kleinen Sätzen statt in Perioden schreibt.»

[3] «Sur la prose métrique de Sénèque le Philosophe», in *RPh* 34 (1910), 167-172; cf. aussi *Sénèque prosateur* (Paris 1922), 145-149.

[4] *Senecastudien* (Lund 1933), 7-16 & *passim*; cf. aussi *Neue Senecastudien* (Lund 1939), *passim*.

Il semble bien, à vrai dire, que Sénèque n'ait pas toujours été également attentif aux clausules métriques, et que ses derniers ouvrages manifestent, sur ce point, plus de soin que les premiers[5]. Nous reviendrons là-dessus à la fin de cet exposé; mais notre intention n'est pas d'étudier ici ce problème.

Quoi qu'il en soit, la métrique des clausules de Sénèque est souvent mal connue des lecteurs du philosophe stoïcien, plus attentifs aux nuances de la doctrine qu'au rythme des syllabes. Notre premier propos sera donc, sans aucune prétention à la nouveauté, de rappeler ce souci de l'écrivain.

Sénèque peut bien être, au plan du style, l'anti-cicéronien par excellence; il est piquant de constater que, s'agissant des clausules métriques, il s'inscrit dans le droit fil de la praxis cicéronienne[6], dont il est le docile héritier.

Ces clausules cicéroniennes sont diversement décrites, et par les Anciens eux-mêmes[7], et par les métriciens modernes, sans que cela provoque d'insurmontables difficultés pratiques: au bout du compte, ce sont bien les mêmes séquences syllabiques que retrouvent tous les philologues. Nous adopterons, pour notre part, le système que voici: il nous semble simple, rationnel et cohérent.

Six formes fondamentales sont engendrées par les combinaisons suivantes de trochées, spondées et crétiques:

pied final →		tr (ou sp)	cr (ou da)
pied pénultième	tr	A – ∪|– ∪	D – ∪|– ∪ ∪
	sp	B – –|– ∪	E – –|– ∪ ∪
	cr	C – ∪ –|– ∪	F – ∪ –|– ∪ ∪

---

[5]   A. BOURGERY, art. cit.

[6]   Il s'accorde en cela avec Quinte-Curce, Quintilien et Pline le Jeune, parfois aussi Pétrone, pour nous limiter aux prosateurs du Ier siècle ap. J.C.: cf. H. BORNECQUE, Les clausules métriques latines (Lille 1907), 513 sqq.

[7]   Cf. H. BORNECQUE, op. cit., 3-186.

Quelques précisions:

A. Clausule dichorée, fort bonne en elle-même, et encore meilleure si ces deux pieds sont précédés d'un crétique, soit
– ∪ – | – ∪ | – ⌣.

B. Clausule dispondée, moins heureuse que la précédente (monotonie et lourdeur des quatre longues successives)[8]; elle se rachète un peu si elle est précédée d'un crétique ou d'un trochée, soit – ∪ (–) | – – | – ⌣.

C. Excellente clausule crétique-trochée (spondée), très recherchée.

D. Clausule trochée-crétique, assez peu aimée, peut-être parce qu'elle risque de suggérer une analyse aberrante crétique + iambe, peut-être aussi parce qu'elle est identique à une fin de vers iambo-trochaïque (sénaire/trimètre et octonaire iambiques, septénaire trochaïque / tétramètre troch. catalectique).

E. Clausule spondée-crétique, qui n'est pas non plus parmi les plus recherchées: elle aussi est identique aux fins de vers évoquées sous D.

F. Très belle clausule dicrétique.

Les types (cr)A, C, F sont de loin les plus recherchés; ce sont eux qui caractérisent le mieux la prose métrique cicéronienne. On remarquera qu'ils peuvent aussi être décrits à partir d'une base crétique[9] augmentée successivement de une à quatre syllabes:

---

[8] Mais elle se prête par là-même à des effets stylistiques (emphase, gravité, tristesse...), comme l'hexamètre spondaïque.

[9] Cf. le groupe choriambique commun à presque tous les vers lyriques.

$$- \cup - \ \Big| \ \underline{\cup} \qquad = A \quad \text{(dichorée)}$$
$$- \cup - \ \Big| \ - \underline{\cup} \qquad = C \quad \text{(crétique-spondée)}$$
$$- \cup - \ \Big| \ - \cup \underline{\cup} \qquad = F \quad \text{(dicrétique)}$$
$$- \cup - \ \Big| \ - \cup - \underline{\cup} \quad = (cr)A \quad \text{(crétique+dichorée)}$$

De ces schémas purs les longues peuvent être résolues en deux brèves, selon les mêmes règles qui s'imposent aux vers iambo-trochaïques et crétiques. Sont admis sans réserve les couples de brèves initiales (*ănĭmus*) ou intérieures (*ingĕnĭum*); on rencontre bien plus rarement des mots pyrrhiques (*bĕnĕ*) et des groupes à monosyllabe bref initial (*quĭd ăgis*); sont interdits, sauf exception, les couples de brèves finales (*tempŏrĕ*, et surtout *facĕrĕ*), ainsi que les partages de brèves entre deux mots (*tempŭs ĕrat*)[10].

Une belle page de Sénèque[11] va maintenant montrer l'application de ces principes[12].

---

[10] Sur ces principes dans la versification iambo-trochaïque, cf. mon *Essai sur la versification dramatique des Romains* (Paris 1988), 207-252; 272-297; dans les clausules métriques, cf. B. AXELSON, *Senecastudien*, loc. cit. & 94; J. DANGEL, *La phrase oratoire chez Tite-Live* (Paris 1982), 270-275; «Le mot, support de lecture des clausules cicéroniennes et liviennes», in *REL* 62 (1984), 392 sq. (tout l'article, pp. 386-415, est de première importance).

[11] Cf. A. BOURGERY, *art. cit.*, 169 sqq. Le livre III des *Nat. Quaest.* semble le plus soigneusement composé, sous le rapport des clausules, de toute l'œuvre sénéquienne. Pour d'autres analyses comparables à la nôtre, cf. A. BOURGERY, *Sénèque prosateur*, loc. cit. (*Breu.* 2), et surtout B.L. HIJMANS Jr., *Inlaboratus et facilis. Aspects of structure in some Letters of Seneca* (Leiden 1976), 7-81; 106-130 (clausules des *Ep.* 1, 26, 41, 75, 80, 100, 122).

[12] Les clausules seront notées par les lettres A B C D E F qui correspondent aux types décrits ci-dessus; cA = dichorée précédé de crétique, cB et tB = dispondée précédé de crétique et de trochée. Un chiffre en exposant donnera en outre, le cas échéant, le numéro de la première, seconde et/

SEN. *Nat.* III *praef.* (ed. P. Oltramare)

1 2   1. Non praeterit me (A), Lucili uirorum optime
(F), quam magnarum rerum fundamenta ponam
3 4   senex (F), qui mundum circuire constitui (C³) et cau-
5   sas secretaque eius eruere (C³) atque aliis noscenda
6 7   prodere (D). Quando tam multa consequar (D), tam
8 9   sparsa colligam (D), tam occulta perspiciam (C³)? 2.
10   Remittat ergo senectus (cA) et obiciat annos inter
11 12   uana studia consumptos (C¹). Tanto magis urgeamus
13   (A) et damna aetatis male exemptae labor sarciat (F);
14 15   nox ad diem accedat (C), occupationes recidantur
16   (C), patrimonii longe a domino iacentis cura soluatur
17   (C), sibi totus animus uacet (F²) et ad
18 19   contemplationem sui (F) saltem in ipso fine respiciat
20   (C³). 3. Faciet ac sibi instabit (C) et cotidie breuita-
21 22   tem temporis metietur (cA). Quidquid amissum est
23   (C), id diligenti usu praesentis uitae recolliget (D);
24   fidelissimus est ad honesta ex paenitentia transitus
(F). Libet igitur mihi exclamare illum poetae incliti
25   uersum (C): (...) Hoc dicerem, si puer iuuenisque
26   molirer (C), — nullum enim non tam magnis rebus
27   tempus angustum est (C) —; nunc uero ad rem
28   seriam, grauem, immensam (C) post meridianas
29   horas accessi mus (E). 4. Faciamus quod in itinere fieri
30 31   solet (F¹²): qui tardius exierunt (A), uelocitate pensant
32 33   moram (F). Festinemus et opus nescio an superabile

---

ou troisième longue résolue en deux brèves: ainsi A² = – ∪ | ∪ ∪ ∪,
F¹³ = ∪ ∪ ∪ – | ∪ ∪ ∪ ∪. B² est naturellement évité (– ∪ ∪ | – ∪,
clausule héroïque); la fameuse *esse uideatur* sera donc codée C² (crétique-
spondée à seconde longue résolue). D'autre part, chaque clausule est
numérotée en marge, pour faciliter les renvois dans la suite de cette étude.

(E²), magnum certe, sine aetatis excusatiōnĕ
34 35   tractēmŭs (C). Crēscĭt ănĭmŭs (A²), quotiens coepti
36   magnitūdĭnem āttēndĭt (C) et cogitat quantum pro-
37   posito, non quantum sĭbĭ sŭpērsĭt (A¹).
38   5. Consumpsērĕ sē quĭdām (C), dum acta regum
39   externōrŭm cōmpōnŭnt (B) quaeque passi inuicem
40 41   ausĭquĕ sŭnt pŏpŭlī (C³). Quāntō sătĭŭs ēst (E³) sŭă
42 43   mălă ēxtinguērĕ (F¹) quam aliena pōstērĭs trādērĕ
44   (F)? Quanto potius deorum ŏpĕră cĕlĕbrārĕ (C¹²)
45   quam Philippi aut Alexandrī lătrōcĭnĭă (C³)
46 47   cētĕrōrŭmquĕ (C) qui exitio gēntĭŭm clārī (C) non
48 49   minores fuere pestēs mōrtălĭŭm (E) quăm ĭnŭndātĭŏ
50   (E¹) qua planum ōmnĕ pērfŭsŭm est (C), quam
51 52   cōnflăgrātĭŏ (D) qua magna pars animāntĭum ēxărŭĭt
      (F)? 6. Quemadmodum Hannibal Alpes superiēcĕrĭt
53   scrĭbŭnt (C); quemadmodum confirmatum Hispaniae
54 55   clādĭbŭs bēllŭm (C) Italiae inopinātŭs ĭntŭlĕrĭt (C³)
56 57   fractĭsquĕ rēbŭs (A), etiam post Carthagĭnĕm pērtĭnāx
58   (F), regēs pĕrērrăuĕrĭt (F) contra Romanōs dŭcĕm
59 60   prōmĭttēns (tB), exērcĭtŭm pĕtēns (D); quemadmo-
      dum non desierit omnibus angulis bellŭm sĕnēx
61 62   quaerērĕ (F); adeo sine patriā pătĭ pŏtĕrăt (C³), sine
63 64   hōstĕ nōn pŏtĕrăt (C³). 7. Quāntō sătĭŭs ēst (E³)
65   quid făcĭēndŭm sĭt (B¹) quam quid factŭm quaerērĕ
66 67   (E), ac docere eos qui sua permisērĕ fōrtŭnaē (C)
68   nihil stăbĭle ăb īllā dătum ēssĕ (c¹A), eius omnia
69 70   aura flŭĕrĕ mōbĭlĭŭs (C¹³)! Nescit enĭm quĭēscĕrĕ
71   (D); gaudet laetis tristia sŭbstĭtŭĕrĕ (A²), ŭtĭquĕ
72 73   miscērĕ (C¹). Itaque secundis nēmŏ cōnfīdăt (C),
74 75   aduersis nēmŏ dēfĭcĭāt (C³): alternae sŭnt uĭcēs rērŭm
76   (C). 8. Quid exultas? ista quibus euĕhĕrĭs īn sŭmmŭm
77   (C¹) nescisubitĕrĕlīctūră sīnt(F); habebunt suum, nōn
78 79   tŭŭm fīnĕm (C). Quid iaces? Ad imŭm dēlātŭs ēs (E),

80 81 nunc locus est resurgendi (C). In melius aduersa
82 (C¹), in deterius optata flectuntur (C). 9. Ita conci-
pienda est animo uarietas non priuatarum tantum
83 84 domuum (B³), quas leuis casus impellit (C), sed
85 publicarum (A): regna ex infimo coorta supra impe-
86 rantes constiterunt (A), uetera imperia in ipso flore
87 88 ceciderunt (C²). Iniri non potest numerus (C³)
89 quam multa ab aliis fracta sint (F¹). Nunc cum
90 maxime deus extruit alia, alia submittit (C¹), nec
91 molliter ponit (C), sed ex fastigio suo nullas habitura
92 reliquias iactat (C¹). 10. Magna ista, quia parui
93 94 sumus, credimus (F); multis rebus non ex natura sua
95 (E) sed ex humilitate nostra magnitudo est (A).
96   Quid praecipuum in rebus humanis est (tB)? Non
97 classibus maria complesse (C¹) nec in Rubri maris
98 99 litore signa fixisse (C) nec, deficiente ad iniurias terra
100 (C), errasse in Oceano ignota quaerentem (C), sed
101 102 animo omne uidisse (C) et, qua maior nulla uictoria
103 104 est (F), uitia domuisse (C¹²). Innumerabiles sunt (A)
105 qui populos, qui urbes habuerunt in potestate (C);
106 107 paucissimi qui se (C). 11. Quid est praecipuum (B³)?
Erigere animum supra minas et promissa fortunae
108 109 (C); nihil dignum putare quod speres (C).

Compte tenu de la brièveté du texte, des observations statistiques sur la fréquence des diverses clausules[13] ne peuvent être que
très prudentes. Faisons le compte cependant:

---

[13] Détails de prosodie: on aura remarqué les parfaits en -*erunt* (31, 86, 87),
le -*o* de *nemo* (73, 74), normal au temps de Sénèque (seul 10 *ergo*
s'impose pour éviter une clausule héroïque), les scansions *sibi* (37),
la trocinia (45), *conflagratio* (51), qui sont seulement possibles ou préférables, l'hiatus prosodique probable *quam inundatio* (49). Nous ne

Types		Sans résolution	Avec résolution	Total
A – ◡|– ◡ (dichorée)		11	3	14
B – –|– ◡ (dispondée)		3	3	6
C – ◡ –|– ◡ (crét.-spond.)		33	22	55
D – ◡|– ◡ ◡ (trochée-crét.)		7	–	7
E – –|– ◡ ◡ (spondée-crét.)		5	4	9
F – ◡ –|– ◡ ◡ (dicrétique)		14	4	18
		73	36	109

La forte prépondérance de C (la moitié du total à elle seule), le second rang — *longo sed proximus interuallo* — de F et A, la rareté de E D B correspondent à ce que nous avons indiqué *supra* (p. 349) après bien d'autres. Les statistiques de A. Bourgery et de B.L. Hijmans Jr. (cf. *supra* n. 3 & 11) montrent les mêmes tendances, dans l'ensemble de l'œuvre de Sénèque ou dans un choix de *Lettres à Lucilius,* malgré des critères de dépouillement ou de classement en partie différents des nôtres.

On aura remarqué, à ce propos, que nous ne nous sommes pas nous-même fixé de critères syntaxiques précis: ponctuations fortes, faibles, voire fins de groupes nominaux ou d'appositions ont été retenues. Nous nous sommes — comme le faisaient les Anciens? — laissé en quelque sorte porter par la simple lecture du texte, une lecture orale attentive à la fois aux groupes de mots, aux articulations syntaxiques et aux séquences métriques caractéristiques. Non seulement toutes les ponctuations fortes et les fins de propositions nous sont apparues métriques[14], mais encore quelques fins de groupes nominaux que nous n'avons pas cru

---

pouvons ici, *breuitatis causa,* discuter ces problèmes ponctuels dont la solution ne change rien aux vues d'ensemble que nous exposons.

[14] Sauf peut-être, entre 89 et 90, *deus extruit alia* (◡ ◡ – ◡ ◡ ◡ ◡ ◡), qui ne donne rien de bon (anomalie des deux brèves finales de *extruit*); mais l'itération de *alia* rend la pause très douteuse.

devoir écarter[15]. Complaisance excessive? Je ne pense pas. Nous avons bien plutôt, ce faisant, multiplié d'authentiques indices de ces automatismes d'écriture que Sénèque avait acquis et qui guidaient son style à chaque instant[16]. Le lecteur non-spécialiste sera surpris par la fréquence de ces clausules (une ou deux par ligne en moyenne), et devra admettre qu'un texte de prose comme celui-là est moins éloigné de la poésie qu'une lecture superficielle, inattentive aux quantités syllabiques, pourrait le laisser supposer. Nous allons voir, précisément, jusqu'où va cette analogie entre prose et poésie.

---

[15] Ainsi les clausules 18, 28, 33, 45, 47, 54, 57, 59...

[16] Une autre précaution accroît encore la netteté rythmique des clausules: la rareté des rencontres vocaliques à leur voisinage et en leur sein. Sur les 503 mots (et donc intermots) de ce texte, la situation est la suivante:

a) Sur 109 intermots finaux de membre, 14 présentent une rencontre vocalique (assimilable à l'hiatus interlinéaire de la poésie), soit 13%;

b) Sur 134 intermots intérieurs de clausule, on relève 9 élisions, un hiatus prosodique de monosyllabe et 5 aphérèses,   soit 11%;

c) Sur 63 syllabes initiales de clausule, 4 reçoivent une élision,   soit 6,5%;

d) Sur 197 intermots intérieurs de *cola* (hors clausule), on compte 42 rencontres vocaliques (dont une aphérèse),   soit 21%.

Sénèque, donc, évite les élisions sur et dans la clausule (encore sur les 15 rencontres en clausule, 5 sont-elles des aphérèses finales: 22 *amissum est*, cf. 27, 50, 95, 102, d'un type parfaitement admis en fin de vers); il les multiplie hors clausule. En outre, sur et dans la clausule, on ne relève qu'une élision de longue (101 *anim(o) omne uidisse*); à l'intérieur de la clausule prédominent les élisions sur préfixes grammaticaux atones (14 *ad di(em) accedat*, cf. 20, 28, 36, 42, 52) ou mots grammaticaux (68 *dat(um) esse*). Ainsi se confirment des tendances sur lesquelles nous avons naguère insisté (*L'élision dans la poésie latine* [Paris 1966], 135-150).

II

Il n'est rien dans les pages précédentes — répétons-le — qui
ne soit connu et généralement admis des spécialistes. Mais ces
rappels nous étaient indispensables avant de développer ce qui
fait l'objet précis de cet exposé, tel que l'indique son titre, à
savoir les étroites convergences qui nous sont apparues, chez
Sénèque, entre les clausules du prosateur et la versification du
poète tragique.

On sait que les dialogues des tragédies sont presque exclusivement composés en trimètres iambiques. Le théâtre complet
(*Herc. O.* et *Oct.* comprises) en compte quelque 8500, qui respec-
tent le schéma suivant:

$$\times \; - \mid \cup \; - \mid \times \parallel - \mid \cup \; - \mid \times \; - \mid \cup \; \underset{\smile}{\cup}$$

Les longues peuvent être résolues en deux brèves, sauf celle du
longum V[17]; le pied V est toujours, peut-on dire, un spondée ou
un anapeste. D'autre part, $\times$ représente $\cup$ ou $-$ ou $\cup\cup$, mais
$\cup\cup$ est exclu devant la penthémimère (P)[18], que présentent
96% des vers[19]; les autres ont l'hephthémimère (H)[20]. Les demi-
pieds résolus ($\cup\cup$) sont soumis aux mêmes règles qui ont été
rappelées à propos des clausules (cf. *supra* p. 350).

Or ces trimètres, dont la structure apparaît très régulière et
très stricte, voire monotone, présentent, soit identiques, soit à
peine différentes, toutes les séquences syllabiques qui caractérisent nos six types de clausules.

---

[17]   Cf. notre *Essai...*, 198.
[18]   *Ibid.*, 130 sqq.
[19]   *Ibid.*, 122.
[20]   *Ibid.*, 150-155.

A. Clausule (– ∪ –) | – ∪ | – ∪‿(dichorée).

On vérifiera aisément que la séquence – ∪ | – ∪‿ (14 ex. dans notre texte) se superpose à la fin du premier hémistiche d'un trimètre à penthémimère: × – | ∪ – | ∪‿ ‖. Le découpage en pieds est déphasé, mais les demi-pieds se correspondent parfaitement. Ce sont donc à peu près tous (96%; cf. *supra*) les trimètres de Sénèque qui présentent la séquence – ∪ – ∪‿ (dichorée de la prose). La dimension du mot final n'importe pas: à 12 *urgeamus* (cf. 21, 31, 85, 86, 95) répond *Phaedr.* 249 *pars) sanitatis*‖; à 10 *ergō senectus* répond *Phaedr.* 117 *audax amasti* ‖; à 56 *fractisque rebus* répond *Phaedr.* 372 *rursusque fingi* ‖; à 104 *in)numerabiles sunt* répond (sauf longueur du mot initial) *Ag.* 455 *millesimam nunc* ‖; à 1 *non praeterit me* répond *Herc. F.* 516 *pro numinum uis* ‖. Les résolutions sont, à l'occasion, identiques ici et là: 37 *sĭbĭ supersit* ~ *Phaedr.* 633 *ac) tĭbĭ parentis* ‖; 35 *crescit ănĭmus* ~ *Phaedr.* 112 *quo) tendis ănĭme* ‖. Seul 71 *substĭtŭĕre* est sans équivalent exact dans le trimètre, qui ne présente aucun mot – ∪ ∪ ∪ ‿ devant P, mais 29 mots ∪ ∪ ∪ ‿ (*Oed.* 240 *functi cĭnĕrĭbus* ‖)[21].

La seule différence entre prose et poésie réside dans la fréquence plus élevée des mots longs finaux (quadrisyllabes ou plus) en prose[22].

Au dichorée il est élégant, avons-nous dit, de préposer un mot ou groupe crétique, ainsi 10 *remĭttăt ērgō sĕnēctŭs* (cf. 21, 68). Une si longue séquence dépasse les dimensions d'un premier hémistiche de trimètre; mais il suffit, pour l'engendrer, de faire

---

[21] Sur la rythmisation de ces mots, cf. notre *Essai...*, 216-218.

[22] Cf. Fr. CHARPIN, *L'idée de phrase grammaticale et son expression en latin* (Paris-Lille 1977), 210-214: «Dans les auteurs classiques, la grande majorité des phrases se terminent par un trisyllabe, un tétrasyllabe ou un pentasyllabe» (p. 214).

précéder un pied I condensé[23] d'un mot trochaïque: *Phaedr.* 117
⟨*mater*⟩ *audax amasti* ‖[24].

B. Clausule (– ∪ (–)) | – – | – ∪̆ (dispondée)

Quatre longues de suite n'existent pas dans le trimètre (cf.
supra, p. 356). Mais comme la finale de la clausule est indifférente, la séquence 2 TF + 3 Tf + 3 TF + 4 Tf (–́ – –́ ∪) en
offre l'équivalent à peu près exact.

Si la clausule se termine par un dissyllabe (ou équivalent: 83
tantum dŏmŭum, avec résolution), ainsi *Const.* 2, 3 *Cato post
libertatem uixit*, 3, 1 *nedum credi possint*, 5, 4 *nedum uinci possit,
nihil ex uultu mutat*, l'équivalent dans le trimètre est archi-banal:
deux mots de deux demi-pieds de part et d'autre de P: *Phaedr.*
219 *reditusque nullos* ‖ *mĕtŭo*, 371 *iterumque poni* ‖ *corpus*, 377
populatur artus ‖ *cura* (avec pause de sens à H, comme dans les
clausules de prose).

Si elle se termine par un mot plus long (cas le plus fréquent),
elle correspondra, dans le trimètre, aux 4% de vers dépourvus
de P, mais qui présentent H après tri- ou quadrisyllabe[25]. En face
de 39 *externōrum cŏmpŏnŭnt* on alléguera *Phaedr.* 1031

---

[23]   Cf. notre *Essai...*, 33.

[24]   On pourrait aussi se référer au tétramètre trochaïque catalectique de
Sénèque, beaucoup plus rare que le trimètre iambique (34 vers au total
dans *Med.*, *Phaedr.*, *Oed.*). De forme – ∪ | – × | –́ ∪ | – × ‖ – ∪ |
– × | – ∪ | ∪̆, il présente un premier hémistiche terminé par
– ∪ – ∪̆, comme celui du trimètre (et ici les barres de mesure coïnci-
dent avec celles du dichorée). Dans les deux pieds initiaux – ∪ | – ×,
il suffit donc de retrancher un demi-pied (en principe 2 Tf) pour obtenir
une séquence – ∪ – – ∪ – ∪̆: *Med.* 747 *lubricus [per] saxa retro* ‖,
Phaedr. 1212 *amplius [sors] nulla restat*‖. Mais d'autres «opérations chirurgi-
cales» peuvent donner le même résultat: *Oed.* 224 *torpor insedit [per] artus*
‖, *Phaedr.* 1203 *impium rắpĭte [atque] mersum* ‖ (avec une résolution).

[25]   Cf. notre *Essai...*, 150-155.

inhorruit concussŭs; de même 59 *ducem promittens* ~ *Phaedr.*
100 *non me*) *quies nocturna*, 107 *quid est praecipuum* (avec
résolution) ~ *Phaedr.* 461 *truculentus et siluester*²⁶. Seules 65 et
96, avec leur monosyllabe final, n'ont pas de correspondants
exacts²⁷.

Il va de soi que devant la séquence – – – ᴗ, le schéma du
trimètre impose un trochée, non un crétique ni un spondée.

C. Clausule – ᴗ – | – ᴗ (Crétique — spondée)

Cette séquence se retrouve exactement (éventuelles résolutions comprises) dans presque tous les trimètres, entre la penthémimère et le pied VI: c'est le type *Phaedr.* 94 ‖ *miles audacis*
(*proci* (87,4%), ou, avec élision sur 5 TF, *Phaedr.* 95 ‖ *regis inferni*
(*abstrahat* (9,2%)²⁸.

Le parallélisme est donc parfait avec les 34 clausules C de
notre texte qui commencent avec un mot. Excepté 46
*ceterorumque*²⁹, on rapprochera

---

²⁶   Notre court extrait ne présente aucun exemple de mot dispondaïque. Il
s'en rencontre ailleurs (*Nat.* I *praef.* 4 *percolarem*, 5 *colluctamur...*), et eux
aussi ont leurs équivalents dans le trimètre iambique, où ils occupent tout
l'intervalle compris entre T et H: *Phaedr.* 402 *coegit emisitque*, *Phoen.* 193
qui fata proculcauit, 482 *dum frater exarmatur* (cf. 519, *Ag.* 754, *Herc. O.*
1741, *Oct.* 731).

²⁷   Sénèque s'interdit en effet une fin de polysyllabe à 3 TF; mais l'enclise
de *est*, qui forme avec le vocable précédent un seul «mot métrique», atté-
nue la singularité.

²⁸   Cf. notre *Essai...*, 381 sq.; 385 sq.

²⁹   Quintilien (IX 4, 64 sq.) blâme comme *praemolle* une clausule
– ᴗ – | – ᴗ tenue par un mot unique (*balneatori*, *archipiratae*). De
même, un mot – ᴗ – – – n'est jamais attesté entre P et 6 Tf du trimètre
de Sénèque. Mais il est théoriquement possible (*‖ *ceterorumque hostium*,
*‖ *iudicabantur rei*), et se rencontre chez d'autres poètes: Cic. *Eur. fr.* 8,
Soubiran (=43 Büchner), 2 ‖ *nauigauissem salo*, *Soph. fr.* 1 Soubiran (=34
Büchner), 26 ‖ *ingemescentem malo*. Ces mots sont de toute façon fort
rares et très lourds.

— sans résolutions:

80 *est resurgendi* (cf. 105)	*Phaedr.*	581 ‖ *et lacessentes (aquas*
16 *cura soluatur* (cf. 22, 27, 50, 73, 84…)		94 ‖ *miles audacis (proci*
14 *ad di(em) accedat* (cf. 20)	*Herc. O.*	770 ‖ *pro diem, infandum (diem*
25 *incliti uersum* (cf. 47, 54, 91)	*Phaedr.*	109 ‖ *praesidem terrae (deam*
75 *sunt uices rerum* (cf. 78)		112 ‖ *quid furens saltus (amas*

— avec résolutions:

11 *stŭdĭa consumptos* (cf. 72, 81, 90, 97)	*Phaedr.*	151 ‖ *făcĭnus occultum (sinat*
92 *rĕlĭquias iactat* (C¹)		240 ‖ *dĭdĭcimus uinci (feros*
87 *flore cĕcĭderunt* (C²)		85 ‖ *Creta dŏmĭnatrix (freti*
5 *eius erŭĕre* (cf. 19, 74) (C³)		118 ‖ *ductor indŏmĭti (gregis*
63 *hoste non pŏtĕrat* (cf. 88)		135 ‖ *ferre quod sŭbŭit (iugum*
44 *ŏpĕra cĕlĕbrare* (cf. 103) (C¹²)		468 ‖ *sŭbŏle rĕpăraret (noua*
69 *flŭĕre mobĭlius* (C¹³)		456 ‖ *tĕnĕra luxŭrĭat (satis*

Lorsque la clausule commence par une syllabe tonique (ou ◡́ ◡ ◡̲), la superposition ne peut toujours se faire complètement, car la phrase avant clausule n'est soumise à aucune contrainte, alors que le trimètre avant 3 TF est régi par des lois strictes. Néanmoins, on alléguera, en face de ces clausules, des trimètres à hephthémimère précédé de mot long:

— sans résolutions:

82 *op* | *tata flectuntur*	*Phoen.*	4 *deflectis errantem*
(cf. 26, 100, 108)		*(gradum*
67 *permi* | *sere fortunae*		482 *exarmatur, armatus*
		(mane
109 *pu* | *tare quod speres*		189 *docere nec uictum*
		(malis
38 *consump* | *sere se*		193 *proculcauit ac uitae*
	quidam	*(bona*

(nos clausules 34, 36, 53, 99, 106 ont un mot initial trop long pour qu'une superposition complète soit possible);

— avec résolutions:

4 *circuire constĭtŭi* ~ *Phaedr.* 1221 *machinatus insŏlĭta* (*effera*; 9 *occulta perspĭcĭam* ~ *Phoen.* 318 *praebebit alĭtĭbus* (*iecur*; 40 *ausique sunt pŏpŭli* ~ *Phoen.* 265 *effare quod pŏpŭli* (*horreant*; 76 *euĕhĕris in summum* ~ *Phoen.* 219 *frugĭfĕra quo surgit* (*Ceres*; seul reste 55 (mot initial trop long).

Enfin la clausule peut commencer, exceptionnellement (nos n⁰ˢ 15, 28, 45, 62), par une syllabe finale. Il n'est pas, en ces cas, de complète superposition possible: il faudrait des vers sans P ni H, que Sénèque s'interdit. Mais hormis ce résidu, on conviendra que les parallélismes sont suggestifs.

D. Clausule – ⏜ \| – ⏜ ⏝ (trochée — crétique)

Peu heureuse (cf. *supra* p. 349) et peu aimée de Sénèque (7 ex. dans notre texte), elle serait semblable à une fin de trimètre si précisément Sénèque ne s'interdisait, à de rarissimes excep-

tions près, un pied V iambique[30]. Les coïncidences 23 *uitae*
rĕcolliget[31], 70 *enim quĭescere* avec *Herc.O.* 804 *petrae*
Căpherides, ou 51 *conflagratio* avec *Phoen.* 223 *exsecrabilis* ne
correspondent donc pas à la technique normale du poète. Pour
7 *multa consequar* et 8 *sparsa colligam* on rapprochera plutôt de
deux mots – ∪ et – ∪ – de part et d'autre de P: *Phaedr.* 230
omne‖feminae, 466 *ille‖maximus.* A 6 *noscenda prodere* répond
à la rigueur[32] *Phaedr.* 368 *labante ‖ sustinet.* Seule 60 *exercitum
petens* demeure irréductible.

E. Clausule – – | – ∪ ∪̲ (spondée – crétique)

Exactement superposable à une fin de sénaire/trimètre à pied
V condensé (majoritaire chez tous les poètes et obligatoire chez
Sénèque)[33], elle est, sans doute pour cette raison, assez rare chez
les prosateurs[34]: 9 exemples seulement apparaissent dans notre
texte.

— sans résolutions:

94 *naturā suā* est semblable à *Phaedr.* 154 *infundens suum*
(clausule archibanale)[35], 66 *factum quaerere* à *Herc. F.* 641 *nato*

---

[30] Cf. J. SOUBIRAN, «Recherches sur la clausule du sénaire (trimètre) latin:
les mots longs finaux», in *REL* 42 (1964), 451 sq.; *Essai...*, 34; 58; 373.
Cela n'est attesté qu'avec des quadrisyllabes au moins: 5 Tf bref n'est
jamais final de mot.

[31] Encore *uītae* engendrerait-il un pied IV spondée impossible dans un trimètre.

[32] La syllabe initiale du premier mot, hors clausule, est longue; elle devrait
obligatoirement être brève (2 Tf) dans un trimètre.

[33] Cf. notre *Essai...*, 30-34.

[34] Cicéron (*Orat.* 222) note expressément que *ipsi prodeant* est moins bon
en fin de phrase que *prodeant ipsi* (C = crétique – spondée).

[35] Près de 9 fois sur 10: cf. notre *Essai...*, 385 sq.

sospite (mais cette fin de trimètre est déjà exceptionnelle)[36]; 29 *horas accessimus* et 48 *pestes mortalium* rappellent[37] les fins quadrisyllabiques rares[38] telles que *Phoen.* 191 *malis ingentibus*; l'on en dira autant de 79 *ad imum delatus es*, où *delatus es* peut être considéré comme un seul mot métrique[39].

— avec résolutions:

33 *an sŭpĕrabile* équivaut à *Herc. O.* 1642 *sub Năsămonio*[40]; 49 *quăm ĭnundatio* rappelle *Oct.* 446 *ădŭlescentia* pour la dimension globale du mot/groupe final; 41 et 64 *quanto sătĭus est*, toujours pour la séquence globale, ~ *Oed.* 847 *anceps mĕmŏria*[41].

---

[36]   Sur 8500 vers, quelque 65 exemples; car Sénèque s'astreint à n'employer guère que des mots crétiques à initiale vocalique précédés d'une élision (cf. *Essai...*, 379; 381 sqq.). D'autre part, une séquence – – + – ∪ ∪̆ se trouve très fréquemment dans le trimètre de part et d'autre de P̄: *Phaedr.* 90 *nuptam* ‖ *deger(e)*, 123 *ullam* ‖ *casibus*.

[37]   Encore *ho ras, pestes, ĭmum* engendreraient-ils dans un trimètre un spondée IV impossible (cf. *supra* n. 31).

[38]   Une centaine d'exemples seulement sur 8500 vers: cf. *supra* n. 30.

[39]   Donc équivalent d'un quadrisyllabe. Toutefois, Sénèque n'emploie que trois fois en fin de trimètre une forme *es(t)* précédée de finale consonantique (*-us est*): *Herc. F.* 1162; *Med.* 692; *Herc. O.* 939, toujours avec un mot – ∪ (et non, comme ici, – – ∪).

[40]   Cf., en début de trimètre et devant pause syntaxique, *Thy.* 980 *satiaberis, Herc. O.* 582 *Calydoniae.* En fin de trimètre, les formes longues en *-ābilis* sont bien attestées et expressives (*Tro.* 861; *Phoen.* 133, 165, 223; *Phaedr.* 229, 271, 580; *Oed.* 395; *Ag.* 660; *Thy.* 23; *Oct.* 541, 870): cf. notre art. cité *supra* n. 30, p. 460 sq.

[41]   Cf. *Herc. F.* 408; *Med.* 268. Sur ces rarissimes mots ∪ ∪ ∪ ∪̆ en fin de trimètre, cf. notre *Essai...*, 198; 377. D'autre part, *satius est* se lit en fin de sénaire chez Térence, *Ad.* 29 (cf. notre *Essai...*, 198).

Dans l'ensemble, toutefois, Sénèque semble éviter une similitude trop voyante entre ses clausules et les fins de trimètres normales. Les clausules – – | – ∪ ∪̣ de sa prose sont plutôt superposables aux clausules exceptionnelles de sa poésie — conclusion que devrait confirmer un échantillon plus copieux que les 9 occurrences ci-dessus examinées.

F. Clausule – ∪ – | – ∪ ∪̣ (dicrétique)

A l'exception unique de 89 *ab aliis fracta sint*, qui s'insérerait telle quelle dans un trimètre de part et d'autre de P,[42] nous ne trouverons pas, pour cette belle clausule que Sénèque affectionne (18 occurrences dans notre texte), de segments identiques et d'un seul tenant découpés dans le trimètre: la succession ∪ – – ∪ qu'elle implique, iambe + trochée, est exclue des vers iambiques comme des vers trochaïques. Mais la situation n'est pas désespérée, pour peu qu'on recoure à la même sorte de chirurgie dont nous avons déjà (cf. *supra* n. 24) donné une idée, et dont nous justifierons plus loin le bien-fondé.

A partir du trimètre — qui sera ici, pour plus de clarté, notre point de départ — il existe trois manières d'engendrer, par *adiectio* ou *detractio*[43], la séquence qui nous intéresse. Trois fois, en effet, y apparaît une dipodie × – ∪ – qui peut s'achever sur une fin de mot et donne par conséquent (pour peu que × = –, ce qui est fréquent) les quatre dernières syllabes de notre clausule.

---

[42] Dans la clausule dicrétique, les brèves de *ab aliis* se groupent en 2+1 (= – ∪ –); devant P du trimètre, elles se groupent en 1+2 (= ∪ – –): sur ces deux rythmisations possibles des groupes ∪ + ∪ ∪ ∪̣, cf. notre *Essai...*, 240 sqq. Pour *ab aliis*, cf. *Ag.* 250 *ad animum* ‖; pour *fracta sint*, cf. *Med.* 503 ‖ *quisquis est*.

[43] Ce n'est pas sans intention que nous employons ces deux termes: cf. *infra* p. 367 sq.

1) La première dipodie, $-$ $\overset{\llcorner}{}$ $\cup$ $\overset{\llcorner}{}$[44], qui ne se termine qu'assez rarement sur une fin de mot[45], fournit néanmoins des débuts comme *Phaedr.* 139 *fortem facit (uicina libertas senem*, ou *Herc. F.* 985 *serpentibus (uallata post raptum canem.* A ces débuts, il suffit de préposer un mot ou une fin de mot trochaïques (⟨*fama*⟩ ou ⟨*fortuna*⟩ *fortem facit*; ⟨*taetra*⟩ ou ⟨*horren-da*⟩ *serpentibus*), voire d'opérer une simple *transmutatio* (*uicina fortem facit, uallata serpentibus*) pour obtenir un dicrétique. Ainsi peuvent être engendrées nos clausules 3 *fundamenta ponam senex*, 32 *uelocitate pensant moram*, 102 *nulla uictoriast*, 52 *animanti(um) exaruit*, et, avec résolutions, 17 *totus ănĭmus uacet*, 30 *itĭnĕre fĭĕri solet*, 42 *sŭă mal(a) extinguere*.

2) La seconde dipodie, $-$ $\overset{\llcorner}{}$ $\cup$ $\overset{\llcorner}{}$, plus souvent terminée par une fin de mot[46], est précédée dans le vers par ×) $\overset{\llcorner}{}$ $\cup$ $\overset{\llcorner}{}$. Il suffit donc de supprimer un des trois demi-pieds $\overset{\llcorner}{}$ × $\overset{\llcorner}{}$ médians pour engendrer un dicrétique.

a) Suppression de 2 TF [47]: *Phaedr.* 579 *odisse [quod] iam* ‖ *femi-nas* (× $-$ $\cup$ $-$, à quoi correspondrait une clausule *odisse iam feminas*, non attestée dans notre texte (mais cf. par ex. *Ep.* 90, 39 *reparare quod perdidit*).

b) Suppression de 3 Tf: *Phaedr.* 388 *uestis procul [sit]* ‖ *muricis* (× $-$ $\cup$ $-$. Ressortissent à cette disposition nos clausules 61 *bellum senex* (×) *quaerere*, 93 *parui sumus* (×) *credimus*,

---

[44] Le premier demi-pied est long ou résolu près de 9 fois sur 10 (cf. notre *Essai...*, 33 sq.).

[45] Vers sans penthémimère, ou à monosyllabe devant P: une fois sur dix environ (cf. notre *Elision...*, 519; *Essai...*, 159).

[46] Environ six fois sur dix (cf. notre *Elision...*, 532; *Essai...*, 159).

[47] A condition que 3 Tf ne soit pas bref; mais il ne l'est que dans 12,5 à 14% des vers (cf. notre *Essai...*, 33 sq.).

43 × *posteris* (×) *tradere*, 57 *Carthaginem* (×) *pertinax*, ainsi
que 2 *Lu)cili uiror(um)* (×) *optime*, 13 *ex)emptae labor* (×)
sarciat, 24 *pae)nitentiā* (×) *transitus*, avec mot initial trop
long pour un début de trimètre.

c) Suppression de 3 TF [47]: *Phaedr.* 167 *commisit umquam* ‖
[*non*] *uagus* (× – ∪ –. De cette disposition on rapprochera
nos clausules 17 × *totus ănĭmus* (–) *uacet*, 30 *ĭtĭnĕre fĭĕri*
(–) *solet*, et, avec mot initial trop long pour un début de trimètre, 3 *fun)damenta ponam* (–) *senex*, 18 *con)templationem*
(–) *sui*, 32 *uelo)citate pensant* (–) *moram*.

3) La troisième dipodie, – ⏓ ∪ ⏑̣, termine le vers et
s'achève toujours sur une fin de mot. Dans le second hémistiche
du trimètre à P, on retirera donc un des trois demi-pieds ⏓ × ⏓
médians[48] pour engendrer un dicrétique.

a) Suppression de 4 TF: *Phaedr.* 191 ‖ *igne* [*tam*] *paruo calet*. Cf.
nos clausules 17 *totus* (–) *ănĭmus uacet*, 42 *sŭă mal(a)* (–)
extinguere, 102 *nulla* (–) *uictoriast*, et, avec mot initial trop
long, 3 *funda)menta* (–) *ponam senex*, 30 *i)tĭnĕre* (–) *fĭĕri
solet*, 32 *ueloci)tate* (–) *pensant moram*, 52 *ani) manti(um)*
(–) *exaruit*.

b) Suppression de 5 Tf: *Phaedr.* 157 ‖ *credis hoc* [*posse*] *effici*. Cf.
nos clausules 43 *posteris* (×) *tradere*, et, avec mot initial trop
long, 2 *Luci)li uiror(um)* (×) *optime*, 13 *exemp)tae labor* (×)
sarciat, 61 *bel)lum senex* (×) *quaerere*, 93 *par)ui sumus* (×)
credimus.

c) Suppression de 5 TF: *Phaedr.* 214 ‖ *plura quam fas* [*est*]
petunt, à quoi répondent 17 *totus animus* (–) *uacet*, et, avec

---

[47]   A condition que 3 Tf ne soit pas bref; mais il ne l'est que dans 12,5 à 14%
des vers (cf. notre *Essai...*, 33 sq.).

[48]   On se rappelle que 5 Tf est toujours long ou résolu (cf. *supra* p. 356).
Donc ces trois demi-pieds sont toujours égaux (2 mores chacun).

mot initial trop long, 3 *funda)menta ponam* (–) *senex*, 18
contem)plationem (–) *sui*, 30 *i)tĭnĕre fĭĕri* (–) *solet*, 32
ueloci)tate pensant (–) *moram*.

Si plusieurs clausules admettent deux ou trois reconstruc-
tions, en revanche 58 *reges pererrauerit* et 77 *te relictura sint* res-
tent irréductibles, les mots ∪ – – ∪ – et ∪ – – ∪ ne pou-
vant entrer dans un trimètre iambique.

Il reste que la grande majorité des clausules dicrétiques a pu
être rapprochée de dispositions verbales attestées en poésie. Sans
doute, ce fut au prix d'une minutieuse chirurgie qu'on pourra
de prime abord juger aventureuse, voire fantaisiste. Ce serait,
croyons-nous, une erreur. Car les métriciens antiques ne procè-
dent pas autrement pour expliquer les rapports qui unissent,
selon eux, les différents types de vers. En partant de l'hexamètre
dactylique et du trimètre iambique, ils reconstruisent, par *adiectio*, *detractio*, *concinnatio* et *transmutatio*, toutes sortes de
vers[49]. Après Varron, Caesius Bassus, précisément contemporain de Sénèque, se fit le défenseur de ces théories[50]. Mieux: Sénèque lui-même les appliqua en créant de toutes pièces, dans les
cantica polymétriques d'*Œdipe* et d'*Agamemnon*, des cola cons-
titués souvent par *adiectio* ou *detractio* de syllabes à partir de
cola existants[51], tout particulièrement ceux du trimètre iambi-

---

[49] Ainsi — pour nous limiter à cet exemple — l'asclépiade mineur se ramène
au pentamètre dactylique (lui-même constitué de deux hémistiches
d'hexamètre) amputé d'une syllabe: *Maecenas atauis edite re[mi]gibus*.

[50] Cf. G.B. PIGHI, *La metrica latina*, in *Enciclopedia Classica*, Sez. II, vol.
VI 2 (Torino 1968), 438-440.

[51] Cf. G.B. PIGHI, *op. cit.*, 494-505: «I *cola libera* di Seneca sono dunque la
più originale applicazione della teoria della 'derivazione' (...) sulla cui
validità la filologia del tempo non nutriva alcun dubbio» (p. 504). Cf.
aussi, du même, «Seneca metrico», in *RFIC* 91 (1963), 170-181 (= *Studi
di ritmica e metrica* [Torino 1970], 379-387).

que[52]: nous allons y revenir. Il n'est que de compléter les asser-
tions de G.B. Pighi (cf. notes 51 et 52) en posant que la prose
métrique de Sénèque témoigne elle aussi d'affinités du même
ordre avec les rythmes et les séquences verbales du trimètre iambique. Cela n'avait, que nous sachions, jamais été remarqué;
c'est en quoi la présente recherche peut ouvrir la voie à des investigations plus poussées.

Car les pages qui précèdent ne sont qu'une esquisse. Nous
sommes parti d'un texte de prose très court, et d'un lot d'une
centaine de clausules, pour lesquelles nous avons cherché, et
généralement trouvé, des séquences équivalentes dans le trimètre
tragique. Nous sommes loin d'avoir épuisé toute la diversité des
typologies possibles; mais nous demeurons persuadé — en cela
l'échantillon analysé nous paraît suffisamment probant — que
pour presque toutes la même superposition avec les séquences
du trimètre pourrait être tentée avec succès. Car il y a bien, entre
les clausules à base de trochées et de crétiques purs, et le trimètre
iambique hellénisant à pieds purs II & IV (ainsi que VI, cela va
sans dire)[53], des affinités rythmiques qui proviennent du simple
fait qu'ici comme là le rythme naît de l'insertion de brèves iso-
lées entre longues.

---

[52] Cf. G.B. PIGHI, *La metrica latina*, 505: «È poi evidente (...) che il
modulo di Seneca non è altro che un aspetto del giambico trimetro (...).
È anche evidente che la nostra interpretazione non vale soltanto per i *cola
libera*, ma s'estende a tutta la metrica delle tragedie di Seneca. (...) Tutti
i versi finora nominati derivano del giambico trimetro.»

[53] Mais non pas le sénaire iambique, où l'obligation d'un demi-pied bref
n'existe pas avant l'*elementum* pénultième, et où, par conséquent, les
séries de demi-pieds de deux mores peuvent être beaucoup plus longues
(jusqu'à dix: les cinq premiers pieds).

Entre (– ∪ –) – ∪ | – ∪̆   – ∪ | – ∪ ∪̆
    (– ∪ (–)) – – | – ∪̆   – – | – ∪ ∪̆
    – ∪ – | – ∪̆   – ∪ – | – ∪ ∪̆

et   × – | ∪ – | × – | ∪ – | × – | ∪ ∪̆

l'analogie générale est perceptible au premier coup d'œil. Le détail des ajustements, tel que nous l'avons fait apparaître, s'ensuit assez aisément. Et cette analogie est encore renforcée par le fait que les résolutions de longues obéissent ici comme là aux mêmes règles, plus strictes que celles des vers de *génos ison*[54]. Il n'est pas possible que toutes ces similitudes aient échappé à l'oreille des Anciens, imbus de surcroît des théories dérivationnistes qui dominaient — et pas seulement en métrique — la pensée linguistique de leur temps[55].

III

Mais les convergences métriques entre la prose et la poésie de Sénèque ne s'observent pas avec le seul trimètre iambique. L'analyse des parties lyriques, régulières ou polymétriques, est tout aussi révélatrice. Reprenons nos six clausules fondamentales.

---

[54] Cf. notre *Essai...*, 302 sq.

[55] Cf. Fr. DESBORDES, «Le schéma 'addition, soustraction, mutation, métathèse' dans les textes anciens», in *Histoire Epistémologie Langage* 5, 1 (1983), 23-30; W. AX, «Quadripertita ratio: Bemerkungen zur Geschichte eines aktuellen Kategoriensystems (adiectio, detractio, transmutatio, immutatio)», in *Historiographia Linguistica* 13, 2/3 (1986), 191-214. Je remercie Madame Desbordes qui m'a aimablement envoyé son article et indiqué celui de W. Ax.

A. Clausule (– ∪ –) – ∪ | – ⏝ (dichorée)

Les quatre syllabes finales sont aussi celles qui terminent l'hendécasyllabe saphique, dont Sénèque fait un large emploi dans les chœurs des tragédies, soit en strophes horatiennes, soit en longues séries continues çà et là coupées d'un adonique. Le second hémistiche du saphique ‖ ∪ ∪ – ∪ – ⏝,[56] si l'on excepte le groupe ∪ ∪ initial, se clôt sur une séquence identique au dichorée dépourvu de résolutions: *Herc. F.* 835 ‖ [*uia*] *qua remotos*, 840 ‖ [*ruit*] *ad Tonantem*, 842 ‖ [*redit*] *hora nocti*, etc. Mieux: une clausule comme 12 *tanto magis urgeamus* se superpose à un saphique seulement amputé de son crétique initial: *Tro.* 816 [*an uiros*] *tellus dare militares* (cf. 837; 1023; 1027, etc.).

Des cola – ∪ – ⏝ ou terminés par – ∪ – ⏝ se rencontrent aussi dans les *cantica* polymétriques[57]:

— cola 2 & 3 de Pighi, ⏝ – ∪ – ⏝: *Oed.* 491 *damnum marito*, *Ag.* 844 *Hebriue ripis* | *pauit tyrannus* (redoublés), *Oed.* 731 *aut feta tellus*, 723 *inauspicata*...

— cola 19 & 20 de Pighi, – ∪ ∪ – ∪ ∪ – ∪ – ⏝:[58] *Ag.* 605 *contemptor leuium deorum*, 606 *qui uultus Acherontis atri*, 633 *fraude sua caderent Pelasgi*.

— colon 26 de Pighi[58]: *Ag.* 604 *indomitumue bellum*.

---

[56] Qui équivaut aussi à un premier hémistiche de trimètre iambique à demi-pied initial résolu: *Herc. F.* 385 *se quitur superbos* ‖, 397 *a ge dum efferatas* ‖, 399 *ego rapta quamuis* ‖, ... On comprend, au vu de tant de convergences entre cola appartenant à des vers différents, comment a pu naître la théorie de la dérivation des mètres.

[57] *Oed.* 405-415; 472-503; 709-737; *Ag.* 589-637; 808-866. Pour l'analyse de ces *cantica*, nous suivons G.B. PIGHI, *op. cit.*, 494-504.

[58] Dont les sept dernières syllabes sont superposables à une fin de saphique.

— cola 29 & 30 de Pighi, (∪ ∪) – ∪ – ∪ :[59] *Oed.* 413 *cohibere mitra*, 414 *hederāue mollem*, *Ag.* 825 *sensit ortus*, 837 *pereunte nasci* | *geminosque fratres.*

Les séquences 2 et 29 sont particulièrement fréquentes.

B. Clausule (– ∪ (–)) – – | – ∪ (dispondée)

La suite de quatre longues, difficile à isoler à partir du trimètre iambique (cf. *supra* p. 358), a plein droit de cité dans les dimètres anapestiques (parfois coupés de monomètres) que Sénèque affectionne. Quelques exemples, où quatre longues précèdent une pause syntaxique: *Med.* 333 *paruo diues, Phaedr.* 40 *captent auras*, 41 *quaerant rostro, Ag.* 317 *quaeque Eurotan, Herc. O.* 1896 *flete Alciden*, donc comparables (sauf dimension du mot initial) aux clausules 39 *externo)rum componunt*, 59 *du)cem promittens*. Naturellement, avec des résolutions l'analogie est tout aussi étroite: De 83 *tantum dŏmŭuum*, 107 *est praecĭpŭuum*, on rapprochera *Herc. F.* 155 *pendens scŏpŭlis, Med.* 348 *Orpheus tăcŭit, Tro.* 136 *passa Hercŭlĕas...*

Les *cantica* polymétriques sont ici encore opératoires (avec résolutions):

— cola 14 & 15 de Pighi, – ∪ ∪ – ∪ ∪ –: *Oed.* 410 *uultu sidĕrĕo*, 502 *telum deposuit*[60], *Ag.* 591 *effugium et miseros*[61].

— colon 21 de Pighi, – – ∪ ∪ –: *Ag.* 610 *o quam mĭsĕrum est.*

---

[59] Avec ∪ ∪ initial, second hémistiche de saphique (et cf. note 56).

[60] Qui équivaut à un premier hémistiche d'asclépiade mineur.

[61] Qui équivaut à un premier hémistiche d'hexamètre ou de pentamètre.

Enfin la séquence – – – ∪ constitue les deux derniers pieds
d'un hexamètre spondaïque: *Med.* 113 *conuicia fescenninus*[62].

C. Clausule – ∪ – | – ∪ (crétique – spondée)

Nous jouons ici sur du velours, puisque cette suite syllabique
équivaut (sans résolutions et avec une syllabe longue finale) à un
premier hémistiche d'hendécasyllabe saphique. Toutes les clausules C qui commencent par un mot (cf. *supra* p. 360), à savoir
les *est resurgendi, cura soluatur, incliti uersum, sunt uices rerum,*
sont identiques à des débuts de saphique: *Thy.* 584 *ne superfu-
sis ‖, Herc. F.* 845 *turba secretam ‖,* 847 *Attici noctem ‖,* 837 *sed frequens magna ‖.*

Cette suite – ∪ – – – ∪ se retrouve également parmi les *cola
libera*:

— colon 5 de Pighi (très fréquent), – ∪ – – – ∪ : *Oed.* 474 *arua
    mutantes | quasque Maeotis,* 475 *alluit gentes | frigido fluctu,*
    etc.

— cola 7 & 8 de Pighi, ∪ – ∪ – – ∪ : *Ag.* 602 *non urbe cum
    totā* (cf. 594).

— colon 6 de Pighi, – ∪ – ∪ ∪ –, identique à notre clausule
    C³: à 5 *eius erŭēre,* 19 *fine respĭcĭat,* 74 *nemo defĭcĭat*
    répondent *Oed.* 477 *sidus Arcădĭum, Ag.* 833 *sensit Arcădĭi.*

D. Clausule – ∪ | – ∪ ∪ (trochée – crétique)

On n'en trouve l'équivalent exact, sans résolutions, que dans
un des *cola libera*, le type 4 de Pighi, *Ag.* 820 *rettulit pedem*[63],

---

[62]   Mais ici la séquence antécédente est obligatoirement – ∪ ∪ (dactyle
       IVᵉ), et le mot final presque toujours un quadrisyllabe (cf. *supra* n. 26).

[63]   Encore le texte n'est-il pas absolument sûr: E a *retulit,* A *retulitque.* Le
       dernier éditeur des tragédies, O. ZWIERLEIN, écrit *rettulitque.*

superposable à nos clausules 7 *multa consequar*, 8 *sparsa colligam*. Mais on peut l'obtenir aussi à partir d'un second hémistiche d'asclépiade mineur, mètre que Sénèque affectionne, en supprimant par *detractio* une des deux premières brèves: *Med*. 57 ‖ *qui [que] regunt fretum*, *Tro*. 378 ‖ *nulla [que] pars manet*, 382 ‖ *quidquid [et] occidens*.

E. Clausule – – | – ◡ ◡̲ (spondée — crétique)

A notre 66 *factum quaerere* répond le

— colon 13 de Pighi, – – – ◡ ◡̲ : *Oed*. 720 *quam non flexerat*, *Ag*. 607 *non tristis uidet*, 622 *extremum decus*.

A 29 *horas accessimus*, 48 *pestes mortalium* répond approximativement le

— colon 9 de Pighi, – ◡ – – – ◡ – : *Oed*. 412 *te decet cingi comam*.

Avec une résolution de la seconde longue (notre type E^2: – ◡◡ – ◡ ◡̲), nous sommes en présence d'un second hémistiche d'asclépiade mineur: 33 *an superabile* = *Herc. F*. 559 ‖ *non reuocabiles*. La même séquence se retrouve dans les *cola libera*, soit telle quelle:

— colon 25 de Pighi, – ◡◡ – ◡ ◡̲ (fréquent): *Oed*. 409 *uirgineum caput*, 410 *discute nubila*, etc.

soit à la fin de cola plus longs:

— colon 10 de Pighi, – ◡ – ◡◡ – ◡ – (glyconique à base trochaïque): *Ag*. 848 *uidit) Hippolytē ferox*, 849 *pectore) e medio rapi*.

— cola 17 & 18 de Pighi, – ◡̲ ◡̲ – ◡◡ – ◡ – : *Oed*. 406 *uotis quae tibi nobiles*, *Ag*. 636 *ut fremuit male subdolo*.

— colon 23 de Pighi, – – ∪∪ – ∪ ∪̆ : *Ag.* 589 *mortalibus additum*[64].

F. Clausule – ∪ – | – ∪ ∪̆ (dicrétique)

Elle équivaut à un hémistiche de tétramètre crétique, mais ce vers, dont Plaute avait donné de beaux exemples, disparaît à peu près (pourquoi?) après les *Satires Ménippées* de Varron[65]: Sénèque ne l'emploie jamais dans ses chœurs tragiques. Ceux-ci nous fournissent néanmoins, au prix de menues retouches dans l'esprit dérivationniste, une matière première favorable.

Le second hémistiche de l'asclépiade mineur, ‖ – ∪∪ – ∪ ∪̆, ne diffère du dicrétique que par la quantité de la troisième syllabe. Il suffit donc de changer cette brève en longue:

— soit par *transmutatio* de deux mots: *Tro.* 371 ‖ *fabula decipit* (d'où *decipit fabula), 372 ‖ *uiuere conditis* (d'où *conditis uiuere), 374 ‖ *solibus obstitit* (d'où *obstitit solibus)... Cf. notre clausule 43 *posteris tradere* qui donnerait, elle, par *transmutatio*, un second hémistiche d'asclépiade mineur, ‖ *tradere posteris*;

— soit par *adiectio* et élision (ou aphérèse): *Tro.* 397 ‖ *ipsaque* ⟨*est*⟩ *mors nihil*, 372 ‖ *uiuere* ⟨*in*⟩*conditis*, etc.

— soit par *immutatio* pure et simple: *Tro.* 372 ‖ *uiuere*⟨*t*⟩ *conditis*, 379 ‖ *spiritŭs halitu* (*-tŭs* Sén.), 382 ‖ *quidquid atque occidens* (*et* Sén.), 390 ‖ *fata non amplius* (*nec* Sén.), 400 ‖ *deuora*⟨*n*⟩*t et chaos*, 401 ‖ *noxia*⟨*e*⟩ *corpori*, etc.

---

[64] *Ag.* 589 *Heu quam dulce malum mortalibus additum* est visiblement un asclépiade mineur avec *adiectio* d'une syllabe longue au début du second hémistiche. Ce vers illustre bien la pratique dérivationniste de Sénèque.

[65] Un seul exemple chez l'un des *poetae nouelli* du IIe siècle ap. J.C., Septimius Serenus, fr. 7 Morel, *pusioni meo septuennis cadens*.

L'hendécasyllabe saphique commençant par un crétique, il suffit pour en obtenir un second de supprimer par *detractio* la troisième syllabe, et d'arriver jusqu'au couple de brèves central: *Herc. F. 859 luce [cum] maestus sibi (quisque sensit, 874 prima [quae] uitam dedit (hora, carpsit, Med. 647 morte [quod] crimen tener (expiauit,* etc.

A partir des glyconiques de forme – ∪ – ∪̆∪̆ – ∪ ∪̆ (*Oed. 882-914*)[66], on obtient par *detractio*

— soit des dicrétiques sans résolutions: *Oed. 885 uela [ne] pressae graui, 888 aură [nec] uergens latus, 891 uită [de]currens uiā̆*;

— soit des dicrétiques à seconde longue résolue (F²): *Oed. 882 fata [si] lĭcĕat mihi, 890 tută [me] mĕdĭa uehat, 901 nube [sub] mĕdĭa stetit.*

Enfin, une clausule d'hexamètre peut aussi fournir par *transmutatio* le dicrétique souhaité. Si un mot final – ∪ est précédé d'un mot (ou groupe) ∪̆ ∪̆ – ∪ ∪̆, il suffit d'inverser ces deux éléments: *Apoc. 4, 1 (11) sunt dulcia pensa ⟩ pensa sunt dulcia*; cf. encore Lucain, I 335 *descendere Sullă ⟩ Sulla descendere*, 416 *ad sidera ducat ⟩ducat ad sidera,* et, avec résolution (type F²), I 53 *tĭbĭ legeris orbe ⟩ orbe tĭbĭ legeris* (cf. 206).

*

---

66 Cf. G.B. PIGHI, *op. cit.*, 492. Le glyconique normal, – – – ∪∪ – ∪ ∪̆, existe aussi chez Sénèque (G.B. PIGHI, *op. cit.*, 491). Ses six dernières syllabes, superposables à la fin de l'asclépiade mineur, se prêtent aux mêmes opérations: *Herc. O. 1064 [cantu] Tartara flebili* (d'où **flebili Tartara*), 1072 *[audis] tu quoque ⟨o⟩ nauita,* etc.

Les rapprochements que nous avons établis, et qui ne sont sûrement pas exhaustifs, tant avec le trimètre iambique qu'avec les mètres lyriques, auront permis de saisir tout ce qui unit en profondeur la prose de Sénèque avec sa poésie: exemple unique, dans la littérature latine, d'un même écrivain pratiquant tour à tour une prose métrique, une poésie dactylique, anapestique, iambique, trochaïque et lyrique (saphiques, asclépiades, glyconiques, etc.). Cet éclectisme, qui témoigne de dons exceptionnels d'écriture, mérite aussi d'être étudié avec attention. Le présent exposé, déjà long, ne prétend qu'esquisser des recherches plus approfondies dans cette direction.

Revenons pour finir à notre point de départ. Dans son article de 1910, A. Bourgery semble avoir montré que, dans l'ensemble, les clausules métriques sont de plus en plus soignées à mesure que l'écrivain avance en âge, pour atteindre, avec les *Lettres à Lucilius*, le *De prouidentia* et les *Naturales Quaestiones*, à un haut niveau de raffinement. En choisissant, donc, une page des *Nat.* — et justement de ce livre III que Bourgery estime le plus achevé de tous[67] — nous sommes allé au meilleur Sénèque: l'examen du *De clementia*, par exemple, eût sans doute donné des résultats moins suggestifs. Il n'y a donc pas, apparemment (mais ceci demanderait vérification), une technique sénéquienne uniforme, fixée dès les débuts de l'écrivain, mais des progrès constants tout au long de sa carrière. Ces progrès, A. Bourgery les attribuait aux loisirs de Sénèque à partir de sa retraite de 62: au contraire du *De clementia*, rédigé très vite en 55/56, Sénèque aurait eu tout le temps, entre 62 et 65, de peaufiner ses dernières œuvres. C'est possible. Mais l'étude que nous venons de mener nous suggère aussi une autre hypothèse. Entre 62 et 65, les tragédies — dont les dates sont controversées et incertaines — sont de

---

[67]   Mais la préface du livre VII (*De cometis*), analysée de la même façon, fournit des résultats aussi satisfaisants; également la *Lettre* 90 à Lucilius.

toute façon déjà écrites, ou bien Sénèque compose les dernières. Il a donc acquis, ou il finit d'acquérir la maîtrise d'un trimètre iambique et de vers lyriques dont la rigueur n'est plus à souligner. Pourquoi ne pas penser que cette maîtrise, ces agencements minutieux de syllabes et de mots, indispensables à la composition des tragédies, se sont si bien imposés à lui que sa prose aussi en a reçu la marque, et que ce soin méticuleux des clausules, en soi laborieux et difficile, lui est devenu bien plus aisé, sinon instinctif, une fois qu'il fut passé par l'exigeante école de la poésie? Sénèque prosateur influencé au soir de sa vie par Sénèque poète: pourquoi ne pas admettre cette suggestion qui compléterait, au plan du rythme, la profonde unité d'une œuvre que nul ne conteste plus au plan de la pensée et du style?

DISCUSSION

Mme Armisen-Marchetti: Je voudrais d'abord vous remercier d'avoir mis votre science de métricien au service de Sénèque, et d'avoir jeté sur sa prose un regard à la fois original et compétent. Votre exposé confirme le caractère hautement «artistique» de la prose de Sénèque, et il jette d'autre part entre les œuvres philosophiques et les tragédies une passerelle nouvelle et solide. Cela est important. Je vous serais reconnaissante de quelques précisions supplémentaires:

1) Vous avez employé, à propos des clausules, le terme d'«automatismes d'écriture». Je me rends mal compte de ce que cela pourrait signifier dans la pratique. Les clausules se présentaient-elles sous la plume de Sénèque sans qu'il eût même à les chercher? C'est pourtant une technique qui paraît bien difficile pour être incontrôlée!

2) Vous le dites vous-même: nous sommes amenés — une fois de plus! — à nous interroger sur les rapports entre les res et les *verba*. Avez-vous rencontré des cas dans lesquels les *verba* l'emportent sur les *res*, c'est-à-dire des phrases que Sénèque aurait «torturées» pour y faire entrer des clausules?

3) Vous constatez que la façon dont Sénèque manie les clausules a évolué dans le temps. Peut-on espérer trouver dans cette évolution, sinon des preuves, du moins des indices qui nous aideraient à préciser les difficiles problèmes de la chronologie des œuvres de Sénèque?

M. Soubiran: En vous remerciant à mon tour, je répondrai à votre première question qu'étant donné la connaissance instinctive que les Latins avaient de leur langue (quantité des syllabes comprise) et l'entraînement que leur donnaient à la fois la formation rhétorique et la pratique de la poésie, il ne devait pas leur être si difficile de ménager en fin de colon syntaxique des séquences syllabiques déterminées. Concevant mentalement, au moment d'écrire ou de parler, le contenu global de leur phrase, ils avaient le temps, en quelques fractions de seconde, de choisir ou d'agencer leurs mots, au prix de quelques modifications quasi instantanées, de manière que l'énoncé «tombât» d'une manière rythmiquement satisfaisante. Nous ne faisons pas autre chose nous-mêmes, en concevant nos phrases: nous savons éviter, au dernier moment, des chutes peu heureuses, en ajoutant, par exemple, un mot ou un groupe bref.

Pour ces artifices de style — et ceci m'amène à votre deuxième question — l'écrivain pouvait jouer, soit sur le choix des mots, soit sur leur *collocatio*. Du choix des mots, nous ne pouvons évidemment rien dire: nous lisons ceux que Sénèque a employés, non ceux qu'il aurait pu employer. Pour nos investigations, cet obstacle est infranchissable. Tout au plus peut-on déceler parfois des additions dont le rôle rythmique semble indéniable. En *Ep*. 108, 6 (vous citez le passage dans votre livre, p. 40), *non ut res excipiant, sed ut verba*, l'addition du second *ut* après *sed*, que la syntaxe n'impose pas, entraîne une excellente clausule C, alors que, sans ce *ut* — et que l'on place *sed verba* avant ou après *excipiant* —, se seraient succédé huit ou neuf *elementa* longs ou résolus (clausule informe). En *Prov*. 2, 3, Sénèque aurait pu écrire seulement *caedi se patiuntur* (six *elementa* longs ou résolus, clausule héroïque); en intercalant *vexarique* entre *se* et *patiuntur*, il ménage une belle clausule C² (*esse videatur*); de même en 4, 5, *aliquid animose fortiterque faciendi*. Ce sont souvent *et* ou *ac* qui introduisent ces additions terminales: *Prov*. 2, 10 *ferrum istud, etiam civili bello purum*, suffirait au sens, mais ferait se succéder neuf *elementa* longs ou résolus; en ajoutant *et innoxium*, Sénèque obtient un beau dicrétique (F). Cicéron, du reste, était déjà coutumier de tels procédés.

Quant à l'ordre des mots proprement dit, il apparaît assez souvent peu conforme à l'usage qu'on peut qualifier de neutre ou banal, sans qu'on puisse toujours affirmer que le motif métrique en est seul responsable. Dans la phrase initiale du *De vita beata*: *Vivere, Gallio frater, omnes beate volunt*, l'entrelacement des groupes syntaxiques amène un beau dicrétique final (mais Sénèque l'aurait obtenu aussi en écrivant *Vivere beate, Gallio frater, omnes volunt*). Ailleurs, c'est un complément circonstanciel qui est rejeté à la fin de l'énoncé, contre l'usage ordinaire: *Prov*. 3, 7, à *omnibus saeculis causam *dicent* (dispondée précédé de crétique), Sénèque a préféré *causam dicent omnibus saeculis* (dicrétique F); *Prov.* 6, 3, à **in exemplar nati sunt* (six longues finales), Sénèque a préféré *nati sunt in exemplar* (C).

Dans le très beau développement de *Nat.* II 45, 3, Sénèque a combiné, pour amener la clausule finale, addition et artifice de *collocatio verborum*. En terminant par *et se sustinens et sua*, où *et sua* est une addition pour le sens peu intéressante et de surcroît séparée du groupe *et se*, auquel elle se rattache, Sénèque a de toute évidence voulu ménager un dicrétique, écho de celui qui clôt le membre précédent, *partibus suis inditus*.

On voit, par ces quelques exemples, que Sénèque est moins dédaigneux des *verba* qu'il ne veut bien le dire. Il est attentif à leurs agencements, à leurs rythmes, et cela jusque dans les phrases où il proclame la futilité de ce souci (cf. *Ep.* 108, 6, citée *supra*, et surtout 88, 39, diatribe contre les minuties des grammairiens jalonnée d'admirables clausules!).

Des procédés d'écriture dont je viens de donner quelques échantillons, il y aurait une étude approfondie à faire. Elle pourrait s'étendre aussi — et je réponds ainsi à votre dernière question — à des comparaisons entre les diverses œuvres de Sénèque, dont la technique métrique n'apparaît pas unitaire. Si le style de Sénèque nous semble n'avoir guère évolué des premiers dialogues aux œuvres de vieillesse, il faut bien pourtant que quelque chose ait changé dans sa manière d'écrire, puisque le souci des clausules est plus marqué ici que là. Mais comment déceler de si subtiles différences? En tout cas, il est certain que l'examen des clausules doit intervenir dans toute recherche sur la chronologie des œuvres, non certes comme critère unique, mais comme un critère parmi d'autres: je l'ai déjà fait remarquer à propos du *De providentia*. Le *De ira* et le *De beneficiis* appellent aussi des recherches du même genre, dont A. Bourgery a depuis longtemps montré la voie.

M. Mazzoli: Mi rifaccio alla domanda posta da Mme Armisen sul rapporto più o meno stretto che lega nella prosa di Seneca il ritmo all'altezza concettuale. Il campione, *Nat.* III *praef.*, offerto da M. Soubiran dà certo risposte positive. Importa anzitutto notare che si tratta di una *praefatio*, cioè d'una sezione testuale soggetta a una speciale disciplina retorica. Così accade fin della prima opera in prosa latina a noi giunta, il *De agricultura* di Catone:

anche quando una trattazione obbedisce solo a esigenze d'informazione
tecnica, la sua prefazione si distingue per dignità formale. Il discorso vale per
tutta la letteratura latina (si pensi per esempio a Vitruvio e a Plinio il
Vecchio). Se poi ci spostiamo al contenuto della *praefatio*, constatiamo
subito in essa lo slancio «elativo» verso il sublime, μεγαλοφροσύνης ἀπήχημα
secondo Περὶ ὕψους 9, 2 (§ 4: *crescit animus, quotiens coepti magnitudinem
attendit et cogitat quantum proposito, non quantum sibi supersit*), e la ricon-
versione in termini morali che giustifica l'ispirazione «entusiastica»: *quid est
praecipuum? erigere animum supra minas et promissa fortunae* (§ 11; sulla
citazione poetica di Vagellio al § 3 e sulla possibilità di attribuirla a un poemetto sul mito di Fetonte cf. G. Mazzoli, in *Athenaeum* 46 [1968], 363-368;
L. Duret, in *ANRW* II 32, 5 [Berlin/New York 1986], 3178-3181). Appare
dunque a mio avviso del tutto conforme alla dottrina del πρέπον accolta da
Seneca l'accuratissima veste ritmica del brano, vero saggio, come ha ben
osservato M. Soubiran, di poesia in prosa. Vorrei sapere se, al di là della
praefatio, la prosa delle *Nat.* ce ne offra la controprova, con una più dimessa
presenza dell'elemento ritmico nell'interno della trattazione tecnica vera e
propria.

M. Soubiran: Il est bien vrai qu'en choisissant la préface du livre III des
Naturales quaestiones je suis allé au meilleur Sénèque (je ne l'ai d'ailleurs pas
caché). On pourrait en dire autant de celle du livre VII, que j'ai examinée
aussi, et, à un degré peut-être un peu moindre, de celle du livre I. Les parties
techniques sont certainement un peu moins soignées de ce point de vue, mais
le souci des clausules y demeure fort net: B. Axelson (*Senecastudien* [Lund
1933]) l'a expressément noté, et en tient compte partout dans ses discussions
critiques. Du reste, les clausules apparaissent très soignées dans les *Lettres à
Lucilius*: M. Hijmans l'a montré pour plusieurs d'entre elles, et je l'ai vérifié
pour d'autres. Enfin, le *De providentia*, dans sa totalité, manifeste la même
qualité. Sénèque pouvait donc écrire une prose métrique raffinée, non
seulement dans les *prooemia* et les morceaux de bravoure (ainsi *Nat.* II 45; III
27), mais aussi dans de longues lettres ou un traité entiers.

M. Gigon: Que pensez-vous de l'*Octavia* que vous ne citez qu'une fois? Et comment jugez-vous le *Hercules Oetaeus*, dont la structure dramatique est nettement différente de celle du *Hercules Furens*?

M. Soubiran: On a depuis longtemps essayé les critères métriques pour déceler l'inauthenticité (possible) de l'*Hercule sur l'Oeta* et (certaine) de l'*Octavie*. Aucun n'a jamais paru décisif. Il y a bien, dans l'une et l'autre, de menues particularités (cf. en dernier lieu la minutieuse étude d'O. Zwierlein, *Prolegomena zu einer kritischen Ausgabe der Tragödien Senecas*, Akad. Wiss. u. Lit. Mainz [Wiesbaden 1983], 182-248), mais rien qui excède vraiment les différences observables entre les pièces sûrement authentiques. L'auteur de ces tragédies, s'il n'est pas Sénèque lui-même, connaissait à fond la technique de son modèle.

M. Hijmans: *Gratias tibi ago quam maximas!* Your contribution will necessitate that I rethink the manner in which I define *clausulae*, having so far used the traditional method. My question is as follows: do you think that the chronological development you discover on microrhythmical level may have existed at the same time as a reasonably high level of consciousness in the application of rhythmic preferences for various genres and subgenres?

M. Soubiran: Je suis heureux de l'approbation d'un spécialiste tel que vous. Avant de modifier votre méthode, qui est celle de nos devanciers (Zielinski, Hagendahl, Primmer), réfléchissez bien. Je ne prétends pas imposer la mienne. Je la trouve certes, en un sens, plus rationnelle; mais elle peut avoir aussi des inconvénients. Ainsi ma clausule B ne distingue pas *sunt mortales multi*, variante «alourdie» de A; *sunt multi mortales*, variante «alourdie» de C; *multi mortales sunt*, variante «alourdie» de F: la place des accents verbaux n'est sans doute pas indifférente en pareils cas.

A votre question, si je la comprends bien, je répondrai qu'en souhaitant prendre en compte, comme vous le faites, à la fois la date, le thème et le ton (parénèse ou exposé didactique) des œuvres, vous vous posez des questions légitimes; mais plus une équation comporte d'inconnues, plus sa résolution est difficile. Vous avez vous-même tâché de montrer, dans votre *Inlaboratus et facilis*, que ma clausule C (crét. + spond.) apparaissait pour souligner le leit-motiv de la lettre. Il faudrait rechercher si cela s'observe ailleurs; rechercher également si la longueur des cola, à laquelle vous accordez grande attention, et que j'ai négligée, est liée au choix des clausules. Votre propre contribution à ces Entretiens apporte là-dessus d'abondantes données statistiques et des suggestions qu'il faudra examiner attentivement: vous dégagez des perspectives que je crois légitimes et fécondes.

M. Mayer: It seems to me that you have been comparing unlike things, a method that does not produce conviction, in me at any rate. Your analysis of *clausulae* in the prose is neither casual nor arbitrary, for you rightly identify a *clausula* by its function of concluding a thought. On the other hand, the passages cited from the tragedies are not consistently or generally the conclusions of thoughts; they seem to be random collections of words, which you isolate with no particular regard to their function in their sentence. Moreover, it is not after all very surprising that an iambic trimeter can be cut up to produce patterns similar to those employed in prose *clausulae*, since the favoured feet of *clausulae* — spondees, trochees, cretics — are the very ones that occur naturally in the trimeter. I feel that it would be more convincing to show that the *clausulae in the verse* were similar to those of the prose.

M. Soubiran: Je réponds d'abord à votre seconde remarque. Il n'est pas surprenant, en effet, que clausules métriques de la prose et trimètres iambiques présentent des séquences syllabiques analogues: je l'ai moi-même souligné dans mon exposé (*supra* p. 368 sq.); et les Anciens avaient bien remarqué que le rythme iambique était le plus proche du langage parlé. Mais d'une part il se trouve que Sénèque est le seul écrivain latin qui, par l'étendue et la variété de ses œuvres (prose et poésie), nous permette de le vérifier au mieux (Cicéron le permet beaucoup moins, cf. *supra* p. 368 n. 53), et cela mérite notre attention. D'autre part, les analogies ne concernent pas seulement le trimètre iambique, mais aussi à peu près tous les mètres des chœurs lyriques.

Quant au découpage que j'opère dans les vers de Sénèque, si vous les jugez arbitraires, c'est que vous partez d'un point de vue différent du mien. Dans l'étude des textes en vers, on peut distinguer trois niveaux: 1) métrique pure («outer metric»), étude des schémas métriques considérés abstraitement (règles d'alternance des brèves et des longues, substitutions, résolutions...); 2) métrique verbale («inner metric»), étude de la forme prosodique et de la place des mots (sans considération de leur sens ni de la syntaxe) qui donnent corps à ce schéma abstrait; 3) rapports du discours et du vers (pauses syntaxiques, enjambements, rejets...). Vous vous placez évidemment à ce dernier point de vue. En tant que métricien, je me place, quant à moi, au point de vue 2, celui de la métrique verbale. Je constate que, dans les clausules de sa prose comme dans certaines sections (voire hémistiches entiers) de ses vers, Sénèque doit choisir et ajuster des mots qui donnent corps à un schéma métrique déterminé (point de vue 1, qui nous est commun); ainsi, entre la penthémimère et l'iambe final du trimètre, il doit réaliser une séquence – ∪ – – (avec résolutions éventuelles) qui est la même que celle de ma clausule C (crét. + spond.): il devra donc choisir et ajuster ses mots de la même manière ici et là.

Qu'ici et là le contexte syntaxique soit différent (fin de colon syntaxique en prose, groupes souvent intérieurs en poésie) n'est donc pas gênant de mon point de vue. Du reste, parmi les groupes de mots que j'isole en poésie, un certain nombre (et ceux-là vous satisferont davantage) se trouvent être *aussi* des fins de cola syntaxiques: je ne peux, dans cette brève réponse, en faire la démonstration détaillée. D'autre part, vu la grande souplesse de l'ordre des mots en latin, tel groupe de mots qui est intérieur de phrase dans mon «découpage» de la poésie *pourrait* fort bien, dans un autre contexte, être final de colon syntaxique: presque aucun mot (sauf prépositions et conjonctions) n'est par lui-même exclu de la dernière place d'un énoncé, aucun ne l'est de la place pénultième ou antépénultième.

INDEX LOCORUM

A. SENECA

B. AUCTORES VETUSTIORES

C. Anonyma

ACHEVÉ D'IMPRIMER
SUR LES PRESSES DE L'IMPRIMERIE
SLATKINE, GENÈVE
EN SEPTEMBRE 1991
POUR LA FONDATION HARDT